新媒体心理学

蒋俏蕾　著

科学出版社
北京

内 容 简 介

本书基于多年的教学研究积累，将新媒体研究与文化社会心理学结合，对心理学与传播学的交叉领域进行梳理，系统介绍媒介心理与新媒体技术领域的理论概念、研究焦点与实践发展。全书分为新媒体使用心理与行为、新媒体中的关系与身份建构、新媒体心理的社会应用、新媒体的黑暗面、新媒体心理研究视角与范式五大部分。通过系统阐释新媒体文化与数字社会中心理、认知、行为相互建构的过程，理清新媒体心理学的研究发展与前沿动态，既填补了相关教材领域的空白，也具有面向未来的延展性。

新媒体心理学研究具有突出的学科交叉融合特征，集合了传播学、心理学、认知科学、计算机科学、信息科学、社会学、教育学等诸多学科领域的知识来理解在当前深度媒介化的社会中，新媒体技术对人们心理、行为与社会生活方方面面的影响。因而，本书面向多学科领域的研究生和学者，为其提供系统的理论范式、研究方法、概念框架、新近案例和前沿方向等内容，以期激活更多新媒体心理学领域的研究兴趣与潜力。

图书在版编目（CIP）数据

新媒体心理学 / 蒋俏蕾著. -- 北京 ：科学出版社，2025. 2. --ISBN 978-7-03-079743-8

Ⅰ. G206.2

中国国家版本馆 CIP 数据核字第 2024E229P1 号

责任编辑：杨 英 赵 洁/ 责任校对：贾伟娟

责任印制：徐晓晨/ 封面设计：蓝正设计

科 学 出 版 社 出版

北京东黄城根北街 16 号

邮政编码：100717

http://www.sciencep.com

中煤（北京）印务有限公司印刷

科学出版社发行 各地新华书店经销

*

2025 年 2 月第 一 版 开本：720×1000 1/16

2025 年10月第二次印刷 印张：18 1/2

字数：373 000

定价：98.00 元

（如有印装质量问题，我社负责调换）

序一　新媒体传播的时代责任和使命担当

Norbert Wiener 在 1960 年发表了文章《自动化的一些道德和技术后果》（“Some Moral and Technical Consequences of Automation”），在文章中，他用《魔法师学徒》（“The Sorcerer’s Apprentice”）的故事来隐喻初级的机器学习（machine learning）系统。在故事中，一名业余魔术师给扫帚施了魔法，命令它取水。但由于他的命令制定不够谨慎，扫帚不断取水，魔术师因此差点被水淹死。因此 Wiener 有预见性地提出：“这不仅是童话，而且是我们与机器学习系统相互作用中即将面临的问题。若我们采用一种无法有效操控其运行机制以达成目标的机械装置，那么，我们最好非常确定机器的用途是我们真正渴望的目标。”否则，为了达到目的而不择手段，不仅不会给人类带来幸福，反而会造成巨大灾难。①

其实，传播学的本质是“人学”，以人为本建构传播学的学科体系是所谓守正创新的核心逻辑。而传播学视角下的心理学研究，从传播学初建之始就是其基础构建的核心逻辑，尤其是到了智能化传播时代，这种核心逻辑对于学科建设而言更是重中之重。

随着 ChatGPT 以前所未有的速度渗透进各行各业，生成式 AI 正在逐渐成为社会系统的技术基座，然而内容安全、虚假信息、模型失控等问题让 AI 风险治理成为全球重要议题。②发展与治理之间步调的逐渐失调，出现了提倡无条件加速技术创新的“有效加速主义”和 AI 得在各种环境下符合人类价值观的“超级对齐”两大阵营。

具体而言，“加速主义”理念认为“资本主义阻碍了技术的发展，应当通过技术发展来埋葬资本主义，发展出新的人类社会形态”③。20 世纪八九十年代，Nick Land 转变左翼加速主义者的斗争观念，提出技术与资本之间已经耦合为螺旋加速

---

① Wiener, N. 1960. Some moral and technical consequences of automation. *Science*, 131, 1355-1358.

② 董静怡，闫硕. 2024-01-05. 无条件加速还是“超级对齐”狂奔中的大模型遇治理难题. 21 世纪经济报道，(012).

③ 陈永伟. 2023. 有效加速还是超级对齐?. https://baijiahao.baidu.com/s?id=1784345647048370255&wfr=spider&for=pc[2024-11-01].

状态，要完成彻底的加速革命，需要在资本主义逻辑中加速前进，通过资本主义的矛盾引致其自我毁灭来克服它。而每一个文明都在人类的选择中，加速冲向最终的大灾难。[①]现下硅谷精英发起的科技价值观运动“有效加速主义”（Effective Accelerationism）可被视为加速主义的思想的延续，该理念认为人类应该无条件地加速技术创新以颠覆社会结构，而这种对社会的颠覆本质上对人类有利。

与有效加速主义全力推进科技进步观念形成对比的是“价值对齐”，人工智能对齐（AI alignment）是指模型的响应符合人类意图，并和人类价值观保持一致性。[②]这一主张提出对技术公共效益、伦理讨论、人文价值的重视，在AI研发过程中引入人文的价值判断，确保AI技术不会失控。然而人类自身价值的复杂性、AI模型的不确定性让AI模型按人类价值行事存在困难。[③]OpenAI首席科学家Ilya随之与Jan Leike在OpenAI内部推动“超级对齐”（Superalignment）计划，旨在构建一项能与人类水平相当的自动对齐研究。

目前有效加速与超级对齐两大阵营的对立与纷争，本质上是技术发展与治理安全之间的矛盾。有效加速与超级对齐作为大模型发展与治理的一体两面，并非线性对立而是动态博弈、相辅相成。正如道家所言，“反者道之动”，有效加速主义的存在一定程度上是为了逼迫超级“爱”对齐（super-LOVE-alignment）的出现，两者作为更高维度上的动态关系，互为统一，互相激发，纠缠共生。[④]而其中对于人的洞察是至关重要的。由此，传播心理学的研究对于未来的传播与社会的发展显得尤其重要。

新媒体心理学是传播学与心理学的交叉领域，然而目前市面上可检索到的中英文教材主要还是关于传播心理学、媒介心理、传媒心理或网络心理学的，缺乏且急需系统介绍媒介心理与新媒体技术领域理论概念、研究与实践的教材。清华大学新闻与传播学院蒋俏蕾副教授的这部《新媒体心理学》教材基于其多年教学研究，试图填补这一空白。粗粗翻阅，我看到这部教材具有如下创新与开拓。

- **学科交叉融合特征：**新媒体心理学研究具有突出的学科交叉融合特征，作为一个跨学科领域，其集合了传播学、心理学、认知科学、计算机科学、信息科学、社会学、教育学等诸多学科领域的知识，来理解在当前深度媒介化的社会中，新媒体技术对人们心理、行为与社会生活方方面面的影响。

---

① AI技术政治（下）：加速主义、超级个体与解放机器. https://www.thepaper.cn/newsDetail_forward_26465937 [2024-02-29].

② Shen, T. H., Jin, R. R., Huang, Y. F., et al. 2023. Large Language Model Alignment: A Survey. https://www.proquest.com/working-papers/large-language-model-alignment-survey/docview/2869393583/se-2[2024-11-12].

③ 矣晓沅, 谢幸. 2023. 大模型道德价值观对齐问题剖析. 计算机研究与发展, 60(9):1926-1945.

④ 邵文, 张静. 2023. ChatGPT一周年丨有效加速 or 超级对齐？如何实现AI大爱人类？. https://www.thepaper.cn/newsDetail_forward_25519068[2024-12-01].

因而，关于新媒体心理学的教材在当前的传播学教学科研中具有不可或缺的重要性和急需性。

- **前沿性**：相对于传统媒体，这部教材聚焦数字化、智能化的新媒体，反映了新媒体技术的迅猛发展与快速迭代。内容涵盖了数字技术、网络技术以来的互联网、搜索引擎、即时通信、网络游戏、社交媒体、智能手机、短视频、虚拟现实、算法、大数据、人工智能等前沿热点的信息传播技术，既反思传播学研究传统经典理论，也介绍新近的跨学科理论概念与方法，例如面向智能传播研究的分布式认知、情境行动、认知民族志等概念与视角，兼具前沿性和面向未来的延展性。
- **系统性**：教材内容架构具有系统性，从新媒体使用心理与行为、新媒体中的关系与身份建构、新媒体心理的社会应用、新媒体的黑暗面，以及新媒体心理研究视角与范式等五大方面进行组织并展开。具体而言，每章的内容通过具体案例引入，提出问题，启发思考并列出内容要点，再结合相关实证研究介绍理论概念与方法范式，并通过归纳总结进一步深化思考和拓展关联的文献学习。
- **平衡性**：教材注重中西方理论概念与学术研究的交流互鉴，既关注新媒体心理学研究相关理论、方法与范式的变革，也关注中国新媒体发展的本土语境与社会现实需求，在教材内容的选择和组织上充分保证了教材的适用性与本土化。
- **贴近性**：教材选取了丰富翔实的案例，包括备受关注和引发讨论的新媒体现象、研究案例、业界案例等，力求使得教材贴近实际、贴近生活、贴近师生，以鲜活的内容进一步激活更多新媒体心理学领域的研究兴趣与潜力，培养学生的研究志趣。
- **实践性**：这部教材的撰写依托了作者自2019年起在清华大学开设的新媒体心理学研究生课程，结合实际课堂教学，通过反复打磨教案，不断积累完善而成。新媒体心理学目前不仅作为新闻传播学研究生的专业课程，亦被纳入心理学研究生的培养方案。在课程评教的不断反馈迭代中，在与师生的不断交流中，通过不断反思、提高，形成了这部教材扎实的基础。同时，这部教材亦是作者自2011年博士毕业以来，长期从事新媒体研究的积累与思考，是科教融合的产物，是教学科研相互反哺的结晶，作者亦将个人的实际研究经历融合进新媒体心理相关研究选题、理论、方法、视角、实施的具体介绍与比较思考之中，具有扎实的研究基础与经验。

1969年7月20日下午4时17分40秒，美国宇航员Armstrong将右脚小心翼翼地踏上了月球表面，这是人类第一次踏上月球，如今时间已经过去了55年，但

Armstrong 那句“我的一小步，人类的一大步”的经典独白，仍然深深地刻在每个人的心里。今天，当新媒体传播正在深刻地重构世界的大背景下，我们每一个研究者都应该而且必须要有自己的时代责任和使命担当。蒋俏蕾老师以这部精心之作为新时代、新传播的画卷点染下浓重的一笔，我们每一个人都当以此为榜样而受到激励。

喻国明

（教育部长江学者特聘教授，第七届国务院学位委员会新闻传播学学科评议组成员，北京师范大学新闻传播学院教授、学术委员会主任，北京师范大学传播创新与未来媒体实验室平台主任）

2024 年 12 月 2 日

序二　我们应该以一种什么样的心理来面对新媒体时代？

（一）

2024 年 9 月中旬的一天，天气还非常炎热，秋季学期刚刚开学的第一周。我在装修后重启的院馆办公室里，正在有一搭没一搭地收拾拆包后的东西，房间里的家具尚未配齐，有点百废待兴。我的年轻同事蒋俏蕾老师敲门进来，笑盈盈递给我一本 16 开大小的白色封皮书稿，封面上赫然只有 6 个字——“新媒体心理学”，问我能不能为她的这本刚刚完成的教材写一个序。

我知道俏蕾这些年一直给学院的研究生开设新媒体心理学课程。学校和学院都积极鼓励教师在经过几轮教学后，把所讲课程的内容以教材形式写出来。但由于教材作为一种成果在教师的晋升考评中常常不如顶刊论文或专著重要，不少年轻老师还是把精力优先用于论文和专著的写作。而俏蕾在繁重的教研、行政和育儿夹缝中，居然这么快就把学院这门颇有特色的前沿课程的教材写出来了，令人敬佩。我几乎不假思索地答应下来。

然后一个异常忙碌的秋季学期开始了。过往 16 周，我白天大部分时间在图书馆，晚上或周末处理学院的教研和学生指导等事宜。新闻与传播学院每月都开一次全院会。每次参加全院会，俏蕾老师都会“不经意”地问我，序言写得怎样了？我每每在这个时候才意识到，一堆文债中，还有这篇绝不可食言的序言，于是开完会就会找出当初俏蕾送我的文稿看一阵。

但一本定位于研究生课程的讲义稿可不是一下子就能看完消化的。常常看了不到一两章，我就搁下书稿又忙于其他事务了。而我固执地认为，给一本书稿写序，当然需要先通读文稿才能动笔。在这样的自我安慰和惯性思维下，一学期下来我并没有急于动笔。

直到前几天，俏蕾发来微信：“金老师，《新媒体心理学》教材的序言，还麻烦您费心拨冗。出版社希望尽快齐清定。给您添麻烦啦！”

我这才意识到我的拖延症正在威胁一本书的生辰八字，于是再次满口答应“我抓紧”。但显然，俏蕾老师已经不再信任我的承诺。昨天早上，俏蕾再次发来微信“弱弱”却“狠狠”地提醒我：“金老师，还请您抽空给《新媒体心理学》写序啊……真不好意思，今年就剩最后两天了。”

作为论文第一生产力的 DDL（deadline，最后期限）终于开始爆发洪荒之力。

其实这些天虽然没有动笔敲字，但脑子里还是经常在想从什么角度切入来写这篇序言。我想，俏蕾的这门课的教材，应该是想告诉我们，我们应该以一种什么样的心理，来面对今日的新媒体时代。

（二）

何谓新媒体心理学？

俏蕾老师虽然讲了几年新媒体心理学，教材也写出来了，但全书自始至终并未见其对“新媒体心理学”下一个明确的定义。事实上，查阅中/英文维基百科和百度百科，皆未有 new media psychology 或“新媒体心理学”词条，只有 media psychology 或“媒体心理学”。根据英文维基百科的表述，媒介心理学作为心理学的一个分支，关注人的行为与媒介、技术之间的互动关系。定义特别强调，这里的“人的行为”，包含了各种各样的基于媒介的传播或与媒介技术相关的行为（all forms of mediated communication and media technology-related behaviors），包括媒体使用、设计、影响和分享等各种行为；而“媒介”，也并不局限于大众媒介或媒介内容，而是包括从网络媒体、社交媒体和应用（APP）到如今的智能化问答平台的各种媒体形态。媒介原本就是一个与时俱进的概念。从这个意义上讲，新媒体心理学就是在我们当下所处的时代和信息环境中，一个着重探讨人和媒介、技术的互动关系的研究领域，包括个体层面的偏行为科学路径的研究，组织或平台层面的媒介管理和组织传播研究，以及社会或系统/网络层面的偏社会学或政治经济学的实证或批评性分析等。

在这本《新媒体心理学》教材中，俏蕾老师对何谓“新媒体心理学”给出了自己的理解。全书共五篇 13 章。第一篇为“新媒体使用心理与行为”，从新媒体研究最为经典的个体层面的采纳和使用切入，对新媒体的可供性、移动性及其相关论题展开讨论；第二篇为“新媒体中的关系与身份建构”，侧重探讨新媒体作为中介和环境对人们之间的关系、互动带来的变化，包括个体心理与社会网络以及在个体与他人和环境互动中所展现出来的身份认同以及集体行动；第三篇为“新媒体心理的社会应用”，从新媒体心理的角度讨论了两个具体的应用场景或社会现象，即营销传播和数字鸿沟。第四篇探讨新媒体的“黑暗面”，特别是伴随新媒体出现的各种越轨行为，以及媒介依赖与网络沉迷。第五篇对新媒体心理的研究方法和方法论进行了梳理总结，强调对人们媒介使用行为和认知的情境化理解原则，以及民族志方法在诸多新媒体心理研究方面的适切性。

作为一本教材，全书每一章的编排设计都遵循引言、正文、本章小结和参考文献这样的四部分结构，并在每章开头和结尾都设置了思考题，引导读者和学生围绕该章内容和主题，并结合新媒体时代的具体社会现象进行思考和讨论，力图把现象与问题、理论结合起来，由表及里，对媒介化世界中的行动者及其行为进行反思和解读。贯穿全书的，其实是对人的健康和全面发展、对社会进步和繁荣和谐的关切，所谓“忧从中来，不可断绝”。

（三）

行文至此，时间正在一分一秒向 2024 年的最后几个小时推进。在我全力冲刺赶写这篇序言时，不止一次，我深切地感受到新媒体给我们的生活带来的影响和变化：那种弹指间便可驱使和传递的情感、期许和压力，那种可视化、具象化的社会万象和舆论对我们有限时间和精力的无情蚕食，那种无论是热搜还是各种年终排名及考核指标所激起的浪花对我们平静内心的侵蚀和冲击。我觉得，在新媒体时代，其实我们的确需要重新审视和反思自己的心态和心理，才能在这个自我意识和环境压力无所遁形的时代，不迷失自己。新媒体时代给了我们自我成长和重塑乃至新生无限的可能，但也给了我们以温水煮青蛙一样的方式娱乐至死或内卷至死的可能。何去何从，端视我们如何和镜中之我——那些我们掌中的手机、耳中的耳机所源源不断进入我们身心大脑的内容——共处，如何和自我自处。所有的推送都来自内心的召唤。老子说：五色令人目盲，五音令人耳聋。借助前贤之语：这是最好的时代，这是最坏的时代。然则我们应该以一种什么样的心境、心态、心理面对这个炫目的世界和现实呢？

2500 年前，孔子在谈及《诗经》要义时，精辟指出：“《诗》三百，一言以蔽之，曰：‘思无邪’。”在我看来，“思无邪”也许正是新媒体时代我们赖以保持主体性和自我完整的不二法门。哪一个时代没有新媒体？哪一个时代没有新媒体带来的各种社会现象和社会问题？所谓日光之下没有新鲜事。也因此，自古至今，上至九五之尊，下至黎民百姓，无不敬畏人生在世“养心”之重要；而“修身齐家治国平天下”必自“正心诚意”始。也许每一个人终其一生，都有自己的天下要争，即陶行知先生所谓“为一大事来，成一大事去”。但征途漫漫，前路渺渺，读者诸君须知：非以“八风不动”之心，难抵“尚有荣光在”之彼方。

离2024年最后一个工作日的下班时间还有一个小时。我且结束这篇序言。是为序。

金兼斌

（清华大学图书馆馆长、清华大学学术委员会委员、清华大学学位评定委员会新闻传播学分委员会主席、清华大学新闻与传播学院教授、博士生导师）

2024年12月31日下午4点

清华大学逸夫馆

前　言

关于传播学究竟是一门学科还是一个领域，学界一直存在着思考与争鸣。通过回顾和反思这些争鸣与讨论，可以窥见传媒研究与心理学的不解之缘，可以帮助我们思考和回答一系列重要问题，进而帮助我们更好地定位和理解新媒体心理学的相关研究。诸如，如何站在传播学的十字路口开展新媒体心理的研究？何谓新媒体心理研究之“新”？如何理解以人机交互、人机传播为代表的新媒体心理研究中并置的几大范式？

传播学建立伊始，其奠基者即来自不同的学科背景，传播学的研究论著中也汇流了不同知识的源流，而心理学一直在其中占据着不可或缺的重要地位。在传播学发展过程中，也曾有过多次关于学科活力的大讨论。1959年，传播学者Bernard Berelson曾发出传播研究正在逐渐凋零的论断，而他对于传播研究未来持有悲观视角的一个重大原因，就是传播学的奠基者们在当时相继离开这一领域，回归到自己原有的兴趣之中。传播学四大奠基人，想必大家都不陌生。在Wilbur Schramm的遗物中，有一本介绍传播学起源的书稿，在书中，Schramm将Harold D. Lasswell、Paul Lazarsfeld、Kurt Lewin与Carl Hovland称为“传播学四大奠基人”。尽管在Everett M. Rogers看来，这样的归类充满了“个人主义的短期效果样式”，四大奠基人更应该被称为“四位先驱”（forerunner）（Rogers，1994）。四位先驱都是因为自己的研究兴趣与传播研究有所交叉而进入这一领域，其中Lewin与Hovland两位拥有心理学的背景，而Lazarsfeld和Lasswell的研究也深受社会心理学的影响。可见，心理学在传播研究奠基伊始就占据着重要的地位。传播学经典理论中的心理学构成，可谓不胜枚举，比如选择性关注（selective attention）、选择性接触（selective exposure）、选择性理解（selective perception）、选择性记忆（selective retention）、使用与满足理论（uses & gratifications theory）、人际影响与两级传播理论（personal influence and two-step flow theory）、议程设置理论（agenda-setting theory）、涵化理论（cultivation theory）、创新扩散理论（diffusion of innovation theory）、沉默的螺旋理论（spiral of silence theory）、详尽可能性模型（elaboration likelihood model）等等。

对此，传播学之父 Schramm 发文称，有时候我们竟然忘记了传播学研究是一个领域（field）而不是一个学科（discipline）（Schramm et al.，1959）。关于传播学究竟是一门学科还是一个领域的思考与争鸣历经多年，却依旧悬而未决。其中 1983 年的讨论是 Schramm 为了反驳“传播学已凋零”的论断而掀起了思维巨浪。1983 年，传播学研究的重要学术期刊《传播学刊》（*Journal of Communication*）曾刊发了一期特刊，邀请了 41 位重要的学者对于当时的传播学研究状况展开了讨论。专刊中的 35 篇文章关注到了传播学者作为研究者的角色以及作为一个学科的传播学在社会中的作用，编者们认为这可能是传播研究领域中的学术活力（ferment）的重要体现。这次讨论主要集中在两个方面，一是关于传播研究是否萎缩，二是传播学究竟是学科还是领域的探讨。Schramm（1983）反驳了 Berelson 提出的关于传播研究萎缩的说法，他认为传播学研究本身并未枯萎，而是逐渐走出其原有的束缚并跨越边界，传播学吸引了诸多的学术移民，他们带有着原有学科背景的色彩与学术操作方式，在传播研究的沃土上深耕。除却学科角度，传播研究也在除美国外的世界各地发展起来，Schramm 认为传播研究“比以往任何时候都更加广泛”。

传播学究竟是学科还是领域，这或许并非是一个必须解决的问题。Schramm 也曾强调，传播学是否像心理学、社会学和经济学一样被公众普遍认为是一门学科，这并不是首要问题。更重要的是，它是否继续创造一个刺激学术兴奋的中心，一个可以让学者们相互交流、工作、发表和辩论的集会场所（Schramm，1983）。因此，历经 35 年之后，《传播学刊》（*Journal of Communication*）于 2018 年再次展开了关于领域中学术活力（Ferment in the field）的大讨论，对传播学研究领域中的学术活力进行了再思考。诚然，在这 35 年中，传播研究发生着翻天覆地的变化。就像对于 ferment 的翻译一样，有一些学者，诸如 2018 年讨论的特刊组稿人邱林川教授会把它翻译成发酵，认为传播学是一个动态发酵、具有四两拨千斤的“酵母精神”的领域（邱林川，2018）；也有学者将其翻译成骚动，认为这场讨论不仅是一场让不同范式交锋的骚动，也是让新世界旧世界学者与社会科学家碰撞的骚动，更是让激进的批评家、自由主义改革者和保守派争论的骚动（张卓，2007）。在 2018 年的争鸣特刊之中，学者们的思考与讨论聚焦在五大话题上，包括传播学研究的全球化与国际化、数字媒体对于传播学研究的影响、批判研究的泛起、批判研究的唯物主义转向以及传播学的实践性。这都为理解和开展新媒体心理相关研究提供了纵深且广阔的背景与视野。首先，传播学的研究对象从西方拓展到了全球，需要更加多元的视角来对传播学进行全球化的考量。第二个变化来自数字媒体的挑战，传播学者有必要对经典的效果理论进行修正，提出新媒体环境下的框架模型，鼓励研究者们应该拥有更为开阔的研究视野（Entman & Usher，2018）。当把目光投向批判研究时，可以发现实证研究与批判研究如今并非针锋相对的存在，近年来发表的大量重要的批判研究论文中都有实证主义的影子（Splichal & Mance，2018），而如今伴随着社会生活媒介化，批判研究的内容也在根据各地学术脉络的变化而改变（Appiah，2018）。互联网产业的发展在创造部分繁荣的同时，也加深了结构性不平等，新自由主义的矛盾已演变成一场全面的危机，这也导致人们对关于马克思主义、资本主义和阶级的讨论越来越感兴趣（Fuchs，2017），因而批判研究思潮中也出现了新唯物主义转向（new materialist turn），从而使传播学研究的关注范围更加广阔，更好地关注到媒体的物质性及其社会与环境成本（Cooren，2018；Murdock，2018），与现实生活搭建更为直接的联系（Fuchs & Qiu，2018）。因而，传播学需要更为落地，传播研究应该以实践（praxis）为基础并且以实践为导向（Craig，2018），关注现实生活场景，让传播作为一种社会实践拥有更为丰富有效的规范技巧（Gallois et al.，2018）。

Schramm 曾表示，传播总是作为某些事物的部分而存在，很难找到一个学科壁垒把它包围起来。在 Schramm 看来，传播学一方面会继续发展着自己的核心理论，而另一方面，传播学也会关注与其他社会科学学者的合作（Schramm，1983）。Schramm 并没有强调传播学一定要作为一门独立学科，而是将传播学放置于整个社会科学的大框架之下，去强调学科间的合作与发展。有学者曾认为传播学可以成为科学部类之间的纽带——利用自然科学的方法解决传播学效果、受众等方面的问题，利用人文社会科学的结论来控制传播技术发展的方向，使传播学发展拥有方法论上的优势（胡翼青，2000）。而事实也确实如此，传播学研究一直在吸纳着来自不同学科的声音，我们可以看到在当下的传播学研究中，无论是研究理论、主题还是研究方法，往往都融合了其他学科的精髓，且不论心理学、政治学、社会学、信息科学等诸多早已在传播学研究中发挥重要作用的学科，计算机科学、神经科学等也在近年来逐渐为传播学研究洞察人类与传播提供了重要的理论与方法路径。

在传播研究的思考与讨论中突出强调了数字化、智能化的新媒体所建构的媒介环境对于整个传播研究的颠覆性影响。关于传播学者为什么需要研究以互联网为代表的新媒体，学者们并没有给出明确的答案，但却指出了互联网的五种重要特质——多媒体、超文本性、交互性、包交换性和同步性，并认为这五种特质深刻影响着传播研究（Newhagen & Rafaeli，1996）。而随着移动设备的日益普及，移动互联网进一步走进了人们的日常生活（Walther et al.，2005）。伴随着人机交互的智能技术的迅猛发展，相关研究也日渐成为新媒体研究的焦点。学者们梳理和探讨了关于人机交互的三大研究范式，即来自工程学，致力于优化人机匹配的第一种范式；关注信息交换，目的在于提高信息传递精度与效度的第二种范式；以及强调情境行动，关注互动中意义与价值的第三种范式。三种范式并行而立，共同为新媒体心理的相关研究贡献养料。可见，新媒体时代的传播研究仍在不断吸纳新鲜血液，不断地吸收来自不同学科的知识框架，采用跨学科的视角去洞察媒介、去测量效果。如今，我们依然站在名为传播学的十字路口，而无数跨学科的通路也正在次第打开……

因此，本书的构念框架和编写视角是跨学科的，力图在新媒体心理研究领域搭建起传媒研究与心理学研究有机融合的桥梁与空间。书中结合传播学与心理学的多元视角，分别对新媒体的社会环境与文化生态特征、新媒体的个体心理与行为特点、文化建构与群体过程、文化传播影响和文化价值观等相关理论前沿进展以及研究范式进行介绍，并展望新媒体心理学研究领域的未来方向与趋势。全书共分为五篇 13 章，其中第一篇为新媒体使用心理与行为，包含的 3 章内容涉及新媒体接纳与抵制、新媒体的可供性与策略性使用、移动性与移动传播；第二篇为新媒体中的关系与身份建构，其 3 章内容涵盖新媒体中的交互性心理，新媒体、社交网络与社会支持，新媒体与身份认同；第三篇为新媒体心理的社会应用，包括了新媒体说服与营销传播、新媒介素养两章内容；第四篇为新媒体的黑暗面，分别从新媒体的去抑制性、去个性化与越轨行为，以及新媒体依赖与沉迷两章内容展开；第五篇为新媒体心理研究视角与范式，包括新媒体与情境行动、新媒体与分布式认知、新媒体与认知民族志 3 章内容。在具体结构上，每章内容都通过案例引入相关理论和研究范式，并基于章节总结引导应用实践和启发思考，再通过参考文献提供延展阅读，以此来实现对新媒体心理学研究内容环环相扣、逐渐深入的兴趣、理解与思考。

《新媒体心理学》这本教材，既是这些年我开设课程和不断打磨授课内容与讲义的阶段性成果，也是我个人对新媒体心理研究领域关切和思考的梳理与理解，是个人研究经历的阶段性反思和小结。这本书从构思到付梓，离不开清华园里老师和同学们的鼓励和支持。在此，我要特别感谢金兼斌教授、彭兰教授在这门课开设之初，对课程大纲给予的指导和建议。感谢兰天博士，她在清华大学新闻与传播学院博士后在站期间，对本书的准备提供了来自心理学的反馈和建议。感谢在本书的资料梳理、案例讨论、文字审阅等方面做出贡献的各位同学小伙伴：潘小乐、陈宗海、黄悦鑫、马越然、张雅迪、徐皓月、吴飞、陈欣杰、陈伯英、刘入豪、王一迪、张自中、郭晓蕾、何孟欣等，以及这些年所有选修或旁听了新媒体心理学课程的同学们。感谢编辑杨英老师的理解和包容，让一再拖延的书稿终于成功出版。正是因为有了这些支持、参与和陪伴，这本教材才日渐成型，不断完善，在此衷心地表示感谢。

参 考 文 献

胡翼青. 2000. 传播学学科地位的再认识. 南京大学学报(哲学、人文、社科版), (5): 128-135.

邱林川. 2018. 多元, 对话与有机的传播研究: 基于2018年JoC新酵母专刊的反思. 国际新闻界, (2): 53-61.

张卓. 2007. 传播学学术身份与研究范式的论战与反思. 中国传媒报告, (3): 18-24.

Appiah, O. 2018. Cultural voyeurism: A new framework for understanding race, ethnicity, and mediated intergroup interaction. *Journal of Communication*, 68(2): 233-242.

Cooren, F. 2018. Materializing communication: Making the case for a relational ontology. *Journal of Communication*, 68(2): 278-288.

Craig, R. T. 2018. For a practical discipline. *Journal of Communication*, 68(2): 289-297.

Entman, R. M. & Usher, N. 2018. Framing in a fractured democracy: Impacts of digital technology on ideology, power and cascading network activation. *Journal of Communication*, 68(2): 298-308.

Fuchs, C. 2017. From digital positivism and administrative big data analytics towards critical digital and social media research!. *European Journal of Communication*, 32(1): 37-49.

Fuchs, C. & Qiu, J. L. 2018. Ferments in the field: Introductory reflections on the past, present and future of communication studies. *Journal of Communication*, 68(2): 219-232.

Gallois, C., Watson, B. M. & Giles, H. 2018. Intergroup communication: Identities and effective interactions. *Journal of Communication*, 68(2): 309-317.

Murdock, G. 2018. Media materialties: For a moral economy of machines. *Journal of Communication*, 68(2): 359-368.

Newhagen, J. E. & Rafaeli, S. 1996. Why communication researchers should study the Internet: A dialogue. *Journal of Computer-Mediated Communication*, 1(4): JCMC145.

Rogers, E. M. 1994. *History of Communication Study*. New York: Free Press.

Schramm, W. 1983. The unique perspective of communication: A retrospective view. *Journal of Communication*, 33(3): 6-17.

Schramm, W., Riesman, D. & Bauer, R. A. 1959. The state of communication research: Comment. *The Public Opinion Quarterly*, 23(1): 6-17.

Splichal, S. & Mance, B. 2018. Paradigm (s) lost? Islands of critical media research in communication journals. *Journal of Communication*, 68(2): 399-414.

Walther, J. B., Gay, G. & Hancock, J. T. 2005. How do communication and technology researchers study the internet? *Journal of Communication*, 55(3): 632-657.

目　　录

第二篇 新媒体中的关系与身份建构

第三篇　新媒体心理的社会应用

第四篇　新媒体的黑暗面

第五篇 新媒体心理研究视角与范式

第一篇

新媒体使用心理与行为

第1章

新媒体接纳与抵制

引　言

2024年新春伊始，OpenAI公司继发布ChatGPT之后又发布了一款由人工智能（artificial intelligence，AI）驱动的视频生成模型Sora，其可以基于文本生成长达60秒的视频，其中包括非常详细的场景、复杂的镜头和多个充满活力的角色，甚至还可以从文本提示中解读情感并在视频中表达出来。人们纷纷感慨视觉影像制作的革命性时代到来了，但同时也伴随着不少对其可能被滥用的忧虑。

其实，这种"以假乱真"的AI视频并非新鲜事。2017年12月，一个ID名为deepfakes的Reddit用户首次将自己制作的AI换脸视频发到网上，其中一些女主角面孔被换成Gal Gadot、Emma Watson等好莱坞明星。这种AI换脸技术也因此得名为deepfake（深度伪造）。2018年1月，一款名为FakeApp的软件上线，可实现"一键换脸"，视频内容也千奇百怪，甚至包括恶搞时任美国总统特朗普的视频。虽然Reddit明令禁止换脸视频和图片在该网站传播，但皮尤研究中心（Pew Research Center）发布的一项报告显示，约有2/3的美国人表示，篡改视频和图像已成为影响受众理解时事和基本事实的主要问题（陈昌凤和徐芳依，2020）。2019年8月，一款名叫ZAO的软件受到热捧，短时间内迅速火遍朋友圈。这是一款使用AI技术，通过用户上传的自拍照片，替换影视作品或者小视频中演员的面孔，生成以用户为主角的视频片段的软件。用户使用这款软件可以"逢场造戏"，将自己"变成"影视片段的主角，并将这些"改头换面"过的视频片段，上传至微信朋友圈、抖音、快手等社交平台，引发"病毒式"传播。

深度伪造（deepfake）一词由"深度学习"（deep learning）和"伪造"（fake）的表述组合而成，依靠神经网络（neural networks）来分析大量数据样本，以学习模仿一个人的面部表情、举止和声音的变化。这个过程将两个人的镜头片段输入深度学习算法（deep learning algorithm），并训练它变换面孔（Westerlund，2019）。换言之，深度伪造使用面部映射技术（facial mapping technology）和AI技术，可以将视频中一个人的脸换成另一个人的脸。深度伪造技术之所以取得成功，主要在于可信性（believability）和易接近性（accessibility）。可信性是指虚假内容越来越逼真、可信，而易接近性则指制造深度伪造图片、视频越来越容易（Kietzmann et al.，2020）。

以“AI换脸”为代表的深度伪造技术火爆全球的同时，争议和担忧也接踵而至。火速蹿红又遭遇极大争议的背后，是网民对于个人隐私安全的担忧。根据英国杂志《连线》(*Wired*)报道，在即时通信应用Telegram上运行的应用DeepNude借助AI技术，能够自动“脱掉”女性身上的衣服，令身体裸露。2020年7月份以来，至少有10.4万名女性遭遇此程序的攻击，推广该机器人程序的Telegram频道也已经拥有5万多名订阅者（Burgess，2020）。由于应用产生的效果过于低俗，DeepNude网站及应用程序已被关闭。除了侵犯个人隐私，深度伪造技术还伴随着严重的道德与伦理隐忧。专家指出，深度伪造技术可能用于制作虚假视频，以操纵选举、诽谤他人，或通过大规模传播错误信息而引发动乱。2024年被称为大选之年，近半数的世界人口所在的国家和地区举行大选，而深度伪造的AI合成视频在社交媒体上的大量传播被认为会对大选产生影响（Ledford，2024）。

对深度伪造技术“冰火两重天”的态度，从侧面反映出用户对新媒体技术的接纳和抵制心理。人们为什么会接纳或抵制一种新媒体技术？接纳或抵制背后的动因是什么？哪些因素影响着人们对新媒体技术的接纳或抵制？

头脑风暴

- 以ZAO为代表的换脸应用为什么能在短时间内风靡社交网络？
- 为什么有人选择抵制或弃用以ZAO为代表的换脸应用？

本章内容要点

- 新的媒体技术与应用如何为大众所接纳？
- 新媒体的接受态度与使用行为之间存在什么关系？
- 如何理解人们对于新媒体的抵制？

1.1 新媒体的接纳

用户对新媒体技术的接纳，是信息传播技术和新媒体研究中丰富且活跃的研究领域，在这一领域已经形成了多个基于媒体技术、心理学和传播学研究的重要理论模型。其中，创新扩散理论（innovation diffusion theory）认为，接纳是创新的感知属性、社会规范和个人特征的函数（Rogers，1995）。Fishbein 和 Ajzen（1975）提出的理性行为理论（theory of reasoned action，TRA）则主要用于分析态度如何影响个体行为，其基本假设为人是理性的，在做出某一行为前会综合各种信息来考虑自身行为的意义和后果。在理性行为理论基础上发展而来的计划行为理论（theory of planned behavior，TPB）认为，人的行为并不是完全出于自愿，而是处于控制之下，因此增添了"知觉行为控制"（perceived behavioral control）这一变量，从而能够帮助我们理解人是如何改变自己的行为模式的。被广泛应用的技术接受模型（technology acceptance model，TAM）则认为，感知有用性和感知易用性通过态度和意图作为中介变量来预测技术的使用（Davis et al.，1989）。期望确认模型（expectation confirmation model，ECM）则是依据"期望-确认-满意-意图"范式提出的，认为用户在使用信息系统之前具有初始期望，其与实际使用绩效之间产生的落差形成期望确认度，从而影响用户的感知有用性和满意度，而它们又会影响用户的持续使用意愿。

这些理论及模型不仅被反复应用于检验现已非常普及的媒介技术（如个人计算机、Windows 操作系统、自动取款机、电子邮件），还被用于检验各种不断涌现的新兴媒介技术等，如生成式人工智能（Kelly et al.，2023）、虚拟现实（Sagnier et al.，2020）、健身移动应用（Huang & Ren，2020）、购物类应用（周沛等，2020）、微信表情包（匡文波和邱水梅，2017）、智能手机（贺建平和黄肖肖，2020）等等。

1.1.1　创新扩散理论

创新扩散的相关研究可以追溯至法国社会学家 Gabriel Tarde，他在《模仿的法则》（*The Laws of Imitation*）一书中提出了与创新相关的关键概念，如意见领袖、扩散的 S 形曲线以及社会经济地位在人际扩散中的作用，但并没有对其正式命名。1943 年，人类学家 Bryce Ryan 和 Neal Gross 以杂交玉米种子在艾奥瓦州农民中的扩散研究，奠定了创新扩散研究的基本范式和理论框架。

传播学对创新扩散的研究大约开始于 20 世纪 60 年代。Everett Rogers 对新农药、新良种等新事物在农民中的采纳和普及过程进行了深入调查，于 1962 年发表了研究报告《创新与普及》（"Diffusion of Innovations"），受到了广泛关注。新事物的扩散是早期传播学者感兴趣的话题之一，这个过程涉及新想法、行为、产品或技术如何在社会中被传播和接受。新闻事件的扩散遵循创新扩散的基本框架，但其传播速度比其他类型的创新的扩散速度要快得多。然而，随着时间的推移，关于新闻事件扩散的研究日渐式微。从 1990 年开始，创新扩散领域的研究再次勃兴，相关研究数量呈现爆炸性增长，其中研究特别关注技术创新，包括互联网与各类新媒体技术，研究方法中也纳入了社会网络分析等更为多元的方法（Jiang & Luan，2018）。

1. 扩散的要素

某一新兴事物，要想得到普通大众的认可，需要在特定的时间段内，通过特定的渠道，在特定的社群中传播，而这一过程就是扩散。扩散是指某种创新，在某时间段内，通过特定的沟通渠道，在某社会体系成员中传播开来的过程。显然，创新扩散的四大要素包括创新、沟通渠道、时间和社会体系。

1）创新

当一种观点、方法或技术被某个人或团体认为是“新的”时，它就可以被视作创新。

2）沟通渠道

沟通渠道是指信息从一个人到另一个人的传递方式。大众传媒可以让受众知晓某项创新，人际传播可以改变个体对创新的态度以及令其决定是否采用该创新。

3）时间

时间体现在创新扩散的过程、创新性和创新采用率方面。创新性是指个人（或其他采用者单位）比体系中其他成员更早接受创新的程度。随着时间的推移，扩散过程呈 S 形曲线分布（图 1.1），采纳率也逐步提升。

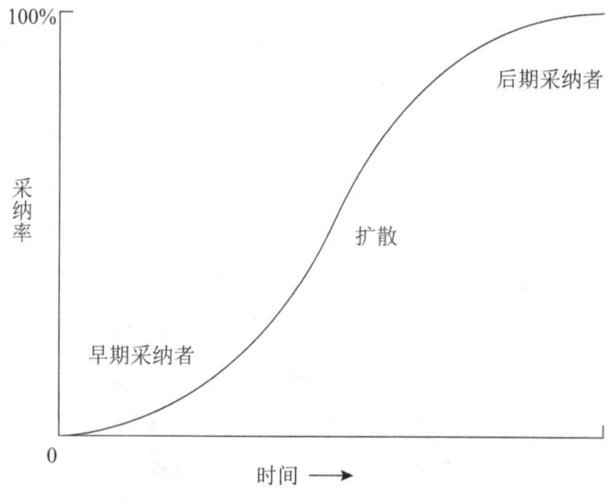

图 1.1　创新扩散的 S 形曲线图（Rogers，1995）

4）社会体系

社会体系是指一个面临同样问题、有着同样目标的团体的集合。一个体系里面的社会结构和沟通网络可以加速或阻碍创新的扩散。

2. 创新的属性

有些创新（如互联网、智能手机）从开始推出到被广泛采用，只花了几年时间，但是有些创新，比如汽车安全带这样的创新却经过了数十年才被广泛接纳。为什么某些创新比其他创新传播得更快？学者们通过研究发现，创新的属性和用户对它的认知决定了创新被采纳的速度，并总结出决定创新成功扩散的五大属性。

1）相对优势

相对优势（relative advantage）是指一项创新相比被其取代的现有观念或技术的优越程度。相对优势一般由经济收益来衡量，但是也与社会声誉、方便性、满意度等因素相关。没有绝对的规则来说明什么构成了相对优势，这取决于用户群体的特定认知和需求。一项创新的相对优势越大，其被采纳的速度可能就越快。

2）兼容性

兼容性（compatibility）是指一项创新被认为与潜在采纳者的价值观、过往经验、需求相一致的程度。同那些在价值观、规范和实践方面不兼容的创新相比，那些与既有社会价值兼容的创新，其扩散速度要快得多。

3）易用性

易用性（simplicity and ease of use）是指一项创新被使用或理解的难度。与需要采纳者发展新技能的那些创新相比，更容易理解的创新被采纳得更快。例如，深度伪造技术能够让普通使用者在不需要经过大量培训、数据收集、软硬件投资的情况下，制作出看似真实的虚假图像，即使那些使用技术不熟练的人也能够相对容易地上手并生成新内容。这种“只需一张照片，即可出演一出好戏”的易用性加上易接近性使得人们生成深度伪造的图片、音频、视频非常容易，因而推动了深度伪造技术相关应用的快速流行和火爆。

4）可试性

可试性（trialability）指一项创新在有限的基础上可以被试用的可能性。一项可试验的创新对正在考虑它的个人来说，意味着较少的不确定性。可以被试验的新理念比那些难以尝试的新理念要更容易被采纳。

5）可见性

可见性（observability）是指一项创新是否具备可观察性。人们越容易看到创新的结果，就越有可能采纳它。可见的结果降低了不确定性，也激发了同伴间对一个新想法的讨论，因为朋友之间、邻里之间经常需要交换类似的创新评估信息。

此外，再创新（reinvention）也是创新扩散研究中的一个重要概念。再创新是指创新在用户使用及实现过程中发生的改变或修改。实现再创新的一个好方法是在持续的再开发过程中让用户成为合作伙伴。电子游戏公司就是非常典型的例子。目前，许多电子游戏都是为了让热情的用户修改而设计的。消费者行为研究专家 Francine Gardin 曾说过：“他们实际上是在参与游戏的设计。这些消费者真的对游戏充满热情——这几乎就像是一种崇拜。他们对该品牌有着难以置信的忠诚度和所有权。他们没有抱怨，而是修改产品。”（转引自 Robinson，2009：2）“再创新”

这一概念之所以重要，是因为它告诉我们任何产品都不能故步自封，持续改进是创新扩散的关键。

3. 传播的渠道

在创新扩散过程中，传播渠道包含大众传播和人际传播。两种渠道在让人们认知创新、说服个人改变对创新的态度方面扮演着不同的角色。

大众传播是专业化的媒介组织运用先进的传播技术和产业手段，以社会上一般大众为对象而进行的大规模的信息生产和传播活动（郭庆光，2011），它能够创造信息，并将信息快速传递给众多对象，从而在一定程度上改变受众的成见。然而，人际关系网络在创新扩散方面对个人也具有很重要的影响。人际关系不仅能够影响到个人应对创新不确定性的方式，有助于个人克服选择性接触等心理层面的障碍，而且往往有助于改变个体强烈的态度，说服其做出接纳创新的决策。这意味着在创新扩散过程中，大众传播渠道在认知阶段相对比较重要，而人际传播渠道则在说服阶段较为重要。这一原理也体现在巴斯预测模型（Bass Forecasting Model）中，如图 1.2，该模型说明了随着时间的推移，面对面的交流如何变得更有影响力，而大众媒体如何变得不那么有影响力。

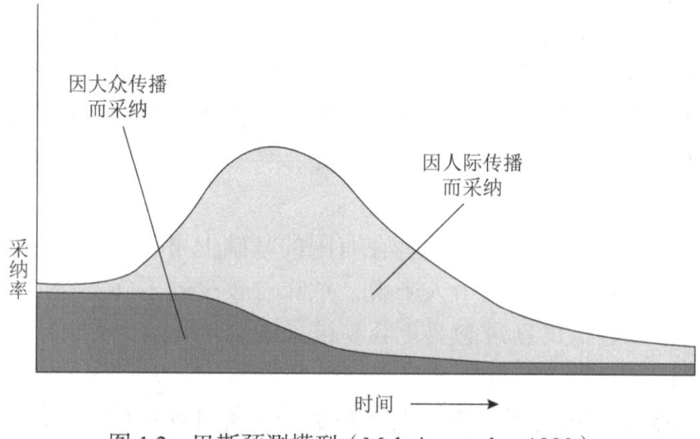

图 1.2　巴斯预测模型（Mahajan et al.，1990）

早在 1971 年，Rogers 和 Shoemaker（1971）就曾对来自美国、加拿大、哥伦比亚、印度尼西亚等国的创新扩散研究进行了跨国比较，分析了大众传播和人际沟通渠道在创新扩散过程中所扮演的角色。无论是发展中国家还是发达国家，大众传媒在认知阶段都相对重要。当然，在发达国家，大众传媒的使用率相对较高。但是到了决策阶段，发达国家约有 18%的受访者选择使用大众媒体了解信息，而发展中国家的这一数据只有 8%。通过这个综合性研究，可以看出广泛的人际传播渠道在说服阶段显得特别重要。

目前，新媒体作为创新扩散的传播渠道异军突起，许多营销活动都会有意识地利用人际关系网络，例如培养意见领袖或进行“病毒式营销”。这些越来越受欢迎的方法旨在招募人脉广泛的个人，通过他们的社交网络来传播新理念、新产品。在创新扩散过程中，意见领袖可以频繁地、非正式地影响其他人对创新的态度甚至行为，使他们能按照预定的方式改变。意见领袖行为因此成为影响创新在社会体系中采用率的重要因素。

4. 采纳者分类

同一社会体系内的不同个体不会同时接纳一项创新，相反，他们对创新的接纳会呈现出时间上的先后顺序。因此，如图 1.3，按照接纳创新的时间先后（即创新性），可以将采用者分为五类（Rogers，1995），包括创新者（innovators）、早期采纳者（early adopters）、早期大众（early majority）、后期大众（late majority）和落后者（laggards）。

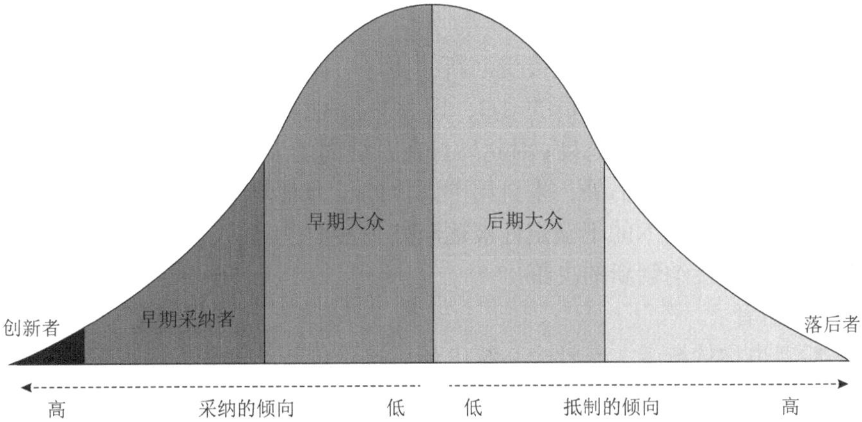

图 1.3　创新扩散过程中采纳者的分类（Robinson，2009）

1）创新者

采纳的过程通常始于极少数有远见、有想象力的创新先驱者，数量约占总体的 2.5%。创新者也称敢于冒险者，他们富有冒险精神，对新思想有着浓厚的兴趣，在创新扩散过程中起着举足轻重的地位。他们往往会从该系统或外界获取并引入新思想，从而启动创新思想在本系统内的扩散，因此他们是新创新纳入社会系统时的“把关人”（罗杰斯，2016）。

2）早期采纳者

一旦创新的好处显现，早期采纳者就会加入进来，并迅速将创新与个人需求联系起来。早期采纳者也称受人尊敬者，通常有足够的时间和金钱来投资，人脉宽广，消息灵通，喜欢被视为“领导者”，社会声望是其最大的驱动力之一，在整个社会系统中约占 13.5%。早期采纳者至关重要的另一个原因在于，其能够把握舆论导向。潜在采用者往往从早期采纳者那里得到有关创新的信息和建议，他们在接受创新方案前，通常向早期采纳者咨询。早期采纳者在接纳某项创新后，也会和周围的人谈论自己对于该创新的主观评价，以减少创新扩散过程中的不确定性。

3）早期大众

如果创新者、早期采纳者在社会系统内能够较好地传播新产品或新技术，它就可能最终到达大多数受众。早期大众也称深思熟虑者，指的是系统内比普通成员略早接受创新的群体，他们不断与同伴相互作用、相互影响，但很少能够成为系统内的观念领导者。早期大众是五种采纳者中人数最多的一个类别，约占整个系统成员总数的 1/3，即 34%。早期大众是实用主义者，对成本敏感且厌恶风险，如果没有确凿的有利证据，他们不会采取行动。与创新者和早期采纳者相比，早期大众需要更长的时间来进行决策，他们会谨慎地跟随创新潮流，也很少会领导这种潮流。

4）后期大众

比系统内普通成员还稍晚接受创新的便是后期大众，这个类别的比例与早期大众相同，约占整个系统成员的 1/3，即 34%。他们也称多疑者，对创新总是抱着小心翼翼和谨慎多疑的态度，因此只有在系统内的大多数成员接受了创新之后，他们才会信服和跟随。另外，来自周围同伴的压力对刺激后期大众接纳创新也是很必要的。只有新技术的不确定性被逐渐减少甚至去除后，后期大众才会产生安全感，进而做出接纳创新的决策。

5）落后者

落后者也称传统者，是社会系统中最后接受创新的群体，约占系统成员总数的 16%。他们对新事物的看法传统保守，往往要经过很长一段时间，只有在确信创新不会失败后，他们才会最终决策并使用该技术。

1.1.2 理性行为理论与计划行为理论

理性行为理论是由美国学者 Martin Fishbein 和 Icek Ajzen 于 1975 年提出的一个社会心理学理论（图 1.4），解释了态度和行为之间的关系。具体而言，个体的行为（behavior）在某种程度上可以由行为意愿（behavioral intention）合理地推断，而个体的行为意愿又是由对行为的态度（attitude）和主观规范（subjective norm）所决定的。其中，行为意愿是指人们打算从事某一特定行为的量度，而态度是人们对从事某一目标行为所持有的正面或负面的情感，它是由对行为结果的主要信念以及对这种结果重要程度的估计所决定的。主观规范指的是，人们感知对其有重要影响的人希望他们使用新系统的程度，是由个体对他人的信任程度以及个体与他人意见保持一致的动机水平所决定的。这些因素结合起来，便产生了行为意愿，最终导致了行为改变（Fishbein & Ajzen，1975；Ajzen & Fishbein，1980）。

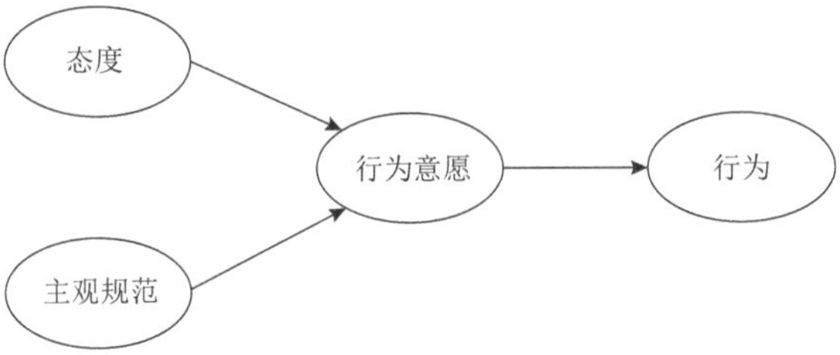

图 1.4　理性行为理论模型（Madden et al.，1992）

理性行为理论作为一个预测意愿或行为的理论而被广泛应用。一项元分析（meta-analysis）表明，该理论具有强有力的预测效用（Sheppard et al.，1988）。例如，在电子商务领域，态度和消费者意见与消费者参与时尚品牌相关的在线口碑传播呈正相关，包括发布、推荐、分享和评论（Wolny & Mueller，2013）。与此同时，态度和主观规范也能够显著影响人们通过电子邮件或 Twitter（现更名为 X）、Facebook 等社交网站传播在线视频广告的意图（Lee et al.，2013）。在预测分享网络新闻的意图时，理性行为理论中的态度和主观规范同样适用。

在理性行为理论的基础上，Ajzen（1991）添加了“知觉行为控制”这一变量，提出了计划行为理论（theory of planned behavior，TPB）。如图 1.5，该理论认为行为意愿是个体行为最直接的影响因素，而行为意愿本身则是态度、主观规范和知觉行为控制（个体所感知的控制执行某种特定行为的难易程度）三大要素综合作用的结果（闫岩，2014）。一般来说，对某种行为的态度和主观规范越积极，知觉行为控制越强，个体执行所考虑行为的意愿也就越强烈。

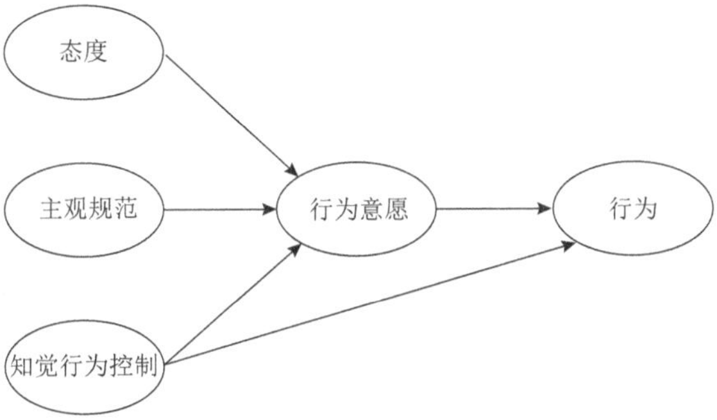

图 1.5　计划行为理论模型（Madden et al.，1992）

与理性行为理论相似，计划行为理论在预测个体行为方面也应用得非常广泛，常见于健康传播、市场营销、管理学等领域，例如减肥瘦身（Armitage & Conner，2001）、药物滥用（Elek et al.，2006）、女性 HPV 疫苗接种（Li & Li，2020）等等。近年来，计划行为理论向新媒体领域拓展，研究者们致力于考察计划行为理论对在线行为的预测力和解释力。研究对象包括网络购物（Lim &

Dubinsky，2005）、虚拟社区中的知识分享（黄顺铭，2018）、青少年网络咨询（Teo et al.，2020）等等。

1.1.3 技术接受模型

1989 年，Fred D. Davis 最先提出了技术接受模型（图 1.6），包括感知有用性（perceived usefulness）和感知易用性（perceived ease of use）两个主要的决定因素，用以解释当新技术出现和被采用时人们的接受过程。感知有用性是指受众认为使用新技术会提高其工作绩效的程度，而感知易用性则被定义为受众认为新技术易于使用的程度。

技术接受模型认为实际使用行为是由使用行为的意愿决定的，而使用意愿由对新技术的态度（attitude）和感知有用性共同决定，使用态度由感知有用性和感知易用性共同决定，感知有用性由感知易用性和外部变量共同决定，感知易用性由外部变量决定。外部变量包括设计特征、用户特征、政策影响、组织结构等等。

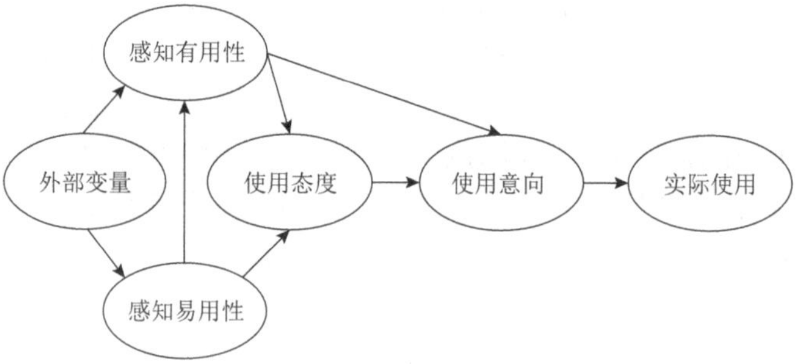

图 1.6　技术接受模型（Davis，1989）

最初为了测试文字处理技术的可接受性而设计开发的技术接受模型迅速被广泛应用，现已拓展至数据库管理系统（Szajna，1994）、个人计算机（Igbaria et al.，1995）、万维网（Gefen & Straub，2000）以及远程医疗技术（Chau & Hu，2001）等。技术接受模型在解释用户采纳新技术的过程方面具有很强的生命力和影响力。例如，Sagnier 等（2020）通过拓展的技术接受模型研究了用户对虚拟现实（virtual reality，VR）技术的接受性，在保留了感知有用性、感知易用性等经典变量的同时，还引入了用户体验、用户特征等变量。研究发现使用 VR 的意愿受到感知有用性的影响，而感知易用性对使用意愿没有显著影响。除此之外，享乐主义特质（hedonic quality）和个人创新（personal innovativeness）是感知有用性的预测因素，而实用主义特质（pragmatic quality）会对感知易用性产生显著影响。学者们基于技术接受模型探析了共享经济类应用在中国年轻群体中的采纳情况（Jiang &

Lian，2024），也有学者通过建构由感知有用性、感知易用性、感知娱乐性、预期花费、使用态度与使用意向六个变量所组成的概念模型，在中国语境下对用户的移动阅读认知、态度与使用意向之间的关系进行了探索性的研究，初步证实了技术接受模型对于人们如何认知和使用移动阅读是具有解释效力的（黄顺铭和李妍，2015）。

1.1.4　期望确认模型

期望确认模型（expectation confirmation model，ECM）由学者 Anol Bhattacherjee 提出（图 1.7），该模型是基于 Oliver 的期望确认理论（expectation confirmation theory，ECT）的基本框架产生的。期望确认理论是在市场营销专家对用户满意度的研究中产生的。该理论认为，消费者在购买产品或服务前会形成初始期望，该期望同消费者实际使用产品或服务后形成的绩效感知相对比并形成确认，根据不同的确认水平形成不同的满意度，进而影响消费者的持续购买意愿。Bhattacherjee（2001）认为信息系统的持续使用同期望确认理论中的再购买在形成过程中存在很多相同点，所以将期望确认理论纳入信息系统的研究，并构建了包含感知有用性、期望确认度、满意度、持续使用意愿四大变量的结构模型，并通过实证研究证明了期望确认模型的有效性。该模型的最大贡献是区分了用户初始采纳和持续使用这两种不同的行为，并将用户满意度和期望确认度引入信息系统使用模型。

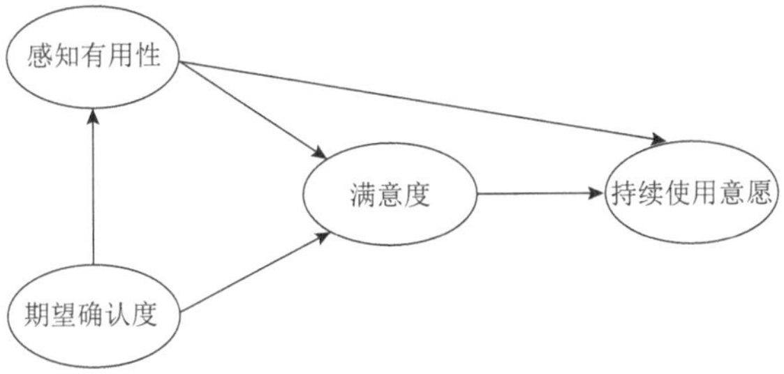

图 1.7　期望确认模型（Bhattacherjee，2001）

期望确认模型已经在关于新媒体使用意愿和行为的研究中得到了广泛运用。刘虹等（2014）证实了期望确认模型可以有效解释视频网站的持续使用，其中感知娱乐对视频网站的持续使用意向有显著影响。期望确认模型还被应用于移动即时通信（mobile instant messaging）的持续使用意愿研究之中。经过实证检验的结果表明，感知服务质量和感知可用性（perceived availability）显著影响着用户满意度和移动即时通信的持续使用意愿。感知服务质量也会影响期望确认，进而影响感知可用性（Oghuma et al.，2016）。

1.2 新媒体的抵制

在关于新媒体接纳的讨论中，我们梳理了创新扩散理论、理性行为理论、计划行为理论、技术接受模型、期望确认模型等理论框架，从而系统且深入地理解用户对新媒体的接纳心理。作为与接纳相对的新媒体抵制亦不容忽视，也应在研究中得到重视。

其实，抵制不应被简单地视为接纳的对立面。相反，抵制被比喻为社会技术创新过程中的急性疼痛，是提示出错的信号，帮助重新分配注意力资源，从而进行评估，来确保可持续的发展（Bauer，1995）。抵制是指一种正常的心理态度，在这种态度中所感知到的后果具有风险（如失去权力）（Ang & Pavri，1994）。然而，在新技术扩散的研究中，用户对新技术或服务的抵制却很少受到关注。尽管研究人员承认抵制的重要性，但很多时候将其视为黑箱。大多数研究者更关注成功的创新，假设每一项创新均是有益的，并且能够被社会系统的所有成员接纳（Ram，1987），而这主要是由失之偏颇的观点造成的，即所有的创新都改善了大多数用户的普遍状况（Szmigin & Foxall，1998）。然而，抵制应被理解为人们决策过程中的一种自然情况，而不是导致不采纳的必要因素（Kuisma et al.，2007）。在新媒体环境下，抵制表现为哪些类型？哪些因素会影响到对新媒体的抵制？抵制会产生什么效果？本节内容将围绕这些问题进行探讨。

1.2.1 抵制的类型与强度

正确认识抵制的形式也是分析抵制的内在动力的前提，因为抵制也会随环境和时间的变化而变化。对抵制进行分类需要区分其不同的性质和强度。在多种情境下，抵制的种类和强度对于评估新技术的影响至关重要。

首先，抵制的类型经常被描述为主动的或被动的。主动抵制可能涉及暴力侵害人身或物体的有目的的行动，如破坏生产机器、占领建筑工地等，通常仅限于极少数意志坚定、受过专门训练、目的性强的激进分子。相比之下，被动抵制包括故意不活动的形式，身体活动受到限制，如不服从、阻碍、不做相关规定的事情等。被动抵制更容易转化为群体行动，因为人们不需要经过专门训练，而且对体力的要求可能会降低。另一个区别在于抵制是个体行为还是集体行为。孤立的个体可能会抵制一个项目，而大量的人在没有协调行动的情况下可以产生累积的抵制效果，进而产生集体抵制行为。

其次，衡量抵制的强度对于比较其在不同时间、技术和国家背景下的影响至关重要。测量抵制使我们能够以一种系统的方式将抵制和效果联系起来。媒体报道是研究社会现实的一个重要切入点。学者们统计并分析了多国媒体对抗议事件的新闻报道，基于事件的类型、参与者的数量以及暴力的程度提供了长时间内不同国家抵制核电的指标（Koopmans & Rucht，1995）。抵制的衡量指标的另一个来源是扩散研究。Botelho（1995）论证了扩散研究如何通过新产品或新工艺扩散速率的差异来衡量社会系统中抵制的强度——过程越迟且越慢，系统的抵制强度越大。新思想或产品的地理集中度（geographical concentration）也是衡量扩散系统中抵制强度的指标。系统中的抵制会影响某些地区创新集群的产生。一些地区采纳了新的想法或产品，而另一些地区则没有，因此随着时间的推移，集群的传播就会显现。区域差异程度、集群数量及其规模可以作为抵制效果的指标。

1.2.2　抵制的参与者

任何对于抵制的研究均需要明确其主要的参与者。谁是抵制特定技术或新技术的人？他们与其他社会群体有何不同？这个群体的规模有多大？他们在社会结构中处于什么位置？通常有两种方法来定义社会群体，即根据人口统计学变量（统计群体，statistical groups）进行统计，或是根据自我报告的成员身份（自然群体，natural groups）进行定义。

自然群体提供了一种社会身份，通常以俱乐部或社团的合法身份正式组织起来，并冠以特定的名字。新的激进社会运动，如女权主义运动、环保主义者和动物权利运动，都与抵制新技术有关。例如，美国的 Jeremy Rifkin 等活动者联合"彩虹联盟"（rainbow coalition）发起了一系列活动，其中就包含了厨师签署拒绝在烹饪中使用转基因蔬菜的协议。Kling 和 Iacono（1988）明确了"反计算机运动"（countercomputerization movements）的核心参与者——关注民权和隐私问题的自由主义者、关注新型消费信贷的消费主义者、关注工作数量和质量的工会主义者，以及关注计算机战争和战争可能性的和平主义者。所有这些组织都是围绕更广泛的问题组成的，并将抵制计算机和信息技术的某些发展作为其活动的一部分。

另一方面，可以根据纯粹的概念标准来区分不同类别的行动者，而这些标准通常不被人们用来定义其社会身份。社会学分析表明，新社会运动的社会基础是多样的，其中一些人的关注点是反技术立场，在很大程度上是中产阶级（Pakulski，1993）。社会调查和民意调查也可用来不断衡量公众对于新技术的意见。比如，2018年，德国民意调查 TechnikRadar 发现，只有 24.6%的德国人认为技术解决的问题多过于其引发的问题（TechnikRadar，2018）。19 世纪 80 年代中期，技术水平不高、收入较低的女性、村民、老年人和左倾群体对信息技术和计算机持消极态度（Bauer，1995）。

1.2.3 抵制的影响因素

本章开头我们提到深度伪造技术因其简单易用、以假乱真等特性一度风靡，但是不少批评家敏锐地发现了其中可能存在的风险问题，包括侵害肖像权、泄露个人隐私等。例如，ZAO 的用户协议中第 6 条第 1 款规定："在您上传及/或发布用户内容以前,您同意或者确保实际权利人同意授予 ZAO 及其关联公司以及 ZAO 用户全球范围内完全免费、不可撤销、永久、可转授权和可再许可的权利。" 这意味着，此款应用除了可免费使用并修改用户的肖像，还可以将它任意授权给第三方，当作信息进行贩卖。这一条款经过法律人士的专业解读后立即引发了社会公众对于人工智能与个人隐私的讨论，大量用户表示会立即卸载该应用，并不再使用类似的换脸软件。

在政治传播相关领域，深度伪造技术似乎自诞生之日起，就一路快速走向被滥用，遭到政客和选民的反感，甚至抵制。美国商业情报公司 Creopoint 在 2020 年 9 月份发表的一项报告显示，随着美国大选的到来，发布在互联网上的伪造视频数量在过去一年中增长了 20 倍。其中，伪造视频的主要攻击对象除了名人和高管外，其平台上发现的伪造视频中有 60%是针对政客的。这些针对美国政坛的伪造视频，一般都会美化某一党派，而丑化另一党派。此类视频很容易给大家留下深刻印象，又易于传播，所以最终可能影响选民对候选人的判断。一项以"深度伪造视频能否影响政治态度"为主题的研究显示，实验组在观看深度伪造视频后对政客的态度明显比对照组更差（Dobber et al.，2021）。

那究竟是什么原因使得深度伪造技术应用经历了这样的大起大落？哪些影响因素导致用户抵制这种新媒体技术？为了探寻其中的缘由，我们将以两项实证研究作为具体案例，通过层层剖析窥探用户抵制新媒体技术的心理奥秘。

1. 抵制多跳通信：感知风险的重要作用

《理解用户对参与多跳通信的抵制》（"Understanding User Resistance to Participation in Multi-hop Communications"）由两位韩国学者（Kang & Kim）共同开展完成，并于 2009 年发表于传播学研究领域关注新媒体研究的重要学术期刊《计算机中介传播》（*Journal of Computer-Mediated Communication*）上，研究了感知风险、抵制和参与意图之间的关联，见图 1.8。

多跳通信（multihop communication）不是传统意义下的基站和移动用户间的直接通信，而是信源借助一个或多个固定的或移动的中继节点来传输它的信息到目的节点（信宿），它的主要特点是把传统意义下的直接传输路径分成多个短小的路径来传递信源信息。首先，多跳通信具有适应性（adaptability）。在多跳通信中，用户不必依赖固定的基础设施，如基站。在现有基础设施遭到破坏的紧急情况下，这一特点尤其明显。其次，无须增加新的基础设施就可以扩大网络覆盖范围，有可能在邻近用户设备的帮助下为那些位于服务区域之外的人提供服务。再次，多跳通信还具有空间再利用的优势，相邻设备传输的数据需要小半径的传输，在不同覆盖区域重复使用相同的频率可以提高频谱效率（spectral efficiency）并提高可用传输速率。最后，因为在邻近用户的设备之间建立了几个低功率链路，所以在多跳单元中降低所需的传输功率是可能的。基于低功率链路，总干扰也可以减少。多跳数据传输所带来的能量节约将有助于节省移动设备的电池资源。

随着新媒体技术的迅猛发展和移动互联网的快速普及，多跳通信已经在4G、WLAN等技术中广泛应用。但是，在2009年，多跳通信是一个不折不扣的新技术。尽管多跳通信存在上述优势，但其自身也存在安全漏洞、隐私泄露等风险，因此了解用户因为什么可能会拒绝参与多跳通信就成为值得深入研究的议题。

对核心价值观念的威胁或造成现有习惯的改变是引发抵制的重要原因（Arnould et al.，2003），而与身体、社会、经济或功能风险相关的感知也是引发抵制的主要因素（Sheth，1981）。基于此，研究者认为抵制多跳通信可能是由感知风险引起的。因为当用户感知到与新技术相关的风险时，抵制态度就会被激发。因此，假设感知风险是抵制多跳通信的一个重要来源。感知风险被界定为人们对使用一种技术可能产生的负面后果感到不确定的程度，研究者将其划分为四种类型：预期网络质量问题（expected network quality concerns）、预期隐私问题（expected privacy concerns）、预期缺乏凝聚力（expected lack of cohesion）和预期资源牺牲（expected resource sacrifice），并将预期有用性（expected usefulness）、预期参与便利性（expected ease of participation）、过往经验（past experience）作为控制变量纳入分析。

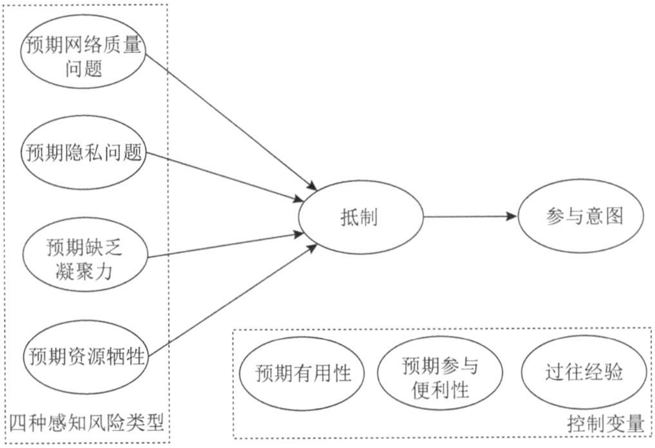

图1.8　感知风险概念模型（Kang & Kim，2009）

通过问卷调查和数据分析，研究者发现，抵制对参与意图有显著的负面影响

（b = −0.249，p < 0.001），这意味着作为一种消极的心理态度，抵制是预测多跳通信中参与意图的一个关键变量。在感知风险对抵制态度的四条影响路径中，预期网络质量问题所带来阻力的路径系数最高（b = 0.263，p < 0.001），预期缺乏凝聚力（b = 0.155，p < 0.001）和预期资源牺牲（b = 0.210，p < 0.001）的影响亦具有统计学意义。然而，预期隐私问题对抵抗力的影响并不显著。这些发现表明，感知风险在解释用户对多跳通信的抵制态度方面起着重要的作用。因此，这项研究的结果也有助于加深对接纳相关理论基本结构的理解，比如技术接纳研究文献中被忽略的抵制和风险感知。换句话说，如果技术接受模型中包含了抵制和风险感知，就可以更好地解释多跳通信中的参与意图和行为。当新技术的优势和挑战混合且不确定时，技术接受模型中感知效用、积极态度和行为意向之间已被证明的理论联系应与感知风险、抵制态度和行为意向之间的新理论联系相结合或互补。

此外，这一经验性发现揭示了用户在采纳多跳通信时犹豫不决的原因。第一，对多跳通信的抵制降低了用户的参与意愿，从而证实了抵制在理解人们行为决策中起着重要作用。第二，在四种类型的感知风险中，预期网络质量问题是造成用户抵制的最强预测因素。因此，如果用户在网络可靠性或效率方面找不到任何改进，他们可能会继续使用现有的通信技术。第三，预期缺乏凝聚力被证明对抵制有显著影响。因为沟通是一项重要的社会活动，所以在参与者之间建立凝聚力很重要，如果用户感觉不到与通信方的良好交互，他们很可能将不愿意参与多跳通信。第四，预期资源牺牲被认为是抵制的重要影响因素。这个结果主要是与用于多跳通信的移动设备的有限资源（如电池或存储器）有关。然而，在这项研究中，预期隐私问题并没有成为抵制的重要影响因素。这一结果与以前的研究不一致，以前的研究表明隐私问题会产生负面影响，导致不使用或推迟使用。研究者认为，这一意外发现可能是因为韩国用户的独特特征，比如他们对隐私问题不太敏感造成的。

2. 退出网络游戏：综合因素的交织影响

游戏玩家为什么会退出网络游戏？实证研究《摆脱困境：探索中国玩家退出网络游戏的原因》（“Off The Hook: Exploring Reasons for Quitting Playing Online Games in China”）主要探讨了退出网络游戏的玩家对网络游戏的态度、对网络游戏媒体形象的认知、功能性替代、家庭压力、同伴影响、自尊水平、孤独感程度等因素与退出网络游戏以及生活满意度之间的关系，可以看作是新媒体研究中关于抵制心理及其相关因素的一个案例（Jiang，2018）。

前文提及，学者们对新媒体接纳的研究明显多于对新媒体抵制的研究。在网络游戏研究中，也是类似的情况——大多数研究倾向于关注网络游戏的使用与游戏沉迷等方面，而对退出网络游戏的原因却知之甚少。研究者结合期望违背理论（expectancy violations theory，EVT）、技术接受模型、推–拉–泊理论（the push-pull-mooring theory）研究了玩家离开网络游戏的影响因素，以期填补相关研究空白。期望违背理论一般用来解释和预测多种传播语境下的态度和行为，该理论认为消极违背会降低吸引力。网络游戏是一种相当需要时间投入的互动娱乐活动。一些玩家，尤其是那些沉迷于网络游戏的玩家，一旦无法维持社会或心理方面的健康，可能会选择退出网络游戏来应对违背期待的负面影响。根据技术接受模型，实际的使用行为可以通过用户的动机来预测，并可以通过感知易用性、感知有用性和对使用态度来解释。因此，玩家对网络游戏的态度可能是影响其退出的一个重要因素。先前的文献表明，玩家对网络游戏媒体形象的认知、对家庭压力的感知和对同伴影响的感知是网络游戏沉迷或退出网络游戏的推动因素；作为拉动因素，玩家对替代方案的感知被用来预测离开网络游戏。如果可行的替代方案有限，他们可能会选择继续玩游戏，反之亦然。转换成本是预测玩家离开网络游戏的停泊因素。以往的研究发现，自尊水平和孤独感程度与退出网络游戏的转换成本以及生活满意度密切相关。因此，自尊水平较高、孤独感较低的玩家在选择退出网络游戏时会表现出更大的决心。

与期望违背理论以及技术接受模型中的主张一致，该研究的结果表明，游戏玩家对网络游戏的态度越消极，他们就越有可能退出。此外，推、拉、泊三类因素对于玩家选择退出网络游戏有着不同程度的影响。其中，同伴影响是重要的推动因素；作为拉动因素，对替代方案的感知是最强的影响因素，而较低的收入也是退出网络游戏的一个重要因素；至于停泊因素，自尊水平和孤独感程度与玩家退出网络游戏后的生活满意度密切相关，但这两个方面并不是玩家选择退出网络游戏的显著影响因素。

从这些研究中，我们可以看出，人们对新媒体的抵制绝不仅仅是单一因素作用的结果，而是多维因素交织影响所形成的。其中，既包括态度、自尊水平、孤独感程度、生活满意度等心理因素，也包含家庭压力、同伴影响、收入水平等社会因素。

1.2.4　抵制的效果

抵制的效果可以分为四个维度，即直接和间接效果（direct and indirect effects）、可预见和不可预见效果（foreseen and unforeseen effects）、影响和递归效果（impact and recursive effects）、功能性和失调性效果（functional and dysfunctional effects）。

1. 直接和间接效果

直接效果是指抵制对技术创新过程产生的直接影响，而间接效果则通过中介作用对技术创新过程产生影响。直接效果往往是政府、国际机构或企业管理层等行为体做出的反应，他们的行为会改变技术的发展轨迹。一方面，行为体可能试图通过修改项目或政策改革来平息冲突局势；另一方面，由于抵制可能超越合法性的界限，因此需要预料到各种形式的规制。强力压制在抵制活动中可能暂时成功，然而在许多情况下却可能增强其适应力，扩大其动员基础和媒体曝光，并导致更加广泛公众的无声转变。防止事件发生是最直接的效果，一个项目可能会因为抵制而被放弃。抵制也会降低创新者的期望值，许多项目的繁荣前景因为面临着抵制的“现实考验”而需要调整。此外，抵制的另一个效果是创新的重新定位。对新技术的抵制可能会产生空间效应和集群效应，在一个地方成功抵制并不能保证在其他地方成功，这可能使得新技术集中在某个地区或某个国家。抵制常常带来新的规章制度，以防止滥用特定的知识及其相关做法。新法律或新解释的产生，可以归因于抵制，但在这一过程中由于遵循不同的约束会产生不同的治理类型。

间接效果往往有助于实现行动者的目标，其中值得注意的是来自媒体的影响。媒体报道对于制定公共议程、实现公众舆论动员和推动政府采取行动非常重要。抵制活动通常具有新闻价值，或引人注目。与媒体的接触对于确定公众辩论的议题非常重要。根据媒体处理问题的方式不同，媒体报道可以是支持的，也可能是事与愿违的。媒体报道对于招募新成员、稳定公众形象和合法性、获得联盟伙伴，以及挑战对手的反应也具有重要作用。

2. 可预见和不可预见效果

可预见和不可预见的区别在于抵制行动者的观点。不可预见的效果是无法预期的，而可预见的效果可以是有意的。这可能有助于区分抵制对技术过程的影响，以及抵制本身在结构变化方面的递归效果——增长、动摇、解体和衰退。抵制新技术不可预见的效果之一是制度创新和新的政治机会。抵抗运动可能带来以前不存在的社会谈判的新形式，并且可以获得以前无法获得的信息。另一个不可预见效果被社会心理学家称为“无声转换”、“延迟效应”或“睡眠效应”。人们在默默地改变自己的态度，虽然公开承认了支持某些有争议的技术，但其中一些人在私下里改变了态度。社会分化也是一种不可预见的抵制效应。在参与有关新技术的争论时，如果这个问题在公众的视线中保持足够长的时间，公众舆论可能会沿着这场争论的路线两极分化。

3. 影响和递归效果

递归效果指的是加强或削弱了未来抵制的可行性。官方承认是抵制的另一种递归效应。比如，一个最初处于边缘地位的核心角色可能会获得官方认可，为抵制中的人员说话。这种合法化有其内在和外在的动力。在内部，几个行动者和派系可能会争夺领导权；而外部对其领导地位的承认至少可以暂时解决内部冲突。因为领导地位的合法化可以为其事业提供一个鲜明的轮廓、方向、协调和个性化形象。

抵制活动提供了一种社会认同，并促进了社会凝聚力。分散的个人或小团体融合在一个更大的网络中，与其他人相比，他们有自己的形象和意识，给他们的成员以社会意义。一旦这种共同抵制的记忆消失，建立在它之上的结构就会削弱，相应的体系就可能陷入危机。因此，把社会行动者、创新者和抵制者的相互作用想象成一个结构变化的习得过程是有意义的。

4. 功能性和失调性效果

功能性和失调性效果是指抵制对新技术扩散过程的长期影响。功能性效果会增加项目的可行性，而失调性效果会降低项目的可行性。诚然，这要取决于分析层级，因为在一个层面上失调的效果可能在另一个层面上起作用，反之亦然。

在分析抵制的效果时，还需要考虑到动机的影响。因为动机描述了在困难面前开始、维持和结束抵制活动的过程。例如，媒体的报道，无论有利还是不利，都能提供公众形象和身份，这有可能加强社会凝聚力和集体行动的决心。而在某一特定技术发展的某个地理位置上取得的成功，可能会增加有关行动者的决心和信心，新闻的传播也会刺激其他领域的行动者。又比如压制使人们不敢采取行动，但可能会增加一小部分行动者的决心，即转入地下，用一切手段进行抗争，甚至可能导致极端主义和暴力。

1.3　本章小结

本章以深度伪造技术为案例，探讨了新媒体的接纳与抵制。接纳与抵制是使用与影响的开端，无论是新兴的媒体技术、形态，还是新媒体上传播的新理念、新事物，接纳与抵制都是人们与其接触互动过程中的必经环节。新兴的生成式人工智能、新冠疫情期间的疫苗犹豫、长期位居热议焦点的转基因食品……了解人们面对这些事物时如何做出接纳或抵制的选择决策，具有突出的理论价值和现实意义。

在关于新媒体接纳的研究中，通过系统梳理创新扩散理论、理性行为理论、计划行为理论、技术接受模型、期望确认模型等理论框架，剖析了人们接纳新技术的动因与过程。其中，创新扩散理论认为，一项创新能否被大众接纳，取决于相对优势、兼容性、易用性、可试性、可见性五方面的因素。因此，一项创新与它所取代的事物相比优势越大，与现存的价值观、潜在接受者过去的经验和需求冲突越小，复杂性不高，可以通过试验进行考察，并且人们可以直接观察结果，这一创新就越容易被人们接受。此外，大众媒体与人际传播在创新扩散过程中发挥着不同的作用，两者的结合是创新传播和说服人们使用这些创新最有效的途径。

大众传播可以发挥传播信息及时、迅速、广泛的长处，有效地提供新信息，而人际网络则对改变人们的态度和行为更有利。在接纳研究中被广泛使用的理性行为理论、计划行为理论、技术接受模型、期望确认模型虽然侧重点各有不同，但均是将理论模型同新技术相结合，引入相关变量对模型进行优化或扩展的研究，以此探究新媒体环境下的使用行为、满意度、使用意向等因素。在此过程中，态度、知觉行为控制、感知有用性、感知易用性、期望确认度等经典变量被反复证实对使用意愿乃至行为产生显著影响，同时也衍生出感知娱乐性、信息质量等一些新的相关变量。值得注意的是，这些理论模型不仅可以用于分析新媒体接纳的影响因素，在研究人们为何抵制新技术时也可以参考借鉴。

关于新媒体的抵制，本章梳理了抵制的类型、强度与参与者。一般而言，抵制可以分为主动抵制与被动抵制、个人抵制与集体抵制；抵制的强度可以通过媒体报道、扩散速率、地理集中度、集群数量及规模等指标来衡量；而自然群体和统计群体成为抵制的主要参与者。对于新媒体抵制相关的影响因素，本章结合两个实证研究，探讨了感知风险、功能性替代、家庭压力、同伴影响、生活满意度以及自尊水平、孤独感程度等心理因素对于新媒体用户抵制心理的影响。此外，本章还从直接和间接效果、可预见和不可预见效果、影响和递归效果、功能性和失调性效果四个维度介绍了新媒体抵制的影响。

面对特定的新媒体技术或应用，关注人们的接纳或抵制是开展新媒体研究的第一步。纵览现有研究，对新媒体接纳心理的研究数量明显多于对新媒体抵制心理的关注，而且理性行为理论、计划行为理论、技术接受模型、期望确认模型在国内的研究语境中尚有很大探讨和发展的空间，值得进一步进行本土化验证与拓展。近年来，本章所提及的关于新媒体接纳与抵制的关键概念和议题，在图书情报、经济管理等学科中也备受关注，这意味着从传播研究的视角切入，进而推动相关理论的发展，可以进一步促进新媒体心理研究的学科交叉融合发展。

思考题

- 结合具体案例讨论：为什么不同的新媒体应用会遭遇人们的接纳或抵制？
- 对于新媒体上的虚假信息，人们是如何进行接纳或抵制的？

参考文献

陈昌凤, 徐芳依. 2020. 智能时代的“深度伪造”信息及其治理方式. 新闻与写作, (4): 66-71.
郭庆光. 2011. 传播学教程. 2 版. 北京: 中国人民大学出版社.
贺建平, 黄肖肖. 2020. 城市老年人的智能手机使用与实现幸福感: 基于代际支持理论和技术接受模型. 国际新闻界, (3), 49-73.
黄顺铭. 2018. 虚拟社区里的知识分享: 基于两个竞争性计划行为理论模型的分析. 新闻与传播研究, (6): 52-76, 127.
黄顺铭, 李妍. 2015. 移动阅读的"技术接受模型"(TAM): 一个结构方程模型的分析. 新闻界, (21): 34-41.
匡文波, 邱水梅. 2017. 大学生的微信表情使用行为研究. 国际新闻界, (12): 123-137.
刘虹, 裴雷, 孙建军. 2014. 基于期望确认模型的视频网站用户持续使用的实证分析. 图书情报知识, (3): 94-103.
罗杰斯. 2016. 创新的扩散: 第 5 版. 唐兴通, 郑常青, 张延臣译. 北京: 电子工业出版社.
闫岩. 2014. 计划行为理论的产生、发展和评述. 国际新闻界, (7): 113-129.
周沛, 伏苏云, 赵越春. 2020. 购物类APP用户持续使用影响因素的实证研究. 南京师大学报(自然科学版), 43(2): 140-148.
Ajzen, I. 1991. The theory of planned behavior. *Organizational Behavior and Human Decision Processes*, 50(2): 179-211.
Ajzen, I. & Fishbein, M. 1980. *Understanding Attitudes and Predicting Social Behavior*. Englewood Cliffs, N.J.: Prentice-Hall.
Ang, J. & Pavri, F. 1994. A survey and critique of the impacts of information technology. *International Journal of Information Management*, 14(2): 122-133.
Armitage, C. J. & Conner, M. 2001. Efficacy of the theory of planned behaviour: A meta-analytic review. *British Journal of Social Psychology*, 40(4): 471-499.
Arnould, E. J., Price, L. & Zinkhan, G. M. 2003. *Consumers*. 2nd edn. New York: McGraw-Hill.
Bauer, M. 1995. *Resistance to New Technology: Nuclear Power, Information Technology, Biotechnology*. New York: Cambridge University Press.
Bhattacherjee, A. 2001. Understanding information systems continuance: An expectation confirmation-confirmation model. *MIS Quarterly*, 25(3): 351-370.
Botelho, A. J. J. 1995. The politics of resistance to new technology: Semiconductor diffusion in France and Japan until 1965. In M. Bauer (Ed.), *Resistance to New Technology: Nuclear Power, Information Technology and Biotechnology* (pp. 227-254). Cambridge: Cambridge University Press.
Burgess, M. 2020. A deepfake porn bot is being used to abuse thousands of women. https://www.wired.com/story/a-deepfake-porn-bot-is-being-used-to-abuse-thousands-of-women/ [2024-07-01].
Chau, P. Y. K. & Hu, P. J. H. 2001. Information technology acceptance by individual professionals: A model comparison approach. *Decision Sciences*, 32(4): 699-719.
Davis, F. D. 1989. Perceived usefulness, perceived ease of use, and user acceptance of information technology. *MIS Quarterly*, 13(3): 319-340.
Davis, F. D., Bagozzi, R. P. & Warshaw, P. R. 1989. User acceptance of computer technology: A comparison of two theoretical models. *Management Science*, 35(8): 982-1003.
Dobber, T., Metoui, N., Trilling, D., et al. 2021. Do (Microtargeted) Deepfakes have real effects on political attitudes? *The International Journal of Press/Politics*, 26(1): 69-91.
Elek, E., Miller-Day, M. & Hecht, M. L. 2006. Influences of personal, injunctive, and descriptive norms on early adolescent substance use. *Journal of Drug Issues*, 36(1): 147-172.
Fishbein, M. & Ajzen, I. 1975. *Belief, Attitude, Intention, and Behavior: An Introduction to Theory and Research*. Boston: Addison-Wesley.
Gefen, D. & Straub, D. 2000. The relative importance of perceived ease of use in IS adoption: A study

of e-commerce adoption. *Journal of the Association for Information Systems*, 1: 1-28.

Huang, G. X. & Ren, Y. C. 2020. Linking technological functions of fitness mobile apps with continuance usage among Chinese users: Moderating role of exercise self-efficacy. *Computers in Human Behavior*, 103: 151-160.

Igbaria, M., Iivari, J. & Maragahh, H. 1995. Why do individuals use computer technology? A Finnish case study. *Information & Management*, 29(5): 227-238.

Jiang, Q. L. 2018. Off the hook: Exploring reasons for quitting playing online games in China. *Social Behavior and Personality: An International Journal*, 46(12): 2097-2112.

Jiang, Q. L. & Lian, L. 2024. Applying the technology acceptance model to understand China's sharing economy among the young. In E. K. Ngwainmbi (Ed.), *Social Media, Youth, and the Global South: Comparative Perspectives* (pp. 81-101). Cham: Palgrave Macmillan.

Jiang, Q. L. & Luan, C. J. 2018. Diffusion, convergence and influence of pharmaceutical innovations: A comparative study of Chinese and U. S. patents. *Globalization and Health*, 14(1): 92.

Kang, Y. & Kim, S. 2009. Understanding user resistance to participation in multihop communications. *Journal of Computer-Mediated Communication*, 14(2): 328-351.

Kelly, S., Kaye, S. A. & Oviedo-Trespalacios, O. 2023. What factors contribute to the acceptance of artificial intelligence? A systematic review. *Telematics and Informatics*, 77: 101925.

Kietzmann, J., Lee, L. W., McCarthy I. P., et al. 2020. Deepfakes: Trick or treat? *Business Horizons*, 63(2): 135-146.

Kling, R. & Iacono, S. 1988. The mobilization of support for computerization: The role of computerization movements. *Social Problems*, 35(3): 226-243.

Koopmans, R. & Rucht, D. 1995. *Social Movement Mobilization under Right and Left Governments: A Look at Four West European Countries*. Berlin: WZB.

Kuisma, T., Laukkanen, T. & Hiltunen, M. 2007. Mapping the reasons for resistance to Internet banking: A means-end approach. *International Journal of Information Management*, 27(2): 75-85.

Ledford, H. 2024. Deepfakes, trolls and cybertroopers: How social media could sway elections in 2024. *Nature*, 626: 463-464.

Lee, J., Ham, C. D. & Kim, M. 2013. Why people pass along online video advertising: From the perspectives of the interpersonal communication motives scale and the theory of reasoned action. *Journal of Interactive Advertising*, 13(1): 1-13.

Li, L. & Li, J. H. 2020. Factors affecting young Chinese women's intentions to uptake human papillomavirus vaccination: An extension of the theory of planned behavior model. *Human Vaccines & Immunotherapeutics*, 16(12): 3123-3130.

Lim, H. & Dubinsky, A. J. 2005. The theory of planned behavior in e-commerce: Making a case for interdependencies between salient beliefs. *Psychology & Marketing*, 22(10): 833-855.

Madden, T. J., Ellen, P. S. & Ajzen, I. 1992. A comparison of the theory of planned behavior and the theory of reasoned action. *Personality and Social Psychology Bulletin*, 18(1): 3-9.

Mahajan, V., Muller, E. & Bass, F. M. 1990. New product diffusion models in marketing: A review and directions for research. *Journal of Marketing*, 54(1): 1-26.

Oghuma, A. P., Libaque-Saenz, C. F., Wong, S. F., et al. 2016. An expectation-confirmation model of continuance intention to use mobile instant messaging. *Telematics and Informatics*, 33(1): 34-47.

Pakulski, J. 1993. Mass social movements and social class. *International Sociology*, 8(2): 131-158.

Ram, S. 1987. A model of innovation resistance. *Advances in Consumer Research*, 14(1): 208-212.

Robinson, L. 2009. A summary of diffusion of innovations. https://studylib.net/doc/8872343/a-summary-of-diffusion-of-innovations [2009-01-18].

Rogers, E. M. 1995. *Diffusion of Innovation*. 4th edn. New York: Free Press.

Rogers, E. M. & Shoemaker, F. F. 1971. *Communication of Innovations: A Cross-cultural Approach*. 2nd edn. New York: Free Press.

Sagnier, C., Loup-Escande, E., Lourdeaux, D., et al. 2020. User acceptance of virtual reality: An extended technology acceptance model. *International Journal of Human-Computer Interaction*, 36(11): 993-1007.

Sheppard, B. H., Hartwick, J. & Warshaw, P. R. 1988. The theory of reasoned action: A meta-analysis of past research with recommendations for modifications and future research. *Journal of Consumer Research*, 15(3): 325-343.

Sheth, J. N. 1981. Psychology of innovation resistance: The less developed concept (LDC) in diffusion research. *Research in Marketing*, 4(3): 273-282.

Szajna, B. 1994. Software evaluation and choice: Predictive validation of the technology acceptance instrument. *MIS Quarterly*, 18(3): 319-324.

Szmigin, I. & Foxall, G. 1998. Three forms of innovation resistance: The case of retail payment methods. *Technovation*, 18(6-7): 459-468.

TechnikRadar. 2018. New study reveals what Germans think about technology. https://en.acatech.de/allgemein/new-study-reveals-what-germans-think-about-technology/[2024-07-31].

Teo, T., Shi, W., Hoi, C. K. W., et al. 2020. Predicting the intention to use cybercounseling among Chinese adolescents: An extended theory of planned behavior. *Cyberpsychology, Behavior, and Social Networking*, 23(9): 627-634.

Westerlund, M. 2019. The emergence of deepfake technology: A review. *Technology Innovation Management Review*, 9(11): 40-53.

Wolny, J. & Mueller, C. 2013. Analysis of fashion consumers' motives to engage in electronic word-of-mouth communication through social media platforms. *Journal of Marketing Management*, 29(5-6): 562-583.

第 2 章

新媒体的可供性与策略性使用

引　　言

“养号”是“饭圈”中常见的粉丝行为，指的是一个粉丝在社交媒体上注册多个账号，通过增加活跃度的方式使账号成为正常账号（而非僵尸号），当“养号”完成后，可以为“爱豆”（偶像）进行刷分和打榜。豆瓣是国内有强大影响力的书影音评价社区，也是粉丝“养号”的重镇。

粉丝为“爱豆”打榜而“养号”的行为对豆瓣等社区的用户生态造成了损害，比如一些书影音的传播受到注水评论和点赞的影响，对创作者造成了打击。粉丝行为看起来狂热，但很大程度上是利用了豆瓣社区的账号机制。不同的账号在豆瓣社区内会被赋予不同的权重，而粉丝们正是利用了这一新媒体算法逻辑的特点，开启了“养号”事业，并逐渐形成一系列数据生产行为……

此外，微博打榜、刷数据等行为已经日渐成为“饭圈”生态中的一部分。粉丝们深谙社交媒体传播的机制，探索出了一套为偶像积累影响力的“方法论”，并通过在社交媒体上开展各种互动行为不断地进行更新、修正和优化。

头脑风暴

- 社交媒体如何助推粉丝追星形成新的时代特色？
- 粉丝对“爱豆”的情感如何在互联网上转化成各种具体的应援行为？

本章内容要点

- 如何理解媒介可供性？
- 新媒体如何拓展了媒介可供性？

- 如何看待对新媒体的策略性使用？

2.1　媒介可供性

可供性（affordance）概念为新媒体研究提供了一个颇具解释力的视角。在可供性理论的指导下，我们可以不再只是关注粉丝在社交媒体上发布的内容和行为，而是从技术提供的可能性出发，考察粉丝如何利用这种可能性与技术产生互动。这正是可供性理论的价值，把关注的焦点放置于人与技术的互动关系之上。

对于传播研究者来说，可供性是一个颇具吸引力和解释力的概念，它为我们提供了理解人与技术互动关系的新视角和新框架。近年来，越来越多的研究者使用"媒介可供性"这一概念去探讨人们的媒介技术使用行为，但媒介可供性概念的界定却一直缺乏统一的标准和共识。为了更好地理解媒介可供性的内涵，我们需要了解可供性理论概念的产生、发展和应用情况。

2017 年刊发于传播学期刊《计算机中介传播》的论文《阐释可供性：一个传播研究中理解可供性的概念框架》（"Explicating Affordances: A Conceptual Framework for Understanding Affordances in Communication Research"）对可供性概念以及可供性在传播学研究中的应用进行了系统梳理，并得到了广泛的关注和引用。在本节中，我们将结合这篇系统综述的思路，从可供性的提出开始，梳理可供性概念的发展脉络与应用。

2.1.1　可供性内涵：生态学与设计学的视角

在传播学研究中，可供性是一种解释人与媒介技术互动关系的视角。更直接地说，可供性存在于关系之中。然而，"可供性"这一概念最初出现在生态学中。1979 年 James J. Gibson 在《视知觉的生态学路径》（*The Ecological Approach to Visual Perception*）一书中对可供性进行了系统的梳理和界定，并引用大量的案例对可供性进行了阐释。

在最初的生态学框架内，可供性存在于生物与自然环境的互动关系中，是环境给予生物生存的可能性。生物对环境的感知，并非其本质，而是环境能够提供的行动的可能性。例如，我们对水的感知，不是一种由氢和氧元素组成的无机物，而是一种可以饮用、使用的液体。对于不同的生物个体而言，可供性都具有特殊性。依然举水的例子，在水资源缺乏与丰富的不同地区，水的功能与可利用程度是不同的，但其可饮用的性质却都可以被直观感知到。

Gibson 提出："知觉的生态学进路是心理学领域中一种全新的方法。"（Gibson，1979）可供性凝聚了 Gibson 在生态学理论发展中的努力，既要维护主体的能动性使其摆脱技术和环境的控制，又并非承认主体在认知中的建构性，从而建立一种以互动关系为核心的理论视角（孙凝翔和韩松，2020）。显然，可供性所具有的解释力远远超出了生态学的范围，可以用于解释一切有机体与环境的互动，这里的环境当然也包含社会环境。可供性的概念随后被 Norman（1988）引介至设计领域，认为设计者可以通过设计引导用户使用某一功能。

可见，无论是在生态学还是设计领域，可供性的概念都指示了一种关系——身处环境或技术中的使用者与环境或技术的互动关系。环境或技术为使用者从物质性角度提供了可能性，但不能决定使用者的使用行为。由此也引申出了一个理解可供性的关键问题，既然存在于一组关系中，那么可供性是客观的还是主观的？根据 Gibson 的观点，可供性不以个人意志为转移，不是个体赋予环境或技术的意义，因而它不是绝对主观的。鸽子没有使世界和平的功能，但是人们却赋予了鸽子和平的文化意义，这是主观的价值和意义。然而，可供性也不是绝对客观的，因为它需要个体的参与和互动才能被揭示和发现。可以说，可供性是内置于环境或技术之中的，但需要被个体感知才能实现。智能手机内置有摄像头，这是智能手机固有的特征，但对盲人来说，这一特征没有被感知到，可记录性这种可供性也就无法在其互动关系中成立和实现。个体对环境或技术的感知是可供性实现的前提，因而理解可供性必须将其置于个体与环境或技术的互动关系之中。

Gibson 与 Norman 的分歧也正是集中于“感知”这一前提上。Gibson 认为，个体对环境和技术的感知是直接的，可以调用感官系统本能地获得信息，不需要引导。而 Norman 则认为，在复杂的环境和技术面前，人们需要解释、标签和符号来引导，这正是设计存在的价值——引导或阻碍个体发现、感知和激活可供性。当然，Gibson 与 Norman 的分歧并非本章的重点，在此作一介绍是为了帮助大家更好地理解可供性发展的脉络，并不作更深入的呈现和讨论。

简而言之，可供性描述了个体与环境或技术产生的互动关系。在此之前，环境或技术首先提供了实践的可能性，个体对环境或技术的感知是可供性实现的前提。而媒介可供性则是可供性在媒介领域的应用，探讨的是使用者与媒介技术和媒介环境的互动关系。在特定的媒介环境下，个体基于不同的需要或目的，感知到可以应用媒介的一个或多个潜在特性、功能或限制，进而产生行为的可能性。

2.1.2 传播学视角中的可供性与相关理论

在社会科学研究中，技术与人和社会的关系往往是关注和探讨的重点，进而形成了科技与社会（Science，Technology and Society，STS）的研究传统。可供性概念很快被引入这一研究范畴中，作为技术决定论和社会建构论中间的第三条道路而受到关注。

Barry Wellman 等于 2003 年率先将可供性的概念引入了传播学，以说明技术

（物质）影响人类社会生活的可能（Wellman et al.，2003）。传播研究探究的是人类的传播行为，媒介技术与人和社会的互动关系是其中非常重要的一环。但在早期，可供性概念并没有能够摆脱功能主义范式。比如，由于同样关注人的媒介技术使用，可供性理论同使用与满足理论之间形成了易于混淆的关系。虽然探讨的内容相近，但二者的理论视角是有根本区别的。使用与满足理论是从受众角度出发，分析受众的媒介接触动机以及媒介如何满足受众的需求，进而探讨大众传播对人们心理和行为的影响。而正如 Hutchby（2001）所强调的，“不同的技术具有不同的可供性，这些可供性限制了它们被书写或阅读的方式”，从而重新将可供性的概念拉回到关系属性当中。

关于可供性概念进入中文语境的传播研究则不得不提 2017 年潘忠党所接受的访谈。在访谈中，潘忠党指出，可供性可以作为衡量和比较不同新媒体的整合概念，当下新媒体的可供性可以分为信息生产的可供性、社交可供性和移动可供性（潘忠党和刘于思，2017）。随后，可供性概念开始逐渐受到大陆研究者的关注。

可见，可供性概念在被引介到传播研究的过程中，一直存在与传统的范式和理论的抗争，由此试图开辟出理解传播技术与人和社会的另一条路径。在可供性概念在传播学内部备受关注以前，并不缺乏探讨传播技术本质和人们媒介使用行为的理论框架，例如典型的功能主义范式下的使用与满足理论，强调了人如何通过使用不同的媒介来满足不同的个人需求。而技术决定论和社会建构论之争，则更加旗帜鲜明地展示了传播学对技术的态度。可供性则处于二者之中，既不强调技术决定人，也不强调人决定技术的使用，因而绝非一方对另一方的决定关系，而是关注使用者和技术或环境之间的互动关系，因此受到了传播学研究者的关注和青睐。但由于概念本身的跨学科性和复杂性，可供性概念在传播学研究的应用中仍然存在含义模糊、难以操作化等问题，导致这一理论框架仍难以在不同的研究中被充分理解。

2.1.3　媒介可供性的判断标准与操作化

《阐释可供性：一个传播研究中理解可供性的概念框架》一文对可供性概念进行了系统梳理，并提出了判断媒介可供性的三大基本标准，从而为研究者提供了更加一致的概念模型，以方便可供性概念的操作化和在传播研究中更广泛地应用（Evans et al.，2017）。判断媒介可供性的三大基本标准分别考察并回答了可供性是否技术特征、是否技术使用的结果，以及可供性是否具有可变动性的问题。同时，这三大标准也解答了关于可供性与特征等概念相混淆的问题。

1. 可供性既不是对象也不是对象的特征

可供性经常被研究者用于分析人们的媒介技术使用行为和媒介对社会环境的

影响，因而时常与“特征”“功能”等概念混淆。需要注意的是，可供性描述的是一种关系，它既不属于个体也不属于环境或技术。而特征、功能等概念描述的是技术或环境的工具属性，即能够为使用者提供什么，因而是客观的、静态的工具属性，是在结构特征或设计元素中存在的特定属性。而可供性则取决于人与环境或技术的互动关系，是动态的。在使用者的共识中，桌子是一种平面可以起到支撑作用的物体，但对于它的可供性却可能有不同的看法，比如用于吃饭、躲藏，甚至是趴着睡觉。

2. 可供性不是技术使用的结果

如前文所述，使用者出于一定的目标和需求，与技术或环境进行互动，会产生不同的行为和结果。但是，可供性本身并不是结果，同一种可供性可能导致多种结果。这里我们可以参考社交媒体的案例。比如，微信、微博等社交媒体提高了内容的可见性和可搜索性。如果一个使用者想使用微信查看朋友的照片，那么就会导致看到照片的结果。看到照片是使用者的目标和结果，而可见性和可搜索性是行动者使用社交媒体实现目标的手段。由此可见，可见性和可搜索性既不是社交媒体的工具属性，也不是结果。

3. 可供性具有一定的可变性

在量化研究中，可变性用以描述变量的离散程度。可供性的可变性则说明不同个体对可供性的感知存在不同程度的差异性，因而可供性存在不同层次的变化可能性。这里需要注意的是，可供性不是使用者主观赋予的意义和价值。因此，可供性的变化程度是有限的，无法超出技术或环境结构上的特征。

界定可供性的概念是对可供性进行操作化的前提。研究者可以使用上述三大标准来判断一些研究是否属于对可供性的探究，并探索不同媒介技术和媒介形态的可供性。比如，基于媒介可供性的概念，有的研究者开始应用可供性来解释组织化媒体的用途和意义。组织化媒体主要是团体组织在组织传播过程中使用的媒体。组织化媒体的可供性指的是行为主体使用一种或多种媒体开展行动的可能性。行动可能性与行为主体的需要和目的相关，并可在媒体或者跨媒体环境、组织或者跨组织环境中聚合。因此，组织化媒体可供性的概念包括三个中心含义：第一，行动主体通过使用不同的媒体，感知媒体可供性如何帮助他们完成工作；第二，组织化媒体的可供性可以与单个或多个媒体相关联，而非单个媒体与单个行动主体之间一对一的关系，组织成员在工作中可以依据不同的目标和关系伙伴选择不同的媒体；第三，组织化媒体的可供性至少发生在三个层面——人际、群体和组织，而在组织环境中，这三个传播维度均存在。

基于上述概念操作化和假设，Rice 等（2017）进行了大量的文献梳理，通过反复筛选和讨论，从而在过往的文献中整理并确定了 11 项可供考察的可供性。随后，Rice 等研究者在雇用了超过 3300 名员工的北欧公共广播公司（Nordic public sector broadcasting company，NPB）开展了研究，考察了员工对十种媒体的使用情况。通过相关数据进行因子分析，研究者们得到了六种可供性，分别是普遍性、可编辑性、自我呈现性、可搜索性、可见性和可察觉性。对于受访者来说，这六种可供性反映了他们与组织化媒体的关系。为了验证这一结果，研究者们还进行了多次模型测量，模型结果进一步为六种可供性提供了依据。该研究不依赖于单一的媒介，考察了大量不同的媒体形态并评估了多种可供性，从而为组织环境中的媒体可供性研究提供了一个有力的框架。

2.1.4　媒介可供性的分类

对于许多传播研究学者来说，媒介可供性的特殊价值就在于，它关注了使用者是否以及如何感知媒介并展开应用。为了更好地理解媒介可供性，已有多位研究者在文章中衡量和考察了可供性的分类。

对于可供性这一理论概念来说，从不同的学科视角出发，也形成了不同的分类和理解。前文提到，可供性的提出者 Gibson 和发展继承者 Norman 就感知这一前提产生了分歧。Gibson（1979）认为，个体对技术或环境的感知是直接的，可供性是可以依赖感官的本能被激活的，是不需要设计和引导的。在相对简单的环境下，人们调用社会经验和感官的确可以实现对技术的应用并适应环境。但是，面对复杂的环境和技术，人们很难调用感官采取直接的行动，因而需要设计和引导，促进或者阻碍使用者采取行动。可供性本质上涉及人与技术或环境的交流，从 Norman 的角度来看，设计者试图基于技术本身固有的特性，通过设计向用户传达人工制品的功能，并引发用户的使用行为。比如，微信运动这一媒介产品其功能的技术支持是智能手机的重力传感器和加速度传感器，这两个传感器通过手机的移动和一套计算走路或跑步的算法来计算用户携带手机走了多少步或者跑了多远的数值，而微信开发了相关功能获取了这个数值，进而引发了用户对微信运动的一系列使用行为。由此可见，可供性可以被分成设计和非设计两大类。

任何一种可供性都可能存在积极和消极的内涵（Conole & Dyke，2004）。人们追逐并在社会生活中应用新的媒介技术，但也会在技术的普遍应用后担心技术变异可能带来的危险。分析现代通信技术的可供性，可以从易接近性、发展速度、多样性、辅助介导沟通和合作、反馈、非线性、不确定性等维度出发。但任何一项可供性都存在积极与消极的两面。比如，媒介技术的发展使我们获得信息的成本大幅降低，信息的易接近性和易获得性得到了极大的提高，但这也导致了获取信息的手段和信息量呈指数级增长，造成了信息爆炸。信息获得的相关挑战，从获取转向了筛选。在庞大的信息池中花费大量的时间去选择有价值的信息，造成了使用者时间和精力的消耗与浪费。

可供性也存在短期和长期的区别。以拍照美颜软件为例，使用者可以通过一键美颜迅速实现对自拍照片的调整和美化，从而增强自信；然而长期使用却可能造成对自我形象的认知偏差，甚至产生容貌焦虑并导致自卑。可见，考察人与技术的互动要结合具体的现实情境，同一种媒介技术手段其短期和长期的可供性可能并不总是一致的。

此外，我们还应该看到的是，“可供性”一词内含提供之意，总夹杂着提供某种可能性和支持的含义。但作为人与技术或环境互动关系的描述，其内涵得到了延展，即可供性既可能对使用者的行为进行赋能，也可能造成限制。比如，一项关于企业社会化媒体的研究指出，越来越多的社会化媒体被企业组织应用到知识管理中，以提高组织内部的知识共享效率（Oostervink et al.，2016）。然而，企业应用社会化媒体有可能促进知识的共享，但也可能会阻碍知识的分享（Majchrzak et al.，2013）。社会化媒体的开放性允许更多的企业员工参与知识对话和知识分享，但在制度复杂性的驱使下，社交媒体的可见性也可能阻碍他们的知识分享。在专业逻辑下，员工们希望与同行进行讨论和经验交流，以发展他们的专业知识。但在企业逻辑下，由于社会化媒体具有可见性，员工对这些分享和讨论会保持谨慎的态度，担心管理者看到后被认为是浪费时间，或者提出问题被认为是缺乏专业知识。因此，基于不同的社会心理和意图，可供性可能既会对使用者赋能，也可能限制使用者的行为。

可见，可供性存在设计与非设计、积极与消极、短期与长期的差异。可供性既能对使用者产生赋能，也可能阻碍其行为的发生，需要结合具体的目的、需求与社会情境进行分析。在此基础上，不少研究者使用可供性的理论框架来解释和探索人们如何利用媒介技术，尤其是计算机中介的传播形成和维系亲密关系，并形成了丰富而有趣的研究成果。比如，研究发现，计算机中介的交流在恋爱关系的形成中发挥着重要的作用。在人们决定展开线下恋爱关系之前，线上交流所能够传达的关于身体的视觉线索对于人们判断身体的吸引力十分关键。在恋爱关系形成之前，交流者之间会产生两种不同的吸引力，分别是指向建立朋友关系的社会吸引力和建立持续的、亲密的恋爱关系的浪漫吸引力。研究发现，由于基于文本的互动使人们更容易建立理想化的形象展示，基于文本的在线互动比基于视听线索（视频）的互动会形成更高的社会吸引力，但二者在浪漫吸引力上并没有产生显著的差异（Antheunis et al.，2019）。研究还发现，当在线的交流转换为线下面对面的接触时，社会吸引力仍然存在，但浪漫吸引力则显著下降了（Lawson & Leck，2006）。这为人们理解计算机中介传播在恋爱关系形成中的作用提供了思路。除了恋爱关系的建立，在线互动在恋人间亲密关系的维护中也发挥着作用。借助在线通信工具，恋人之间可以维持实时且持续的联络，尽管内容十分琐碎，但对亲密关系的维持有着重要的意义。但持续的联系和分享也会产生限制和弊端。一方面，实时分享对恋人们的时间管理和注意力提出了很高的要求，实时的联络会让恋人感到被控制；另一方面，实时的联系会导致恋人们对失去联系的容忍度降低，因而对沉默和缺席变得更加脆弱（Su，2016）。虽然实时在线互动为恋人们提供了保持联系的可能性，但这也使他们在亲密关系中难以获得自主权，这也正是人们与媒介技术互动关系，即可供性的两面性的体现。

2.2　新媒体技术与可供性

在大众传播时代，使用与满足理论被广泛地应用于传播效果研究。当一个人的需求被符合期待的特定媒体类型满足的时候，这个人就获得了满足感。使用与满足理论传达了这样一种媒介观念：从媒体获得的满足很大程度上取决于使用者预先存在的需求，而非媒介技术的特征。但在现实的媒介技术应用过程中，用户往往并不能准确地提出或表达个体的需求，而在一定程度上是技术的发展创造并定义了用户的需求。新兴的媒体技术为用户提供了新的媒介功能，从而改变了用户的媒介使用行为、使用习惯和满意程度。用户与特定媒介技术之间的互动在很大程度上受到可供性的影响。因此，在新兴媒介技术快速发展的背景下，媒介可供性对人与技术互动关系的考察，能够帮助我们更好地理解人们与新媒体的关系（Sundar & Limperos，2013）。

2.2.1　新媒体技术：人工智能、虚拟现实与增强现实

伴随着移动通信技术的发展，媒介技术的强大能量得到释放，媒体的智能化水平不断提高。智能手机、可穿戴设备等各类基于移动互联网的移动终端、移动设备成为人们社会生活中不可缺少的工具，甚至逐渐延伸成为人们身体的一部分（彭兰，2016）。人工智能（AI）、虚拟现实（VR）、增强现实（augmented reality，AR）等技术为媒体的智能化提供了直接的动力，给人们带来了感知世界的新方式。在本小节中，我们选取 AI、VR 与 AR 为代表来了解新媒体技术的可供性，并重点关注这三种新媒体技术的技术形态及其在新闻传播业中的应用。

《人工智能安全标准化白皮书（2019 版）》（下称白皮书）认为，AI 是利用数字计算机或者数字计算机控制的机器模拟、延伸和扩展人的智能，感知环境、获取知识并使用知识获得最佳结果的理论、方法、技术及应用系统。在计算科学中，AI 研究的是“智能主体”根据环境处理信息并优化决策的过程。通俗地说，AI 就是指机器具备人类的认知、学习、分析、解决问题的智能，也被称为机器智能（machine intelligence，MI）。AI 在信息采集与线索挖掘、内容生成与编辑、内容

分发与个性化推送、用户反馈与互动、新闻事实核查与版权保护等方面对传媒业产生了深远影响。早在 2017 年，美联社就公布了《增强新闻的未来：智能机器时代新闻编辑室手册》（*The Future of Augmented Journalism: A Guide for Newsrooms in the Age of Smart Machines*），介绍了 AI 技术在传媒业的应用及影响。2020 年初，新华社“人工智能时代媒体变革与发展”课题组结合新华社的实践发表了《人工智能在新闻传播全链条中的具体应用》一文。2023 年 7 月，国家互联网信息办公室联合国家发展和改革委员会、教育部、科技部、工业和信息化部、公安部、国家广播电视总局公布《生成式人工智能服务管理暂行办法》，旨在促进生成式 AI 的健康发展和规范应用。可见，AI 技术已经成为传媒业内容生产传播的关键技术之一，对传媒业的重塑发挥着重要的作用。

白皮书还指出，近 20 年来，AI 领域的关键技术包括机器学习、知识图谱、自然语言处理、计算机视觉、人机交互、生物特征识别、VR/AR 等关键技术。VR/AR 是以计算机为核心的新型视听技术，结合相关科学技术，在一定范围内生成与真实环境在视觉、听觉、触感等方面高度近似的数字化环境。VR 是一种可以创建和体验虚拟世界的计算机仿真系统，用户可以沉浸在计算机生成的三维虚拟环境中，从自身主观视角出发与环境产生互动，产生一种身临其境的代入感。VR 的核心特征是沉浸、交互与想象。与 VR 不同的是，AR 是虚拟世界信息和真实世界信息的共在，在人们感知到的真实世界基础上置入由计算机和可视化技术产生的虚拟信息，把原本在现实世界的一定时间空间范围内很难体验到的实体信息（视觉信息、声音、味道、触觉等）通过电脑等科学技术，模拟仿真后再叠加，从而帮助人们更好地认识现实世界，是一种虚实结合的视听技术。

可以看出，基于 AI、VR 与 AR 等技术，机器的感知能力增强了。同时，新型媒介技术也为人们塑造了全新的媒介视听体验和更深入的临场感，人与技术的互动也进入了一个崭新的阶段。

2.2.2 新媒体技术的可供性：MAIN 模型

通过对 AI、VR、AR 等新兴媒介技术的了解，可以发现，相较于传统媒体，这些新媒体技术为人们提供了更为丰富的感官认知和互动的可能性，进一步拓展了媒介可供性的维度。因此，我们需要系统的方法来对新媒体技术的可供性进行探索，从而为新媒体研究提供有力的框架。

宾夕法尼亚大学媒体效果研究室通过对数字媒体十余年的探索和研究，提出了四种广泛存在于各类新媒体中的可供性，包括形态（modality）、代理（agency）、交互性（interactivity）和导航性（navigability），也被称为 MAIN 模型（Sundar, 2008）。这四种可供性被认为展现出了新媒体显著的效能。对使用者来说，这四种可供性的具体内涵及其产生的结果并没有清晰的结论。这主要是因为对于不同的个体来说，每一种可供性所传递的线索是复杂的，个体对可供性的感知也是不同的。而对研究者来说，可以通过信息搜集和研究来揭示、探讨每种可供性的多元情况，从而更好地理解人与新媒体技术的互动。因此，MAIN 模型可以为我们理解新媒体技术的可供性提供一个基本的框架。

形态（modality）是最具结构性且最显性的可供性，它所描述的是媒体的基本样态，决定了人们的感知体验维度。例如，印刷品主要是文本的，广播主要是诉诸听觉的，电视主要是视听的，指征的是媒体可以调动人们的哪些感官。对于新媒体来说，人的感官被整合到了一起。新的媒体形态可能会给人们带来全新的感知体验。

代理（agency）指的是内容的来源。在传统媒体时代，内容的来源是显而易见的，但在新媒体环境下，来源往往是模糊的，新媒体设备很大程度上是一个信息传递的接口。媒体的形态和信息的来源是用户判断一个媒体是否具有可信度的重要维度。一般来说，能够调动用户更多感官参与的媒体给予了个体更高程度的现场感，更加具有可信度。但在新媒体技术的应用下，更多的感官参与很可能意味着沉浸在一个虚构的“事实”当中。

如果形态和代理对于新媒体来说不是最具有特殊性的，那么交互性（interactivity）和导航性（navigability），则是我们理解新媒体技术可供性的关键。大多数传统媒体几乎没有交互性，但对于大多数新媒体来说，交互性是非常重要的可供性之一。交互性被定义为允许用户根据自己的需求和偏好对媒体进行实时的改变，而这也意味着媒体能够更深入地采集用户的行为数据，并根据用户的需求做出反应。交互性不仅存在于人与机器的交互中，还表现为人与人的交互也可以通过新媒体技术实现，即计算机中介传播。交互性的真正价值在于，它赋予了用户作为交流的来源而非被动接受者的能力。

导航性指的是新媒体赋予用户从一个空间到另一个空间的移动能力，允许用户通过媒体在不同的页面、信息、功能和空间中移动和切换（Balakrishnan & Sundar，2011）。例如，网站上的超链接就是导航性的表现。导航性意味着新媒体可以提供给用户一个广阔且多样的空间，而并非简单的信息窗口。当然，新媒体良好的导航能力不仅仅在于简单地提供各种形式的超链接，还在于引导用户更好地适应计算机中介的环境，最大限度地提高用户体验。比如，数字媒体越来越空间化，借助 VR/AR，人造虚拟空间成为可能，人们可以体验在不同虚实空间中存在的“沉浸感”。同时，使用者与媒介技术的互动也更深入了。借助虚拟建模，VR 为人们呈现出了一个完全脱离于现实世界的三维立体空间，人们可以沉浸其中，与技术和环境产生互动；而 AR 则将不可见物通过技术叠加于现实世界之上。VR/AR 两种视听技术都为用户的互动和沉浸提供了更高的可能性，同时具有很好的导航性，可以使人们在虚拟和现实空间中穿梭。

在 AI、VR、AR 等技术出现后，新媒体的可供性显而易见地变得更为复杂了。以 AI 为例，机器人新闻写作是 AI 在新闻生产方面的重要应用。而机器人生产的新闻内容，内容来源该如何判定、内容是否可信，都成为颇具争议的焦点问题。VR/AR 与传媒业结合所产生的伦理问题亦值得思考。虽然 VR/AR 提供了线索更为丰富的叙事模式和第一人称的视角，给人们认知世界的视角带来了全面转型，但正是由于调动了人们丰富的感官参与，所以人们更容易受到虚拟空间内“事实”的影响，产生夸大的情绪甚至更易被动员。VR/AR 使得“事实”的真伪更难辨别，眼见不仅不能判断真假，还有可能带来认知的干扰，这些都成为研究者在考察人与新媒体技术的互动关系中必须面对的伦理困境。

2.2.3 新媒体可供性案例探讨：以网络游戏为例

网络游戏作为一种特别的媒介形态，其用户与游戏环境的互动为探讨新媒体可供性提供了丰富的研究土壤。本章中，我们将以不同的网络游戏为案例，探讨网络游戏的媒介可供性及其在传播研究中的价值。

1. 文物再现与保护：《刺客信条》中的巴黎圣母院

2019 年，拥有 850 年历史的世界文化瑰宝巴黎圣母院遭遇大火，造成建筑严重损坏。巴黎圣母院的大火迅速在全世界范围内引发热议，与此同时，《刺客信条：大革命》(Assassin’s Creed: Unity，中文简称《刺客信条》) 这一游戏也迅速得到了媒体和玩家们的关注。作为一款网络游戏，《刺客信条》一直基于真实的历史背景来展示虚拟的故事情节。《刺客信条》的制作团队注重对历史的真实考证并复建古迹地标，而其中就包含著名的巴黎圣母院。

虽然《刺客信条》对巴黎圣母院的细节还原并非百分之百，但研发人员利用 3D 建模技术设计开发完成的虚拟巴黎圣母院还是让人们感受到了建筑的恢宏。《刺客信条》将游戏叙事与现实叙事结合起来，在巴黎圣母院大火事件后引发了人们对文物保护和文物再现的思考。游戏的叙事有着丰富的内涵，既可以通过场景切换来实现，也可以通过游戏中的事件和其他角色采取的行动来讲述，而建筑的结构、场景的环境、角色的表现都是游戏叙事的一部分。为了让玩家更好地感知其可供性，掌握角色功能、执行特定的任务，每一个细节的设计都需要符合游戏的整体叙事，不能破坏游戏的沉浸感。

《刺客信条》对巴黎圣母院的还原也许很难在建筑的修复中发挥实际的作用，但对玩家的文化体验却有着强烈的影响。在玩家的游戏过程中，网络游戏的交互性和导航性使玩家沉浸在“巴黎圣母院”的建筑环境和法国的文化环境中，仿佛置身其中，玩家与文物从而产生了情感连接。受到诸多因素的影响，并非每个人都有机会亲历法国的文化环境并目睹巴黎圣母院的风采，但网络游戏却提供给玩家一个置身于其虚拟环境中的可能性。

2. 作为文化现象的游戏研究：游戏与身份认同

在玩家与游戏的互动中，玩家可以感受到身份的流动性与可变性。大多数网络游戏都为玩家提供了虚拟身份形象的设定，包括种族、性别、样貌、发型、服饰、角色等等。玩家可以根据自身的想法去设定自身的虚拟形象并完成自我表达，玩家在虚拟世界中的形象被称为化身（avatar）。在很多游戏所建构的虚拟世界中，往往允许玩家相对自由地建构自己在虚拟世界中的身份并展开叙事，而这正是由网络游戏的特殊形态所决定的。

网络游戏为玩家提供了身份流动的可能性，但在虚拟世界中怎样开展文化实践则取决于玩家与游戏的互动。由于可供性描述的是人与技术/环境之间的互动，因而个体或群体的心理因素需要被纳入观察和探索之中。尤其在新媒体环境下，用户的任何行为都可能指向复杂的心理内涵，而在可供性研究中，心理学的理论和实践可以为其提供理论视角和实践依据。

当然，游戏设计者可以通过为游戏注入文化价值观来影响玩家的身份认同，比如将游戏皮肤与传统服饰相结合的文化实践探索。例如，《王者荣耀》与敦煌研究院联合推出了敦煌主题皮肤，并发起“王者荣耀数字供养人计划”，借助游戏中丰富的感官线索和环境激发玩家对传统文化的兴趣、尊重与认同。而奇迹暖暖也联合故宫共同推出了宫廷文化主题服饰。网络游戏与传统文化的结合给玩家提供了感受不同地理风貌与历史文化的可能，并通过沉浸其中的文化体验唤醒玩家的文化认同和身份认同。在未来的游戏研究中，可供性可以持续发挥其理论指导作用，以探讨不同游戏玩家与游戏环境的互动，为传统文化与网络游戏的结合提供更多的理论和现实参考。

2.3　新媒体的策略性使用

在以互联网为代表的新媒体技术日益普及的背景下，数字媒体深度渗透、融合和改变着人们的行为，新媒体技术与用户之间呈现出越发复杂的互动关系。在大众传播时代，媒体就已经成为人们组织社会生活的重要手段。新媒体进一步打破了传统媒体的传播边界。新媒体兴起后，无论是个体还是集体，都越来越多地利用新的传播媒介来进行日常的协调。

新媒体给了用户越来越多的可能性来根据个体的需要进行选择和使用，而用户也可以基于媒介可供性开展一系列策略性使用。在传播学视角下，可供性理论有助于研究者洞察不同平台和用户之间的感知、资源供给和互动，从而帮助我们去探讨一些个体和集体行为背后的形成因素（张志安和黄桔琳，2020）。在本小节中，我们将从媒介可供性出发，结合既往研究发现，对多种相关的新媒体传播现象进行探讨。

2.3.1 新媒体与情感动员：网络化粉丝公众的集体行为

在本章的开始，我们提到了“饭圈”流行的粉丝“养号”行为，这是粉丝为“爱豆”“做数据”的准备活动之一。为了自家“爱豆”的数据拿得出手，粉丝们集结起来，逐渐形成了制度化、组织化的“饭圈”组织。通过在微博等社交媒体上的深度参与，粉丝们熟练掌握了流量明星的“游戏规则”，知道如何将时间、金钱以及人力转换成流量数据，并让偶像在流量竞争中交出一份好看的数据成绩单。一个典型的例子，就是被称为“坤伦大战”的粉丝竞争中粉丝们为了维护偶像的荣誉所进行的微博打榜、做数据的“集体保卫战”。

互联网对情感的中介效应是如何实现的，这个问题吸引了传播研究者的注意（常江，2019）。比如，在“饭圈”动员和粉丝集体行为中，粉丝对偶像的情感发挥了重要的作用，而恰恰是基于社交媒体的某些技术特征，促使粉丝们与技术互动，得以塑造形成了网络化公众。刘海龙（2017）在对“帝吧出征”的研究中指出，“帝吧出征”具有明显的粉丝群体特征，是一种新型的网络民族主义，即粉丝民族主义。在社交媒体上，“出征者”通过一系列传播行为被组织、动员，分工协作完成“出征”的任务，形成了临时但有严密组织和特定目标的群体。而在一项对网络粉丝社群的研究中（刘国强和蒋效妹，2020），研究者指出，社交媒体在这一社群的形成和发展过程中扮演了极其重要的角色，不同连接性的平台形塑着群体的关系和行为表现。早期阶段，粉丝们在虚拟世界借助微博等匿名平台进行自由的传播和连接，行动较少受到现实关系束缚，形成一种组织性较弱、开放的人际关系。随后，伴随着个别粉丝的号召，封闭的微信社群“哥哥弟弟都爱我”建立起来，一种长期的、节奏连带并彼此强化的群体认同和情感能量释放出来。可见，不同社交平台和不同传播行为的情感动员能力呈现出不同的特点。正如前文所述，以社交媒体为代表的新媒体具有良好的交互性和导航性，可以复制、检索，这些可供性都在粉丝与社交媒体的互动中发挥了重要的作用。社交媒体的可供性从技术层面上促成了粉丝的集体行为，而情感正是其中十分重要的认知联结点。可以说，在情感的驱使下，是社交媒体技术塑造、促成了“饭圈”话语和“饭圈”集体行为。

国外的社交媒体实践也证明了社交媒体强大的动员能力，这在种族主义文化的扩散中发挥了极其重要的作用。Back（2002）指出，社交网站在很大程度上是自治且不封闭的，通过社交网站，种族主义者的情绪可以转化成信息被搜索、转发和扩大，同时还允许其他人共同参与到内容的生产中，使情绪被进一步放大。在一项关于 Facebook 种族主义小组的研究中，探讨了 Facebook 是如何赋能和影响种族主义实践的（Merrill & Åkerlund，2018）。研究指出，Facebook 的平台连接架构允许隐蔽的和公开的种族主义积累，形成不同的社会网络；也允许用户的身份扮演，用户可以在 Facebook 上把自己塑造成真相讲述者、受害者和现实主义者等不同的身份。Facebook 使种族主义言论具有了可见性，使种族主义进一步正常化，影响力逐步扩大。

互联网时代，各种类型的社会运动都是通过分享和传递共通的情感经验的方式来实现的。"标签运动"是非常典型的互联网集体行为的案例，它的产生依赖于社交媒体的可供性，通过统一的特定标签，将与之相关的信息都聚合在一起，从而形成强大的影响力。由此，网络化的公众在社交媒体上得到了塑造，而社交媒体的媒介可供性是网络化公众得以形成的重要动力。

2.3.2　社交行为：平台摇摆与断联

在社交行为方面，社交媒体也赋予了用户自由选择使用不同媒体建立联系和切断联系的能力。在社交媒体环境下，平台摇摆指的是用户使用多个社交媒体平台并在不同平台之间定期轮换的行为。社交媒体用户并不局限于特定的社交媒体，他们能够利用这些平台之间的差异来有效地在不同平台之间切换，以进行不同的个体表达和社交关系的处理。不同社交媒体的可供性使它们在满足用户需求方面存在不同的优势。一项在新加坡进行的关于社交媒体使用的焦点小组访谈研究发现，正是因为不同的社交媒体平台在可供性上存在差异，用户将不同的平台视为整个社交媒体环境的一部分（Tandoc et al.，2019）。不同的社交媒体平台是由不同可供性构成的集成环境，人们可以在自己的社交环境内从一个平台切换到另一个，以不断满足自己的需求，而并不是将自己限制在一个平台上。

平台摇摆描述的是用户使用不同媒体自我呈现和管理社交关系的行为，同样地，社交媒体也允许个人单方或多方地切断社交关系。这种现象被称作社交断联（ghosting，像鬼影一样）。社交断联指的是一个人在没有提前通知的前提下，在社交媒体上突然消失，而非直接地表达分手或关系破裂，具体可能表现为拉黑、删除联系人等。人们选择使用社交媒体建立社会关系，也使用社交媒体来实现关系的解散。有研究者认为，社交断联可能反映了一种旧有的关系解除策略即回避，然而又具有许多不同之处。比如，一项质化研究对社交断联进行了更为深入的考察（LeFebvre et al.，2019），根据文献梳理和访谈分析，研究者对社交断联的概念进行了界定，认为社交断联指的是单方面（暂时或永久地）停止沟通，以收回对个人的访问权，（突然或逐渐）促使关系解除，而这通常是通过一种或多种技术媒介实施的。

针对用户为什么选择在社交媒体上消失这种方式来结束一段关系这个问题，Leah E. LeFebvre 等指出了五个可能的原因，分别是便利性、吸引力、负面的相互作用、关系的状态和社交安全（LeFebvre et al.，2019）。社交媒体为用户提供了结束一段关系的便利性，可以避免面对面交流时产生的尴尬。在线交往很大程度上取决于交往对象的吸引力，当吸引力下降或衰退的时候，或者双方产生了负面的交流，断联就很容易发生。社交媒体断联为用户提供了一种避免负面互动的有效策略。研究还发现，断联容易发生在过渡性的关系中，比如交往双方正处于接触中。总之，借助社交媒体提供给用户自由选择继续或结束一段关系的可能，社交断联成为一种通过沟通中介实现的关系解除策略。

2.3.3 健康传播：新媒体可供性与健康策略

健康议题是全球研究者们普遍关注的焦点问题之一，新媒体技术不仅增加了健康议题的可见性（蒋俏蕾等，2023），而且如何通过媒体使用促进人们的健康管理，以实现健康水平的改善亦日益成为健康传播研究探讨的焦点。通过一系列关于新媒体使用与健康改善的研究案例，我们也可以感受到人们基于新媒体可供性的健康策略使用。

移动健康应用被视为支持用户提升健康水平的工具，有研究者认为用户的自主需求和外部控制需求方面的个体差异会影响移动健康应用的有用程度。研究者根据这两方面的差别将移动健康应用的使用者分成了四个类别，分别是自我救济者、寻求确认者、专家依赖者和无差别者。通过人群分类，研究者指出，一些用户更愿意自主选择改变与健康行为相关的生活方式，而另一些人则更需要外部的控制，更愿意接受专业人士明确的建议。这些结果可以增加移动健康应用开发者和研究者对不同目标受众的理解，可以用来调整应用的功能。例如，为具有高度自主性的用户设计应用，就可以给他们留出足够的自我选择的空间，比如定制化的策略。而对于不同的目标群体来说，他们可以调整功能设计，改变可供性来促成不同的互动（Smit & Bol，2020）。

除了普通人群的移动健康应用使用外，残障人群的智能媒体研究也对我们理解新媒体的可供性具有重要的价值。研究者指出，尽管智能手机为残障人群（尤其是有听力和表达障碍的人群）提供了无障碍通信功能，但他们在社会交往中还是必须遵守即时联系的通信规范。比如，听力障碍的人群在与听力正常的人群进行对话时，正常人会表达想要语音通话的要求，而这可能会给残障人群带来心理压力和被污名化的风险（Bitman & John，2019）。因此，残障人群与智能媒体之间存在着复杂的关系，智能手机及其他新媒体技术不一定能够为边缘化群体提供灵活的沟通表达方式。这为我们理解可供性提供了一个批判性的视角。

此外，游戏也可以成为健康传播的重要载体。比如，《瘟疫公司》（Plague Inc.）

是一款由英国的游戏工作室开发的以传染病为题材的策略游戏。玩家扮演的是摧毁世界的幕后黑手，体验如何利用病毒传染全人类以毁灭世界。游戏的内容涉及病毒的传播和控制，曾在新冠疫情全球肆虐的背景下，通过游戏这种新媒体形式来呈现病毒的传播，让玩家在与技术的互动中感知全球公共卫生管理的重要价值，因而也成为促进健康管理的创意手段之一。

2.4　本 章 小 结

在这一章中，我们对可供性的概念及其判断标准进行了梳理，同时对新媒体的可供性进行归纳，并结合具体的传播现象和案例对新媒体的可供性和策略性使用进行了探讨。

对于可供性的概念，我们从生态学和设计学出发，考察了 Gibson 和 Norman 对可供性的理解和界定。可供性描述了一种关系——身处环境或技术生态中的使用者与环境或技术的互动关系。环境或技术为使用者从物质性角度提供了可能性，但并不能决定使用者的使用行为。可供性理论为我们理解人与媒介技术之间的关系提供了一种超越技术决定论和建构主义的框架。判断媒介可供性一般有三大标准，即可供性既不是对象也不是对象的特征，可供性不是技术使用的结果，可供性具有一定的可变性。同时，可供性还存在设计与非设计、积极与消极、短期和长期的不同类型。可供性既可能对人们的行为进行赋能，也可能对人们的行为造成一定的阻碍。

可供性理论对帮助我们理解新媒体技术具有强大的解释力。伴随着数智技术的发展，AI、VR、AR 等新兴技术对传媒业产生了重要的影响。针对层出不穷的媒介新技术，MAIN 模型为我们理解新媒体的可供性提供了一个基本的框架。MAIN 模型包含了形态、代理、交互性和导航性四个维度，不同的媒介技术在这四个维度上可能存在显著的差别，而人们与媒介技术的互动也因此产生了巨大的差异。在理解新媒体的可供性时，结合网络游戏这一媒介形式，我们讨论了网络游戏中的可供性，及其如何在玩家身份认同和文物保护等方面发挥作用。

媒介是人们组织社会生活的重要手段。基于对可供性的理解，人们可以利用媒体开展不同的传播行为，形成对媒介的策略性使用。基于多个媒介现象案例，我们考察了网络化公众的情感动员行为，尤其是粉丝的互联网集体行为，比如“养号”、打榜等。人们在社交媒体使用中，根据不同社交媒体的可供性，还产生了社交媒体平台摇摆和断联等的策略性行为。此外，新媒体的可供性在促进健康传播方面也具有一定的赋能作用（Jiang et al.，2022）。在健康传播研究中，我们也要特别关注弱势群体尤其是残障人群对新媒体的使用。虽然一些新媒体为残障人群提供了无障碍功能，但固有的通信规范可能依然会阻碍残障人群的社会交往。

除了本章中提到的内容要点和案例之外，媒介可供性的研究还有很多考察的空间，比如算法的可供性研究、不同媒体平台的可供性比较分析等等。在研究方法上，可以通过更加深入的诸如民族志式的观察和访谈，来剖析和解读人们与媒介技术的互动方式。此外，除了技术因素外，未来的研究还应该关注到商业因素对媒介可供性的影响，可以在媒介可供性的研究中引入传播政治经济学的视角。

思考题

- 从可供性的视角思考，虚拟现实真的可以替代现实吗？
- 在人与新媒体技术的互动关系中，媒介可供性发挥着什么作用？
- 如何理解人们各种新媒体策略性使用行为背后的心理？

参考文献

常江. 2019. 互联网、技术可供性与情感公众. 青年记者, (25): 92.

蒋俏蕾, 刘入豪, 邱乾. 2023. 议题公众的可见性与群体认同: 基于知乎平台中医相关话题的分析//夏倩芳. 中国网络传播研究: 数字时代的信息失序与舆论极化. 北京: 中国传媒大学出版社: 53-80.

刘国强, 蒋效妹. 2020. 反结构化的突围: 网络粉丝社群建构中情感能量的动力机制分析. 国际新闻界, (12): 6-25.

刘海龙. 2017. 像爱护爱豆一样爱国: 新媒体与“粉丝民族主义”的诞生. 现代传播(中国传媒大学学报), (4): 27-36.

潘忠党, 刘于思. 2017. 以何为“新”？“新媒体”话语中的权力陷阱与研究者的理论自省: 潘忠党教授访谈录. 新闻与传播评论, (1): 2-19.

彭兰. 2016. 智媒化: 未来媒体浪潮: 新媒体发展趋势报告(2016). 国际新闻界, (11): 6-24.

孙凝翔, 韩松. 2020. “可供性”: 译名之辩与范式/概念之变. 国际新闻界, (9): 122-141.

张志安, 黄桔琳. 2020. 传播学视角下互联网平台可供性研究及启示. 新闻与写作, (10): 87-95.

Antheunis, M. L., Schouten, A. P. & Walther, J. B. 2019. The hyperpersonal effect in online dating: Effects of text-based CMC vs. videoconferencing before meeting face-to-face. *Media Psychology*, 23(6): 820-839.

Back, A. 2002. Hashcash-A denial of service counter-measure. http://hashcash.org/papers/hashcash.pdf [2002-08-01].

Balakrishnan, B. & Sundar, S. S. 2011. Where am I? How can I get there? Impact of navigability and narrative transportation on spatial presence. *Human–Computer Interaction*, 26(3): 161-204.

Bitman, N. & John, N. A. 2019. Deaf and hard of hearing smartphone users: intersectionality and the penetration of ableist communication norms. *Journal of Computer-Mediated Communication*, 24(2): 56-72.

Conole, G. & Dyke, M. 2004. What are the affordances of information and communication technologies? *ALT-J*, 12(2): 113-124.

Evans, S. K., Pearce, K. E., Vitak, J., et al. 2017. Explicating affordances: A conceptual framework for understanding affordances in communication research. *Journal of Computer-Mediated Communication*, 22(1): 35-52.

Gibson, J. J. 1979. *The Ecological Approach to Visual Perception*. Boston: Houghton Mifflin.

Hutchby, I. 2001. Technologies, texts and affordances. *Sociology*, 35(2): 441-456.

Jiang, Q. L., Liu, S. Y., Hu, Y., et al. 2022. Social media for health campaign and solidarity among Chinese fandom publics during the COVID-19 pandemic. *Frontiers in Psychology*, 12: 824377.

Lawson, H. M. & Leck, K. 2006. Dynamics of Internet dating. *Social Science Computer Review*, 24(2): 189-208.

LeFebvre, L. E., Allen, M., Rasner, R. D., et al. 2019. Ghosting in emerging adults' romantic relationships: The digital dissolution disappearance strategy. *Imagination, Cognition and Personality*, 39(2): 125-150.

Majchrzak, A., Faraj, S., Kane, G. C., et al. 2013. The Contradictory Influence of Social Media Affordances on Online Communal Knowledge Sharing. *Journal of Computer-Mediated Communication*, 19(1): 38-55.

Merrill, S. & Åkerlund, M. 2018. Standing up for Sweden? The racist discourses, architectures and affordances of an anti-immigration Facebook group. *Journal of Computer-Mediated Communication*, 23(6): 332-353.

Norman, D. 1988. *The Design of Everyday Things*. New York: Basic Books.

Oostervink, N., Agterberg, M. & Huysman, M. 2016. Knowledge sharing on enterprise social media: Practices to cope with institutional complexity. *Journal of Computer-Mediated Communication*, 21(2): 156-176.

Rice, R. E., Evans, S. K., Pearce, K. E., et al. 2017. Organizational media affordances: Operationalization and associations with media use. *Journal of Communication*, 67(1): 106-130.

Smit, E. S. & Bol, N. 2020. From self-reliers to expert-dependents: Identifying classes based on health-related need for autonomy and need for external control among mobile users. *Media Psychology*, 23(3): 391-414.

Su, H. 2016. Constant connection as the media condition of love: Where bonds become bondage. *Media, Culture & Society*, 38(2): 232-247.

Sundar, S. S. 2008. The MAIN model: A heuristic approach to understanding technology effects on credibility. In M. J. Metzger & A. J. Flanagin (Eds.), *Digital Media and Learning* (pp. 73-100). Cambridge: The MIT Press.

Sundar, S. S. & Limperos. A. M. 2013. Uses and grats 2.0: New gratifications for new media. *Journal of Broadcasting & Electronic Media*, 57(4): 504-525.

Tandoc, E. C., Jr, Lou, C. & Min, V. L. H. 2019. Platform-swinging in a poly-social-media context: How and why users navigate multiple social media platforms. *Journal of Computer-Mediated Communication*, 24(1): 21-35.

Wellman, B., Quan-Haase, A., Boase, J., et al. 2003. The social affordances of the Internet for networked individualism. *Journal of Computer-Mediated Communication*, 8(3): JCMC834.

第3章

移动性与移动传播

引　　言

突然暴发的新冠疫情，打破了人们原有的生活秩序。在疫情防控的过程中，移动媒体的重要价值得到了空前的关注，并在社会治理中释放出了强大的能量。比如，借助移动通信技术，个人手机中的健康码可以实时提供疫情防控所需信息，记录个人的移动轨迹，既为个人的实时健康状况提供证明，也可以协助公共卫生或医疗机构开展相应的防护或管理等。

移动通信技术改变了传统的媒体形态，使得移动媒体和移动传播成为常态，也逐渐改变了人们社会互动的方式。移动性是移动媒体区别于其他媒体形态的重要特点之一，在新媒体的研究中，移动性也得到了越来越多的关注。

头脑风暴

- 如何理解智能手机逐渐发展成为人们“器官”一般的存在？
- 新媒体的便携与可移动性对使用者来说意味着什么？
- 移动传播是福还是祸？

本章内容要点

- 如何理解媒体的移动性？
- 移动媒体如何影响人们社会交往的心理和行为？
- 移动传播在哪些方面改变着人们的生活？

3.1　移动媒体与移动传播

自 20 世纪 80 年代起，移动通信技术逐渐兴起；进入 21 世纪后，移动通信技术在许多领域被孵化、研究和应用，成为推进社会进步和发展不可或缺的技术手段。伴随着以智能手机为代表的移动媒体的飞速发展和日益普及，移动通信技术对社会生活产生了深入而持久的影响，因此也成为传播研究的重要领域（Goggin et al.，2015）。

早期的移动通信技术研究主要围绕着移动电话展开。伴随着移动技术的不断发展，移动媒体所包含内容的边界也在不断扩展，各种基于移动互联网的移动终端、相关设备及应用都被囊括在移动媒体的范围内。移动技术也为包括报纸、广播、电视在内的各种传统媒体带来了新的生机与可能。因此，移动媒体也逐渐成为目前传播研究中非常重要的新媒体研究对象之一。越来越多的新媒体研究者将目光聚焦在移动媒体以及基于移动媒体展开的移动传播行为和影响之上。

3.1.1　移动性的三大维度：空间、时间、社会情境

移动性是描述通信媒体前景的一种新的范式，越来越多的通信设备具备了移动性的特性，成为移动媒体。我们如果单从物理层面出发来理解移动性，将移动性对社会生活的影响就局限在了空间层面。从狭义上看，移动性被理解为物体在空间中物理层面的转移。移动媒体可以伴随人的身体移动而移动，因此具有物理上的伴随性。但矛盾的是，移动媒体也常常在非移动的环境下被使用，比如移动媒体普遍存在于人们居家和办公的静态场景之中。因此，理解移动媒体的移动性，不能仅仅停留在狭义的物理移动层面上，还应从更广泛的意义层面来理解移动性的含义。

传播学研究者认为，移动性至少包含三个层面的内涵（Ishii，2006）。第一，空间层面上的移动性，即空间中物理位置的变化和移动，突出移动媒体的物理伴随性。第二，时间层面上的移动性，即空间移动的结果，空间上的移动产生了提升速度和节省时间的结果，因而加速了传播，提升了效率。空间和时间层面上的移动性，是移动性最直接的理解，呈现出移动性带来的效率提升。第三，社会情境层面上的移动性，这是理解新媒体移动性对社会生活产生影响的重要维度。社会情境是人们开展社会互动的关键影响因素，在不同的情境下，人们会展现出不同的社会交往行为。借助移动媒体，人们可以在不同的社会情境间进行切换，实现了人际互动模式的改变，移动性也因此超越了最初的时空维度。

在日常生活中，身处不同物理位置的个体可以通过移动通信随时随地沟通和安排活动，提升了效率。而社会情境层面的移动性为我们理解移动媒体对人们社

会生活的影响提供了新的维度，也体现了新媒体移动性的复杂性。因而，本章对移动性的相关理论和研究案例的探讨中，除了关注移动媒体所具备的空间和时间层面的移动性之外，还特别关注移动媒体在不同社会情境中的转换及其影响。

3.1.2 社会情境：理解移动性的重要维度

在传播研究的学术脉络上，有关移动性的学术思考曾经一度处在全球化理论框架的支配下（袁艳，2016）。现代技术和制度使跨时空的运动和去疆域的人口、资本、信息流动成为随时可以发生的事情，而“移动”也被定义为现代社会后期的本质特征。全球化理论框架下的“移动性”仍然关注的是空间和时间层面上的变化，比如 Manuel Castells 的“流动空间”理论和 David Harvey 对“地方差异仅仅是资本积累过程中不均衡发展的结果，终将伴随全球资本流动而淡化”的理解。在全球“移动”的框架下，一些物质上的坚固和地方的非移动性都被视作是不值得关注的。

近年来，移动与非移动二元对立的观点遭遇了挑战。学者们指出，正如信号需要强大的基建作为支撑那样，任何形式的移动都离不开具有高度稳定性的物质基础设施的支撑（Sheller & Urry，2006）。Massey（2008）则在批判全球与地方的对立中提出了“全球地方感”的认识模式，认为地方绝非僵化的体系，更不仅是资本积累不均衡的结果。这些理论反思引导我们思考在空间和时间之外移动性的复杂含义，以及媒介在其中发挥了怎样的作用。而社会情境维度则为我们理解移动性和移动媒体提供了强有力的理论支持。

社会情境是复杂且多变的，而对移动性的理解需要建立在不同社会情境中对移动媒体的应用基础之上。比如，家庭环境是媒体使用的一个重要的社会情境。在固定电话时代，家中的电话在使用中大多是与家人共享的，年轻人很难独占固定电话来与外界保持密切且自由的联系。而移动电话的出现使年轻人从“被限制”的状态中解放出来。通过移动通信工具，年轻人可以自由地随时与朋友建立联系，并能更好地维护个人的隐私。在 21 世纪初的几项研究中，这一现象都得到了印证。例如，在美国，大学生们使用手机来维护和管理个人隐私，并与家人保持联系（Aoki & Downes，2003）。而在日本的一项研究中，超过半数的年轻人认为使用手机可以使他们在晚上不受家人控制地与他人保持沟通（Hashimoto et al.，2000）。可见，对于年轻人而言，移动通信被当作一种可以从家庭控制中获得自由的工具。

传统的家庭环境可能是相对固定的空间，移动媒体帮助年轻人实现了可以自由“移动”的情境，而这也为青年文化的形成提供了必要条件。移动媒体增强了年轻人之间的联系，年轻人不仅用移动媒体维持已有的亲密社交关系，还建立起新的社会联系。比如，以“宅文化”为代表的日本青年文化便与移动媒体密不可分。在线交流使大量年轻人可以宅在家中，避免面对面的社交与沟通。移动性带来的分身术使“宅文化”从日本蔓延至全球，逐渐成为当代移动媒体时代的青年文化习惯之一。家庭环境、移动媒体与青年文化的形成，展现了社会情境对理解媒体移动性的重要价值。

可见，社会情境层面的移动性为理解移动媒体使用及其形成的文化实践和传播现象提供了新的视角。伴随着移动媒体研究的日益深入，多种社会心理层面的意义也从对社会情境移动性的关注中逐渐展现出来。人们在不同情境下的社会互动行为受到社会心理因素的深刻影响。因此，从心理学视角出发，通过探究不同社会情境下人们的移动媒体使用行为来理解移动媒体的影响，成为传播学中移动媒体研究的一个重要方面。

3.2　移动性与社会心理

社会情境层面的移动性可以解释为什么媒介丰富性很高的媒体并不必然获得成功。结合对社会情境的考量，往往发现原因是与使用者的心理因素有着很大的关联。在本小节中，我们将介绍一些相关的研究案例，来帮助大家更深刻地体会移动性与社会心理之间的关系。

3.2.1　界限模糊：移动性的矛盾

在前移动媒体时代，人们在面对面交流时需要实时判断交流的情境，从而根据情境的变化调整自己的交流方式和策略。人们对交流情境的判断，往往基于文化背景、特定的情绪，以及交流者之间的认同。而与面对面交流不同的是，移动通信使人们可以在相对自由的交流情境中开展互动，但媒体移动性所提供的自由却逐渐演化成了对自由的剥夺。

移动媒体的确给使用者提供了随时与他人保持联系的自由，使人们可以同时在不同的社会情境中自由切换，但也不断侵袭着人们既有的关于自由的边界。除非人们可以关闭通信设备或者自由控制信息的接收，否则移动媒体会使人们处于“消息轰炸”的状态中，从而丧失了前移动媒体时代人们所拥有的“独处自由”。这也可以解释为什么智能手机等具有如此高丰富性的媒体，在一些场景中的使用却会招致强烈的抵制或批评。

除此之外，移动媒体还模糊了私人空间和公共空间的边界。比如，在公共场合，很多人会使用手机等移动设备进行通话，形成了私人空间与公共空间的交叠。此外，公共空间中响亮的手机铃声或声音外放也广受诟病。对于那些在公共场合没有使用移动设备的人来说，移动媒体产生的噪声干扰被视为一种公害，侵犯了他们所珍视的公共空间。当然，在公共空间中，使用者也可以借助移动媒体为自己划出一片私人环境。比如，人们在公共场合使用耳机等设备收听收看移动设备上的音视频，在自身与外界公共环境中形成了一道屏障，而这已逐渐形成了一种移动文化。

3.2.2 微协调：移动媒体调节社会互动的方式

移动媒体促进了人与人之间的直接交流，使人们可以保持持续且无处不在的连接。在日常生活中，人们经常需要根据各自的时间安排和空间位置调整接下来的安排，而移动媒体为精细、准确的协调提供了技术工具上的可能性。“微协调”（micro-coordination）这一概念描述了人们如何使用移动媒体来解决日常的组织协调问题，从而“柔化”日程安排，以便随时更新、协调社会互动（Ling & Lai，2016）。

在智能手机普及的当下，人们对使用移动设备组织多边工作已经习以为常，但在微协调最初的含义中，其实并不包含多方协调。最初，早期的移动设备只能支撑二元的互动，即两个人一对一的通话或短信。每一次的连接对象都具有唯一性，所以当人们想要联系的人处于“占线”状态时，通信则无法进行。这一阶段的通信状态大多是独立的，被称为微协调的 1.0 阶段。

随着智能手机的出现和移动互联网的普及，微协调的边界不断扩展，从而进入了微协调 2.0 阶段。借助即时聊天等移动应用，人们可以快速建立群组与多个人同时建立联系。因此，以移动媒体为中介的微协调不仅存在于私人领域，还可以广泛用于公共事务的组织和群体协调。例如，以微信为代表的即时通信工具已经成为一种经济、灵活且易用性强的日常协调工具，可以帮助人们实现一对一、一对多、多对多的交流互动。智能手机成为人们用于通信、组织安排、娱乐的媒介载体，被 Fortunati（2002）称为日常生活的“折叠”，承载了更加丰富的社会协调和互动表达。

在微协调 1.0 和 2.0 这两个阶段中，微协调都被用于描述人与人之间的联系和组织。随着微协调的进一步拓展，在微协调 3.0 时代，协调和组织的边界可以从人滑向物。微协调 3.0 用以描述与不同物理对象和不同类型系统之间的协调。例如，正在蓬勃兴起的物联网、智慧家居等都可以被视作微协调 3.0 的代表。

从微协调 1.0 到微协调 2.0 和 3.0，移动媒体在调节社会互动方面日益释放出越来越强大的能量。除了能够促成人与人之间的连接，还能进行群体性的社会组织与社会协调，甚至为多元主体之间的沟通协调提供更加灵活的工具和手段。在微协调的过程中，移动媒体也对人们的社交关系和社交技能产生了深远的影响。

3.2.3 移动社交：移动媒体如何影响社会交往

在前移动媒体时代，传播学者通过研究考察了不同通信技术对于社交关系建立和维持的作用。比如，有研究显示，固定电话更多地被用于维持本地的联系，而并非用于保持远距离的联系（Wellman & Tindall，1993）。在一项互联网悖论的研究中（Kraut et al.，1998），研究者追踪了朋友之间的互联网使用行为。研究发现，在最初的一段时间内，互联网的使用减少了人们的社会资本；但在三年后的随访中，原来受访者的社会资本又得到了显著的增长。此外，还有研究发现，人们通过电子邮件与已经建立社会关系的人保持联络，可以获得社会支持并减少抑郁（LaRose et al.，2001）。

那么，移动媒体的使用对社交关系的建立和维持产生了怎样的影响？20 世纪初，在日本开展的一项国民调查研究中，研究者主要考察了手机语音通话和短信两种移动通信手段，并与使用固定电话和电脑发送电子邮件的非移动媒体通信进行了比较。研究结果表明，虽然固定电话和手机语音通话在媒体丰富性这一维度上基本相似，但二者可以支持的社会情境层面的移动性却大不相同（Ishii，2006）。由于固定电话常常被放置在家庭环境中，所以它更常被用于家庭场合，与家庭互动的关系更为密切。而年轻人（包括青少年）的手机语音通话使用，即便在家庭环境中，也在更大程度上用于同朋友保持联系，从而获得一种独立于家庭的社会交流情境。类似地，短信和电子邮件的使用也十分不同。该研究发现，人们通常使用短信来维持已有的社交关系，短信用户之间的通信密度很高，同时面对面的接触也非常频繁；电子邮件则更多地用于促进与远方朋友的关系，或者建立新的社交关系。这项研究的发现在当时具有一定的普遍性，但随着移动通信技术的飞速发展，移动媒体用于人际交往受到的限制越来越少，既可以用于维持既有的联系，也可以用于建立新的社会关系。

移动通信技术改变了人们交流的方式，也改变了人们维持和建立社会关系的方式（Lin et al.，2015）。随着通信技术的不断发展，人们可以选择不同类型的通信工具来保持社会联系，而不同的社会环境和心理偏好也都会对人们的通信工具偏好产生影响，这也正是移动媒体社会情境层面移动性的表现。有研究者探讨了不同的交流对象和交流目的如何影响人们对通信工具的偏好。研究发现，人们倾向于使用手机与关系最为亲密的人保持联系。对年轻人来说，手机更常被用于与伴侣或亲密的朋友而非父母的沟通。移动媒体主要被用于日常生活的组织、协调和简单的社交互动，而与老板或老师的联系则较少通过移动媒体展开，使用电子邮件更为常见。通常在特定的情境下，与老板或老师的沟通才会通过移动媒体进行。

移动媒体的使用不仅影响了人们的社交关系，也逐渐改变了人们的社交技能。例如，在 20 世纪初的日本国民研究中，研究者发现，相比起手机语音通话，社交技能较低的人更倾向于使用短信。由于面对面的交往对个人的社交技能有更高的要求，使用移动媒体进行社交可以缓解社交技能不高所带来的社交困境，但也会在一定程度上造成人们面对面社交能力的下降。

可见，移动通信技术的发展给予了人们开展社会交往更多的可能性，也使人们的社交行为变得更为复杂。因此，理解人们的移动媒体使用行为不仅要从媒体提供的功能出发，更要考虑到人们社交行为背后复杂的心理活动。

3.2.4 移动媒体与社会迁徙

在城市化、全球化的背景下，人的跨区域流动现象很常见，很多研究者关注到了移动媒体在人们跨区域流动中所发挥的作用。因此，我们将结合一些研究案例，来理解移动媒体与社会迁徙之间的关联。这些案例重点关注了移动媒体在移民和背包客两种特殊群体的跨区域流动中所发挥的作用。值得注意的是，关注移民和背包客的移动媒体使用，也需要考虑到移动媒体在他们准备出发的过程中和结束流动后的影响，而并非仅仅是探讨其流动过程中的移动媒体使用情况。

1. 移动媒体与移民研究

移民的生活往往交织着希望和不确定性，在移民的迁徙过程中，移动通信技术对于移民判断其移民过程中以及移民完成后的情况具有重要的价值。比如，移民可以通过各类网络社区和论坛，随时随地获得目的地国家官方来源无法提供的信息，还可以借助移动媒体与移民同胞建立起社区，促进人际关系的建立，为移民后的生活营造稳定、亲密的社会关系。智能手机可以快速连接移动网络，使移民可以在陌生的地方随时确定自己的位置和方向。移民在目的地国家定居后，烦琐的程序和陌生的生活环境都可能影响正常的生活，而借助移动媒体人们可以快速找到解决各种问题的办法，从而在陌生的环境中建立起安全感和认同感（Jiang et al.，2018；Lim et al.，2016）。

近年来，围绕移动通信技术和移动媒体如何在移民过程中发挥作用这一问题形成了丰富的研究成果。例如，韩国学者 Juhee Kang 曾对一个特殊的移民群体中的移动传播展开研究，重点考察了移动媒体在朝鲜女性移民前往韩国的生活经历中所发挥的作用。朝鲜是世界上数字化最不发达的地区之一，国民的互联网使用行为处在严格的管控之下；而韩国则是世界上数字化最发达的地区之一，移动传播已渗透到韩国民众日常生活的方方面面。此外，两个国家之间长久以来存在着复杂的政治和文化渊源。在这种特殊且复杂的背景之下，朝鲜女性从朝鲜移民至韩国——从移动媒体高度受限的社会转移到移动媒体高度发达的环境，这使该研究形成了强大的特殊性、戏剧性和探讨价值。在这项研究中，研究者考察了朝鲜女性移民出发前的考虑和准备、移民的过程，以及到达韩国后的基本生活，尤其关注了手机这一移动通信设备在何种条件下如何帮助朝鲜女性移民实现迁徙，以及如何促进她们融入韩国的社会生活。

研究发现，在整个移民过程中，朝鲜女性移民的手机使用行为都伴随着复杂的心理活动。在朝鲜，使用手机是令人担忧的行为，一旦她们决定离开朝鲜，就不得不选择承担起风险，将手机作为她们与外界保持联系的主要渠道。在迁移的旅途中，手机的使用也可能随时给她们带来危险，她们的手机使用行为也会受到限制，但手机依然在她们移民的过程中发挥了重要的作用。移民至韩国后，这些朝鲜女性移民的智能手机则成为生活和建立新的社交关系的必需品。事实上，这些朝鲜女性移民需要在很短的时间内，经历从禁止或有限使用移动媒体到必须广泛深度使用移动媒体的“翻转”，并伴随着复杂的心理变化。这项移民研究的价值不仅在于关注了移动媒体在移民迁徙过程中发挥的作用，更指出了一个值得关注的重要议题：当一项技术被建构到社会持续运行中时，那些没有能力使用这项技术的人就会受到损害。在一定程度上，移动通信技术的用户都经历了这种在不同数字环境中进行调整的转变，这些移民至韩国的朝鲜女性便在很短的时间内经历了“翻转”式的强烈变化。

2. 移动媒体与背包客研究

除了对移民群体的研究，人们旅行中的移动媒体使用也受到了研究者的关注。对于旅行中的人们来说，以智能手机为代表的移动媒体既是帮助人们安排行程的工具，却又会因为能随时随地保持联系而对旅行造成干扰。智能手机依赖是旅行中移动媒体使用研究的一个常见话题。比如，人们在旅途中有时会保持不间断的连接。这种旅行中随时保持联系的挑战，让一些人意识到了自己对智能手机的过度依赖，因此有人会在旅行中寻求逃离，主动放弃移动设备的使用。

背包客是旅行群体中的一个特殊人群。尽管移动通信技术在日常生活中必不可少，但很多背包客希望追求“真实”的旅行体验，而非借助移动媒体中介进行互动。由于背包客更倾向于认为技术会分散他们在旅行和体验当地文化时的注意力，因而对于背包客来说，智能手机等移动媒体在他们的旅行中形成了一种明显的张力。在一项研究中，研究者探讨了当代的背包客如何在旅途中平衡对连接的保持和对“真实”旅行体验的追求。同时，研究者们也考察了背包客在结束旅行回到家中之后，对移动媒体的使用行为和态度方面的变化。对背包客来说，旅行的主要目的是获得与日常生活不同的体验，因此身体和精神的体验本身比借助移动媒体保持在线更为重要（Silas et al.，2016）。在旅途中，结识线下的新朋友和进行社会交往更为容易，因为背包客不大可能将自己的注意力放在移动媒体上。但背包客的移动媒体使用在旅途中仍然是必需的，因为移动媒体使用已远远超过了保持联系的含义，更是他们旅行中必要的工具。此外，一些背包客还会使用移动媒体来克服在旅途中可能产生的孤独感，获得一种安慰和陪伴。有趣的是，在结束旅行后，很多背包客减少了自己的移动媒体使用，但对他人使用移动媒体的容忍度和理解程度却提升了。

尽管背包客在旅行中的移动媒体使用在移动媒体与旅行关联的研究中具有特殊性，但相关研究仍然发现了移动媒体对人们社会生活产生的深远影响。即便是在人们主观希望保持“离线”的情况下，使用移动媒体维持基本的社会联系和生活管理仍然是必需的。与此同时，随时随地使用移动媒体，也让媒体依赖成为严重的社会心理问题，并引发了广泛关注。

3.3 移动媒体与移动健康

随着移动通信技术的快速发展和智能手机的日益普及，移动健康（mHealth）受到了越来越广泛的关注。在新冠疫情全球暴发的背景下，移动媒体在健康管理方面所具有的强大能量得以突出和释放。将移动通信技术应用于健康信息和服务，可能有助于改善健康情况、预防疾病和提升用户的自我管理。在本小节中，我们将具体关注移动健康的发展和相关的研究案例。

3.3.1 移动健康设备的发展

越来越多具有健康促进功能的硬件或软件产品开始渗入人们的日常生活，并在人们的健康管理中发挥着重要的作用。比较常见的移动健康设备可以分为两大类。第一类是健身追踪类应用（APP），这类应用一般具有定位功能，可以追踪用户的行动轨迹，随时记录运动的情况。第二类是可穿戴设备，可以实时反馈人们的健康情况，将用户的健康状况以数据的形式呈现出来，同时也将人们健康状况的变化波动呈现出来。因此越来越多的用户将移动健康设备整合进日常的自我健康管理之中。

无论对于健身追踪类应用还是可穿戴设备来说，移动性都是非常重要的。可移动意味着可伴随，可以随时随地记录用户的健康情况。个人健康数据的收集是移动健康设备最重要的功能之一。移动健康设备不仅可以记录心率、血压等健康数据，协助人们进行健康状况监测，还能成为用户记录和管理个人生活方式的工具，同时还可以记录运动情况并提供健身数据。这些数据对于用户自身来说，可以帮助其更好地关注、改善和管理自己的健康状况，为医生制订治疗方案提供依据。同时，这些数据还能成为家庭健康管理的工具，尤其是子女可以借助健康设备随时关注年迈父母的健康状况。

同时，越来越多的健身追踪类应用，也成为人们获取有效健康信息的平台。很多健康专家、医生和健身达人通过健身追踪类应用分享优质的健康内容和经验。用户可以在这些应用中发现大量有价值的内容，并对自己或家人的健康管理做出规划。此外，健身追踪类应用还建立了可供人们交流和分享的社区。通过分享自己的健康管理经验或者交流困惑，人们可以获得社会支持。微信步数、体脂率等日渐成为人们关心的话题，而健身数据在一定程度上也充当了人们进行社会交往的社交货币。

移动健康设备能够获得人们的关注和青睐，不仅是因为其丰富的健康管理功能，更是因为其满足了人们的心理需求。首先，伴随着社会物质水平的提高，人们越来越重视自身和家人的健康状况，移动健康设备的出现满足了人们健康管理的心理需求。其次，在使用健康设备监测个人健康状况的过程中，人们的自我管理、自我满足和自我效能感也得到了实现，而这三个心理指标都指向了人们对实现个人目标的期待。健康设备可以直观地展示出个人身体数据的波动，让人们对自身的目标产生控制感并进行有效的目标管理。此外，人们还可以通过分享自己的健康数据和健身成果来进行社会比较与社会交往。

例如，一项研究讨论了糖尿病患者如何将移动健康设备整合到日常的自我健康管理中（Rossmann et al.，2019）。研究发现，糖尿病患者使用移动健康设备收集与糖尿病相关的信息，其中既包含药物和治疗方式的相关信息，也包含与其他患者进行的在线交流信息；同时，糖尿病患者还跟踪自己的血糖水平并进行自我管理。此外，移动健康设备还给予了患者“赋能感”，使有经验的患者可以作为意见领袖为其他缺乏经验的患者提供支持，从而产生社会声望。该项研究还分析了糖尿病患者不愿意持续使用移动健康设备进行健康管理的原因，其中包含了医生不推荐使用、财务问题、技术问题和时间问题等。这项研究调查了糖尿病患者对移动健康设备的使用，得出了一些具有普遍参考价值的结论。不过，值得注意的是，人们对移动健康设备的评价、期望和使用方式差异很大。人们出于什么样的目的使用移动健康设备、如何使用并如何评价，都与人们的使用心理和社会情境存在一定的联系。对移动健康设备的研究尤其是效果研究会由于群体和社会情境的差别产生不确定性，这也再次印证了移动性社会情境维度的研究价值。将这些研究发现整合到未来医疗健康应用的设计和研究中，可能会促使移动健康设备在健康促进方面释放出更大的潜力。

3.3.2　移动媒体与残健融合

移动媒体正在被广泛应用于社会生活当中，并逐渐成为健康促进的有效工具。对于残障人群来说，不同类型的残障状况可能影响他们自身的移动性，给他们的正常生活和交往造成极大的影响，而移动媒体的出现和普及，有可能会不断地拓宽残障人群的“行动”边界。

对残障人群的研究经历了从医学模式到社会模式，再到生物-心理-社会模式的转变。起初对残障人群的关注主要集中在其身体障碍方面，而后来的研究证明，残障人群的生活障碍远不止身体方面的损伤，还有来自社会层面的压力，因此，应提倡基于残障人群的权利而重新配置社会资源。生物-心理-社会模式关注残障人群的心理，从残障人群的身体损伤情况、心理状况和社会环境三个维度出发，以弥合医学模式和社会模式二分法之间的鸿沟。对于技术的发展和应用，透过生物-心理-社会模式的视角，我们不仅要关注技术提供给残障人群的功能，还应把目光聚焦于残障人群如何使用特定技术，以及特定技术对其个人身份、社会关系和心理产生了怎样的影响，从而弥补新媒体研究领域中对残障人群重视不足的情况。

智能手机作为当前社会普及程度最高的移动媒体之一，对残障人群生活的改变是根本性的，这些改变既包括生理层面的，也有心理和社会层面的。对残障人群来说，使用智能手机既有明显的好处，也产生了一些限制。具体而深入地了解残障人群的智能手机使用行为，有助于更好地发挥移动媒体在残障人群身心健康发展中的作用。在一项关于行动不便的残障人群如何使用智能手机的研究（Chib & Jiang，2014）中，研究者批判性地采用生物-心理-社会模型来考察残障人群的智能手机体验，并探讨其生理、社会和心理层面之间的相互关系。从生理层面来说，智能手机具有移动性和便利性的特征，残障人群可以借此更好地应对移动的障碍，弥补身体损伤的状态。智能手机提供了更大程度的移动性，从而帮助他们更加积极地参与日常活动。这正符合了媒介是人身体延伸的隐喻。从生理赋能的层面而言，智能手机被描绘成协助残障人群生活的助手，借助智能手机，残障人群增强了对生活的控制感。在社会和心理层面上，残障人群的智能手机使用则更为复杂。智能手机允许他们随时维持较强的社会联系，从而更加有效地联系他人，甚至在紧急时刻可以通过智能手机呼叫救援，这都为残障人群提供了情感支持。但智能手机也使他们产生了强烈的依赖，在没有智能手机时会感到不安和紧张。虽然智能手机为残障人群提供了维持随时且紧密的社交关系的可能性，但智能手机依赖使残障人群进一步远离更加丰富和真实的亲身互动，更难以建立新的社会关系，造成他们的线下社会联系被破坏了。此外，在传统的面对面交往中，残障人群需要克服显而易见的身体残缺所带来的自卑感和紧张感，而借助移动媒体，他们可以建构出一个全新的中介形象来摆脱和逃避污名化。由于移动媒体使用掩盖了残障的事实，残障人群可能越来越依赖其媒体中介的形象，从而更难进入现实的社会交往当中。这可能会冲击社会对残障人群的认知情况，也给残障人群的个人发展和社会融入带来挑战。

残障人群的移动媒体使用行为给研究者探讨媒体移动性的价值提供了特殊的案例。然而，残障人群的移动媒体经验也是复杂且动态的。作为社会弱势群体，残障人群的移动媒体使用行为也构成了数字鸿沟研究的一部分。虽然移动媒体一直被视作促进残障人群融入社会生活的强大力量，但其“双刃剑”效果中的负面影响和限制也应该被更多技术人员和社会研究者所注意。

3.3.3　移动健康与健康大数据

新冠疫情暴发后，移动媒体在大数据追踪和监测方面释放出强大的能量。移动健康和健康大数据的重要价值得到了广泛关注，为公共卫生管理和社会治理提供了重要依据。因此，我们将通过梳理移动健康和健康大数据在疫情防控中所发挥的重要作用，来探讨移动媒体在应对重大突发公共卫生事件和提升全社会健康水平中的实践意义与价值。

在疫情初期，移动媒体所记录的移动大数据在第一时间描绘出疫情的时空格局，为追踪病毒的传染路径、掌握病毒的扩散趋势和快速控制疫情扩散提供了帮助。人口流动的大数据分析，可以为疫情防控争取宝贵的时间。在危机应对阶段，各大数据机构纷纷基于人口流动数据、居民健康数据和城市空间数据来可视化呈现确诊病例的空间分布演变，并基于定位系统标记每一个确诊病例的准确位置和距离，有效地阻止了疫情的进一步扩散。在复工复产阶段，国务院基于人口流动数据开发了"防疫行程卡"和"城市健康码"，随时标记居民健康状况，追踪行程轨迹，为有序复工复产和交通恢复提供了有力保证。新冠疫情的防控工作，展现了移动媒体在记录人口行动轨迹和健康数据挖掘与分析方面所具备的强大优势。此外，移动媒体在居家观察和诊断过程中也发挥了重要作用。为了避免就医造成的交叉感染，疫情期间很多医生借助移动媒体在线为人们进行诊断，既缓解了就医压力，也疏解了人们居家隔离的紧张情绪。

面对以新冠疫情为代表的重大突发公共事件，移动健康大数据为政府治理的应急决策提供了有力支撑。除了疫情防控外，大数据还为舆情监测和疏导提供了依据。网络舆情是社会心态的集中体现，疫情期间更是如此。由于疫情变化迅速，通过大数据技术可以有效预测民众情绪和网络舆情的变化。从长远来看，移动媒体所提供的人口流动大数据也为社会治理提供了信息基础。在大数据时代，数据是政府应急决策的关键依据，移动媒体具备的移动性可以实时提供人口流动数据、进行历时追踪等，促进政府大数据能力建设，为社会治理提供助力，促进整个社会系统更加健康良性地发展。

3.4　关于移动性的其他思考

3.4.1　移动性与全球化

在很长的一段时间里，全球化理论框架支配着有关移动性的学术思考。流动被定义为现代社会后期的本质特征。在技术的影响下，跨时空的运动、信息的流动、资本和人口的流动随时可能发生（袁艳，2016）。移动通信技术和移动媒体加快了信息的传递，随之而来的是人际关系、社会交往的快速变化，资本、人口的跨时空流动变得更为方便。在全球化理论的支配下，流动与非流动被二元对立起来——流动是开放、全球化的象征，非流动则代表着狭隘和“地方”。

在探讨移动媒体的移动性时，我们常常将移动与非移动二元对立，将移动媒体视作促进社会流动、信息流动的媒介，忽略了隐藏于移动性背后的非移动性。比如，移动通信基站的建设和运维为移动通信技术的发展提供了强有力的物质稳定性支撑，这正是移动媒体非移动性的表现之一。学者们指出，任何形式的流动都离不开具有高度稳定性的物质结构，即便是移动通信技术也依赖于体量庞大的基站（Sheller & Urry，2006）。流动与非流动并非对立的，任何媒介都有流动与非流动的两面性。移动通信技术赋予了人们跨越时空的自由，但也使权力对人们行为的监控、跟踪和控制变得前所未有的高效和无孔不入。

与移动媒体相对的是，电视一直被看作是缺乏移动性的媒介，具有明显的非便捷性。电视作为一种家庭共同在场的标志，标记了人与地方的关系，人们通常只会在长期居住的地方购买电视，这是移动媒体所不具备的意义。然而，一项研究通过调查处于流动中的农村移民如何在城市中购置和摆放电视，意外地发现了电视作为媒介的移动性。研究发现，二手电视成为农村移民们维护家庭氛围的重要媒介。同时，二手电视由于价格低廉，常常在不同家庭中流动，代表着一种相对灵活和松散的地方认同，并不涉及长期定居的打算。这些二手电视在家庭中的摆放常常不固定。一些街边经营的小店还经常使用电视消除空间的区隔，比如将电视放在街边，吸引一些顾客聚集起来。电视是一种缺乏移动性的媒介，却在农村移民的城市生活中颇具移动性。对于农村移民来说，居住的移动性与精神的稳定性在二手电视的帮助下得到了统一——即便身处不稳定的状态，二手电视也发挥了维系家庭关系的重要作用。此外，对媒体移动性和非移动性的关注也可以融入对幸福感的探讨。在可移动性增强的前提下，个体的幸福感会如何发生变化，成为移动媒体研究与社会心理学相结合的有趣交叉点。

3.4.2 移动媒体与媒介环境

媒介环境学派是传播学重要的学派之一，其主要的观点是将媒介视作一种环境，探讨媒介技术与人的互动如何影响和改造人类社会。在媒体移动性的三个维度中，社会语境层面的移动性是理解移动媒体价值非常重要的维度，而移动媒体创造了一种新的社会媒介环境。

当我们将研究视野从微观逐渐拉开拉远，将移动技术对人类社会的影响放置于生态的高度，可以发现，移动媒体对人类社会生活的改造是颠覆性的，其打破了时空的界限并重构了人们的时空观念，进而对社会组织和社会权力结构施加影响。移动媒体塑造了全新的社会交往规则和社会组织方式。移动通信技术不再是工具，而是一种社会环境、一种社会规范，身处其中的个体都会受到其环境的影响进而调整自身的行为（蒋俏蕾等，2019）。媒介工具具有选择性，但媒介建构的社会生态却具有一定的强制性，要求个体适应环境的改变。在移动媒体兴起的早期，手机是一种选择性的工具，而发展至今，智能手机已逐渐发展成为人的一部分。因此，对于智能手机等移动媒介的依赖乃至沉迷也成为学者们关注和思考的重要议题（蒋俏蕾等，2019；Jiang & Li，2018）。

对于社会整体而言，移动媒体重塑了媒介环境（Meyrowitz，1985）。对于个体而言，移动媒体则随时随地调整了情境，打破了不同社会情境之间的界限。在 Erving Goffman 的拟剧理论中，社会是一个大舞台，每个社会成员都在社会中进行表演并十分关心自身在不同观众面前塑造的形象。人们在不同的情境下以不同的角色、在不同的场次中进行表演，在前后台之间遵从不同的行为规范来切换自身行为。拟剧理论强调了对互动情境的关注以及对社会成员互动行为的复杂性和随机性的认识。移动媒体使随时随地的在线互动成为可能。借助移动媒体，人们的互动行为更加复杂和随机，在屏幕面前，个体可能要同时应对不同的互动行为并切换不同的社会身份。移动媒体使人们可以更自由地进行身份管理，也模糊了前台后台的边界，同时重塑了人们对社交关系的认识。

3.4.3 移动性与社会结构：矛盾与统一

从 Anthony Giddens 的结构主义理论出发，可以窥探到移动通信技术和移动媒体如何改变日常生活、影响社会的组织和塑造新的权力结构。移动媒体首先使人们可以通过网络组织社会生活，给予人们更大的时间和空间权利。从个人层面来看，移动媒体赋予个体自我扩展的能力，更加个性化地开展社会互动与实践。从社会层面来看，移动通信使个体处在永久联系的状态里，改变了原有的社会关系和社会连接状态，促进了社会联系（Abeele et al.，2018）。

社会结构是具有规定性的，它界定了人们日常组织和开展社会生活的方式，构成了社会发展的结构性力量。移动媒体时时处处的连接性改变了传统的社会结构，从根本上影响了社会生活的组织方式。移动通信技术对个体与社会的影响是复杂且矛盾的。在移动性的基础上，个体可以根据个人的偏好组织个人活动和社交，个体决策更加个性化，这是一种后现代社会的文化形态。但与此同时，随时随地的连接使个体被迫承担更多的责任，不断地组织和安排社会活动、不断地维持社会关系、不断地调整社会角色，甚至是不断地监测自身的行为，比如检查自己的屏幕使用时长和运动步数等。Giddens 将“反思性”称为人类现代性行为的决定性特征。人类的所有活动都是包含着反思的，人们随时会对自身所处的情境和所做的事情进行监测。移动通信技术使人们不得不随时处于对自身行为的监测、组织和管理中，被迫承担更多过去不用承担的“责任”。

移动媒体带来的随时随地的联系不仅对个人产生了影响，还在社会中形成了新的权力结构，从而在广泛的政治、经济和文化领域施加影响。移动媒体促成了新的政治组织和沟通形态，成为政治变革和政治活动中具有动员和组织性力量的关键技术。移动媒体还模糊了生产者和消费者的界限，通过移动互联网搭建的社交媒体，越来越多的产消者成为“数字劳工”，一种新的经济“剥削”在移动媒体时代被无形地组织起来。移动媒体还对个人进行随时的记录和监控，借助移动媒体，每个人的信息都被持续地收集和跟踪。此外，在社交媒体上，监视与被监视之间的界限越来越模糊，每个人都可以监视、观察他人，也同样处于他人的监视和观察中。

3.5 本章小结

本章探讨了移动通信技术和移动媒体给人们传播行为、社会互动行为带来的改变。从移动媒体的概念出发，我们回溯了移动性的学术研究脉络，进一步阐释理解移动性的三大维度，即空间、时间和社会情境。其中，社会情境以及其中蕴含的社会心理因素，是理解移动媒体社会影响的重要维度。究其本质，正是在不同的社会情境下不同的社会心理在发挥着作用。

“微协调”是移动媒体调节社会互动的方式。从最初的二元互动，到用于组织公共事务和群体协调的多元互动，再到人与物的互动互联，移动媒体在调节社会互动方面不断展现着强大的影响力。此外，移动媒体还影响了社交关系的建立和维系。移动通信技术的发展给予了人们开展社会交往更多的可能性，也使人们的社交行为变得更为复杂。因此，理解人们的移动媒体使用行为，不仅要从媒体提供的功能出发，更要考虑到人们社交行为背后复杂的心理活动。

人的跨区域流动是非常典型的移动现象，而移动媒体在人们的流动迁徙过程中也发挥着重要的作用。通过引入移民研究和背包客研究的案例，本章呈现和探讨了移民和背包客的移动媒体使用行为与其中蕴含的社会心理因素。

本章还探讨了移动媒体与健康的议题，探索移动媒体如何促进健康管理以及健康研究的开展。移动媒体由于具有可移动性和便携性，在人的行为记录和监测方面具有重要的价值，因此可以应用到移动健康的理论构建和实践探索领域。移动健康应用和设备为人们进行身体数据监测和健康管理提供了有效的手段和方法。而对于行动不便的残障人群，移动媒体不仅可以帮助消除身体残缺造成的障碍，同时能够提供有效的社会支持。但值得注意的是，移动媒体也可能加剧残障人群开展线下社交的困难，使残障人群进一步远离线下的社会生活。此外，移动媒体收集和记录的移动大数据在疫情防控中发挥了重要的作用，移动媒体在公共卫生事业管理和社会治理中的价值未来仍有很大的探讨和开发空间。

移动性作为一个发展中的研究视角，可以与不同的理论脉络和社会实践结合起来。本章的最后，更深入地探讨了媒体移动性的研究空间，从全球化、媒介环境和社会结构出发，思考移动传播更深远的社会影响。在未来的研究中，对媒体移动性的思考需要打破移动与非移动的二元对立，从社会心理学、媒介物质性等心理学、社会学、哲学等学科交叉融合的视角出发，对媒体移动性开展更为深入的研究。

思考题

- 结合移动性的不同维度，如何理解新媒体移动性的“双刃剑”效应?
- 新媒体的移动性对于健康传播有什么积极意义?
- 移动媒体如何赋权赋能流动人群?

参 考 文 献

蒋俏蕾，郝晓鸣，林翠绢. 2019. 媒介依赖理论视角下的智能手机使用心理与行为：中国与新加坡大学生手机使用比较研究. 新闻大学, (3): 101-115, 120.

袁艳. 2016. 电视的物质性与流动的政治：来自两个城中村的媒介地理学观察. 新闻与传播研究, (6): 92-104, 128.

Abeele, M. V., de Wolf, R. & Ling, R. 2018. Mobile media and social space: How anytime, anyplace connectivity structures everyday life. *Media and Communication*, 6(2): 5-14.

Aoki, K. & Downes, E. J. 2003. An analysis of young people's use of and attitudes toward cell phones. *Telematics and Informatics*, 20(4): 349-364.

Chib, A. & Jiang, Q. L. 2014. Investigating modern-day Talaria: mobile phones and the mobility-impaired in Singapore. *Journal of Computer-Mediated Communication*, 19(3): 695-711.

Fortunati, L. 2002. The mobile phone: Towards new categories and social relations. *Information, Communication & Society*, 5(4): 513-528.

Goggin, G., Ling, R. & Hjorth, L. 2015. “Must-read” mobile technology research: A field guide. http://hdl.handle.net/2123/13128 [2015-01-01].

Hashimoto, Y., Ishii, K., Nakamura, I., et al. 2000. Keitaidenwa wo chyuushin to suru tsusin media riyo ni kansuru chosa kenkyu [A study onmobile phone and other communication media usage]. *Tokyo Daigaku Shyakai Joho Kenkyusyo Chosa Kenkyu Kiyo*, 14: 83-192.

Ishii, K. 2006. Implications of mobility: The uses of personal communication media in everyday life. *Journal of Communication*, 56(2): 346-365.

Jiang, Q. L. & Li, Y. 2018. Factors affecting smartphone dependency among the young in China.

Asian Journal of Communication, 28(5): 508-525.

Jiang, Q. L., Li, Y. & Shypenka, V. 2018. Loneliness, individualism, and smartphone addiction among international students in China. *Cyberpsychology, Behavior and Social Networking*, 21(11): 711-718.

Kraut, R., Patterson, M., Lundmark, V., et al. 1998. Internet paradox: A social technology that reduces social involvement and psychological well-being? *American Psychologist*, 53(9): 1017-1031.

LaRose, R., Eastin, M. S. & Gregg, J. 2001. Reformulating the Internet paradox: Social cognitive explanations of Internet use and depression. *Journal of Online Behavior*, 1(2): 1092-4790.

Lim, S. S., Bork-Hüffer, T. & Yeoh, B. S. 2016. Mobility, migration and new media: Manoeuvring through physical, digital and liminal spaces. *New Media & Society*, 18(10): 2147-2154.

Lin, T. T. C., Chiang, Y. & Jiang, Q. L. 2015. Sociable people beware? Investigating smartphone versus non-smartphone dependency symptoms among young Singaporeans. *Social Behavior and Personality*, 43(7): 1209-1216.

Ling, R. & Lai, C. H. 2016. Microcoordination 2.0: Social coordination in the age of smartphones and messaging apps. *Journal of Communication*, 66(5): 834-856.

Massey, D. 2008. A global sense of place. In T. Oakes & P. L. Price (Eds.), *The Cultural Geography Reader* (pp. 269-275). London: Routledge.

Meyrowitz, J. 1985. *No Sense of Place: The Impact of Electronic Media on Social Behavior*. New York: Oxford University Press.

Rossmann, C., Riesmeyer, C., Brew-Sam, N., et al. 2019. Appropriation of mobile health for diabetes self-management: Lessons from two qualitative studies. *JMIR Diabetes*, 4(1): e10271.

Sheller, M. & Urry, J. 2006. The new mobilities paradigm. *Environment and Planning A*, 38: 207-226.

Silas, E., Løvlie, A. S. & Ling, R. 2016. The smartphone's role in the contemporary backpacking experience. *Networking Knowledge: Journal of the MeCCSA Postgraduate Network*, 9(6): 40-55.

Wellman, B. & Tindall, D. B. 1993. How telephone networks connect social networks. In W. D. Richards & G. A. Barnett (Eds.), *Progress in Communication Sciences* (Vol. 12, pp. 63-93). Norwood: Ablex Publishing.

第二篇

新媒体中的关系与身份建构

第4章 新媒体中的交互性心理

引　言

观看 B 站（Bilibili，哔哩哔哩）视频的时候，你是否会打开弹幕呢？如果视频中运行着弹幕，你在观看视频内容时是否会在弹幕内容上倾注你的注意力？或许你本身就是一个活跃的弹幕使用者，熟练掌握不同速率、大小及颜色的弹幕使用规则。当你试图回答上述这些问题的时候，你就已经开始思考本章即将重点分析的一个概念了——交互性。

弹幕起源于日本视频网站 NICONICO。在弹幕视频中，视频播放时屏幕上以字幕形式出现的评论被称作弹幕。弹幕由观众发出，从视频的右方向左方飘过。当视频弹幕数量累积较多时，字幕从视频上移动的效果看上去就像射击游戏中的由子弹所密集形成的幕布，“弹幕”一词因此而来。和传统视频相比，弹幕视频的互动性更强。观众在使用弹幕时不用暂停便可以实时发送评论，同时弹幕打破了传统视频因界面设计所限对用户间观点交流造成的限制，不仅所有人发的弹幕都可以被观众看到，还可以实现多人之间进行弹幕互动。

头脑风暴

- 弹幕中存在着哪些不同类型的互动？
- 为什么弹幕并不总是多多益善？

本章内容要点

- 新媒体中的交互性内涵是什么？
- 如何理解作为过程的交互性与作为产品的交互性？

- 基于新媒体交互性的心理感知表现为哪些方面？

4.1 理解交互性

弹幕是新媒体交互性的一个具体现象，而交互性是新媒体最重要的特征属性之一。比如，通过发送弹幕，传者和受者之间的界限变得模糊，用户既是传者也是受者。这不仅加强了受众对视频内容的即时反馈，也大大提高了受众的互动体验（刘利芳，2020）。新媒体中不同主体之间存在着复杂的交互关系，学界从不同角度对于新媒体中的交互性作出了多种定义。本章节将结合交互性研究的相关经典文献，对交互性的内涵及其现实应用作一系统梳理，同时结合具体的新媒体案例进行分析。

4.1.1 交互性的内涵

尽管关于交互性的研究和分析已经持续了几十年，然而学界对于交互性仍没有统一的定义，对交互过程的主体及其可能对社会系统成员产生影响的条件也有待深入探析。有学者认为交流互动是面对面沟通的自然属性，并非以媒介为中介的传播特性。以 Erik P. Bucy 为代表的学者则认为，交互性仅能应用于中介的社会互动以及与通信技术特征的互动（Bucy，2004a）。交互应该是媒介化的社会互动的一个特例，如在线聊天、论坛或电话会议；也可以是与媒体内容或非人中介进行的客观互动，例如音频或视频下载、向列表服务主管的电子邮件发送请求、玩计算机游戏、进行电子商务交易等。将这一概念限制在以技术为媒介的交互，是为了避免将任何形式的对话都纳入交互的界定方式（Jensen，1998；Kiousis，2002）。

学者们试图通过不同的定义模型来概念化交互性，这些概念化的努力主要集中于三个主要领域：媒体的技术特性、通信环境和用户感知（Kiousis，2002）。从技术的角度来看，Steuer（1992）将交互性定义为媒体允许参与者实时修改中介环境的内容或形式的程度，将交互性定位为技术的一个特征即系统允许的一组界面操作。然而，只有在媒介提供的这些技术功能得到用户的承认和理解的条件下，它们才能被用户使用（Norman，1999），这可能会导致“使用鸿沟”，即某些用户可能无法充分利用相关技术（van Dijk，2000）。可见，交互性的技术定义在概念上是有局限的，没有考虑到不同用户群体可能的不同经历，仅将交互性定义为物理上可观察到的行动和反应（Heeter，2000；Sundar，2007），忽视了交互性作为体验因素而非技术因素的可能。从通信设置方面来看，交互性侧重于信息的响应性（Rafaeli & Sudweeks，1998），并将其定义为序列中的信息相互关联的程度，特别是后来的信息重新描述先前信息的相关程度，或是根据用户输入实现用户意图的变化程度（Lee，2000）。这种互动过程可以在信息交换中得以观察，可以通过分析往来文件和人际或组织沟通的其他文本来精确测量。但是，这种界定方式忽视了大众媒体，将交互性严格地限定在计算机介导的传播现象中，而且用户可能有参与有意义的双向交流的感觉，但并没有实现对内容的实际控制或执行可观察的沟通行为。从受众成员或个人用户的角度出发，自下而上地进行交互性研究可能会发现，一些新媒体形式即使不具备研究人员此前得出的与交互性相关的许多特征，也仍然给用户提供了互动和参与的机会（Bucy & Newhagen，1999；Morrison，1998）。不同的用户根据他们在信息和通信技术方面的技能水平和经验，可能会对同一媒介有不同的感知并采取一系列迥异的行为（Norman，1999）。因而有学者提出，应将交互性定义为用户感知，具体表现为受众的主观体验。虽然感知交互性在物理上是不可观察的，但它就像态度、感知行为影响以及其他感知结构一样可以通过测量得到可信数据（McMillan & Hwang，2002）。

在媒介与信息相关的研究中，将交互性视作一种信息交换过程中对于前后信息相关性程度的表达（Rafaeli，1988）。交互性被定义为一个包含双向、互惠通信、同步性（Liu & Shrum，2009；Rafaeli，1988）、内容个性化（Kalyanaraman & Sundar，2006；Wu，2006）、用户控制（Steuer，1992）以及改变通信媒介及来源和信息的技术功能（Sundar，2007）的结构特性。交互性是一个与过程相关的沟通结构，信息交换的参与者可以自由地转换和逆转角色（Rafaeli & Sudweeks，1998）。交互不仅仅是反应，也是互惠。以人际和社会互动为研究焦点的学者认为，无论是否经由中介，互动是指人类作为主体的互动。而来自人际交往之外研究背景的学者则认为，互动可以发生在人与媒介或媒介产品的功能之间。前者的观点与计算中介的传播范式相结合，将“交互性”构建为一个传播过程。后者的观点与人机交互（Human-computer interaction，HCI）范式相结合，将“交互性”界定为媒介特性或接口设计的产物。

4.1.2　作为过程的交互与作为产品的交互

对于交互性界定的差异，使得“交互性”这一概念被用于理解不同的媒介现象，既可能是人与人之间通过不同媒介进行的社会互动，也可能是人与计算机以及计算机之间信息交互为基础的互动。学者们认为，为了更好地衡量不同情境下的交互，需要对上述两种情形进行区分，因为二者在研究时提出的问题和应用的模型都不尽相同——前者是作为“过程”的交互，后者是作为“产品”的交互（Lee，2000；Wiener，1948）。在人与人之间面对面或借助媒介的交流互动中，以一种偶发的方式用后续的信息对先前的信息做出反应，称为作为过程的交互

（Rafaeli，1988）。而作为产品的交互则体现在用户通过一整套技术特性与系统所进行的互动，例如点击超链接从而获取一个网页。

作为过程的交互研究聚焦于人际互动交流。在此研究路径下，学者们感兴趣的是：谁在说话？他们在说什么？发送方和接收方之间是否存在互惠关系，抑或是否接收方未能做出响应？角色、权力、身份、仪式和其他语境因素是如何相互协调共同作用的？是否对信息交流和冲突进行了有效的管理？其中的观测集中在可观察到的互动方面，如自我披露、幽默、碰撞、反应程度和讨论的一致性，互动的主观经验或这种互动对关系、未来互动或态度和意见变化的影响（Rafaeli & Sudweeks，1998）。

作为产品的交互研究将重点放在用户与媒介技术的交互上。在这种研究视角下，研究者们感兴趣的是媒介提供的功能（例如多媒体、点击投票、超链接、反馈表格）的质量和普及程度，以及用户如何利用这些功能。具体来说，作为产品的交互更侧重于媒体提供的互动体验的范畴，通过观察用户完成任务所需的速度或时间，衡量用户主观上如何理解或体验这些特征，以及交互特征对认知或信息体验控制的影响及这些特征可能对认知处理产生的影响，包括用户注意、信息获取、记忆和回忆等方面（Sundar，2000）。从产品一词还可以看出其中潜藏的权力关系逻辑。这也是该视角下一个热议的主题。媒介所提供的功能既取决于其设计者，也取决于其赞助商的目标。这样的设计选择可以透露出大量的权力动态和社会关系。例如，相关的组织机构是否利用人们在新的传播媒介中交流的可能去增强公众的参与程度等等。

4.2 交互性的媒介应用与交互性悖论

自从数字媒体出现以来，交互过程通常被认为是有助于目标实现的，可以提升使用动机、接受度、满意度和学习效果等，并使用户产生更加深刻的参与体验（Rafaeli，1988）。但是，更加晚近的实证研究对这些早期的结论提出了质疑。根据不同强度的交互和沟通形式对于人际互动的影响研究，Burgoon 等（2000）指出，互动本身是价值中立的，尽管与之相关的结果可能是有价值导向的。但很多关于交互性的研究都采用了错误的假设，即认为双向传播总是与正向结果相关的。在大众媒介的语境下，这相当于认为，增加了新闻覆盖的范围就能使全部观众更加了解实情。事实上，24 小时的有线电视新闻循环以及不断蔓延的网络信息资源并没有明显地增加公众的知识储备。所以，当我们谈及互动性的时候，更多并不总是代表更好。

4.2.1　交互性的媒介应用

媒介应用中存在着复杂的交互关系，学者 McMillan（2002）将其分为三类，即用户与系统之间的互动、用户与用户之间的互动，以及用户与文档之间的互动。其中，用户与系统之间的互动，是指基于媒介本身的性质以及用户如何与技术合作来做出选择并对传播过程施加控制来进行的互动交流。用户与用户之间的互动是指通过传播渠道进行的两个或多个用户个人之间的交流。这种交互允许发送者和接收者交换通信角色，并相互提供反馈。而用户与文档之间的互动是指用户所感知到的与内容生产者的互动及其实际的内容创作。

交互性的媒介应用已被广泛应用于娱乐、新闻、政治、营销等情境中（Liu & Shrum，2002；Stromer-Galley，2004；Vorderer et al.，2001）。例如，在网络上流行的角色扮演类游戏（role playing game，RPG）中，就存在着不同主体间复杂的交互关系。在线游戏中，玩家扮演着特定的角色在一个写实或虚构的游戏世界中活动，并在结构化的规则下推进游戏故事发展。玩家可以自主选择游戏发生的场景、季节，也可以随时更换探索活动时获取到的装备，还可以调节行进的速度和周围环境中声音的高低，这些都是用户与系统之间所进行的交互。网络游戏平台也为用户之间的对话交流提供了充满趣味的场域，同时系统还会有意设置一些功能选择来进一步促进用户之间的交互，比如虚拟婚姻或部落氏族等等。很多大型游戏同时拥有线上社区，方便玩家进一步互动交流。除了玩家之外，通常在大型在线游戏中还存在不少非玩家角色（non-player character，NPC），为玩家提供游戏相关的线索和信息，以推进游戏情节的发展。玩家与 NPC 之间的互动行为既可以看作是用户和系统之间的对话，同时也可以视作用户与文档的互动，是用户接收到系统编码信息刺激后所作出的反馈。

在网络政治传播中，研究发现交互条件与对候选人的积极评估相关，尤其是针对那些先前并不关心政治的主体（Sundar et al.，1998）。然而，过多的交互由于需要用户更大程度地参与界面功能，也可能产生负面的影响。具体而言，高交互条件下的参与者可能会认为候选人不如中等或低交互条件下的候选人体贴和称职（Sundar et al.，2003）。这可能是由于参与者需要付出额外的努力来浏览更多层级的信息，但并没有因此获得实际的收益。在聚焦信息传播技术为公民参与提供的机会和限制的研究中，交互性也是一个重要的变量。新媒体为公民与社会精英（比如政府官员、政治候选人、专家等）的互动开辟渠道的想法对公共参与具有重要的影响（Agre，2002；Bucy & Gregson，2001；Hacker，1996）。在相关研究中，探寻精英们提供了哪些公共参与的机会，以及公民如何利用这些机会的内容，是在回答作为产品的交互的问题；而探寻公民与精英互动时发生了什么，则是关于作为过程的交互的问题，比如质询相关部门是否真正接纳公民提供的建议并给出互惠互利且切实可行的方案。在这两种情况下，交互性都是值得仔细研究的，因为它对个人和更大的社会过程都有不可忽视的影响。

在市场营销相关的交互研究中，学者们探索了交互性对于广告效果的影响，并在几种情况下发现了交互实际上可能会有不利的影响，尤其是交互性伴随着新的或困难的任务的时候（Ariely，2000；Bezjian-Avery et al.，1998；Liu & Shrum，2002）。用户多媒体素养和信息处理能力的高低，往往在决定交互结果的方向上起着重要的中介作用。比如，在对交互式电影观看的研究中发现，认知能力较低的观众在观看无须自己决定故事走向的普通电影时感觉更愉悦，对电影的评价也更积极；相反，认知能力较强的观众则更青睐于可以发生交互的观影体验（Vorderer et al.，2001）。所以相关研究者认为，交互媒体只有在认知能力较强且能从信息复杂性中获益的受众中才能获得成功。

4.2.2 交互性悖论

过去学界对于互动媒体往往存在某种“一厢情愿”的期待，而很多研究都表明互动性的作用并非一成不变，甚至是非线性的（Sundar et al.，2003）。心理学中的信息处理和行为表现模型一直都有关注到过度刺激与认知和行为表现下降之间的关系（Hebb，1949；Leuba，1955）。正如 Hebb（1949）所观察到的，在低值域的范围内增加刺激水平是有益的，但一旦达到一个最佳水平，随着强度的继续增加，受试者的表现就会受到负面影响。与早期一些乐观的假设相反，交互性似乎并没有符合理想主义的预期而带来普遍的收益。

例如，关于在线新闻处理和感知的研究中发现，多媒体下载作为一种产品互动，会阻碍记忆形成，并导致形成对网站整体的负面看法，同时对新闻质量的评估也产生负面影响（Sundar，2000）。在线交互功能需要用户的耐心、专业知识和认知资源，使得用户需要付出相应的理性及感性成本，可能会导致用户困惑和挫败感的增加以及记忆力的下降（Sundar，2000）。由此产生的“迷失方向”的用户体验是超媒体环境中的一个常见问题（Conklin，1987；Thüring et al.，1995），因此可能引发用户的负面评价。Bucy（2004b）在用户对主要报纸和电视网络新闻站点的反馈中发现了类似的多媒体交互引发的情绪失落，但用户却对媒介内容给予了赞许的评价（Chung & Yoo，2008），这种现象被称为“交互性悖论”。

事实上，文献中缺少交互性对用户的共同影响模式的陈述，即交互过程可能在不同的用户群体中所具有的可预测结果。因而，互动性相关研究不仅需要关注传播环境什么时候被认为是互动的，也将研究重点放在社会上不同程度和类型的交互性所带来的影响。例如，在用户技能和系统挑战之间持续无法匹配的情况下，交互技术可能会占上风，导致普通用户远离网络可能带来的社会、经济和信息回报。但是，即使最优匹配下的高技能用户与先进技术相组合，也无法在体量不断增加的互动性中长久地存在下去。例如，在互联网这样的互动环境中，用户作为网络媒体受众需要主动寻找信息、发表自己的故事、选择符合自身预期的功能或做好守门人（Sundar & Nass，2001），即使受教育程度和认知技能高的用户也很难在日渐苛刻的互动需求中保持不受太大的影响（Vorderer et al.，2001）。

正如 Rafaeli 和 Sudweeks（1998）所强调的，交互性研究需要能为系统调查提供连贯框架的互动理论。完整地描述交互性必须从认识到它是一个可能在多个层面上发生的现象开始：在一个层面上，互动交流关乎个体的人际交往，因为它们模拟了个体间的对话；而在另一个层面上，媒介化的互动也可以采取发送者（新闻主播、脱口秀主持人、政治家、网络红人等）向广泛受众依次广播单个信息的大众传播形式。20 世纪 80 年代末以来，媒体研究中普遍将受众视为个人化的主体（Rafaeli，1988），以期将人际传播和大众传播之间不同层次的分析联系起来。Beniger（1987）强调关注交互对沟通的主观影响，将交互性理解为存在于个人内部的知觉变量，同时强调要跨越由两个层次所划分开来的鸿沟。

因而，Bucy（2004b）进一步丰富了 Hebb（1949）的倒 U 形唤醒曲线，用以说明互动交流在个人和社会层面所能产生的可能结果，如图 4.1。其中，个人曲线（personal band）代表互动发生在个人层面；社会曲线（social band）代表在更广泛的社会层面所发生的相互作用，并以非线性的方式展示了互动传播的强度与媒介化互动的结果之间的关系。在个人层面，交互性积极影响的一侧包括给个人带来的一系列益处，如参与感的投入提升、知识获取的增益、由于不确定性减少而带来的满足感和个人效能的提高。然而，一旦达到最佳的交互性水平，持续增加的交互强度就开始压制用户。消极影响的一侧曲线表明，交互活动的不断增强会导致刺激性并带来烦恼、挫败、信息过载，并最终引发个人退出或脱离交互活动。这一推论也得到了现有交互性研究的支持（Bessière et al.，2004；Bucy，2004b）。在社会层面，交互性的影响随着其强度的变化也遵循类似的先积极后消极的变化曲线。适宜的交互性水平，如新媒体提供的互动，可以培养一定程度的社会性和公民参与，从而形成互惠规范，并可能促进社会资本的形成（Bucy & Gregson，2001；Ellison et al.，2011；Putnam，2000）。然而，随着信息环境的交互强度进一步增加，可能会带来个性化和支离破碎，不同群体之间的共享经验可能会因此减少，从而引发自私和自我放纵（Turow，1997），伴随着共识被进一步侵蚀，冲突和社会不和谐的大门也会被打开，最终可能走向社会层面的失序甚至失稳崩溃（Tichenor et al.，1970）。学者们在基于老年人智能手机使用的经验研究中也反映出这种交互性悖论的特征，多重维度的交互性既带来多重维度的媒介技术赋权，也存在着多重维度的风险需要被关注（蒋俏蕾等，2021）。

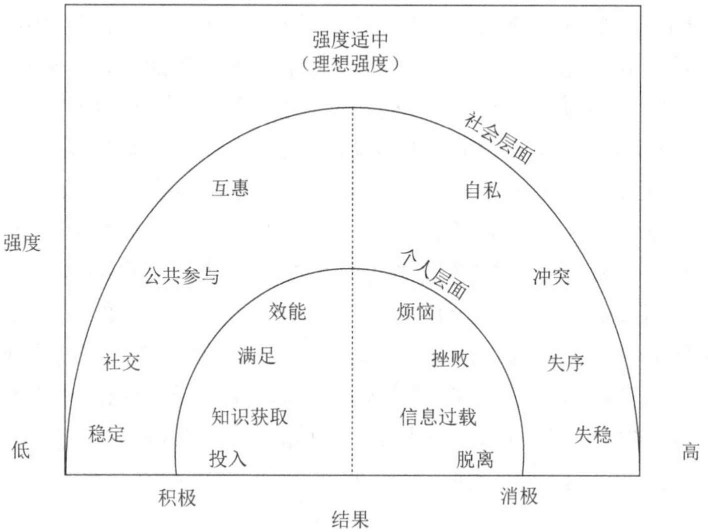

图 4.1　交互性的个人与社会影响

4.3　新媒体交互性的不同维度

基于通信的三个关键要素，交互性可以作为媒介特征、消息特征和源特征存在，这也投射出不同维度下交互性的不同属性。其中，作为媒介特征的交互性更加侧重于技术属性，学界一般称之为模态交互性。作为消息特征的交互性被定义为信息交互性，可以从交互过程中产生的信息流动和内容分享中去挖掘。而在研究作为源特征的交互性时，学者们通常聚焦于用户对于交互刺激的感知，感知交互性虽然在物理上不可观察，但是可以通过测量得到可信数据。Sundar（2007）认为，新媒体交互性的三种形式，可以成为传递说服信息的核心。

4.3.1　技术维度：模态交互性

基于媒介的交互性，也称为模态交互性，是指界面上可用于信息访问和与信息互动的各种工具或模式。例如，在比较复杂的界面中，模态交互性包括网站提供的诸如滑块、拖动，鼠标悬停和缩放功能等等。与滑动浏览只有静态图片的网页相比，使用鼠标旋转虚拟相机并放大其细节的行为被认为具有更多的控制媒介或界面的能力，同时这也意味该行为的互动性更高（Xu & Sundar，2014）。文献表明，这种类型的交互性可以积极地影响用户对内容的态度和他们的行为意图。研究发现，使用诸如放大图像或呈现动画（模拟物体的运动）等模态交互性的网站，能够促使浏览它们的消费者产生更加积极的品牌态度和更强烈的购买意愿（Daugherty et al.，2008）。Schlosser（2003）也发现，与只浏览静态的商品图片相比，点击进入图像和滚动鼠标以浏览图像可以产生更大的购买意向。

那么，是什么样的作用机理让模态交互性的存在使得个人感觉更加沉浸于浏览当中？一种可能的解释是基于“感知带宽”的概念（Reeves & Nass，2000）。研究者们推测，模态交互性作为起点可以促使用户对媒介内容更大程度上的认知吸收。当网站使用户能够与内容互动时，用户可以被引导着更多地关注网站的浏览任务，并在探索网站的各个方面时获得更多的乐趣（Sundar et al.，2010）。例如，当用户在控烟网站上操作显示大脑在吸烟前后的活动变化的滑块时，用户需要调整运动反应来从左到右地拖动鼠标，并根据鼠标运动对视觉变化进行感知上的编码，最后在认知层面上处理“重度吸烟者的大脑中非活动区域更多”的图形信息。在这一过程中，与被动接受媒体刺激的情况相比，他们的信息吸收带宽有所扩大，因为他们可以通过直接与内容交互来体验内容的动态性。这意味着模态交互有助于更深入的用户体验，从而缩小真实环境和中介环境之间的鸿沟。媒体界面的操作是如此的自然和直观（Norman，2002；Steuer，1992），以至于用户在操作内容时几乎没有注意到介质的存在。因此，有效的模态交互性是自然、直观和易于使用的界面的同义词，它能增强用户的感知带宽，以调动他们的感知、运动和认知能力，从而与界面提供的内容进行充分的交互。关于用户对信息性内容态度的研究发现，个人对自然性、直观性和易用性的界面评估导致了浏览时信息更强烈的被吸收的感觉，这反过来又导致了对网站和内容更有利的态度（Xu & Sundar，2014）。

虽然模态交互性预期会对认知吸收产生普遍的积极影响，但它对用户参与阐述方面的影响可能会朝着相反的方向发展，因为它倾向于让用户专注于体验网站，而可能牺牲掉用户对于网站内容的存储和反思。信息处理的有限容量模型（Lang，2000）认为，在界面中添加更多的模态交互功能，将耗尽受众可用的认知资源池，从而使受众对信息处理产生负面的影响。然而，这一说法没有经过互动媒体相关实证研究的严格检验。Sundar 等（2010）提供的经验证据表明，与只有简单的点击功能的网页相比，一个高度互动的同类网页（内含以 3D 旋转木马为一种模态交互性特征的网页）抑制了参与者对内容的回忆，而回忆是评估用户系统处理水平的一个指标（Chaiken & Maheswaran，1994），且实验研究还表明模态交互性会对用户进行说服性信息的阐述造成负面影响。

西方学者早期的研究通常以网页中的滑块、拖动、缩放以及鼠标悬停等简单的功能来分析模态交互性在实际应用中的体现。而近年中国学者则通过微信红包作为研究对象去研究其中涉及的交互性。对于发出者而言，微信红包的发送通常需要多个步骤。首先用户要在菜单栏点击，随即弹出的对话框会要求用户输入金额并设定分发方式，同时用户还可以配以表情随红包一起发出。对于接收者来说，微信红包出现在对话框中时，其金额是未知的，系统模拟了一个红包打开的真实过程，需要接收者再点击才能知晓红包金额并完成接收过程。这种多步骤的操作方式扩展了用户的认知带宽，一定程度上弥合了虚拟和现实的差别，让用户拥有沉浸式游戏般的体验。疯抢微信红包所带来的互动，包括对于人际交流困顿的改善，可以增强人际传播频度、增进感情交流、加强微信在虚拟人际传播与现实人际传播中的桥梁作用，甚至还促进了人际传播、群体传播和大众传播的融合（刘开源等，2019）。

近年来，AI 正在改变着人们的生活，智能媒介、智能家居等作为数智化技术融入社会的探路者，正日益成为我们日常的基本场景。市场研究机构 IHS Markit 研究发现，回答问题、查看新闻与查看天气预报是智能音箱最受欢迎的三种功能。在智能音箱的冲击下，科技咨询公司埃森哲（Accenture）和哈里斯互动公司（Harris Interactive）通过在线调查发现，2/3 的数字语音助手用户减少了智能手机的使用频率。然而，智能音箱的使用目前更多的还只是停留在模式化召唤和简单技术功能的操作上，用户更多的还是将其视为互动的游戏伙伴，而对其播报的新闻或阅读的书籍内容并不能形成非常有效的理解、阐释和记忆（喻国明和杨名宜，2019）。

4.3.2 信息维度：信息交互性

与模态交互性不同的是，某些形式的交互性可以超越界面上的简单操作，并被明确地设计以增加系统处理的容量。消息交互性是指系统赋予用户与系统交互通信的能力的程度。这种概念化遵循着“会话理想”（Rafaeli，1988），在这种情况下，人与网页之间成功的信息互动形式模仿了人与人之间进行面对面交流的方式（Sundar et al.，2010）。与仅仅通过非交互式的滚动来阅读整个内容不同，交互式的功能考虑到了用户以前的信息输入。信息交互性影响的理论机制取决于信息交换所涉及的偶然性（Rafaeli，1988）。系统需要能够计算来自用户先前的消息以及这些消息的相互作用，以便能够有效地响应用户的信息输入。可获得的行为跟踪数据代表了一个令人兴奋的趋势，因为它们可以避免自我报告数据的局限性。然而，只关注这些可见的痕迹，会错过捕捉一些“无形”的变量，比如人们的感知体验或意图，以及其他在平台上看不到但与先前的传播过程相关的后续活动。

用户与系统之间来回的信息交互可以引发更高程度的系统处理。通过使用有声思维（think-aloud），Tremayne 和 Dunwoody（2001）测量了随着评论数量增加而进行的认知阐述，显示出当前遇到的信息与先前的知识之间存在联系。研究发现，带有信息交互的网页增加了参与者的阐述以及对特定内容回忆的数量，能够引发更多与网站相关的思考（Sicilia et al.，2005）。Eveland 等（2004）还发现，与同一健康网站的线性版本相比，基于超链接的非线性交互设计可以增加知识结构密度，即用户可以更好地理解他们所学到的事实之间是如何相互关联的。相关研究通过将交互性作为一种信息特征来操作化，基于实证研究检验了消息交互性强度与用户对内容阐述的正相关关系。

弹幕在很大程度上是信息交互性的载体，不同于传统视频网站的评论，弹幕是一种突破时间与空间限制的互动方式。弹幕同时打通了用户与系统、用户与信息以及用户与用户之间的互动渠道。受众在观看视频时可以发送弹幕，既是在和视频系统进行着互动，也是根据自身情况对于视频进行不同角度的解读，同时弹幕还是受众与受众之间沟通的纽带。弹幕在传递内容时所表现的说服效果不可忽视，弹幕对于热词热句的生成以及视频博主的出圈都能够起到关键性的作用。诚然，我们也需要辩证地看待弹幕带来的“共识”建立。有些视频中的弹幕数量太大，覆盖铺满视频画面，用户很难摆脱弹幕观点的干扰而进行独立思考，而且受弹幕的影响，甚至很难对信息作出鉴别，会影响到真正有价值的沟通和反馈（刘利芳，2020）。这也再次呼应了交互性的倒 U 形曲线，交互性的强度与其影响的关系是非线性的，在达到最佳点之后，过度的交互性不仅会影响用户的媒介活动体验，而且可能导致共识的崩盘和群体的撕裂，这些都是值得深入研究的议题。

4.3.3　感知维度：感知交互性

上述与消息相关和面向技术的交互性定义的核心，是用户对媒介交换的内容和形式进行的控制。然而，用户可能有参与有意义的双向交流的感觉，但并没有实现对内容的实际控制或执行可观察的沟通行为，他们可能只是简单地从这种持续进行的表达活动中感受到了自己的在场。此种交互性更多地定位为用户感知，具体表现为受众的主观体验。虽然感知交互性在物理上不可观察，但就像态度、感知行为影响以及其他感知结构一样，感知交互性可以通过测量而得到可信的数据（McMillan & Hwang，2002）。很多研究交互性的学者已经习惯了利用在线工具抓取用户的行为数据，然而我们需要考虑其潜在的局限性，即我们可能错过哪些无形的交互。研究人员如何更好地衡量和解释“无形的”互动，忽视它们的后果是什么，这些都是研究感知交互性需要重点思考和探索的问题（Ellison et al.，2018）。

任何一种媒介使用，从受众接受方式的本质上讲，都是通过人的某种感官的感知行为，从而将其承载的内容传达给受众。比如，被称为最强共情媒介的虚拟现实技术，强调沉浸感、真实感，旨在通过计算机程序为人们构建出多维的视听体验，通过将人的视觉和听觉感官包裹起来（未来还有可能加入其他的感官），创造假想的、类似于现实世界的虚拟空间。从德布雷对图像域的定义来看，虚拟现实技术其实并未摆脱图像域本身而到达下一个阶段，人们所能感知的范围仍然来自视觉和听觉系统。但是，如果说虚拟现实技术与电视、电影这类以屏幕为主要中介的媒介工具相比有何不同，那正是其交互性所营造的沉浸感，以及由此所带来的完全不同的感官体验。虚拟现实技术通过模拟真实的情景，让用户可以透过第一人称的视角，以身临其境的方式感受事件发生时的环境和氛围，具有前所未有的情感引导力，从而使受众感受到情感上的“在场”和沉浸（宋凯和杨承智，2020）。

4.4 本章小结

本章首先以弹幕为例，对用户与系统、用户与信息以及用户与用户之间复杂的交互关系进行了具体的阐释。随即回顾了学界一直以来对交互性界定的争议，主要集中在交互性是否能够应用在描述无媒介参与的面对面的人际交流中。后来的研究者将这种讨论梳理为两种并行的界定方式，即作为过程的交互性和作为产品的交互性。

新媒体中广泛存在交互性应用，无论是在新闻传播领域，还是在娱乐、政治和营销等方面，交互性都对个人和社会层面的互动传播产生着深刻的影响。然而，交互关系的增强并不一定意味着更加积极的个人和社会影响，交互性悖论直观地表现为倒 U 形曲线。无论是个人层面还是社会层面，适当的交互都能够带来一系列积极的影响，然而当交互性的强度超过了一定的理想程度，过多的交互会带来诸多消极的影响。

鉴于交互性在新兴传播媒介高速发展的过程中不断扩展着内涵和外延，需要理解交互的不同维度，才能把握新媒体交互性的不同类型。本章结合相关的媒介应用与研究，系统梳理了新媒体交互性的技术维度、信息维度和感知维度，以及与之相对应的模态交互性、信息交互性和感知交互性三大类型。结合微信红包、语音助手等案例，有助于我们理解模态交互性给用户带来的媒介化互动体验；以弹幕为例分析了信息交互性在用户中可能产生的说服性和舆论创造力；以虚拟现实为例展示了感知交互性为用户所创造的沉浸和“在场”感受。

总体而言，交互性作为新媒体最重要的属性之一，其理论概念存在深入挖掘的研究价值。同时，关于新媒体交互性的理论研究也应该不断与业界最前沿的媒介实践应用相结合，以解释和指导社交媒体以及数智媒体的发展与影响。研究方法方面，我们还需要思考如何更好地将可获取的行为跟踪数据与传统的自我报告数据结合起来，更全面地探析新媒体交互性的不同维度与类型。

思考题

- 结合具体案例，分析网络游戏等新媒体中有哪些交互性方面的特别设计。
- 多模态交互的优势和缺点分别是什么？
- 我们应该如何把握交互性的程度？

参 考 文 献

蒋俏蕾, 刘入豪, 邱乾. 2021. 技术赋权下老年人媒介生活的新特征: 以老年人智能手机使用为例. 新闻与写作, (3): 5-13.

刘开源, 连晨, 赵剑华. 2019. 微信红包的“互动仪式”分析: 以柯林斯“互动仪式链”理论为分析框架. 西部学刊, (8): 21-24.

刘利芳. 2020. 弹幕视频中的受众互动行为解析: 基于德弗勒的互动模式. 视听, (7): 164-165.

宋凯, 杨承智. 2020. 交互的沉浸式体验: 虚拟现实空间的建构法则. 中国广播电视学刊, (9): 79-81.

喻国明, 杨名宜. 2019. 平台型智能媒介的机制构建与评估方法: 以智能音箱为例. 新疆师范大学学报(哲学社会科学版), 40(2): 120-126.

Agre, P. E. 2002. Real-time politics: The Internet and the political process. *The Information Society*, 18(5): 311-331.

Ariely, D. 2000. Controlling the information flow: Effects on consumers' decision making and preferences. *Journal of Consumer Research*, 27(2): 233-248.

Beniger, J. R. 1987. Personalization of mass media and the growth of pseudo-community. *Communication Research*, 14(3): 352-371.

Bessière, K., Ceaparu, I., Lazar, J., et al. 2004. Social and psychological influences on computer user frustration. In E. P. Bucy & J. E. Newhagen (Eds.), *Media Access: Social and Psychological Dimensions of New Technology Use* (pp. 91-103). Mahwah: Lawrence Erlbaum Associates.

Bezjian-Avery, A., Calder, B. & Iacobucci, D. 1998. New media interactive advertising vs. traditional advertising. *Journal of Advertising Research*, 38(4): 23-32.

Bucy, E. P. 2004a. Interactivity in society: Locating an elusive concept. *The Information Society*, 20(5): 373-383.

Bucy, E. P. 2004b. The interactivity paradox: Closer to the news but confused. In E. P. Bucy & J. E. Newhagen (Eds.), *Media Access: Social and Psychological Dimensions of New Technology Use* (pp. 47-72). Mahwah: Lawrence Erlbaum Associates.

Bucy, E. P. & Gregson, K. S. 2001. Media participation: A legitimizing mechanism of mass democracy. *New Media & Society*, 3: 357-380.

Bucy, E. P. & Newhagen, J. E. 1999. The micro- and macrodrama of politics on television: Effects of media format on candidate evaluations. *Journal of Broadcasting & Electronic Media*, 43(2): 193-210.

Burgoon, J. K., Bonito, J. A., Bengtsson, B., et al. 2000. Interactivity in human-computer interaction: A study of credibility, understanding, and influence. *Computers in Human Behavior*, 16(6): 553-574.

Chaiken, S. & Maheswaran, D. 1994. Heuristic processing can bias systematic processing: Effects of source credibility, argument ambiguity, and task importance on attitude judgment. *Journal of Personality and Social Psychology*, 66(3): 460-473.

Chung, D. S. & Yoo, C. Y. 2008. Audience motivations for using interactive features: Distinguishing use of different types of interactivity on an online newspaper. *Mass Communication and Society*, 11(4): 375-397

Conklin, J. 1987. Hypertext: An introduction and survey. *Computer*, 20(9): 17-41.

Daugherty, T., Li, H. R. & Biocca, F. 2008. Consumer learning and the effects of virtual experience relative to indirect and direct product experience. *Psychology & Marketing*, 25(7): 568-586.

Ellison, N. B., French, M., Litt, E., et al. 2018. Without a trace: How studying invisible interactions can help us understand social media. *CSCW '18 Companion: Companion of the 2018 ACM Conference on Computer Supported Cooperative Work and Social Computing*, 18: 129-132.

Ellison, N. B., Steinfield, C. & Lampe, C. 2011. Connection strategies: Social capital implications of Facebook-enabled communication practices. *New Media & Society*, 13(6): 873-892.

Eveland, W. P., Jr, Cortese, J., Park, H., et al. 2004. How web site organization influences free recall, factual knowledge, and knowledge structure density. *Human Communication Research*, 30(2): 208-233.

Jensen, J. F. 1998. Interactivity: Tracking a new concept in media and communication studies. *Nordicom Review*, 12(1): 185-204.

Hacker, K. L. 1996. Missing links in the evolution of electronic democratization. *Media, Culture & Society*, 18(2): 213-232.

Hebb, D. O. 1949. *The Organization of Behavior: A Neuropsychological Theory*. New York: John Wiley & Sons.

Heeter, C. 2000. Interactivity in the context of designed experiences. *Journal of Interactive Advertising,* 1(1): 3-14.

Kalyanaraman, S. & Sundar, S. S. 2006. The psychological appeal of personalized content in web portals: Does customization affect attitudes and behavior? *Journal of Communication*, 56(1): 110-132.

Kiousis, S. 2002. Interactivity: A concept explication. *New Media & Society*, 4(3): 355-383.

Lang, A. 2000. The limited capacity model of mediated message processing. *Journal of Communication*, 50(1): 46-70.

Lee, J. 2000. Interactivity: A new approach. (Paper presented at Association of Educators of Journalism and Mass Communications). Phoenix, AZ.

Leuba, C. 1955. Toward some integration of learning theories: The concept of optimal stimulation. *Psychological Reports*, 1: 27-33.

Liu, Y. P., & Shrum, L. J. 2002. What is interactivity and is it always such a good thing? Implications of definition, person, and situation for the influence of interactivity on advertising effectiveness. *Journal of Advertising*, 31(4): 53-64.

Liu, Y. P. & Shrum, L. J. 2009. A dual-process model of interactivity effects. *Journal of Advertising*, 38(2): 53-68.

McMillan, S. J. 2002. Exploring models of interactivity from multiple research traditions: Users, documents, and systems. In L. Lievrouw & S. Livingstone (Eds.), *Handbook of New Media* (pp. 162-182). London: Sage.

McMillan, S. J. & Hwang, J S. 2002. Measures of perceived interactivity: An exploration of the role of direction of communication, user control, and time in shaping perceptions of interactivity. *Journal of Advertising*, 31(3): 29-42.

Morrison, M. A. 1998. A look at interactivity from a consumer perspective. In J. B. Ford & E. D. Honeycutt, Jr (Eds.), *Proceedings of the 1998 Academy of Marketing Science (AMS) Annual Conference* (pp. 149-154). Norfolk: Academy of Marketing Science.

Newhagen, J. E., Cordes, J. W. & Levy, M. R. 1995. Nightly@nbc. com: Audience scope and the perception of interactivity in viewer mail on the Internet. *Journal of Communication*, 45(3): 164-175.

Norman, D. A. 1999. Affordance, conventions, and design. *Interactions*, 6(3): 38-43.

Norman, D. 2002. Emotion & design: attractive things work better. *Interactions*, 9(4): 36-42.

Putnam, R. D. 2000. *Bowling Alone: The Collapse and Revival of American Community*. New York: Simon & Schuster.

Rafaeli, S. 1988. Interactivity: From new media to communication. In R. P. Hawkins, J. M. Wiemann & S. Pingree (Eds.), *Advancing Communication Science: Merging Mass and Interpersonal Processes* (pp. 110-134). Thousand Oaks: Sage.

Rafaeli, S. & Sudweeks, F. 1998. Interactivity on the nets. In S. Rafaeli (Ed.), *Network & Netplay* (pp. 173-190). Cambridge: The MIT Press.

Reeves, B. & Nass, C. 2000. Perceptual user interfaces: Perceptual bandwidth. *Communications of the ACM*, 43(3): 65-70.

Schlosser, A. E. 2003. Experiencing products in the virtual world: The role of goal and imagery in influencing attitudes versus purchase intentions. *Journal of Consumer Research*, 30(2): 184-198.

Sicilia, M., Ruiz, S. & Munuera, J. L. 2005. Effects of interactivity in a web site: The moderating effects of need for cognition. *Journal of Advertising*, 34(3): 31-45.

Steuer, J. 1992. Defining virtual reality: Dimensions determining telepresence. *Journal of Communication*, 42(4): 73-93.

Stromer-Galley, J. 2004. Interactivity-as-Product and Interactivity-as-Process. *The Information Society*, 20: 391-394.

Sundar, S. S. 2000. Multimedia effects on processing and perception of online news: A study of picture, audio, and video downloads. *Journalism and Mass Communication Quarterly*, 77(3): 480-499.

Sundar, S. S. 2007. Social psychology of interactivity in human-website interaction. In A. N. Joinson, K. Y. A. McKenna, T. Postmes, et al. (Eds.), *The Oxford Handbook of Internet Psychology* (pp. 89-104). Oxford: Oxford University Press.

Sundar, S. S., Hesser, K. M., Kalyanaraman, S., et al. 1998. The effect of web site interactivity on political persuasion. (Paper presented at the 21st General Assembly and Scientific Conference of the International Association for Media and Communication Research). Glasgow, UK.

Sundar, S. S., Kalyanaraman, S. & Brown, J. 2003. Explicating Web site interactively: Impression formation effects in political campaign sites. *Communication Research*, 30(1): 30-59.

Sundar, S. S. & Nass, C. 2001. Conceptualizing sources in online news. *Journal of Communication*, 51(1): 52-72.

Sundar, S. S., Xu, Q., Bellur, S., et al. 2010. Click, drag, flip, and mouse-over: Effects of modality interactivity on user engagement with web content. (Paper presented at the 60th Annual Conference of the International Communication Association). Singapore.

Thüring, M., Hannemann, J. & Haake, J. M. 1995. Hypermedia and cognition: Designing for comprehension. *Communications of the ACM*, 38(8): 57-66.

Tichenor, P.J., Donohue, G. A. & Olien, C. N. 1970. Mass media flow and differential growth in knowledge. *Public Opinion Quarterly*, 34(2): 159-170.

Tremayne, M. & Dunwoody, S. 2001. Interactivity, information processing, and learning on the web. *Science Communication*, 23(2): 111-134.

Turow, J. 1997. *Breaking up America: Advertisers and the New Media World*. Chicago: University of Chicago Press.

van Dijk, J. 2000. Widening nformation gaps and policies of prevention. In K. L. Hacker & J. van Dijk (Eds.), *Digital Democracy: Issues of Theory & Practice* (pp. 166-183). London: Sage.

Vorderer, P., Knobloch, S. & Schramm, H. 2001. Does entertainment suffer from interactivity? The impact of watching an interactive TV movie on viewers' experience of entertainment. *Media*

Psychology, 3(4): 343-363.

Wiener, N. 1948. Cybernetics, or the Control and Communication in the Animal and the Machine. New York: John Wiley.

Wu, G. 2006. Conceptualizing and measuring the perceived interactivity of websites. *Journal of Current Issues & Research in Advertising*, 28(1): 87-104.

Xu, Q. & Sundar, S. S. 2014. Lights, camera, music, interaction! Interactive persuasion in e-commerce. *Communication Research*, 41(2): 282-308.

第5章

新媒体、社交网络与社会支持

引　　言

近年来，共享协作型文档“大显身手”，以出人意料的方式在陌生人之间广泛传播，彰显了其在特殊时刻信息整合和资源对接的社会动员能力，成为关键时刻的“救命文档”。

共享协作型文档是一种共享协同型的新媒体应用，是为完成同一任务而由多人在线共同协作使用的媒介，包括信息的生产、编辑、传播、接受和反馈等各个环节。以 2021 年 7 月发生在河南的暴雨灾情事件为例，“救命文档”从最初一个单纯的救援信息搜集行为发展成一场全方位的社会救援行动，救援效果超出最初的预期。据统计，自 7 月 20 日 5 时文档建立，至 7 月 21 日 21 时，“救命文档”在一天时间就被自发更新维护了 270 多版，被几百万人访问、编辑，不但没有出现混乱状况，反而在参与者的维护下变得格式越来越清晰，功能越来越完善，从开始的求助信息搜集整理表格，逐渐扩大到包括线上问诊、救援地图等多种用途的民间抗洪资源对接平台，展示出集体协同的智慧和力量。

河南暴雨灾情中的救援行动所展示出的集体协作和友爱互助，为今后类似的公共突发事件的救援提供了范例和启示。共享文档开放协作的特征和便于转发扩散的特点，使得救助不仅仅停留在关切层面，而且可以付诸现实的行动。神奇的“救命文档”背后，默默运行的是一层层由求助者、救援者、志愿者和组织者所组成的民间互助合作网络，并嵌入由各级地方政府、非营利组织和各层社交网络组成的灾难应对网络，进而包裹在更大的社会网络之中。通过整合社会资本，共享文档显示出社会网络关系积累和调动资源的能力。正是基于新媒体重塑的社会人际关系和社会环境，突然涌现的“救命文档”通过网民的积极参与对接了民间救援组织与抗洪资源，充分体现了群体协同和群体智慧。

通过多人在线协作和实时同步各方信息的方式，共享协作型文档在危急时刻发挥了媒介对社会的积极作用，值得关注和思考。随着互联网和各类社交网站等新媒体技术的日益普及，共享精神和共享行为日益普遍。新的媒介技术塑造出新的社交逻辑和人际互动关系，网民之间在线协作成为可能，以往更多发生在熟人场景下的协作由于新媒体的助力而使得陌生人参与成为可能。新媒体共享协同的数智思维，调动和整合了社会的人力、物力等资源，促进了情感交流和群体意识，对于个体亲社会行为的培养和提升社会凝聚力也具有积极的影响和意义。

头脑风暴

- 如何看待以共享文档为代表的媒介向善事件？
- 如何看待网络社交中的弱关系转化为强连接？

本章内容要点

- 网络社交给人们的生活方式带来哪些改变？
- 新媒体环境中的社会关系与社会资本。
- 网络社会支持与亲社会行为。

5.1 作为新媒体的社交网站

随着信息传播技术的快速发展，人与人之间的交流方式也在不断发生着改变。各种社交网站的兴起，强化了媒介的沟通功能，更丰富了用户建立与维系社交网络的方式。随着网络化应用的不断丰富拓展，以社交网站为代表的社交媒体日益嵌入人们的日常生活，成为人们分享资讯信息、交流互动的重要途径。不同类型的社交媒体帮助人们维系了不同类型的社会关系，提供了多样化的线上支持，并与线下的社交网络形成联动，共同为人们积累社会资本和提供社会支持。社交媒体的兴起与发展是互联网发展历史中令人瞩目的篇章，目前国内外都有丰富多样的社交媒体经历了兴衰甚至消亡，因此对社交媒体开展一番“媒介考古”能够帮助我们更好地了解新媒体样态的发展与演进。

5.1.1 社交网站的基本概念与发展

1. 社交网站的基本概念

社交网站（social network sites）基于互联网的服务，允许使用者在系统中建立一个公开或半公开的档案，列出与他们共享连接的其他用户的列表，可以查看和浏览他们的联系人列表以及其他人在系统内部创建的关系列表（Boyd & Ellison，2007）。最初的定义强调了社交网站的个人档案、连接属性与穿梭属性（traverse）。然而，随着网络的不断发展以及 Web2.0 时代的到来，社交网站的技术和社会面貌都发生了巨大的变化。例如，游戏网站、媒体网站都鼓励使用者列出联系人与朋友，新闻订阅、媒体流功能日益成为社交网站中不可缺少的组成部分，而开放的应用程序编程接口（API）和其他平台技术促成了第三方网站在社交网站上的开发，模糊了系统内部与外部之间的区别。这些不断涌现的新现象使得如何定义社交网站变得越来越具有挑战性。

基于此，学者 Nicole Ellison 与 Danah M. Boyd 在 2013 年对社交网站作出了一个更为准确和细致的定义，即社交网站是一个网络化的交流平台，允许使用者拥有一个由用户提供的内容以及系统数据所组成的唯一可识别的档案（profiles），能够公开列出被查看以及浏览的关系列表，能够消费、生产网站上关联用户所提供的用户生成内容流并与之进行互动（Ellison & Boyd，2013）。这一定义首先明确了社交网站交流平台的属性，展现了用户的社交图谱，强调了共同构建的个人档案的动态组合性，涵盖了社交网站中的内容流，肯定了人们在社交网站中的交流与内容分享意愿的驱动力作用。

在英语语境中，social networking sites 的表述也常出现在公共话语中，并常常与 social network sites 互换使用。而 Boyd 等学者认为后者（social network sites）用以表述社交网站更为准确，其原因在于 networking 更强调在陌生人之间的关系建立，但这种关系建立并非社交网站中的主要实践，也不是它们与其他计算机中介传播的区别。而 social network sites 恰如其分地强调了社交网站帮助人们清晰地列出与他人的联系，展示并查看自己与他人的社交网络，这正是社交网站与早期其他在线互动形式的区别（Boyd & Ellison，2008；Ellison & Boyd，2013）。随着新媒体技术不断地开疆扩土，社交网站的外延变得更为广泛，研究者们在概念表述上从“社交网站”的使用转向为“社交媒体”，而社交网站也由此成为社交媒体的一个子集。

2. 社交网站的发展

社交网站的发展可以追溯到 1997 年。基于六度分隔理论，SixDegrees.com 成为第一个具有上述定义中所有特征的社交网站，并将自身定位为帮助人们联系和发送信息的工具，由此拉开了社交媒体时代的序幕。SixDegrees 允许用户向 1—3 度的好友发送申请促成线上的好友关系，并通过电子邮件的方式推广。这一推广方式在当时是具有革命性的，网站在短时间内汇集了近百万的用户，但 SixDegrees 仍因重重困境于 2000 年关闭了服务。其创始人认为 SixDegrees 的失败仅仅是因为走在了时代的前面。具体分析该社交网站失败的原因可以发现，首先，囿于技术的不成熟，公司每年需要为服务器和商务软件支付大量的现金，致使公司运营维护成本过高；其次，早期互联网基础设施落后，网络并未大面积普及，网站所能促成的线上社交关系有限，因此网站功能难以满足用户的社交需求；最后，由于 SixDegrees 没有清晰的发展定位，SixDegrees 逐渐退化为一个管理好友邮件列表的网站。

互联网泡沫破灭后，Friendster 横空出世。不同于大多数交友类的社交网站专注于为用户推荐兴趣相似的陌生人，Friendster 的目的在于打造线上“朋友的朋友”的相遇平台。该网站在三个月内就通过口口相传的方式吸引到了三百万用户。随着 Friendster 的人气飙升，该网站的技术和社交方面的问题逐步凸显出来——Friendster 也遇到了服务器与数据库无法适配现实需求的问题。除此之外，大量新用户涌入带来的冲击打破了社区内部原有的文化平衡，降低了网站的归属感，导致大量原有用户流失。Friendster 还限制用户只能查看四度以内的用户资料，人们为了满足自己的社交好奇心而添加更多的好友，并通过使用虚假的社交网站账号来窥探更多好友的个人档案，这也使得 Friendster 的社会争议不断。

随着社交网站的不断发展与普及，社交媒体不仅成为线上沟通的主流趋势，也逐渐发展成为一种全球现象。一方面，社交媒体用户的群体不断拓展；另一方面，分众化的社交网站或应用也逐步建立，比如以 LinkedIn（领英）为代表的社交平台侧重于关注商务人士的社交，Clubhouse 限制单纯使用音频功能进行社交等。此外，随着用户生成内容（user-generated content）的不断丰富，Flickr、Instagram（照片墙）、Snapchat、YouTube、B 站、抖音（TikTok）等图片、视听社交平台也进入人们的视野，不断丰富着社交媒体的样态，深刻影响着人们的日常生活（Ostrovsky & Chen，2020）。

5.1.2 网络社交中的新兴议题

1. 网络社交中的自我呈现

基于社交媒体的社会交往，不同于传统的人际交往，因此也使得网络社交中的自我呈现成为一个重要的议题。自我呈现（self-presentation），也被称为印象管理（impression management），是指人们试图控制他人对其印象的过程（Leary & Kowalski，1990）。在网络社交中，用户通过在社交媒体平台上展示自己的特定方面，从而达成他人对自身“印象”的管理，并参与到关系维护和关系寻求的行为之中。尽管社交网站鼓励人们创建准确的自我档案，但人们仍会依据网站特性采取复杂的应对策略，比如用户可能在微信与微博中选择展示或隐藏截然不同的信息内容与信息类型。对外公开的连接也是人们重要的身份信号，有助于了解其线上的社交世界。尽管友情在社交网站中的意义通常与传统的意义并不相同，但档案所有者的好友列表可能被视为其身份的标记，例如 Facebook 中的留言墙、QQ 空间里的留言板，对于人们的印象形成、好友的吸引力均有一定的影响。

印象会影响人们如何看待、评价和对待特定的个体，也影响着个体对自己的认知。印象也是线上社交中人们选择朋友的原因之一。因此，在公共场域中常常会引发人们对印象管理的关注，特别是在较大的社交网络中，人们会产生印象管理的担忧。在网络社交中，技术力量与社会力量共同塑造着用户的行为表现。

2. 社会交往的在线化

人们通过社交网站维系或强或弱的社会关系，社交媒体日益成为人们日常维持社会资本，进行人际沟通与联络交流的重要手段。如今，社交网站已经深深地嵌入人们的日常生活之中。

一方面，与传统线下的社会交往不同，社交网站使得陌生人之间建立联系变得更加容易，拓展了人们的社交网络，作为用户线上沟通交流的平台，社交媒体能够促成用户之间的云端见面和相互联系，并推动用户积极分享其线下世界的情感体验。在社交网站呈现的网络结构中，邀请者、连接者以及被动参与者均充分参与到了网络化的社会交往过程之中。研究发现，语言、地理位置等因素成为人们添加好友或者加入特定虚拟社区的影响因素。同时，用户在社交网站中表现出的“品味结构”（比如，喜欢的书籍、音乐、电影等）也成为网络结构中的一种，影响着网站的个性化推荐。社交网站还可以通过朋友的网络结构向用户推荐其可能感兴趣的社群。种种线上团体社群的维系也会影响使用者现实生活中的社交网络圈。

另一方面，社交网站的出现也让使用者能够更好地维系既有的社会关系网络。例如，研究发现 Facebook 用户进行社交搜索（social search）寻找现实世界的朋友或活动的次数远远超过其使用社交浏览（social browsing）的方式与陌生人的接触（Lampe et al.，2006）。Lampe 等探索了 Facebook 上的个人档案与好友数量之间的联系，发现难以伪造的个人信息可能与更多的朋友存在关联（Lampe et al.，2006）。在关于大学生微信使用动机的研究中也发现，大学生使用微信主要是为了维系老朋友间的关系，较多大学生现实生活中的交际圈与其“朋友圈”重合，通过微信互动、支持与鼓励来维持与熟人的亲密关系（辛文娟等，2016）。

3. 隐私议题与隐私悖论

随着社交媒体的流行和普及，越来越多的使用者和不少新闻报道都注意到了由于社交网络模糊了公与私的边界而带来潜在的隐私问题。当使用者忽略社交媒体的公共性时，就可能出现隐私问题，因此人们对此也有一定的应对措施。例如，部分使用者意识到社交网站上潜在的隐私威胁，会积极采取措施降低可能的风险，比如通过删除好友列表中的一部分人来进行隐私管理，或者减少位置发布以保护个人信息，等等。

隐私议题亦涉及印象管理与社交语境控制。比如，一些使用者会发布一些只有最亲密的朋友才能理解的内容，或者仅仅给老板或上司展示特定内容。人们对隐私保护的设置还会随着社交媒体的不同而变化，例如人们在 Facebook 和 Twitter 或者微信和微博上的隐私设置往往并不相同。

社交网站的兴起也挑战了与隐私相关的法律判定。在美国，有学者认为在美国联邦宪法第四修正案中关于隐私的法律判定不符合社交网站的相关问题（Hodge，2006）。对于执法机构频繁地使用社交媒体辅助破案，有公众质疑警察是否有权在没有获取逮捕令的情况下获取个人社交网站中的内容。此外，社交网站沉积了丰富的自然行为数据，这些数据包括了个人档案以及其他相关数据，这些数据的获取与使用也成为令人关注的隐私议题。

在社交网站相关的隐私议题中，隐私悖论（privacy paradox）是一个热门问题，即人们既担忧个人信息的泄露，同时仍然主动地在社交网站上披露个人信息（Norberg et al.，2007）。有学者指出，隐私悖论背后的心理学解释是人们通过表露个人信息来融入其所属的群体，并强调应该关注网络化的隐私研究（Marwick & Boyd，2014）。很多学者也建议关注其中可能涉及的身份认同议题。

5.2 网络社交、社会关系与社会资本

社交媒体的广泛使用推动着新的沟通交流与互动模式的形成，这对人们社会交往的方式和传统的社会关系产生了影响，并在一定程度上重塑了人们的社交网络，影响着人们社会资本的生成与交换。本小节将通过探讨社会关系理论与社会资本概念，来帮助我们更好地理解分析社交网站在维系人们线上与线下的社会关系与社会资本中所发挥的角色与作用。

5.2.1 网络社交与社会关系

现今人们的社会关系亦被网络社交所重塑。与传统的大众媒体“一对多”的广播式传播不同，社交媒体支持点对点的交流互动，促进了信息流动与人际沟通，适用于维系人际关系。随着互联网通信技术的普及，人们获取信息、分享意见、寻找伴侣甚至悼念逝者的方式都产生了变化。

通常，人们的社会关系可以分为强关系（strong tie）与弱关系（weak tie）。强关系指向情感上较为亲密的人际关系，其社会关系的主体具有较强的同质性，

而弱关系则指向情感上较为松散的人际关系，无须借助情感因素维系，其个体表现出的异质性较强（Granovetter，1973）。强关系往往发生在家人、亲戚之间，以及在职业身份、受教育程度、收入水平等经济特征相似的个体之间发展，而弱关系往往是在社会经济特征不同的个体之间发展起来的，如趣缘群体。此外，人们的社会关系中还存在潜在关系，是指在技术上具有可行性但是尚未激活的社会关系。潜在关系是尚未发生与建立的一种社会关系，通过某些路径或手段能够发展成为弱关系或强关系。网络社交对三种社会关系都产生了不同的影响。

以社交网站为代表的网络社交一般提供三种形式的交流互动：一为有针对性、条理性的交流，包括对特定个体撰写的内容，如留言板上的帖子或者评论；二为通过程式化的或者“一键式”（one-click）的交流提供简单但有针对性的反馈，如社交网站中的“点赞”或“喜欢”；三为广播式（broadcast）的交流，如面向广泛用户的状态更新、发布博客或推文等（Burke & Kraut，2016）。有研究表明，社交网站的使用方式与人们感知的幸福感会受到交流的形式与社会关系强弱的影响。来自强关系的交流与幸福感的提升具有相关性，而来自弱关系的沟通则无法产生相同的作用，并且强关系之间有针对性、有条理的交流有助于增强幸福感，但是面向更多人的交流，如广播式的交流则无法提升幸福感（Burke & Kraut，2016）。

总体而言，社交网站对强关系的数量影响较少，但可以令弱关系的数量显著增加，这得益于社交网站中较低的关系维系成本，例如人们通过点击“喜欢”按钮就能实现关系的维系。社交网站也通过让人们与潜在关系产生更好的联系来重塑人们的社交网络。社交网站中强调用户的身份特征，这种相关性与可见性在促进潜在关系转化为弱关系或者强关系中提供了动力，人们可能通过对共同朋友状态更新的评论而“相遇彼此”。社交网站中弱关系的涌入丰富了人们的社交网络，增加了诸多桥接型的社会关系，也更有可能使得用户访问多种资源，如获得新颖的信息以及不同的观点等等。此外，社交网站还可以帮助个人发起、维持或修复脆弱的关系，甚至某些频繁的线上社交关系可以溢出到线下现实空间之中（蒋俏蕾和张自中，2024）。

5.2.2　网络社交与社会资本

1. 社会资本的定义

在社会学领域中，社会资本常被用于探索人际关系和社交网络中的获益情况。社会资本的概念由 Pierre Bourdieu 明确提出，他将资本划分为经济、文化、人力和社会资本。与其他类型的资本比较，Bourdieu 认为，社会资本是实际或潜在资源的集合体，这与人们相熟识或认可的制度化关系网络的持久占有联系在一起，可以理解为某一个体或团体通过自身不断建立稳定的关系来积累资源。Bourdieu

强调这些关系是通过社会互动来维持的，而社会互动可能使资源在供求之间得以传递。社会资本的定义中强调了社交网络的视角，关注社会关系网络的制度化建构与资源的数量与质量（Bourdieu，1985），即个体可获得的社会资本资源的广度和深度取决于他们社会关系网络的构成，以及他们与该社交网络的沟通方式。

美国社会学家Nan Lin结合了Karl Marx与Pierre Bourdieu的资本与社会资本的概念，认为社会资本是在目的性行动（purposive action）中被获取或被调动的嵌入社会结构中的资源，其定义的前提是期待预期回报而在社会关系中的投资（Lin，2002）。他强调了资源的结构性嵌入，并提出社会资本的核心结构是“互惠”（reciprocity）。互惠具有两种形式：一种是具体化的互惠，指个人层面一对一的帮助；另一种是一般性互惠，指的是个体在不期望立即获得投资回报的情况下进行的帮助，如献血、为陌生人换轮胎等等。Nan Lin认为以一般性互惠方式互动的社区将更具有效率，其原因可能是可信赖性润滑了社会生活（Putnam，2000）。此外，信任与合作也成为社会资本测量的参照，“投资-获得-回报”框架也常被用来考察主观性社会资本。

总之，社会资本作为一种社会资源，以社交网络关系为载体，群体中成员获得所需要的资源，但获益程度受到个体能力的制约。此外，社会资本本身也具备资本的生产属性，有时可以作为人力资本和物质资本的替代品，在信息传递、资源互惠共享等方面发挥作用。

2. 社会资本的分类

人们可以从社会关系网络中获取不同类型的资源。学者们依据社会关系网络所提供社会资源的特征，将社会资本分为桥接型社会资本（bridging social capital）与黏合型社会资本（bonding social capital）。

其中，桥接型社会资本通常由在不同圈子中大量多样化的弱关系产生，涵盖了各种资源，如获得新的或难以获取的信息渠道、接触到丰富的观点以及感受到成为社群的成员。桥接型社会资本最重要的部分是跨多个群体的个体，他们如同社交网络中的连接枢纽，促进了信息在网络中更快、更有效地传播，并在缺乏连接的群体之间填补“结构洞”（structural holes）。结构洞这一概念由Ronald Burt提出，他强调关注社交网络关系的重复程度，疏松的社会关系网络在某些方面更有机会获得非重复性的资源，因而也更具有价值（Burt，1992）。

而黏合型社会资本的资源主要是来自个体的内部关系圈，即强关系网络，其中包含了亲密的朋友和家庭成员等。黏合型社会资本能够转换成高成本形式的人力资本和物质资本，同时能够提供更多的情感支持，表达出群体的凝聚感和排他性。

3. 社交媒体与社会资本

社会资本来自个体与其社会关系网络的互动，而以社交网站为代表的社交媒体能够支持人们的信息共享与互动，进而促进社会资本的在线生产与互换。研究发现，社交网站的使用通常与社会资本的积累相关联，比如支持有益的互动、提供信息交流、维系人际关系，这都为社会资本的发展、增长与转换提供了空间。例如，在 Facebook 中的人际关系通常借助社交网站状态更新的回应、提供信息、情感支持或发送祝福等方式进行维系（Ellison et al.，2014）。研究者们探索了用户在社交网站中的交流行为与社会资本的关系。有研究发现，广播式交流与被动的内容获取并不能提升社会资本，而一对一的直接交流能够促成社会资本的提升，这突出了积极参与个体社交网络的重要性（Burke et al.，2011）。

社交网站中个人档案、网络公开度、用户生产内容流三个因素在社会资本的形成过程中起到了重要影响。随着社交网站的发展，个人档案不再只是自我呈现的信息，而演变成为自我与他人共同创建的数据储存库，通过个人档案和内容流的更新，支持了社交网络中关系的维系与推进以及资源的互换与积累。社交网站能够展示用户的个人档案并帮助浏览者发现其共同的好友，从而扩大其社交网络。个人档案突出了用户的兴趣特征以及身份信息，有助于人们围绕着共同兴趣进行交流，并借助相似性提高沟通效率从而产生稳定的社会关系。个人档案在社会互动中扮演着“社会润滑剂”的角色并在社交网络的扩展与社会资本的积累中起着重要的作用（Ellison et al.，2011）。而用户的网络公开表达能够支持社会资本的交换，通过网络公开表达用户被连接到社会关系所生产的内容中，从而完成社会资本的互换。公开的评论与回复使得“朋友的朋友”之间能够进行社会互动，扩大了信息扩散的范围进而增加了社会资本的积累。在公共论坛中，用户主动访问其他用户的主页，并通过互动的方式获取信息从而达到加强社会联系的目的。此外，用户生产内容流将个体生产的内容信息聚合再分发给用户，人们能够通过用户生产内容流快速轻松地向潜在的受众传播消息，但这也会引发语境坍塌（context collapse），即用户发布的信息因为语境的缺失而被断章取义或曲解。用户在使用社交媒体时，自我呈现中具体的、繁杂的语境被单一化，从而影响了其意义的表达，特别是当多语境的成员混杂在“朋友列表”与“联系人列表”中时，自我表达的难度增加了，因此人们会通过隐私设置设立边界，并在边界内进行自我呈现。语境坍塌对社会资本的形成有正反两方面的影响：一方面，日益拓展的社会关系网络会导致人们自我表露意愿不足，从而限制用户通过社交网站获得社会资本；另一方面，社交网站的扁平化特征使得原本没有联系的群组可以通过共享交流互动，例如对共同好友更新状态的评论有助于产生社会资本的连接，从而鼓励信息的传播、激发新的想法并促成较有成效的新联系。有研究表明，在工作环境中，社交媒体变革了知识共享的形式，增加了人们社会学习的机会（Ellison et al.，2015）。

考察社交网站与社会资本相关的问题时，除了要注意用户的互动模式，还需要考虑其社交网络的构成。不论对于强关系还是弱关系而言，社交媒体都减少了沟通障碍。因而，社交网站的使用与对各种社会资本资源的感知都具有正向的相关关系，也为个体提供了寻求社会支持与提供支持的多元渠道。社交网站的技术结构特性，允许用户维系庞大且多样化的社交网络并产生社会互动，因而桥接型社会资本易于产生与汇集。社交网络构成是人们感知社会资本的重要预测因素，随着网络社交规模和多样性的增加，人们感知到的桥接型社会资本也会随之增加。在社交网站中，包含大量弱关系的社交网络更有可能推动信息的扩散。弱关系中的个体更有可能持有不同的世界观与观点，经由社交媒体促成的弱关系交流更有可能获得新的信息，因此弱关系间的互动常被放在信息支持的框架中考察。此外，一般性互惠也能够让人们在可见的互动中交换社会资本。研究也发现，社交网站的用户会披露健康信息以及寻求情感支持，而对用户而言，弱关系的支持性信息也具有安慰性，因此会促进人们在社会互动中“将爱传递下去”。

由于人们在社交网站中的交流过程与社会资本的形成受到社交网站可供性的影响，Resnick（2001）提出了“社会技术资本”（sociotechnical capital）的概念，用以描述社会关系与信息传播技术的生产性组合（蒋俏蕾和凌绮，2023）。社交媒体的技术可供性在一定程度上能够增加个人累积社会资本的能力，特别是短时高效地维系社会关系、协调和支持大型社群，以及建立新的联系使个体的社交网络多样化。例如，社交媒体的可见性允许人们便捷地查阅个人档案、浏览历史记录，能够提供潜在的资源信息（如工作地点）；社交媒体的关联性，即用户之间以及用户与内容之间的关联，将丰富且可见的社交线索嵌入社交网络之中，增强了人们调动社会资源的能力；社交媒体的可见性与关联性促进了用户共同好友之间的互动交流，不同于与陌生人的互动形式，用户基于相似的背景信息，通过访问共同好友的个人档案，可以在了解身份信息后进行社会互动；而广播式的传播行为将信息向更广的范围扩散，使人们的信息搜寻渠道扩大，有助于获得更多的信息支持（Treem & Leonardi，2013）。

5.2.3 社交整饬

社交整饬（social grooming）是人们在社交媒体中主动访问其他用户的个人档案，试图通过点赞、评论等互动行为来达到增强社会关系的目的。社交媒体中的整饬行为对维系社会关系网络以及社会资本都具有影响。

在网络社交中，人们可以借助社交整饬建立信任并形成相互关注的期望。由于在社交媒体语境中，人们缺乏被动的注意力信号，比如眼睛的注视，因而影响了用户的行为和社交模式。为了表明内容已经被浏览或关注，社交网站的用户通常需要采用明确的操作来留下可见的痕迹，比如点赞或评论。社交媒体的技术特性也为用户提供了网络社交中互动、反馈与参与的新模式，比如允许人们通过赠与虚拟礼物表达情感意涵、通过留言板为朋友送上生日祝福，这都使得社交行为具有可见性。

通过社交整饬行为，用户提升了自身在社交网站内的可见性，触发互惠期待并明确地维系与拓展了社交网络。当考虑社会资本获益时，评论朋友的信息比自身的状态更新更有效。此外，用户的公开评论与互动除了对发布者可见外，还对发布者所在的社交网络可见，从而获得了认识新朋友的渠道，促成桥接型社会资本的产生。社交整饬与可见性互惠使得“朋友的朋友”之间的互动成为可能，并桥接起他们所代表的社会资本。

5.3　新媒体社会支持

新媒体带来的网络社交能够对人们的情感联结与社会支持产生影响，进而影响人们的身心健康。基于群体支持系统（group support system，GSS）的视角，有助于我们理解社交媒体及其形成的支持机制。通过与现实世界中的自愿助人情境相比较，我们可以更好地理解新媒体的电子化助人情境，进而理解相关的社会支持与亲社会行为。网络中的亲社会行为引发了关于积极技术（positive technology）的思考与研究，例如电子化的助人情境以及电子化亲社会行为的价值，形成了一系列用以理解和阐释电子化助人情境中行为的理论框架，从而进一步帮助我们理解以社交网站为代表的新媒体如何对社会支持和心理健康发挥作用。

5.3.1　群体支持系统

1. 群体支持系统的定义

群体支持系统的视角对于理解新媒体的社会支持具有启发作用。群体支持系统能够支持在问题求解过程中进行群体性活动的信息沟通、共享、决策行为，旨在消解传播过程中的阻隔，提供决策分析的技术并提升群体决策能力，系统地指导群体在讨论交流中的模式、时间与内容（DeSanctis & Gallupe，1987）。基于均衡假说（equalization hypothesis），群体支持系统的应用减少了交流的障碍，促进了组织内部公平竞争，具有产生更为民主决策的潜力。本质上，群体支持系统创造了低成本的交流语境，为组织中阶层较低的成员提供了影响他人的环境氛围。相比于面对面的交流互动，身份地位等线索信息被群体支持系统所模糊，群体内部成员较少意识到地位差异，因而在共享信息与分享想法时能够不受限制地表达。此外，群体支持系统允许群体成员共时性地建言献策，减少个体成员主导与控制讨论的可能性，由此最大限度地减少了群体内部成员间的不公平，使所有成员都能够潜在地影响群体进展。

学者们认为，在某种程度上，群体支持系统技术鼓励公平的群体参与，抑制个体成员或某一子群体占据主导地位，使人们能够感知到成员权力与影响力的相对分散，从而提高决策质量（DeSanctis & Gallupe，1987）。

2. 群体支持系统的影响

考虑到群体支持系统所具有的显著影响及其在新媒体上的普遍应用，Rains（2005）采用荟萃分析评估了群体支持系统使用对群内成员可能产生的六大主要影响。

1）参与平等

参与平等是指通过群体内地位线索的减少促进了人们分享的开放性，从而促进群体内部成员参与的平等性。

2）影响平等

群体支持系统的使用创造了一个为所有成员提供平等机会影响群体互动与决策的环境。

3）主导权

主导权的定义较为多元，可理解为有着较高地位的个体无效率地占据群体交流时间（Tan et al.，1998），评估主导地位亦可依据群体成员风格的活跃、健谈、强势程度（McLeod & Liker，1992），而控制、命令和说服他人的努力也被认定为主导地位的表现（Walther，1995）。

4）独特创意

新颖性想法生成的数量是衡量信息影响力的一个指标，独特性想法的产生可能会影响群内成员以新的方式思考，进而增强集体与个人智力的协同作用。

5）规范影响

规范性影响也称为社会压力，是指符合群体成员期望的影响。与面对面的交流相比，群体支持系统能够降低群体内部的规范影响感知对意见表达的影响，减少遵从的压力。但也有一些研究表明，在不同的文化语境下，某些群体支持系统实验中的参与者感受到了更多的规范性影响，这一结果也可能与群体支持系统的任务类型有关（Dennis et al.，1998）。

6）决策转变

决策转变代表了个体成员在群体决策前后的意见变化，决策的变化说明成员受到了群体内部讨论的影响，为群体影响的过程提供了间接的评估指标。

Rains（2005）通过研究发现，群体支持系统的使用能够提升参与平等、影响平等与独特创意，降低特定行动主体的主导地位。然而，仅使用群体支持系统并不对规范性影响以及决策转变产生影响。同时，研究也指出匿名性（anonymity）并不是六大影响的中介因素，任务类型（task type）也非参与平等、影响平等、独特创意、主导地位的中介因素。尽管在统计学意义上的作用并不显著，但 Rains（2005）认为任务类型可能是未来群体支持系统研究的有效途径，例如相比于智力导向型任务，群体支持系统应用在无正确答案偏好型的任务中能够产生更多的群组内成员参与的民主与公平性。

5.3.2　电子化助人情境与亲社会行为

社交媒体为用户搭建起能够交换各种各样社会支持的平台，提供了电子化的助人语境（electronic helping context），不同的线上支持与实际的线下帮助相互联动，能够在不同程度上解决人们遭遇的困难，提供社会支持，纾解人们的心理压力。

理解电子化的助人情境与亲社会行为需要与现实世界中的自愿助人情境进行比较。现实世界中的亲社会行为存在于多元化的社会情境中，人们可以通过伴侣、朋友、同事、家庭成员、社区成员、邻居等社会支持网络来维系认同，获得情感支持、物质援助、服务、信息等。结合参与者之间社会关系的强度和组织化的程度，可以将现实世界中的自愿助人情境归为不同的类别（表 5.1）（Sproull，2011）。自愿助人可以发生在陌生人关系、熟人关系或亲密朋友与亲戚中，组织化程度可以是非结构化、非正式或自组织群体，正式组织或机构。电子化亲社会行为可以是类似于表中的旁观者帮助，即求助行为随机出现，帮助行为的双方对象之间不存在面对面的关系，也不存在直接的互惠关系或任何持续性联系。电子化亲社会行为也可以类似于志愿组织的帮助模式，通常发生于有组织的社会环境中，志愿者通过向他人提供帮助而获得相应的奖励或回报。

表 5.1　自愿助人情境的分类

组织化程度	社会关系强度		
	陌生人关系	熟人关系	亲密朋友与亲戚
非结构化	旁观者帮助		持续支持 长期关怀
非正式或自组织群体		自助和支持团体 邻里组织	
正式组织或机构	付费义工	志愿组织 组织公民行为	

1. 电子化亲社会行为的价值

1）对受益者的价值

对受益者而言，他们能够从新媒体的亲社会行为中获益。在线讨论小组中即使是“潜水者”（lurkers）也能从被动参与中获得有用的信息，但是相比于主动参与者，被动参与者在社群中所能获得的帮助较少，且以信息支持为主。主动参与者则可以从自发的互动中获益。在实证研究中，“主动参与”可以通过个体发布帖子（包括寻求、给予帮助的帖子以及无关的帖子）的数量来衡量。调动个体参与在线讨论小组的积极性的方式为，个体第一次在群组内发帖时，就获得小组内非常积极的信息与情感支持。群组内成员能够通过互动了解对方，获取信息，建立关系，成为朋友，愉快相处。积极参与者也会从中获得健康获益，比如减少病痛、更快康复、降低社会孤立感、增强自我效能感和幸福感等。

2）对帮助者的价值

帮助者在电子化助人情境中也可以感受到多种类型的获益。比如，开源软件的在线支持小组中的讨论能够帮助参与者更好地学习、获取名声等。在线社交中帮助他人能够使人同时感受到利他主义和利己主义的获益。不同程度的参与者感受电子化亲社会行为的价值也不尽相同。相比于较少参与者感受到的利他主义获益，投入大量时间和精力的帮助者能够同时感受到利己主义与利他主义的获益，并获得更多的满足感。助人行为还能鼓励利他主义的自我形象构建以及对社群的贡献。

3）对社会的价值

电子化亲社会行为还可能会产生更广泛的社会利益。比如，人们积极参与健康相关以及生活方式相关的社会支持群组，更有可能改善其健康状况，进而降低医疗护理的费用，但也可能由过多的信息支持而导致人们寻求更多的医疗检查或治疗，从而导致医疗成本增加。而志愿工作小组证明了电子化亲社会行为可能带来潜在的社会收益。例如，社区图书馆通过在线招募志愿者来完成图书的电子化，研究项目通过招募志愿者进行标记与分类，这些都能提升社会工作效率。

2. 电子化助人情境的影响因素

在电子化助人情境中，人们寻求和提供帮助的机会具有了可见性、便利性与组织化。在线讨论具有多样化的形式，包括邮件列表、公告栏、聊天室、论坛等，人们在其中可以谈论与交流爱好、娱乐、政治、社会问题、技术支持、健康和生活方式等话题，可以加入话题并参与讨论，或者提供讨论之外的辅助性工作。以社交媒体平台上的在线讨论小组与协作小组为背景，本部分探讨了网络社交中促成亲社会行为的重要因素。

1）机会可见性

在电子化助人情境中，搜索引擎和导航列表等工具可以帮助人们找到能够寻求或给予帮助的社会情境。寻求帮助的请求对所有人可见，人们能够在网络中或者在线讨论小组中看到求助者提出的求助信息以及可能需要帮助的相关讨论。在志愿组织中，参与者可以清晰地了解为什么提供帮助以及如何提供帮助。在线小组中通常保留可供搜索的历史记录，这也使得历史帮助行为具有可见性。

电子化的助人情境与现实世界中的助人情境有所不同。不同于线下的助人情境，人们在线上难以获得外表、长相等信息，而是更多地掌握了求助者的年龄、性别、种族等特征信息，并由此影响人们线上自愿助人的意愿。在现实世界中，人们担心寻求帮助会对公开的自我形象产生威胁，而电子化助人情境为人们提供了匿名发帖求助的机会，从而减少了对自我形象威胁的感知。此外，网络世界中，潜在的帮助提供者具有不可见性，因为在相应的个体真正提供帮助之前，每位潜在的帮助者都可能会认为自己是唯一能够提供帮助的人。人们在线上是否提供帮助往往仅依据寻求帮助的内容来判断，而不会受到其他因素的影响。

2）机会便利性

人们在线上讨论小组以及志愿工作群组中寻求帮助或者提供帮助的过程相对简单，具有机会便利性。得益于网络技术的发展，人们能够在任意时间与地点寻求帮助或提供帮助。在电子化助人情境中，信息成为助人行为的基本单位，这意味着电子化助人行为只需要付出较少的时间与精力。无论是在家中还是在工作场所，人们在短暂的休息时间里就能完成浏览求助信息以及提供帮助。而现实世界中，人们时常犹豫是否要提供帮助是因为担心提供帮助后会继续消耗自己的时间与情感。但在电子化语境中，便利性与灵活性的特点让人们能够更易于做出有益的贡献，也容易控制自身参与的程度。

3）机会组织化

在线讨论小组通过软件设定以及社会规范将人们的行为聚合在其中。相关的软件设置支持人们以线程（threads）的方式交流与沟通，即允许人们查看并回复、评论历史信息，以便了解已经完成的部分以及仍需提供帮助的方面。这样的交流建立起了多个话题与主题，有助于人们同时活跃地参与到多个主题之中。此外，在线讨论小组常会设定“常见问题”（FAQ），给寻求和给予帮助的人们提供指引。在志愿者工作小组中，人们的贡献会被相应的软件跟踪与记录，并修改、储存于历史文档，可用于进行有组织性的讨论与支持。

3. 电子化助人情境的理论视角

在电子化语境中，帮助机会的可见性、便利性以及组织化是影响人们亲社会行为的重要因素。下文还将结合相关的理论视角来分析电子化助人情境中人们提供帮助的动机与原因。

1）社会学习理论

社会学习理论（social learning theory）认为亲社会行为是后天习得的，人们通过观察行为榜样，如父母或权威人士参与的亲社会行为，从而知晓应当如何展现亲社会行为。在一个群体环境中，赞许与奖励强化了助人行为，而惩罚减少了有害或无益行为，长此以往的观察可以强化社会学习行为。

尽管社会学习理论是从现实语境中同一环境的行动者与观察者中探索得出的，但电子化环境中的亲社会行为依然能够被观察与强化。例如，在线讨论小组的机会可见性确保了每位参与者都能看到亲社会行为的例子。对问题有益的答复会收到寻求帮助者的公开感谢或赞扬，并由此形成社会认同。此外，在一些志愿工作群组中，软件可以直接评估人们贡献的质量，或者由寻求支持者对提供帮助者的贡献打分。除了有益信息外，寻求帮助者也会以投诉或负面的评价反馈无用或错误的信息，由此形成可见的同行认同，直接或间接地强化社会学习机制。

社会学习理论认为，在学习的初始阶段，低成本的尝试比高成本的尝试更有效。在电子化助人情境中，个体微小贡献的成本相对较低。团队新成员看到范例，会间接地学习如何表现出亲社会行为，以及通过参与容易且可见性较高的亲社会行为而直接强化社会学习。

2）助人动机（motivation to help）

助人行为可以分为利他主义的亲社会行为和利己主义的亲社会行为。利他主义的亲社会行为是出于增加他人幸福的愿望，而利己主义的亲社会行为动机是希望通过帮助他人来提高自身的福利或所在群体的福利。在电子化语境中，助人行为在群组中通常由少数成员完成，小组内成员参与助人的时长并不相等。偶尔获得特别积极的反馈能够抵消低频次参与者的成本，但如果要维持高频次参与者的亲社会行为，则需要为帮助者提供更多的嘉奖与其他形式的福利。

3）社会认同理论

社会认同理论（social identity theory）有助于理解为什么人们会随着时间的推移表现出实质性的亲社会行为。社会认同在群体区分有益行为和有害行为中扮演了重要的角色，认同的过程还包括了选择性的社会比较，对群体身份的归属和认同还有助于增强个体的自尊水平。当与显著不同的外部群体比较时，群体间差异会被强调，并赋予内部群体积极的特殊性，强调群体成员之间的相似性，故而认同感更高的个体更可能表现出与群体规范相一致的行为，并积极参与群体内部的合作。处于核心圈的长期参与者会突出其在团队中的价值，致力于执行群体内部规范，并促进其他成员向最具代表性的模范成员学习。社会学习过程与社会认同过程有助于解释人们如何在电子化的语境中学习和维持亲社会行为。同时，具有凝聚力的群体表现出更强烈的语言规范一致性，在线讨论小组的每个参与者都在定义和表达群体规范，活跃的参与者更可能与他人建立联系并与其他核心成员形成稳定的社群意识，发挥群体维护者的作用。

5.3.3 网络社交与心理健康

新媒体社交网络推动了信息、情感、评价、尊重等资源的流动，给予人们安慰与鼓励，有益于人们采用“积极技术”的范式，促进身心的健康发展。有研究者认为，作为积极技术的社交媒体能够帮助人们减轻心理负担，对于帮助个人在困难阶段的发展具有重要的意义（Riva et al.，2020）。基于人们能够从与他人的互动中获益的假设，很多关于社交网站社会影响的研究都证实了线上的社会连接、社会支持以及社会互动有助于提高人们的幸福感、精神健康与心理健康。通过梳理相关的研究，本小节将讨论社会互动可能影响幸福感的几种机制。

1. 归属感需求

人是社会性的动物，需要感知自己属于某一群体，即对群体的归属感。社会互动满足了人们的群体归属感需求，进而提升了幸福感。当人们认识到彼此间共同的价值观，就会产生一种连通性并产生集体性智慧与努力，在线交流从社会与人际层面上激发了人们的连接感，从而产生积极的情绪，一定程度上能够帮助减轻心理压力。

归属感需要稳定的人际关系所提供的积极关注与关心，特别是来自强关系的交流能够增强相应的满足感。基于这一理论假设，可以推测个体在社交网站上与关系亲近的强关系交流比与关系并不密切的弱关系交流更能提升幸福感。例如，人们在陌生与熟悉并存的社交网络中建立起相互吹捧、夸赞、鼓励的“夸夸群”，满足了虚拟社群中的成员对归属感的期待，产生了社交共鸣。为人们提供情感宣泄的渠道并给予群内成员积极的情感支持，一度成为消解日常紧张情绪的流行方式，而要维持稳定的幸福感，人们还是倾向于依赖强关系的社交网络所提供的支持。

2. 关系维护

研究发现，社会关系与精神健康、身体健康和寿命的改善存在因果关系（Thoits，2011）。社会关系的维系需要人们定期投入精力，借助高频率的交流互动不仅能够增加好感度，还能为自我表露和社会支持提供机会，从而强化了人际关系。在线交流能够帮助人们维系既有的友谊，从而影响人们的心理健康。社会关系的维系也需要多方的参与。正如涉及社交网站的相关研究发现，适当的实质性互动有助于维持友谊，比如人们“八卦”共同的好友，或者讨论即将到来的家庭旅游，等等。此外，网络社交的运作机制并不仅限于一对一的交流，面向更多的好友发布一次性新鲜与有意义的广播也有助于关系的维系，比如社交媒体中的点赞、评论等互动形式。

3. 关系投资

人们交流的时长与频率是社会关系价值的重要标志。时间成本是一个人愿意为此段关系投资的信号（Donath，2007）。基于这一观点，学者们预测相比于“点赞”这类一键式、程式化的网络交流方式，需要付出更多行动的互动交流对幸福感具有更加积极的影响。人们在社交网站上的相互回复评论是一种目标化的传递信息行为，这比面向更多人传播信息更具有力量，因此人们进行有针对性、有组合的交流比接受广泛的、一键式交流获得的幸福感更强。然而，沟通有时不依赖交流的内容本身，其自身就具有象征性意义。

4. 感知社会支持

社会支持是社会互动改善幸福感的另一种重要机制。通过日常互动建立的支持网络，尤其是亲近朋友之间建立的支持网络，能够增强人们对于朋友会在个体需要帮助的时候伸出援手的认知，这将有助于增强人们的生活幸福感。Thoits（2011）认为，感知社会支持来自接受支持的过程，接受支持包括了日常互动中微小、普通以及理所当然的甚至被忽视的支持。在网络语境中，支持往往表现为轻量级的行动，例如基于信息文本实现的互动，以及通过“点赞”“戳一戳”来实现的支持。

社会关系的强弱对于社会支持的强度存在差异。强关系倾向于提供更需要付出努力、更具同理心的支持，而弱关系则避免提供重要的服务，但会提供获得新机会和想法的途径。例如，活跃在健康互助虚拟社群中的用户可以不受时空的限制，通过交流互动获取最新的健康信息，寻求并感知社会支持，进而提升主观幸福感。而人们能够从强关系的互动中获得更多幸福感的改善，来自强关系的每日支持能够增进幸福感，确认自身对他人的重要性，并维持自我价值感（Thoits，2011）。有研究表明，成年人在网上与强关系的交流中能够获得情感支持，抑郁的症状也会减轻，而弱关系的交流则没有表现出这一特点（Bessière et al.，2008）。而基于新手妈妈博客与社交网站使用的研究发现，当她们分享的育儿经验得到家人和朋友的反馈时，她们对社会支持的感知就会增加，通过阅读母职相关的虚拟社区中已有的博客或是自己撰写博客，新手妈妈可以减轻养育新生儿的孤独感，感知到自己与世界各地其他的新手妈妈们存在着某种联系（McDaniel et al.，2012）。

5. 社会比较

社会比较理论表明，社交网站上的在线交流对心理健康与幸福感可能产生负面影响。有研究发现，社交网站用户倾向于使用自我强化的社会比较来进行情绪管理（Johnson & Knobloch-Westerwick，2014）。

社交网站中出现社会比较有以下三方面的原因。首先，社交网站提供了大量经过修饰的信息，这些信息为社会比较提供了丰富的资源。人们倾向于对外分享积极信息并借助寻求自我提升的方式展示自己，因此在社交媒体中会传播积极向上的一面，而这会导致人们低估他人的困难，并高估自己的幸福，而这种误解将影响着人们的幸福感知。其次，社交网站中的好友大多由线下熟人发展而来，而个体总是倾向于与类似的同伴作比较，并更愿意与类似圈层地位的人作比较，社交网站中群体的相似性会进一步提高社会比较的概率。最后，在社交网站上与他人的互动也可能成为比较的对象，如评论、点赞等。

社交网站中的社会比较会对个体产生诸多影响。第一，社交网站和焦虑之间的关系受到上行社会比较的影响。如社交网站中“美化”的照片会诱发女性对身体的不满意，进而触发对自身身体的焦虑。在上行社会比较中，同辈发布的正面、积极的信息会直接影响个体的压力感知并使之否定自身。第二，社会比较还会诱发抑郁情绪。研究发现，社会比较在社交网站使用时间和抑郁之间起到了中介作用。第三，社交网站对人产生的影响会因个体的自尊水平的不同而变化，反过来社交网站重度使用者经常性的社会比较会使自身的自尊降低。第四，社交网站中的社会比较还会引起嫉妒心理，这种心理表现不同于线下包含敌意、怨恨成分的嫉妒，而往往会引发更多的沮丧感、自卑感与挫败感。

综上所述，多个理论观点都对社交网站中的沟通类型与对象如何影响个体心理健康的机制进行了表述，尽管其观点并非完全相容，但在实证研究中仍具有一定的预测作用。归属感理论并不区分交流的类型，关系维持理论忽视了关系强度的作用，而社会支持理论则强调有针对性和强关系组成的互动模式。社会比较理论则反映了人们浏览广播式的在线交流会降低幸福感。

5.4　本章小结

为探讨新媒体、社交网络与社会支持，本章从网络社交入手，辨析了社交网站的基本概念并梳理了社交网站发展的历史脉络，从理论视角探讨了社交媒体相关的重要议题。

同时，本章整理了网络社交与社会关系的相关概念，并对社会资本基本的定义与分类进行了归纳总结，探析了在新媒体语境中思考社交网站的可供性与社会关系以及社会资本的关系。社交媒体日渐作用于社交网络与社会资本，重塑人们的社交网络结构与互动模式，进而对社会资本获益产生影响。

此外，从群体支持系统的视角出发探讨了新媒体的社会支持，本章回顾了社会支持网络与电子化助人情境，并探讨其特点与价值，从理论视角考察网络社交中的自愿助人与亲社会行为的动机。

随着心理学研究中出现积极心理学研究的转向，学者们亦关注社交媒体中的互动以及人们的社会化过程，并将幸福感作为研究的重要变量。基于积极技术的视角，本章梳理了一系列相关的理论概念，来探讨新媒体时代的网络社交与心理健康。

思考题

- 社交媒体如何帮助人们塑造社交名片？
- 如何理解技术社会资本？
- 如何看待昙花一现的“夸夸群”以及其中的社会支持与亲社会行为？

参考文献

蒋俏蕾, 凌绮. 2023. 数智时代的“亲密”：媒介化亲密、亲密资本与亲密公众. 山东社会科学, (3): 87-96.

蒋俏蕾, 张自中. 2024. 玩家公众: 复媒体语境下游戏社群的媒介溢出与韧性塑造. 现代传播(中国传媒大学学报), (2): 138-147.

辛文娟, 赖涵, 陈晓丽. 2016. 大学生社交网络中印象管理的动机和策略: 以微信朋友圈为例. 情报杂志, 35(3): 190-194.

Bessière, K., Kiesler, S., Kraut, R., et al. 2008. Effects of Internet use and social resources on changes in depression. *Information, Communication & Society*, 11(1): 47-70.

Bourdieu, P. 1985. The forms of capital. In J. G. Richardson (Ed.), *The Sociology of Economic Life, Third Edition* (pp. 241-258). Oxfordshire: Taylor & Francis.

Boyd, D. M. & Ellison, N. B. 2007. Social network sites : Definition, history, and scholarship. *Journal of Computer-Mediated Communication*, 13(1): 210-230.

Burke, M. & Kraut, R. E. 2016. The relationship between facebook use and well-being depends on communication type and tie strength. *Journal of Computer-Mediated Communication*, 21(4): 265-281.

Burke, M., Kraut, R. & Marlow, C. 2011. Social capital on facebook: Differentiating uses and users. *CHI '11: Proceedings of the SIGCHI Conference on Human Factors in Computing Systems*, 571-580.

Burt, R. S. 1992. *Structural Holes: The Social Structure of Competition.* Cambridge: Harvard University Press.

Dennis, R., Hilmer, K. M., Taylor, N. J., et al. 1998. Information exchange and use in GSS and Verbal. *Hawaii International Conference on System Sciences*, 97: 84-93.

DeSanctis, G. & Gallupe, R. B. 1987. A Foundation for the study of group decision support systems. *Management Science*, 33(5): 589-609.

Donath, J. 2007. Signals in social supernets. *Journal of Computer-Mediated Communication*, 13(1): 231-251.

Ellison, N. B. & Boyd, D. M. 2013. *Sociality through social network sites.* In W. H. Dutton (Ed.), *The Oxford Handbook of Internet Studies* (pp. 151-172). Cambridge: Oxford University Press.

Ellison, N. B., Gibbs, J. L. & Weber, M. S. 2015. The use of enterprise social network sites for knowledge sharing in distributed organizations: The role of organizational affordances. *American*

Behavioral Scientist, 59(1): 103-123.

Ellison, N. B., Steinfield, C. & Lampe, C. 2011. Connection strategies: Social capital implications of Facebook-enabled communication practices. *New Media & Society*, 13(6): 873-892.

Ellison, N. B., Vitak, J., Gray, R., et al. 2014. Cultivating social resources on social network sites: Facebook relationship maintenance behaviors and their role in social capital processes. *Journal of Computer-Mediated Communication*, 19(4): 855-870.

Granovetter, M. S. 1973. The strength of weak ties in social networks. *American Journal of Sociology*, 78(6): 1360-1380.

Hodge, M. J. 2006. The Fourth amendment and privacy issues on the "new" Internet: Facebook. com and Myspace. com, *Southern Illinois University Law Journal*, 31: 95-123.

Johnson, B. K. & Knobloch-Westerwick, S. 2014. Glancing up or down: Mood management and selective social comparisons on social networking sites. *Computers in Human Behavior*, 41: 33-39.

Lampe, C., Ellison, N. & Steinfield, C. 2006. A Face(book) in the crowd: Social searching vs. social browsing. *CSCW '06: Proceedings of the 2006 20th Anniversary Conference on Computer Supported Cooperative Work,* 167-170.

Leary, M. R. & Kowalski, R. M. 1990. Impression management: A literature review and two-component model. *Psychological Bulletin*, 107(1): 34-47.

Lin, N. 2002. *Social Capital: A Theory of Social Structure and Action*. Cambridge: Cambridge University Press.

Marwick, A. E. & Boyd, D. 2014. Networked privacy: How teenagers negotiate context in social media. *New Media & Society*, 16(7): 1051-1067.

McDaniel, B. T., Coyne, S. M. & Holmes, E. K. 2012. New mothers and media use : Associations between blogging, social networking, and maternal well-being. *Maternal and Child Health Journal*, 16: 1509-1517.

McLeod, P. L. & Liker, J. K. 1992. Electronic meeting systems: Evidence from a low structure environment. *Information Systems Research*, 3(3): 195-223.

Norberg, P. A., Horne, D. R. & Horne, D. A. 2007. The privacy paradox: Personal information disclosure intentions versus behaviors. *Journal of Consumer Affairs*, 41(1): 100-126.

Ostrovsky, A. M. & Chen, J. R. 2020. TikTok and its role in covid-19 information propagation. *Journal of Adolescent Health*, 67(5): 730.

Putnam, R. D. 2000. *Bowling Alone: The Collapse and Revival of American Community*. New York: Simon & Schuster.

Rains, S. A. 2005. Leveling the organizational playing field—virtually: A meta-analysis of experimental research assessing the impact of group support system use on member influence behaviors. *Communication Research*, 32(2): 193-234.

Resnick, P. 2001. Beyond bowling together: SocioTechnical capital. In J. M. Carroll (Ed.), *Human-Computer Interaction in the New Millenium* (pp. 247-272). New York: ACM Press.

Riva, G., Mantovani, F. & Wiederhold, B. K. 2020. Positive technology and COVID-19. *Cyberpsychology, Behavior and Social Networking*, 23(9): 581-587.

Sproull, L. 2011. *Prosocial behavior on the net*. Daedalus, 140(4): 140-153.

Tan, B. C. Y., Wei, K. K., Watson, R. T., et al. 1998. Reducing status effects with computer-mediated communication: Evidence from two distinct national cultures. *Journal of Management Information Systems*, 15(1): 119-141.

Thoits, P. A. 2011. Mechanisms linking social ties and support to physical and mental health. *Journal of Health and Social Behavior*, 52(2): 145-161.

Treem, J. W. & Leonardi, P. M. 2013. Social media use in organizations: Exploring the affordances of visibility, editability, persistence, and association. *Annals of the International Communication Association*, 36(1): 143-189.

Walther, J. B. 1995. Relational aspects of computer-mediated communication: Experimental observations over time. *Organization Science*, 6(2): 186-203.

第 6 章

新媒体与身份认同

引　言

近年来，随着新媒体呈现出纷繁的文化样貌，新的群体身份也不断涌现。网络上的种种身份标签，为人们的身份呈现和身份认同提供了更加多元的资源，这在身为数字原住民的青少年群体进行身份探索与构建的过程中体现得尤为明显。

在网络技术快速发展的背景下，流行于年轻群体中的粉丝文化逐渐发展出“饭圈”、应援等新形态。香港“修例风波”期间，由追星的年轻人和“帝吧”网友发起推动的爱国援港活动在互联网上悄然兴起且声势逐渐壮大。在这场活动中，被网友们称为偶像的“阿中哥哥”就是中国。不同于传统“祖国母亲”式的表达，年轻的粉丝群体将祖国称为“阿中哥哥”，打出“阿中勇敢飞，唯粉永相随”等应援口号，采用“打 call”等“饭圈”的组织方式进行网络爱国行动。“守护全世界最好的阿中”随即登上微博的热搜榜，“阿中”“阿中哥哥”也被网友称为“统一‘饭圈’的唯一流量”。这是内地青年网友的一次民意的集中表达，年轻人以其特有的文化方式“挺香港，反暴力”，用青春热血支持香港，以自己特有的方式为中国加油。人民日报、新华社、共青团中央等都接连发文表达了对参与活动的爱国爱港青年的赞赏。

我们不难发现，在新媒体中，不同的身份认同以更加错综复杂的方式交织在一起，新媒体不仅促进了身份的交叠，还创造出了更多新的身份认同，改变了身份认同的形成过程，影响着身份认同的动员机制。

头脑风暴

- 如何理解网络粉丝文化中的身份呈现与身份认同？

- 如何看待“帝吧”援手“饭圈”共同集结出征？

本章内容要点

- 新媒体中的身份呈现与认同塑造。
- 理解网络集体行为。
- 网络集体行动中身份认同发挥的作用。

6.1 新媒体与身份呈现

6.1.1 身份认同与新媒体

身份认同是一个多学科关注的研究领域，社会学、心理学、人类学、传播学、文化研究等不同学科领域的理论都在不同程度上丰富了身份认同的相关研究。随着深度媒介化的进程不断推进，信息传播技术日益下沉为社会基础设施一般的存在，新媒体技术在身份认同的建构过程中也日益发挥着重要的作用（蒋俏蕾和凌绮，2023）。Chan（2017）指出，将关于身份认同的社会心理学理论与媒介研究理论结合，可以更好地理解媒介动员社会身份认同的潜力，语言学、社会符号学、话语研究亦可以为探索身份认同的动态过程及其与集体行动的相互作用提供见解。Kavada（2015）将社会运动理论同组织传播理论结合起来，考察动态的集体身份认同过程、集体行动组织结构和计算机辅助传播（Computer mediated Communication，CMC）之间的关联。

身份认同与其说是内在整合过程的心理表达，不如说是一种深刻的社会性、情境性、集体性的产物。作为一个动态过程，身份认同不是个人的静态特征（Melucci，1995），而是可以分为不同阶段，比如初始阶段包括表达、形成、建构、采用，而后期阶段则包括协调、维护、传播。此外，身份认同还是表演性的，包括存在（being）和成为（becoming）。因此，Duggan 将身份建构定义为：“将个体和他人的不同的‘故事’进行对比的过程，二者作为世界中结构性不平等的故事被讲述、挪用和转述。”（Duggan，1993：793）

6.1.2 身份认同与标签理论

标签理论最初是解释越轨行为如何产生及其发展的理论，其中也关涉意识形成与身份认同。标签理论认为，一旦个体被贴上越轨的标签，他们往往会面临新的问题，这些问题源于自我和他人对附着在越轨标签上的负面刻板印象（污名）的反应（Becker，1963；Lemert，1967），这反而使得越轨行为更加稳定。

标签理论的观点得到了不少研究的证实，不同学者也发展出了从不同的路径来解释标签导致越轨行为的过程。Bernburg（2019）总结了当代标签理论提出的导致越轨行为的三个主要过程。首先，越轨的自我概念（deviant self-concept）的形成，即从他人的角度看待自己可能导致自我概念的变化（Lemert，1967；Matsueda，1992）。其次，拒绝和退出的过程，即其他人会排斥被贴上越轨标签的人，被贴上越轨标签的人也可能内化他人的排斥，继而主动退出并贬低自我价值（Kaplan & Johnson，1991）。最后，参与越轨群体，即越轨群体会为个体提供接纳越轨标签的社会支持，被贴上越轨标签的人倾向于与同一标签下的人交往。

标签对行为的影响过程不仅仅存在于越轨标签的实例中。标签是身份认同的组成部分，贴标签不仅影响个体如何定义自身，也对外界如何认识个体产生重要的影响。Wan 和 Chew（2013）认为个体文化身份由文化知识、分类标签、社会关系三个部分组成。其中，分类标签就是指个体通过成为去个性化的群体中的成员与一种文化联系在一起。在同一标签下的个体享有相同的历史、价值、信仰并以此为依据进行实践。标签有两种形式，一是个体自主选择的标签，二是别人强加的标签，而个体自主选择的标签可能和别人强加的标签并不一致（Killian & Johnson，2006），人们可以通过自主承认或拒绝某种标签来表达自己的身份认同和对文化的归属。

6.1.3　作为新媒体身份呈现的“小粉红”标签

2016 年 1 月 20 日，大陆网民以表情包、社会主义荣辱观、诗歌节选、风景美食等内容“洗版”台湾错误言论的 Facebook 主页，并在微博冲上热搜，该事件被称为“帝吧出征”。出征的导火索是台湾某艺人争议性的政治言论引起了网民的愤怒和不满。网民对该艺人及其经纪公司发起抵制，迫于压力，该公司随即发布了该艺人的道歉视频，但大部分大陆网民认为其道歉态度不诚恳，反而引发了轩然大波。以台湾问题为核心，以“帝吧出征”为代表的一系列网络民族主义事件中逐渐涌现出一个新的群体“小粉红”——“像爱护爱豆一样爱国”标志着新媒体与粉丝民族主义的诞生（刘海龙，2017）。

有学者认为，“小粉红”一词最早出现于晋江文学城，由于网站的配色是粉红色，很多人称其为“小粉红”，而后一度被用以指代“常识比较缺乏、情绪又非常激动的爱国兼追星 ACG 少女”（王喆，2016）。然而，Fang 和 Repnikova（2018）剖析了“小粉红”作为一个由女性为主的浪漫化的新网络民族主义标签的产生过程，他认为没有证据表明晋江文学城用户参与了“帝吧出征”，且“帝吧出征”的实际参与者以男性为主，其中部分是海外留学生，他们通过集体参与，形成一种“全球华人”的身份认同的想象（Li，2018）。Fang 和 Repnikova（2018）的分析指出，“小粉红”这一标签产生于曾隶属于晋江文学城论坛的“风仪”版块的用户和一位微博博主的观点冲突。之后“帝吧出征”中网络民族主义中的情感性话语策略也间接指向了女性参与者，这种策略包括家庭的隐喻（将台湾比作淘气的孩子）、共通的审美（大陆的美食美景）、浪漫化的寓言（将台湾比作恋人）等。“小粉红”这一标签与民族主义关联起来，以解释年轻的中国网民出于政治目的对社交媒体前所未有的、大规模的、熟练的跨境使用。该标签背后的“沉迷浪漫的年轻女孩变政治了”（Fang & Repnikova，2018）成为一种流行的话语。

在对“小粉红”标签的回溯中，我们可以清晰地看到不同群体对标签的利用和解释，使标签被赋予不同的意义和情感。当“小粉红”标签的新意涵渗透到互联网的公共空间中时，原本的晋江文学城用户被排除于“小粉红”标签之外。当简单地贴上“小粉红”标签时，群体之外的人实际上无法看到这个群体的真实样貌，这往往会导致群体外部对群体内个体的简单化、同质化的理解。而对于群体内成员而言，这种标签一方面可能使得他们感到自身的身份被认同或被冒犯，另一方面又可能反向塑造他们对自身的认知，甚至使得他们表现出被标签定义的行为。

标签可以便利地描述一个群体，但这种便利的代价是定义的模糊和意涵的流转。对于“小粉红”标签而言，既有褒赞，认为其以更开放、日常化的态度表达爱国主义情感是民族主义在新时期的积极发展。例如，人民网舆情监测室（2016）将“小粉红”定义为“富有文化自信的一代，其在成长过程中享有改革开放的红利，目睹国力强盛，成为世界第二大经济体，因而对此前所谓西方范本不以为然，对于国家模式和发展道路认同度更高，为国家几十年取得的成就而自豪，乐于在网上传播正能量”。然而，也不乏批评甚至攻击的声音，认为其是以错误的浪漫化的情感应对民族主义争端、过度情绪化的群体，反映出不同的论者和媒体在政治立场上的意识形态光谱（王洪喆等，2016）。

6.2 青少年的新媒体使用与身份认同

当代身份认同理论认为，身份认同是一个流动、开放、充满冲突和协商的、进行时的过程，身份认同并非一次性获取后就可以持续拥有，但身份认同也可以通过具身化获得某种相对稳固的长存。

6.2.1 作为拼装的身份认同

Weber 和 Mitchell（2008）将身份概念化地表述为法语词 bricolage——拼装，指利用手边可得的材料即兴创作出来的结构或作品。拼装既可以指代过程也可以指代成品，亦与其所表述的身份认同一致。拼装作为表述身份认同的概念，使得身份认同所涉及的不同元素和面向得到了整合。拼装是即兴的、实验的，它融合不同风格，可以将对比强烈甚至矛盾的元素组合在一起以适应不同情境。拼装被我们“手头拥有的”东西塑造，同时也塑造了我们“手头拥有什么”，这体现了身份认同的辩证关系，即身份认同既是个人的也是社会的，个体身份认同和社会身份认同相互塑造。身份认同在我们与情境，我们与更大的共同体的互动中被协商、检验、反馈，我们在与世界的关系中建构、解构、再构我们自己。

在数字时代，身份与媒介技术交织，尤其体现出碎片化的、部分的、变动的特征。具体而言，Weber 和 Mitchell（2008）在对青少年的媒介使用与身份认同的研究中，指出了在数字媒介中体现身份认同过程的六个特征。

1. 身份认同过程是建构的

和乐高游戏一样，身份认同是一种充满趣味的、饱含个人意识的创意性组装。人们通过利用既有材料或者克服材料的局限性，适应、协商和颠覆媒介的框架或模式，独自或者协作拼装身份认同。性别、种族、社会群体、文化、特定的语境都是影响身份认同建构的重要因素，而媒介技术为这些要素的交叉提供了相对包容的空间。

2. 身份认同过程包含了集体和社会的建构

身份认同的拼装不仅是个人身份的表达和探索，很大程度上还是将他人纳入自己的“身份作品”（identity work）之中、与他人建立联系的方式，成为协作的参与文化的一部分。

3. 身份认同过程是交叉融合的

身份认同是个体新旧经验之间的交叉融合。融合表明一种正在进行的过程和一系列的交叉，这并不是一个固定的关系。媒介融合是指多个媒介系统共存，媒介内容在系统中流动（Jenkins，2006），而身份认同的融合过程亦与媒体融合相类似。

4. 身份认同过程是反思性的

这种反思性首先体现在个体生产的数字内容会时不时迫使人们以新的眼光审视自己，从而为进一步改变自我提供反馈。其次，数字内容的显见性和透明性，能够使通常无意识的身份认同变得有迹可循。最后，在与媒介交互过程中内置的或者其他人的反应机制，能够使得人们调整和重塑看待自我和他人的方式。虽然反思不一定是批判性和建构性的，但是数字媒介有利于激发一种批判性的反思。

5. 身份认同的过程是具身化的

自我形象与自我概念紧密关联。虽然很多理论家倾向于忽视真实的身体在个人和集体身份中的重要作用，但是即使外表是变化的，但它仍旧是身份认同的核心，能够赋予流动的身份认同以持久稳定的意义。特别是在青少年时期，人们倾向于将身体视为认同的本质。

6. *身份认同过程是一种学习*

身份认同具有习得性，运用数字媒介技术可以创造新的认同。在数字内容的制作中，人们不仅可以习得使用数字技术的能力，还能够学会创造和批判，发展自己的审美趣味和学习目标，进而在不断完善的数字作品中表达和尝试不同身份。通过与数字技术的玩耍实验、与外部世界的互动，人们可以进行自我激励式的学习。

6.2.2 新媒体与青少年身份认同

青少年时期是个体成长的关键时期，这不仅包括生理上的成熟，也包括心理上身份认同的形成。正是由于他们在探索着“我要成为一个什么样的大人”，青少年也更容易经历身份认同危机。在对“个人网站和友情”“我为什么爱我的手机”“用 PPT 展示我的房间”“集体参与的视频录制”四个青少年与媒介技术互动的案例分析中，学者们发现，对于青少年来说，数字媒介作为手头的工具为他们的拼装创造了更多可能性（Weber & Mitchell，2008）。青少年在与数字媒介的交互中，如通过点击、发帖、发信息等，灵活运用各种体裁，将旧的想法、活动和图像建构到新的拼装中，这不仅改变了社交互动的面貌，也改变了他们看待自己和彼此的方式。

由于青少年尤其容易将媒介形象等同于社会现实，从而影响其个人认知，因此一直以来新媒体技术常常被视为暴力、性诱惑、分散注意力的源泉，似乎是威胁青少年安全和健康的隐患。有西方学者探讨了 Instagram 上被修饰过的照片对青少年女孩自我身体形象认知的影响，发现女孩通常不会质疑 Instagram 照片的真实性，而对于有社会比较倾向的女孩来说，Instagram 上和她们相似的人更容易引发其对个人身体形象的负面评价，即使是短暂地接触陌生人的照片，也可能导致其对身体形象感知的直接变化（Kleemans et al.，2018）。一项关于社交网站（SNS）与自尊关系的研究得出了更为复杂的结论，认为自尊受自我评估的三个过程的影响，即社会比较过程、社会反馈过程和自我反思过程（Krause et al.，2019）。由于社交网站允许用户访问和评论大量不同内容，自我评估信息的可访问性和质量发生了变化，导致了对用户自尊的不同影响。使用社交网站进行社会比较与对用户自尊的负面影响有关，而获得正面反馈或进行自我反思可以提高用户的自尊水平。因此，在探讨社交网站对自尊的影响时，需要注意个人差异，实际的影响水平取决于个人特质和使用模式。

上述研究都反映出青少年与媒体互动方式的复杂性，因此需要将青少年视为活跃的主体和文化建构的群体来开展研究。学者 Gray（2009）借用考古学中的“原位”（in situ）概念，建议研究媒体的“原位”，侧重于将媒介参与融入更大的身份认同构建研究之中。在考古学中，原位是指刚出土或被发现时的被埋藏在矿床中的文物带着年代和文化背景。虽然与民族志有着相似之处，但 Gray（2009）强调其重点在于具体情境中媒体使用的产生过程和理解，需要追溯人们的社会经济地位、种族、生活环境等，因为正是这些情境使他们的媒体参与变得有意义。在一项探讨美国乡村青少年酷儿（Queer）群体如何将网络“出柜”故事纳入身份认同的研究中，Gray（2009）指出，酷儿身份认同可以被视为他们制定、表达和推动不同身份认同边界的集体作品，这个作品与种族身份、阶级身份、地区文化身份、家庭身份等交织，充满了灵活的策略，展现出了不同身份之间的张力。对这些乡村青少年来说，家庭是他们获得物质支持、得到社会认同和接纳的主要来源，他们与家庭的紧密联系，使得家庭身份成为其中重要的叙事，乡村青少年的酷儿身份认同要适应于家庭框架（Gray，2009）。由于乡村青少年缺乏城市青少年拥有的可见的 LGBTQ 社区，因此他们通过离开乡村和探索媒介来寻找在文化上充满酷儿真实性（queer realness）的词语和习俗，并从中获得熟悉感和慰藉。即使乡村青少年可以通过媒体接触到更广的 LGBTQ 网络的性别表演，但要将酷儿现实纳入自我身份认同之中，他们必须穿越种族、阶级等身份网络，在权衡可行性与可取性之后将这种身份认同带回当地（Gray，2009）。在这一性少数群体的身份认同建构中，现代商业浸透下的 LGBTQ 身份与当地文化、物质条件之间的高度动态对话创造出了特殊的穿着、话语和行动方式，而这些酷儿真实性也反过来扩大了他们在酷儿社会关系中对位置、家庭和归属的感知。身份认同整合政治、文化和亲密关系的变革能力实际上取决于无数他者，身份认同的获得不能独立于个体的身体和位置，因此即使是最私密的个人性取向身份认同的探索也是高度社会化和媒介化的。

6.3　集体身份认同、新媒体与集体行动

谈及身份认同，常常涉及不同类型和维度的交织，通常身份认同可以分为三种类型，即个体身份认同、社会身份认同、集体身份认同（Priante et al.，2018）。其中，个体或个人身份认同是基于个体内在属性与意涵的自我定义，主要回答“我是谁”，而社会身份认同则将自我的定义从个人的“我”扩展到“他人和我”。正如社会认同理论所述，与他人的社会认同可以从社会类别的成员资格中获得，如团队、组织、种族、政治派别等（Tajfel & Turner，2000；Turner et al.，1987）。一些社会心理学家认为社会认同是指对社会群体的认同，例如意见群体，也有另

一种基于社会角色的定义方式，例如母亲、医生等等。与个体身份认同和社会身份认同不同，集体身份认同强调了“我们”和“集体代理”，“我们”使人们意识到自己是群体的一部分，而“集体代理”则促成了为实现共同目标而采取的行动（Snow，2001）。集体身份认同是一个过程，涉及对共同目标和行动手段的认知定义、个体之间相互影响的关系网络以及有助于形成共同体团结感的某种情感投入（Melucci，1995）。社会身份认同和集体身份认同似乎很难区分，这两个概念之间存在重合之处。一些学者认为集体身份认同与社会身份认同的区别在于，集体身份认同是对特定社会群体的更强烈的身份认同，而个体身份认同可以被整合在社会和集体身份认同之中。因此，个体到社会再到集体的身份认同可以被看作是自我定义从微观到宏观的连续体：我（个体身份认同）、他人和我（社会身份认同）、我们（集体身份认同）。

6.3.1 新媒体与集体身份认同

社会运动理论家分析了集体认同的形成和作用，认为集体身份认同的社会建构是集体行动的开端，是由个体共享的并基于对共同目标追求的集体身份，对于集体运动的成功至关重要，因而集体身份被视为具有挑战性的团结感（Taylor & Whittier，1992）。近些年来，越来越多的学者注意到了计算机辅助传播对集体身份认同和集体行动的重要影响。计算机辅助传播是通过电子设备进行的人与人之间的交流，这里的电子设备涵盖所有可以沟通交流、允许社交行为的数字技术（例如电子邮件、网站、社交平台等），计算机辅助传播改变了集体行动中身份认同的构造、维护、协商，比如社交媒体为人们提供了可以轻松便捷且频繁地创造性表达、构造、共享身份认同的空间和手段（Herring，2004；蒋俏蕾等，2023）。因此，从解释集体行动者如何通过计算机辅助传播建构团结、组织和动员的角度来说，集体身份认同对集体行动极为重要（Bakardjieva，2015；Gerbaudo & Treré，2015）。

即使身份认同建立在共享的意识基础上，但这并不意味着身份认同是同质的和坚决的，身份的多重性使得身份认同是一个复杂的、临时的、协商的过程。学者们区分了集体身份认同的三个层面，其中第一个层面是归属于同一环境或社区的成员之间共享的意识，这种共享的意识建立在共性之上，例如相似的价值观、动机、目标、宗教、种族、国籍等，并将进一步转化为对自我的定义和对他者的识别；第二个层面是通过符号表达的集体身份认同，比如独特的社会实践和文化习俗；而第三个层面是共同的敌人，对公敌的认知或对特定群体鲜明的反对是构成特定社群集体性的重要维度（Soon & Kluver，2014；蒋俏蕾等，2023）。通过研究身份认同、组织网络和媒体结构之间的关系，不少研究就身份认同在数字时代的变化、身份认同如何通过计算机辅助传播影响集体行动展开了讨论（Priante et al.，2018）。

在研究方法上，身份认同的相关研究也有着不同的倾向。质化研究由于可以深入研究身份认同的表达和形成，因此在集体身份认同的研究中常常成为首选的研究方法。同时，由于学者们对解释社会身份认同与集体行动之间的因果关系非常感兴趣，社会身份认同的研究也存在大量的量化研究。在学科交叉融合的视角下，研究者们也会使用混合研究方法（蒋俏蕾和张自中，2024）。比如，有学者认为在身份认同研究中，首先应该采用整合方法研究不同身份的交叉，同时考虑计算机辅助传播中典型的网络个人主义的个人维度，以及象征性地促进集体行动的社会身份认同和集体身份认同的形成过程（Priante et al.，2018）。同时，学者们也指出，更多的研究不仅应该关注身份认同的初始阶段，也要注重身份认同过程的后期阶段；实证研究不仅应该关注个体、社会和集体身份认同在线上是如何建构的，还要考察随着时间的推移不同身份是如何在线上和线下协商的。随着研究数据材料和方法手段的日益丰富，越来越多的学者倡导在研究方法上应该多采用混合研究方法，既要通过量化分析（包括机器学习、统计分析、网络计量学等）探析来自媒体平台上的数据，同时也要用质化分析（如数字民族志、访谈等）从本质上理解作为共享的意义、框架和叙事的个体身份认同、社会身份认同和集体身份认同。这些研究方法上的创新与演进，也推动了不少身份认同相关的经典理论概念焕发出新媒体语境下的解释力。

1. 新媒体与想象的共同体

与民族国家相关的身份认同在集体身份认同中具有特殊而重要的意义。与此相关，民族、民族国家、民族主义三个概念常常被谈及和讨论。其中，民族可以被定义为一群具有相同渊源、祖先、语言、宗教或地理空间的人；民族和民族国家的不同之处在于，民族不一定会成为一个国家，有些民族分布在不同的国家，也有并无对应国籍的民族；而民族主义则包括诸如归属感、集体身份认同和对国家的忠诚等维度（He & Guo，2000）。在著名的《想象的共同体：民族主义的起源与散布》（*Imagined Communities: Reflections on the Origin and Spread of Nationalism*）一书中，Benedict Anderson 将民族定义为“一个具有边界和主权的想象中的政治共同体”（Anderson，1991：3），媒体和大众传播生产出共同的经验从而创造出共享的情感，传播实践支持了民族、民族国家、民族主义的建构。Anderson（1991）认为，印刷媒体在西方民族主义和民族国家的产生中起到了关键作用。而在当下，不仅仅是印刷媒体，大众媒体的不同形式（如电视、电影、广播、杂志），特别是网络、新媒体都在想象的共同体的产生过程之中发挥着不可或缺的作用。

网络传播在提供有关公共事务的信息、为公民表达和参与事务提供在线空间的方面起到了日益突出的作用。关于网络是否有助于形成共同体的多元民主的讨论中，不同学者持不同的看法。持碎片化理论的学者认为，“广泛共享的社会政治经验的破碎挑战了社会的团结和政府的效力”（Bennett，1998：741），在相关的技术架构和心理机制的共同作用下，协商民主机制被破坏了。新的媒介技术允许用户对在线交流存有较强的掌控能力，在认知协调（cognitive consistency，Festinger，1957）和高效信息处理（efficient information processing，Stroud，2007；Smith et al.，2008）的心理机制下，用户倾向于寻求支持自己的观点，通过过滤信息使自己置身于回音室之中，这会导致公共舆论的碎片化和政治观点的极化。与此不同，持不经意理论（the inadvertency thesis）的学者认为，由于网络空间边界的模糊性，人们可能会在无意间暴露于不同观点之中（Brundidge，2010）。学者们甚至进一步发现，政治聊天室和论坛的作用可能很有限，而非政治性的空间更可能促进不同政治观点的讨论（Wojcieszak & Mutz，2009），社交网站的使用亦能够影响个体对不同政治观点的接触（Kim，2011）。总的来说，不论原本的政治立场如何，社交网站都可以增加人们对不同政治观点的接触，通过丰富政治讨论网络的异质性告知和促进政治参与，网络很可能促进民主进程并形成共识。

以“帝吧出征”为例，作为自下而上的民族主义集体行动，其在多元的网络环境中创造出了想象的共同体。当时帝吧大概有超过两千万用户，有自己的行事规则和组织动员能力，“帝吧出征”也有完备的组织，其中六个纵队各司其职：除前锋部队外，还有五个保障部队，包括信息组（负责收集“台独”言论和图片）、宣传和组织组（用于招募新用户）、武器装备组（负责制作反“台独”的标语和图片）、对外交流组（主要由海外华人和翻译人员组成）、战场清理组（负责在Facebook上点赞和评论）。刘海龙（2017）认为新媒体技术不仅消解并重塑了新的民族主义，为新的民族主义行动提供平台，还改变了民族主义本身。

学者们对于“帝吧出征”中网络民族主义的内容进行了阐释。首先，“帝吧出征”中的网络民族主义者最关心的问题是中国的领土和主权；其次，参与“帝吧出征”的网民强调集体行动、情感联结和文化认同；最后，“帝吧出征”受消费文化的影响明显（李红梅，2016）。“帝吧出征”的参与者强调非暴力和理性，尽管他们最初使用了有军事色彩的语言和图片，如“行军”和“圣战”，但后来他们转向了更多的情感互动。参与者希望通过中国大陆作为领土、文化和人的吸引力表达民族自豪感，例如引用“社会主义荣辱观”、余光中的现代诗《乡愁》、闻一多的《七子之歌》呼吁台湾地区人民“回家”。参与者还发布中国大陆的风景和美食的图片来彰显中国大陆富足的生活和强有力的经济，通过物质化的意象传达共同的文化纽带。这种表达方式一反传统民族主义中的仇恨、愤怒，表现出反讽以及正向的语言和情感风格（刘海龙，2017）。中国的消费民族主义意味着商业主义与政治的融合，同时亦是地缘政治和文化认同的表现。消费民族主义被定义为“个人在消费过程中激起的集体的民族意识，从而喜欢或者拒绝别的国家的产品”（Wang，2005：225）。消费民族主义的兴起还与传统媒体的衰落以及新媒体技术的参与式文化紧密相关。参与者使用的文字和符号来自传播于大众媒体之上的亚文化，通过戏谑、调侃的方式进行二次创作，参与者将政治娱乐化，如大量使用一些明星或电视剧人物的图片作为表情包。这些图片被模仿、分发、转换并重新打包成为网络米姆（Meme），作为一种新的政治参与和动员方式，网络米姆软化了激烈的情感表达，在一定程度上“实现了意义建构、价值传递、教育训诫以及情感交流之目的”（郭小安和杨绍婷，2016：56）。参与者还用爱国主义审视商业大公司，例如点赞淘宝在地理位置中设置“中国台湾”等。这些策略超越了传统的政治边界，被用来构建“想象的共同体”。

2. 新媒体与被发明的传统

Eric Hobsbawm 以“被发明的传统”的概念来表述作为身份认同符号的文化习俗的创造，并将“被发明的传统”定义为“通过重复公开或默认接受的、具有仪式性或象征性的一套习俗来灌输特定价值观和行为规范”（Hobsbawm，2014：1）。媒体在对仪式和习俗的创造中制造共同经验和价值，因此民族身份认同根植于经由媒体作用的“被发明的传统”之中。例如，伴随着中国最重要、盛大、热闹的传统节日春节，央视春节联欢晚会（简称“春晚”）就发挥着这样的作用。自 1983 年“春晚”开播以来，过春节看“春晚”的媒介元素便逐渐融入了中国人对春节的庆祝仪式之中。随着新媒体技术的不断发展和普及，智能手机应用扫福、摇红包、收发祝福表情包、直播、短视频等不断融入了“春晚”这一被发明的传统之中。

有选择地庆祝国家节日成功地被认为可以塑造和增强共同的民族认同感，激发民族的自豪感和团结感（Hobsbawm，2014）。长久以来，从希腊罗马的古代文明到近代早期的欧洲社会，再到现代的西方社会以及非西方社会，体育赛事一直受到政治和意识形态的推动（Tomlinson & Young，2006：1）。作为全球重要的体育盛事，奥运会是带有深刻民族身份认同烙印的被发明的传统，被认为是对意识形态的坚定表达，鼓励持续的民族认同感，并充当起日益全球化的当代世界中不断变化的意识形态晴雨表。不仅是奥运会赛事本身，与奥运会相关的媒体报道与呈现，也都参与到了定义、规范、影响和反映民族身份认同的过程之中。

基于“想象的共同体”和“被发明的传统”的理论视角，通过收集香港报纸对 2008 年北京奥运会和 2012 年伦敦奥运会报道的文本分析发现，奥运会以及精英运动员在彰显国家软实力和凝聚力，表达民族自豪感，以及促进与塑造民族身份认同上发挥着积极的作用（Jiang，2013）。在香港媒体的报道中，奥运冠军被塑造为民族英雄、白手起家的成功者，或是驰名娱乐界的明星，通过三种突出的主题建构，媒体报道强化了奥运会作为“被发明的传统”的身份认同符号，塑造了作为民族认同感和归属感的“想象的共同体”。其中，最突出的主题是视奥运冠军为民族英雄和象征着祖国荣耀的民族战士。面对竞争对手时被激发出来的民族认同感有助于构建想象共同体的归属感，而体育胜利的荣光也成为具有吸引力的国家软实力的体现。奥运冠军作为象征，有助于培养香港民众的民族认同感，增强民族自豪感，在相关的媒体报道中，奥运冠军与国家的代表性符号（如国旗）一同出现，颁奖典礼上冠军注视国旗时的庄严肃穆与欢庆群众表达出的强烈的节日感、包容感和欢乐感交织在一起，使得庆祝冠军获得成功的个人情感表达与民族认同的建构统合在一起。第二个主题是视奥运冠军为白手起家的成功者。媒体报道强调奥运冠军们虽出身平凡，但通过刻苦努力的训练夺得了辉煌的成就。这种叙事反映出在工作文化上勤奋被视为非常重要的品质，而这在香港语境中又具有尤为突出的意义。香港作为国际金融中心，商业逻辑渗透至整个社会文化，本地民众推崇基于勤奋和毅力来取得个人的成功。很多奥运冠军草根家庭的背景将冠军们置于与普通人相似的生活中，拉近了其与普通人的距离，从而建立共同点。同时，奥运冠军的自我激励、决心、纪律、勤奋与坚韧被塑造为“正能量”的中国价值观的代表，为追梦的香港青年树立起榜样。第三个主题是将奥运冠军视为驰名娱乐界的明星。由于娱乐已广泛渗透在香港本地的文化之中，将奥运冠军描绘为娱乐界举足轻重的明星，可以吸引原本并不热衷体育的人群的兴趣。奥运冠军们年轻、健康、具有吸引力的外表在报道中被突出强调，媒体报道还关注奥运冠军们的个人生活和八卦信息，比如亲密关系的状态及其个人的爱情故事等。

6.3.2 新媒体与集体行动

集体行动是指为了实现共同目标或利益而相互协作的个体共同行动的集合（Olson，1968）。在如今的媒介环境下，集体行动既包括线下行动也包括线上行动。基于计算机辅助传播在集体行动中的作用，Priante 等（2018）进一步区分出两种类型的集体行动，一种是基于计算机辅助传播（CMC-based）的集体行动，是指基于计算机辅助传播技术并仅限于线上的集体行动，如在线请愿、网络抗议、网络黑客等；另一种是计算机辅助传播支持（CMC-supported）的集体行动，是指通过计算机辅助传播组织和沟通并延展至线下举行的集体行动，如街头集会、占领公共空间、慈善募捐、公益活动等（Jiang et al.，2022）。两种类型的差异与关联，在一定程度上也反映出新媒体身份认同的溢出效应（Jiang et al.，2022；蒋俏蕾和张自中，2024）。通过系统分析 2012—2016 年发表的有关计算机辅助传播、身份认同和集体行动的实证研究，Priante 等（2018）梳理归纳出以计算机辅助传播为代表的新媒体对身份认同和集体行动的影响。

首先，在身份认同与集体行动的研究中，身份认同的类型大多是社会身份认同。社会身份认同强化了低成本且有意义的线上集体行动，而社会身份认同对集体行动的作用还受其他因素影响。第一，人们对计算机辅助传播的使用会维持甚至加强社会身份认同，进而增强线上和线下的集体行动潜力。第二，不同类型的计算机辅助传播也会影响社会身份对集体行动的影响效果。第三，还有一些新形式集体行动的发生甚至不以很强的社会身份认同为前提。

其次，目前大部分研究都证实了计算机辅助传播对促成集体行动的身份认同建构过程的积极作用。概括来说，在集体行动中计算机辅助传播的积极作用有五方面。第一，计算机辅助传播为社会和集体身份认同的表达和形成提供了开放、自由的空间。第二，计算机辅助传播还为特殊社会群体的社会身份认同和集体身份认同的自由表达提供了发声的渠道，比如边缘的政治群体、种族群体、性别群体、议题公众等（蒋俏蕾等，2023）。第三，计算机辅助传播通过便利的符号创造、跨国动员和网络互动，促进跨越国界和组织的线上线下集体运动。第四，计算机辅助传播在集体行动中的匿名性特征，促使个体身份认同融入集体身份认同，共同加速动员的效力。第五，计算机辅助传播还改变了集体身份认同的本质，因此有些研究者基于媒介技术创造出新的身份定义，比如“项目身份认同”（project identity）、“连接身份认同”（connective identity）等等。

与此同时，也有部分研究者指出了计算机辅助传播对身份认同形成的负面效应。第一，某些特定类型的计算机辅助传播的结构阻碍了集体身份的形成，从而影响随后的集体行动的实施。第二，计算机辅助传播便利了集体行动的组织，如收集信息，协调和促进动员，而不是集体身份认同的形成。第三，计算机辅助传播在集体行动中的匿名性象征了对集体身份的排斥。

具体而言，学者们通过结合特定语境下的实际案例研究，为我们理解媒介技术、集体身份和集体行动的交互提供了生动的例证。比如，学者 Soon 和 Kluver（2014）对新加坡政治博主开展了相关的研究。在关于博客的早期研究中，博客通常被认为是对个体的自恋式展现，但这种个人性逐渐开始拓展到政治性，显现出整合身份认同的公民参与面向。基于是否参与集体行动以及集体行动主要是线上还是线下，研究者们将政治博主分为三类，分别为基于线下的行动者（offline-based activists）、基于线上的行动者（online-based activists）和非行动者（nonactivists）。学者们通过系统比较其身份认同的共识层面、符号层面和对共同敌人的表述，发现行动主义博主和非行动主义博主的集体身份认同各自形成并与彼此区分开来。在身份认同共识层面，行动主义博主之间不仅达成了“承担为公众揭示真相的责任”的共识，还一致认可“社会政治博主圈子”的成员身份；非行动政治博主则没有明确的共识，也不认可博主圈子，反倒是更加强调个人性。在身份认同的符号层面，行动主义博主与非行动主义博主最大的区别在于行动主义博主倾向于不匿名，并强调发帖内容的客观性与逻辑性。在共同敌人的表述中，新加坡的行动主义博主将主流媒体和政府作为明确的挑战对象，而非行动主义博主对社会的政治现实虽有不满但没有改变的意愿。在考察政治博主集体身份认同形成的同时，研究者用“个体化的集体性”（individualized collectiveness）描述个人主义与集体身份的关系，即博客的个人化与参与抵抗的集体政治相互协调，反映出对个体目标和身份认同的超越，并导向更大范围的集体行动（Soon & Kluver, 2014）。可见，即使不同的行动主义政治博主基于自身的背景和公民议程对民主和多元化有不同的理解，但他们都赞成集体目标更为重要。政治博主的集体性程度决定了他们集体行动方式的不同。具体而言，政治博主集体身份认同的程度不仅取决于他们是否参与集体行动，更重要的是取决于他们集体行动的参与程度以及与其他行动者之间既有的组织联系，线下集体行动可以增进行动主义博主之间的“集体性”。

6.4 本章小结

身份认同作为社会科学研究的经典议题，关涉每一个人，而随着信息传播技术逐渐普及并下沉为社会基础设施一般的存在，各种新媒体在身份认同的建构、形成与强化过程中也发挥着日益重要的作用。本章将身份认同的研讨置于当前的媒体生态背景下，介绍身份认同的概念定义、类型层次、形成过程、理论视角等，并结合具体案例来进行阐释。

以“小粉红”这一网络标签为例，本章关注了基于网络形成的话语资源作为标签如何参与身份认同的构建，并探讨了如何将标签理论应用于特定身份认同的研究。为了进一步理解身份认同的内涵，特别是青少年对于身份认同的探索，“拼装”的概念被引入，来表征身份认同的过程特征。通过将身份认同定义为“拼装”的过程，来探讨青少年的身份认同危机，主张应在具体的情境中考察青少年与媒介技术的互动，即以“原位”的观点看待青少年如何利用新媒体对身份认同的“拼装”。

身份认同是具有多重维度和不同类型的复杂概念。本章通过对身份认同概念的内涵、特征及作用进行梳理阐释，区分身份认同的不同类型，并归纳目前身份认同研究的不同研究视角和研究方法。在区别比较个体身份认同、社会身份认同与集体身份认同的基础上，本章聚焦身份认同中的集体身份认同，分析了新媒体技术、集体身份认同与集体行动的关系，并进一步区分了集体身份认同的三个层面。本章围绕民族身份认同作为一种重要且特殊的集体身份认同，比较了民族、民族国家、民族主义三个密切相关的关键概念，并以“帝吧出征”为例探究多元的网络环境中“想象的共同体”的构建，同时结合“春晚”、奥运报道等案例探讨了媒体如何创造作为身份认同符号的文化习俗，通过“被发明的传统”来建构民族身份认同。结合对新媒体与集体身份认同的影响，本章也对与计算机辅助传播密切相关的两种集体行动进行了区分，并结合特定语境下的政治博客为案例进行了深入的剖析和探讨。

思考题

- 如何理解“小粉红”与民族国家身份认同之间的关系？
- 当下，如何重新思考奥运会及其媒介化表征在身份认同构建方面的意义？

参考文献

郭小安，杨绍婷. 2016. 网络民族主义运动中的米姆式传播与共意动员. 国际新闻界，(11): 54-74.

蒋俏蕾，凌绮. 2023. 数智时代的“亲密”：媒介化亲密、亲密资本与亲密公众. 山东社会科学，(3): 87-96.

蒋俏蕾，张自中. 2024. 玩家公众: 复媒体语境下游戏社群的媒介溢出与韧性塑造. 现代传播(中国传媒大学学报), (2): 138-147.

蒋俏蕾，刘入豪，邱乾. 2023. 议题公众的可见性与群体认同: 基于知乎平台中医相关话题的分析//夏倩芳. 中国网络传播研究: 数字时代的信息失序与舆论极化. 北京: 中国传媒大学出版社: 53-80.

李红梅. 2016. 如何理解中国的民族主义?: 帝吧出征事件分析. 国际新闻界, (11): 91-113.

刘海龙. 2017. 像爱护爱豆一样爱国: 新媒体与“粉丝民族主义”的诞生. 现代传播(中国传媒大学学报), (4): 27-36.

人民网舆情监测室. 2016. 小粉红崛起 富有文化自信的一代人怎样介入舆论. http://yuqing.people.com.cn/n1/2016/1222/c209043-28968919.html [2016-12-22].

王洪喆，李思闽，吴靖. 2016. 从“迷妹”到“小粉红”：新媒介商业文化环境下的国族身份生产和动员机制研究. 国际新闻界, (11): 33-53.

王喆. 2016. “今晚我们都是帝吧人”：作为情感化游戏的网络民族主义. 国际新闻界，(11): 75-90.

Anderson, B. 1991. *Imagined Communities: Reflections on the Origin and Spread of Nationalism*. New York: Verso.

Bakardjieva, M. 2015. Do clouds have politics? Collective actors in social media land. *Information, Communication & Society*, 18(8): 983-990.

Becker, H. S. 1963. *Outsiders: Studies in the Sociology of Deviance*. New York: Free Press.

Bennett, W. L. 1998. Ithiel De Sola Pool lecture: The uncivic culture: Communication, identity, and the rise of lifestyle politics. *PS: Political Science and Politics*, 31(4): 741-761.

Bernburg, J. G. 2019. Labeling theory. In M. D. Krohn, N. Hendrix, G. P. Hall, et al. (Eds.), *Handbook on Crime and Deviance* (pp. 179-196). Berlin: Springer.

Brundidge, J. 2010. Encountering “difference” in the contemporary public sphere: The contribution of the Internet to the heterogeneity of political discussion networks. *Journal of Communication*, 60(4): 680-700.

Chan, M. 2017. Media use and the social identity model of collective action: Examining the roles of online alternative news and social media news. *Journalism & Mass Communication Quarterly*, 94(3): 663-681.

Duggan, L. 1993. The trials of Alice Mitchell: Sensationalism, sexology, and the lesbian subject in turn-of-the-century America. *Signs: Journal of Women in Culture and Society*, 18(4): 791-814.

Fang, K. & Repnikova, M. 2018. Demystifying "Little Pink": The creation and evolution of a gendered label for nationalistic activists in China. *New Media & Society*, 20(6): 2162-2185.

Festinger, L. 1957. *A Theory of Cognitive Dissonance (Vol. 2)*. Stanford: Stanford university press.

Festinger, L., Pepitone, A. & Newcomb, T. 1952. Some consequences of de-individuation in a group. *The Journal of Abnormal and Social Psychology*, 47: 382-389.

Gerbaudo, P. & Treré, E. 2015. In search of the 'we' of social media activism: introduction to the special issue on social media and protest identities. *Information, Communication & Society*, 18(8): 865-871.

Gray, M. L. 2009. Negotiating identities/queering desires: Coming out online and the remediation of the coming-out story. *Journal of Computer-Mediated Communication*, 14(4): 1162-1189.

He, B. & Guo, Y. J. 2000. *Nationalism, National Identity and Democratization in China*. Aldershot: Ashgate.

Herring, S. C. 2004. Slouching toward the ordinary: Current trends in computer-mediated communication. *New Media & Society*, 6(1): 26-36.

Hobsbawm, E. 2014. *The Invention of Tradition*. Cambridge: Cambridge University Press.

Jenkins, H. 2006. *Fans, Bloggers, and Gamers: Exploring Participatory Culture*. New York: New York University Press.

Jiang, Q. L. 2013. Celebrity athletes, soft power and national identity: Hong Kong newspaper coverage of the Olympic champions of Beijing 2008 and London 2012. *Mass Communication and Society*, 16(6): 888-909.

Jiang, Q. L., Liu, S. Y., Hu, Y., et al. 2022. Social media for health campaign and solidarity among Chinese fandom publics during the COVID-19 pandemic. *Frontiers in Psychology*, 12: 824377.

Kaplan, H. B. & Johnson, R. J. 1991. Negative social sanctions and juvenile delinquency: Effects of labeling in a model of deviant behavior. *Social Science Quarterly*, 72(1): 98-122.

Kavada, A. 2015. Creating the collective: Social media, the Occupy Movement and its constitution as a collective actor. *Information, Communication & Society*, 18(8): 872-886.

Killian, C. & Johnson, C. 2006. "I'm Not an Immigrant!": Resistance, redefinition, and the role of resources in identity work. *Social Psychology Quarterly*, 69(1): 60-80.

Kim, Y. 2011. The contribution of social network sites to exposure to political difference: The relationships among SNSs, online political messaging, and exposure to cross-cutting perspectives. *Computers in Human Behavior*, 27(2): 971-977.

Kleemans, M., Daalmans, S., Carbaat, I., et al. 2018. Picture perfect: The direct effect of manipulated Instagram photos on body image in adolescent girls. *Media Psychology*, 21(1): 93-110.

Krause, H. V., Baum, K., Baumann, A., et al. 2019. Unifying the detrimental and beneficial effects of social network site use on self-esteem: A systematic literature review. *Media Psychology*, 24(1), 10-47.

Lemert, E. M. 1967. *Human Deviance, Social Problems, and Social Control*. Englewood Cliffs: Prentice-Hall.

Li, H. M. 2018. Understanding Chinese nationalism: A historical perspective. In H. L. Liu (Ed.), *From Cyber-Nationalism to Fandom Nationalism: The Case of Diba Expedition in China* (pp. 13-31). London: Routledge.

Maines, D. R. 1989. [Review of Rediscovering the Social Group: A Self-Categorization Theory., by J.

C. Turner, M. A. Hogg, P. J. Oakes, S. D. Reicher, & M. S. Wetherell]. *American Journal of Sociology*, 94(6): 1514-1516.

Matsueda, R. L. 1992. Reflected appraisals, parental labeling, and delinquency: Specifying a symbolic interactionist theory. *American Journal of Sociology*, 97(6): 1577-1611.

Melucci, A. 1995. The process of collective identity. In H. Johnston & B. Klandermans (Eds.), *Social Movements and Culture* (pp. 41-63). Cambridge: Cambridge University Press.

Olson, M. 1968. *The Logic of Collective Action: Public Goods and the Theory of Groups*. New York: Schocken Books.

Prentice-Dunn, S. & Rogers, R. W. 1989. *Deindividuation and the Self-regulation of Behavior*. Mahwah: Lawrence Erlbaum Associates, Inc.

Priante, A., Ehrenhard, M. L., van den Broek, T., et al. 2018. Identity and collective action via computer-mediated communication: A review and agenda for future research. *New Media & Society*, 20(7): 2647-2669.

Smith, S. M. , Fabrigar, L. R. & Norris, M. E. 2008. Reflecting on six decades of selective exposure research: Progress, challenges, and opportunities. *Social and Personality Psychology Compass*, 2(1): 464-493.

Snow, D. 2001. *Collective Identity and Expressive Forms*. Irvine: Center for the Study of Democracy.

Soon, C. & Kluver, R. 2014. Uniting political bloggers in diversity: Collective identity and web activism. *Journal of Computer-Mediated Communication*, 19(3): 500-515.

Spears, R. & Postmes, T. 2015. Group identity, social influence, and collective action online. *The Handbook of the Psychology of Communication Technology*, 32: 23.

Stroud, N. J. 2007. Media effects, selective exposure, and Fahrenheit 9/11. *Political Communication*, 24(4): 415-432.

Tajfel, H. & Turner, J. 2000. An integrative theory of intergroup conflict. In M. J. Hatch & M. Schultz (Eds.), *Organizational Identity: A Reader* (pp. 56-65). Oxford: Oxford University Press.

Taylor, V. & Whittier, N. E. 1992. Collective identity in social movement communities: Lesbian feminist mobilization. In A. D. Morris & C. M. Mueller (Eds.), *Frontiers in Social Movement Theory* (pp. 104-129). New Haven: Yale University Press.

Tomlinson, A. & Young, C. 2006. *National Identity and Global Sports Events: Culture, Politics, and Spectacle in the Olympics and the Football World Cup*. New York: State University of New York Press.

Turner, J. C., Hogg, M. A., Oakes, P. J., et al. 1987. *Rediscovering the Social Group: A Self-categorization Theory*. Oxford: Basil Blackwell.

Wan, C. & Chew, P. Y. G. 2013. Cultural knowledge, category label, and social connections: Components of cultural identity in the global, multicultural context. *Asian Journal of Social Psychology*, 16(4): 247-259.

Wang, J. 2005. Consumer nationalism and corporate reputation management in the global era. *Corporate Communications: An International Journal*, 10(3): 223-239.

Weber, S. & Mitchell, C. 2008. Imaging, keyboarding, and posting identities: Young people and new media technologies. *Youth, Identity, and Digital Media*, 7: 25-47.

Wetherell, M. S. 1987. Social identity and group polarization. In J. C. Turner, M. A. Hogg, P. J. Oakes (Eds.), *Rediscovering the Social Group: A Self-categorization Theory* (pp. 142-170). Oxford: Basil Blackwell.

Wojcieszak, M. E. & Mutz, D. C. 2009. Online groups and political discourse: Do online discussion spaces facilitate exposure to political disagreement? *Journal of Communication*, 59(1): 40-56.

第三篇

新媒体心理的社会应用

第7章 新媒体说服与营销传播

引　　言

提到故宫，你会想到什么？是世界文化遗产，是明清两代的皇家宫殿，是北京中轴线的中心建筑群，是馆藏丰富的博物馆，还是频频出圈的“网红”？答案其实“全都是”。

新媒体时代，“人民的故宫”也开启了自己的“网红”之路。近年来，故宫这个有着600多年历史的“超级古董”成为新晋“网红”，其不断锐意进取，推陈出新，掌握了流量密码，赢得了这个时代的热情接纳（赫英海等，2019）。2008年，“故宫淘宝”上线，2013年进行了改版，加强了页面设计和故宫文化元素的利用，整体设计、文辞用语更加贴合当下年轻人的审美需求（沈武，2018）。2014年，故宫淘宝微信公众号刊登了《雍正：感觉自己萌萌哒》一文，风趣幽默的语言、活泼可爱的表情包改变了年轻人对故宫的刻板印象。“画风”转变带来的传播效果立竿见影。在保持实用性的同时，故宫独具匠心的文创产品，将文化底蕴与时尚潮流完美融合（张泽炎和朱玥怡，2019）。“朝珠耳机”获得2014年“中国最具人气的十大文创产品”第一名，《故宫日历》成为越来越多家庭的必备年货，故宫设计师吉服系列与故宫文化珠宝倡导传统美学复兴，一系列“故宫萌物”引发抢购热潮……迄今为止，故宫已推出万余款文创产品，成为年轻人心目中“格调”的代名词。

“年轻化”的故宫甚至进军了“影视圈”。《国家宝藏》《朗读者》等节目中有故宫的身影，纪录片《我在故宫修文物》《我在故宫六百年》更是专为故宫量身定制。《上新了·故宫》既有新意，又有新知，文化底蕴和美学积淀让人眼前一亮。节目中既有演员参与拍摄实景，探索“皇帝的秘密花园”，又有专业人士受邀为大家讲解文物知识、科普文物保护。节目讲古而不泥古，让观众在“看热闹”的同时，也不耽误“长知识”。在《如果国宝会说话》节目中，通过运用三维扫描全息数字采集技术、全息存拓技术等让故宫博物院馆藏文物“动”了起来，消除了文物与观众之间的隔阂，让观众与文物更贴近。故宫博物院还推出了连环漫画作品《故宫回声》并通过与互联网平台合作开展动漫创新大赛，联合 QQ 音乐等开展“古画会唱歌”音乐创新大赛，直接向年轻网民征集创意，把最具青年人特色的智慧纳入创作。

2017 年中秋，故宫在线对其故宫月饼进行广告推介，活泼俏皮的话语风格让故宫再度刷新人们的认识。2019 年 2 月 19 日，农历正月十五元宵节，故宫博物院建院 94 年来首次举办“灯会”。考虑到要避免照明对古建筑产生损害，通过设定不同的灯光强度产生光影对比，使其在夜间自然产生立体感，从而达到“见光不见灯”的布光效果，既能让观众充分感受到紫禁城的夜间风采，也不会对文物造成损坏。节假日，故宫成为打卡胜地；平日里，也有不少人到故宫赏花、踏雪、撸猫……

科技的进步，不仅为文物保护和修复工作带来了便利，也不断创新、丰富故宫的“表达方式”。近年来，故宫运用先进的科技手段，在虚拟的时空中建立起一座和真实紫禁城同样辉煌的“数字故宫”。2019 年 7 月，“融古铄今 无界未来——数字故宫发布会”举行，故宫推出数款数字产品。其中“数字文物库”在公布 186 万余件（套）藏品基本信息的基础上，首批精选了 5 万件文物的高清影像进行公开；“故宫名画记”以数十亿级像素的超高清影像和流畅的缩放查看体验，让观众可以更加便利地一览故宫名画；“数字多宝阁”利用高精度的三维数据全方位地展示文物的细节和全貌，观众可以零距离“触摸”文物并与之互动。人们可以线上、线下逛故宫，看文物。

一系列“操作”让“故宫活了”，让“文物活了”，利用微博、微信、淘宝、手机应用、网站等各大社交媒体平台进行全媒体传播，“故宫”品牌日渐深入人心，故宫一改过去正襟危坐的形象，紧扣年轻人的笑点、泪点、兴趣点推陈出新，受到大众的喜爱与追捧。

回望 600 多岁故宫的“网红”之路，可以看到一条从“活起来”到“火起来”的“网红”之路，也是一条自我革新、科技创新、推陈出新之路。如今，以故宫文创为代表的博物馆文创，连点成线，由线及面，如火如荼。越来越多的博物馆主动靠近群众，不断拓展公众感知文化的渠道，吸引更多人尤其是青年群体走进博物馆、走近文物、走近博大精深的中华文化，成为满足公众文化需求，汲取文化营养的精神家园。

头脑风暴

- 如何评价故宫的品牌塑造？

- 故宫的“网红”之路上都有哪些流量密码?
- 故宫“出圈”的背后有哪些值得借鉴的传播策略与传播技巧?

本章内容要点

- 新媒体说服的特点。
- 新媒体营销的理念与类型。
- 品牌传播与整合营销传播。

7.1　新媒体与说服

说服（persuasion）是传播研究和实践中的重要内容，游说者常被视为无所不能的一类人，采用特定的传播手段和策略，通过说服来对受众的态度、观念或行为进行塑造（Toch，1958）。说服逐渐被广泛应用于广告营销领域，旨在通过营销活动改变消费者的既有态度，激发用户对品牌的了解与消费欲望，从而达到说服效果。

新媒体生态环境带来了信息传播方式的变化、受众参与度的提升、说服方式的多样化以及说服效果评估与反馈的变化等多方面的影响，这些影响给说服既带来了挑战也带来了机遇（Cheng et al.，2020）。新媒体时代，信息海量且传播速度快，这使得受众容易受到各种信息的干扰和影响，同时受众的注意力也变得更加分散和碎片化，这给说服带来了更大的挑战。然而，新媒体也为说服者提供了很多机遇，通过创新的传播方式、精准的定位策略以及实时的数据反馈，说服者可以更加高效地影响受众，实现说服目标。新媒体所带来的无所不在的传播和无处不在的商机，催生出一系列新的经济形态，比如注意力经济、数字经济、平台经济、共享经济……需要说服者不断创新和优化说服策略。

7.1.1　说服传播与新媒体语境

说服是通过传播手段使目标受众受到影响，产生态度或行为改变的行为过程。说服研究是研究说服如何产生态度或行为改变的传播效果的。传播学中关于说服的理论是一个内容丰富且多维度的领域，主要涉及如何通过信息传播来改变他人的态度、意见或行为。

在第二次世界大战前夕的恐慌时期，由美国耶鲁大学实验心理学家 Carl Hovland 主持实施的对美国陆军的研究，开创了说服研究的先河。Hovland 通过实验方法评估影片是否改变了美国士兵对战争的认识和态度，以此来探究传播内容和手段的效果。研究中，Hovland 对当时的宣传电影内容进行评估，并对采用不同方法拍摄或制作的同一内容的影片或消息进行对比研究，分组观察美国士兵看电影的不同传播效果，被誉为“当代研究态度改变最重要的起源”。

Hovland 说服研究的核心观点为，人的态度和行为的改变主要取决于传播者的条件、信息本身的说服力以及说服技巧，包括信源的可信度、信息的结构和信宿的特点等因素。其中，信源即传播者方面，关注内容包括信源的吸引力和可信度等；信息即传播内容方面，涉及论证的方式、数目和信息出现的方式等；信道即传播方式方面，关注传播的途径、属性等；而信宿即受众方面，研究信息接受者的特点和可说服度等等。

经过不断的发展，说服研究逐渐发展出一系列不同的视角与理论。比如，线性视角强调传播是一个线性的过程，旨在达成特定的说服效果，并衍生出修辞学、影响力模型等说服理论和框架。其中修辞学关注不同的诉求法，即在说服性传播活动中，用什么样的方式“打动”传播对象（Jiang，2013），包括诉诸理性（即晓之以理，冷静地摆事实、讲道理）、诉诸感情（即动之以情，通过营造某种气氛或使用感情色彩强烈的言辞来感染对方）、诉诸道德（即以德服人，通过道德的感召或感化而让对方信服）。影响力模型则关注互惠性、稀缺性、一致性、权威性、偏好性等原则在说服过程中的作用机制。比如，高可信度来源对于态度的改变是有效的，但是如果它与过多的消息相结合，即支持过多的东西，其有效性就会降低，例如明星代言过多的广告，其说服力就会明显下降。而非线性视角强调传播是一个意义交换的过程，关注接受者的社会背景、知识背景等影响对信息的理解和处理。其中，比较经典的理论以详尽可能性模型（the elaboration likelihood model，ELM）为代表，认为人们在面对说服性沟通时，会根据不同的动机、能力和机会，以不同程度的思考来处理这些信息，高动机与能力的接收者会选择中央路径（central route），对消息进行仔细的审查和思考，形成的态度更持久稳定且对反劝说有抵抗力，在决策具有重大后果或者个人认为话题与自己高度相关的情况下尤为重要；而低动机与能力的接收者会选择边缘路径（peripheral route），更易被主观印象、共识等边缘信息说服，倾向于导致较不稳定的态度变化。修辞学的视角强调通过修辞技巧来提升说服力，比如逻辑论证、情感共鸣、诉诸幽默、采用图像、重复等，近年来也注重通过实际案例、数据支持等方式增强说服力（蒋俏蕾等，2022；蒋俏蕾和景嘉伊，2023）。另外，说服研究还探究了说服中的恐惧效果、免疫效果、休眠效果、群体规范与压力等，来为理解和提升说服效果提供丰富的理论框架和实践指导。

1. 新媒体分众传播

新媒体技术的不断发展和日益普及给传媒生态带来了深刻变革，说服研究也要结合新媒体语境重新审视经典的理论和观点。传统媒体的信息传播、社会交往、娱乐、教育等功能转向日益个体化和移动化的多向传播，新型的传播关系建构着新型的社会关系。相较于传统媒体时代，新媒体受众呈现出一系列新的特征，包括收入和消费分化带来受众需求层次的分化，人口的变化、生活秩序的变化带来的需求分化，信息渠道的极大丰富加剧了受众的分化与更迭，群体化、圈层化日益突出，而且新媒体技术使得传播的主体和传播的客体已经无法截然分开。

对于新媒体说服的开展，受众碎片化尤为值得关注。受众碎片化指的是现在的受众大部分都被细分化的现象，因而新媒体语境下的说服需要通过受众细分或受众分割来实现，即将受众根据其人口、心理和行为等方面的特征分为许多小的群体，传播者针对不同的受众群体确定不同的传播策略来展开说服传播（蒋俏蕾等，2023）。

故宫就采用了分众营销传播的策略，针对不同年龄段、不同性别、不同兴趣爱好和不同地域的受众采取多样化的传播策略。例如，面向青少年群体，故宫推出趣味化的文创文具和玩具、教育活动以及线上线下的互动体验活动，吸引青少年在玩乐中学习历史文化知识；针对中青年群体，故宫利用社交媒体平台发布有趣的历史故事、文化知识、文创产品信息等，满足他们对新鲜事物的追求和对文化消费的需求；面向老年群体，故宫则通过官方网站、电视讲座、线下展览等方式向其介绍故宫的历史文化和文物知识，满足他们对传统文化的热爱和学习的需求。

2. 网络说服中的形态交互与信息交互

研究表明，在网络说服活动中，作为外围线索的形态交互（modality interactivity）与推动个体信息传递意图的信息交互（message interactivity）能够带来组合效应（Oh & Sundar，2015）。其中，形态交互提供了一种基于特定语境的交互行为触发的可能性，用户在浏览网页过程中通过某些可视化的按钮触发网页互动，从而融入特定的语境之中，说服功能由此得以实现。信息交互提供了访问其他内容的可能性，即利用网页超链接进行跳转，使用户可以触达更多自己感兴趣的内容。在认知吸收与启发式加工层面，形态交互带来的说服作用更为明显，如图片滑动等，而信息交互则体现了更为隐性与微妙的交互特征，如通过相关内容的超链接实现内容信息的交互。而在低参与度个体的信息阐述方面，信息交互带来的说服作用更为凸显，高水平的消息交互可以增强参与者对消息内容的阐述，并影响其对消息的态度，而不会同时增加用户的导航负载（Oh & Sundar，2015）。

故宫博物院将端门建成数字博物馆，在数字博物馆中，游客可以和 1200 栋古建筑对话，可以看到 1500 块故宫地毯，可以调阅任意一部书法进行临摹，并且机器还能够对临摹作品打分。此外，书画中的动物也能与游客实现互动，数字博物馆提供缩放功能，供游客对细节进行浏览。数字博物馆的打造体现了形态交互与信息交互的融合，通过对不同物品、不同区域的在线浏览，游客近距离接触馆藏珍宝的需求被满足。双重交互不仅体现在故宫数字博物馆的打造中，也体现在故宫博物院的官方网站上。故宫博物院官方网站推出了数字多宝阁、数字文物库、全景故宫等网页数字化浏览体验。进入数字多宝阁页面后，游客可以利用网页对自己感兴趣的故宫文物进行观赏，通过操作鼠标可以实现对某一指定文物360°全方位的观赏，并能利用鼠标进行局部区域的缩放。

在系列数字化打造中最受瞩目的莫过于故宫与微景天下合力打造的全景故宫网页浏览项目，通过信息化手段将故宫搬至虚拟的网络空间上。进入全景故宫页面后，游客可获得空无一人的故宫游览体验，信息交互技术提供皇极殿、太和殿、文华殿、慈宁宫、养心殿、乾清宫、延禧宫等不同殿宇的访问接口。除了殿宇游览，页面还提供赏花入口与故宫博物院购票入口，游客通过在线浏览后若有线下游览需求可进入购票通道预约购票。此外，页面还设置有人工语言讲解，以太和殿为例，进入该殿宇后点击页面中的播放按钮即可听取人工讲解。形态交互技术提供360°沉浸式游览体验，以游客为中心视角，通过鼠标挪动可以对周围景观进行查看。同时，在游客未采取任何举动的时间达到指定的时间间隔时，页面呈现自动旋转状态。页面还设置了分享功能，通过扫描二维码可以跳转至微信、QQ、微博三个社交平台。双重交互的在线体验给受众带来了更为直观的浏览感受。

7.1.2　网络意见领袖与网民大众

两级传播（two-step flow communication）是传播学的经典理论（Katz & Lazarsfeld，1955）。20世纪40年代，以传播学四大奠基人之一、美国著名社会学家 Paul Lazarsfeld 为代表的学者针对当时美国总统大选中的传播情况进行调查，即著名的“伊里调查”（Erie Study），其调查结果所形成的《人民的选择》（*The People's Choice*）一书中详细介绍了两级传播理论的主要内容（Lazarsfeld et al.，1944）。

两级传播理论认为，大众传播对人们的影响并非直接的，而是通过两个层级的传播过程实现的。具体而言，来自大众媒体的信息首先到达“意见领袖”（opinion leaders），这是第一层级的传播；然后这些意见领袖再将他们获取到的信息通过自己的理解和加工，传递给受其影响的“一般受众”（general audience），这是第二层级的传播；从而实现了“大众传媒—意见领袖—一般受众”的两级传播模式。

意见领袖是两级传播理论中的重要概念，是指在特定领域内具有影响力的人物，能够频繁地接触媒体信息，并对这些信息进行加工处理，进而通过人际传播的方式影响周围人的观点和态度。意见领袖广泛存在于社会的各个群体之中，与他们所影响的人在很大程度上具有一定的相似性，二者往往属于同一社会群体。两级传播理论强调，在影响人们的决策方面，意见领袖的影响作为人际传播能够比大众传播更频繁、更有效。经过意见领袖对信息的选择和加工，内容可以更加具有针对性，也更容易被受众所接受和采信。

网络传播时代，新媒体将意见领袖的影响力进一步放大，网络意见领袖的影响力凸显。人们普遍认为一些量级较大的“网红”承担着意见领袖的角色，并借助其庞大的粉丝队伍在网络空间扮演着重要角色。KOL（key opinion leaders，关键意见领袖）传播或网红（Internet celebrity 或 influencer）传播成为新媒体说服与营销的重要手段，成为新媒体时代的一种日益公开的“流量密码”。

新媒体说服过程中的“引爆点”到底在哪里？是网络意见领袖，还是网民受众？学者们对网络流行内容背后的关键机制产生兴趣，以往的很多研究关注意见领袖在趋势形成过程中所发挥的作用，然而以创新扩散理论为代表的一些理论也指出大量个人在相关信息的传播过程中参与并推动了趋势的形成。因此，网络说服研究不应忽视网民群体的集体参与行为，研究不同个体在信息传播过程中的作用也应被纳入说服过程或网络流行趋势的动态生命周期语境当中（Zhang et al.，2016）。一项针对微博新词如何流行起来成为热词并形成趋势的研究表明，在在线社交媒体中，尽管意见领袖在引发扩散之初起到了至关重要的作用，但如果缺乏大众的广泛参与，扩散终将失败而无法形成流行趋势（Zhang et al.，2016）。具体而言，研究发现，微博新词到热词的流行趋势的形成中有两个小高峰，这两个峰值可以看作第一级传播与第二级传播，而第一个峰值要明显低于第二个峰值。其中，那些勤于更新微博且帖子数量庞大的用户可被视为“广播者”，那些粉丝与帖子数量都很低的用户被视为普通网民大众，而那些粉丝与帖子数量都居高的用户则被视为有影响力的用户。值得一提的是，由于微博制定了用户认证制度，即标亮成为“大 V”用户，因此该研究在操作化过程中也把已完成认证的用户（即带 V 用户）视为意见领袖，而未完成认证的用户（即不带 V 的用户）视为网民大众。研究结果表明，在新词流行的过程中，虽然意见领袖无论是粉丝数还是帖子博文数量看起来都十分庞大，在第一级传播过程中比普通微博用户更容易使帖子得以转发，但单靠第一级的转发并不能促进信息的大规模传播，第二级转发才在信息传播的量级增长过程中发挥着重要作用。换言之，网民公众发挥力量的第二级传播更为凸显，未完成认证的普通用户（即不带 V 的用户）在决定一个网络新词是否能吸引集体注意，以及推动其在线流行趋势的形成方面起着决定性的作用（Zhang et al.，2016）。此外，从地域角度来看，微博上的网络用语成为热词的过程中，在第一个峰值，网络用语仅在某些城市扩散，而来自活跃地区的意见领袖对扩散只起到了略微的推动作用（Zhang et al.，2016）。

在社交媒体上，意见领袖与公众的联合推动能够形成潮流趋势，因此对于品牌在社交媒体上的营销传播而言，既要借助意见领袖的力量，也要依靠公众的力量。在故宫的新媒体传播中，意见领袖也发挥着重要的影响。故宫博物院第六任院长单霁翔被亲切地称为“故宫掌门人”，他不遗余力地为故宫代言，传播故宫文化，不断创新传播方式，主动走近受众。同时，故宫还不断邀请明星作为意见领袖加入故宫品牌的打造与传播活动中，从而吸引网友关注与热议。微博作为故宫社交媒体传播的主阵地之一，在其品牌营销传播活动中起着至关重要的作用。故宫博物院微博官方账号自开通运营以来，已成为近千万量级的社交媒体账号，从某种程度而言，故宫的官方微博也成为活跃在微博当中的意见领袖，不定时更新内容并创建话题，如“故宫邀你云看展”“紫禁城建成600年”“爱上紫禁城”“故宫邀你赏银杏”等等，还有联合微博达人开展转发抽奖类活动，如中秋转发抽锦鲤送故宫定制月饼，联合稻香村推出“掬水月在手”中秋礼盒，与抖音联合推出“抖转星移”联名月饼等。此外，故宫微博也通过转发其他意见领袖与故宫相关的微博来实现互动。这些活动的开展，既调动了意见领袖引领趋势的作用，也能够在更大程度上吸引公众参与到活动当中，从而推动流行趋势的形成与更大范围的传播扩散。

7.2 新媒体营销传播

新媒体营销传播以其互动性强、传播速度快、范围广、个性化推荐等特点，在现今的品牌塑造与营销传播中发挥着越来越重要的作用。随着社交媒体类型的日益增多、用户日趋稳定，对于一个品牌而言，如何利用社交媒体进行自我宣传成为当下新媒体营销策略中的重要一环。因此，在新媒体时代需要充分利用新媒体营销的优势，不断创新营销策略和手段，开展形式多样的品牌传播、整合营销传播，以及多种类型的新媒体营销传播，以适应市场的变化和满足消费者的需求。

7.2.1 社交媒体上的品牌传播

品牌可以看作是人们根据一些在组织、行业、市场、网络、地区或社会中有一定影响的事物所共有的特性而抽象形成的概念，其中包括客观存在的可被人们观察感知到的事物，也包括人们通过想象而产生的事物（张锐等，2010；蒋俏蕾和陈欣杰，2024）。品牌可以被认为是成熟消费文化社会中的消费文化代码，而品牌现象则是一种系统化的符号操作行为，利用品牌形象的展示向社会和个人传达自身特征、个性与价值（魏红钢，2007）。品牌的内容远超过其产品本身，品牌能够为产品带来超过竞品的存在感、知名度和无形的特权。品牌并非仅仅是一些产品的代名词，透过品牌我们可以了解其背后的内涵与价值构成，而这些往往都是看不见、摸不着的东西。品牌具有主导权，品牌传播具有超越潮流和改变市场的力量。

具体而言，故宫作为一个品牌，其宏伟壮丽的宫殿建筑和精美绝伦的艺术珍品是故宫能成为“网红”的“硬通货”，而通过全媒体传播改变年轻人对故宫的刻板印象，紧扣年轻人的兴趣点推陈出新，使得“故宫”品牌日渐深入人心，并受到大众的喜爱与追捧。可见，当我们提到某个品牌的时候，随之想到的还包括品牌所带来的可信度与认可度。因而，当某些或某一类事物品牌化之后，往往具有超越趋势并改变市场的力量。换言之，品牌能够带来支配力量，支配消费市场、支配流行趋势、支配消费者意愿与行为。对于“故宫”品牌及其各类衍生的商业产品而言，消费者不仅仅为了满足物质层面的需求，而更多表现出超脱实用价值的精神文化追求。故宫早期作为城市公共性文化空间实体而存在，通过文化传播与文创产品开发，故宫文化空间实现了符号化，故宫 IP 文化符号从中抽离出来，并产生了多个新的文化符号，互联网强大的互动性与传播能力让大众有机会参与到文化符号的塑造与传播过程中，这一过程极大地增强了大众对该文化符号的认同（王宇彤等，2020）。

品牌传播是企业营销战略的重要组成部分，也是企业提升品牌形象、增强市场竞争力的重要手段。品牌传播可以被视作一种操作性的实务，即通过各种直接及间接的方法，包括广告、新闻报道、人际交往、产品或服务销售等最优化地提高品牌在目标受众心中的认识度、美誉度、和谐度（余明阳和舒咏平，2002）。品牌试图通过信息呈现在受众心里营造良好的品牌形象，进而使品牌形象与品牌意识深入人心。企业通过各种渠道和方式，将品牌信息、品牌形象、品牌价值等传递给目标消费者，从而实现向消费者传达品牌理念、劝说购买品牌以及维持品牌记忆的目标。

新媒体语境下，理解社交媒体以及如何在社交媒体上开展品牌传播来塑造认知、强化感知，对于理解品牌传播是非常重要的。社交媒体出现前，消费者与品牌的互动主要是单向互动，偶尔出现双向沟通，如联系客户以解决问题。社交媒体出现后，营销者可以利用社交媒体发布消息、文章、图片、视频甚至游戏等与品牌相关的有趣内容，从而实现日常的双向互动。社交媒体平台在品牌传播中发挥着日益重要的作用，包括品牌塑造、广告传播、电子口碑传播（electronic Word of Mouth，e-WOM）、消费者关系维护、消费者行为与感知的引导等等。通过社交媒体，品牌可以实现即时信誉和快速识别。

传统媒体时代的品牌传播强调“内容为王”，而在社交媒体蓬勃发展的今天，品牌营销也越来越关注语境，关注不同社交媒体平台的特点。社交媒体中的品牌传播可以围绕如下几方面来展开探讨，包括社交媒体中的意见领袖、不同社交媒体平台的特征、社交媒体在媒介组合与消费者体验过程中的整合、社交媒体上的个性化品牌内容，以及如何利用真实的社交媒体数据进行品牌传播（Voorveld，2019）。

作为社交媒体中的意见领袖，“网红”一方面延续了传统媒体时代意见领袖的特征及其在说服中的作用机制，另一方面具有了培育、动员亲密公众的能力，并在新媒体环境中实现着社会资本的积累与转化（蒋俏蕾和凌绮，2023）。于是，以小红书为代表的社交媒体逐渐形成了将明星推荐、KOL 扩散、网红霸屏、红人种草结合起来的品牌推广方案。而且，越来越多的网红与商家和平台合作，开展品牌营销传播活动，实现着“流量变现”。

新媒介形态日新月异，层出不穷，社交媒体的形式也呈现出多样化趋势。尽管使用“社交媒体”的概念来进行综合表述，但“社交媒体”就像一把伞，伞内囊括了风格各异的平台，因此从品牌传播的角度而言，需要对不同社交媒体平台上的广告投放与效果评估进行深入的理解（Voorveld et al.，2018）。事实上，不同的社交媒体平台之间可能存在着巨大的差异，同样的内容在不同的社交媒体平台开展传播可能会得到不同的效果，而导致这种情况产生的，正是有着不同属性特征的社交媒体平台所形成的不同语境。

学者们对海外的社交媒体平台进行了梳理和比较，发现每一个社交媒体平台都有其专注点与独特性，在不同的领域发挥着不同的作用。比如，Facebook 在社交互动与专题性方面比较出众，Twitter（现更名为 X）则以消息的快速获取与传递著称，YouTube 给受众带来的是娱乐效应，LinkedIn 聚焦专题性的职场社交互动，Google+通过专题内容划分给受众带去实用的信息或建议，Snapchat 致力于社会交往与娱乐消遣，Instagram 让受众能打发时光，Pinterest 更能激发用户情感，等等（Voorveld，et al.，2018）。不同的社交媒体渠道，因其平台差异所能传递的信息量也有所不同。以单条网络帖文所承载的信息量为例，从低到高依次为社交书签类（比如 StumbleUpon 和 Hao123 等）、位置打卡或点评类（如 Yelp 和大众点评等）、产品点评类（如亚马逊和淘宝等）、微博类（如 Twitter、微博等）、照片或视频分享类（如 Instagram、YouTube、抖音、优酷等）、社交网络类（如 Facebook、LinkedIn 等）、博客类（如 Blogger 等）。因此，在考察社交媒体上的品牌传播、广告投放与广告效果时，应当对社交媒体平台进行差异化看待，而不能仅用笼统的“社交媒体”来整体把握。在进行品牌传播时，必须要清楚地认识到所有的社交媒体平台都“各有所长”，但也“各有所短”。不同的社交媒体平台上用户的参与度不同，不同社交媒体的广告参与也大相径庭。针对不同的营销目的，广告主更多需要考虑的是“应该在哪个平台进行投放”，而不是“能够在哪个平台进行投放”。换言之，广告主需要根据产品类型（如耐用型还是服务型、高参与还是低参与、主打情感还是主打理性）、广告目的（如创造品牌意识、打造喜爱度、刺激销售、提升感知）、广告的信息组成等来选择契合的社交媒体平台进行投放（Voorveld et al.，2018）。

鉴于不同的社交媒体能够提供差异化的场景，故宫在多平台差异化运营方面的实践为品牌营销提供了可以借鉴的思路。基于微博平台以图文分享为主，转发评论、话题制造作为用户参与主要形式的特点，故宫在微博平台中开设多个账号，如故宫博物院（故宫博物院官方微博）、故宫淘宝（北京故宫文化发展有限公司官方微博）、故宫博物院官方旗舰店（故宫博物院官方旗舰店微博）、故宫食品（朕的心意·故宫食品官方微博）、故宫角楼咖啡（故宫角楼咖啡官方微博）、故宫宫廷文化（北京故宫宫廷文化发展有限公司）等，进行差异化定位和布局。例如，"故宫淘宝"微博主打各类故宫文创产品，包括故宫彩膜系列产品、故宫猫盲盒、故宫红袜等等。而根据抖音的短视频平台特征，故宫博物院开设相关账号，个性化推出包括宫殿古建知识、历史风云讲解、文化常识科普、文物珍宝鉴赏等内容在内的短视频，并以"云游故宫"为话题开展系列直播。而在微信平台，故宫品牌传播则转而专注于长图文的形式进行开展，并打造相关微信小程序。多平台差异化运营方式让故宫品牌得以在社交媒体中以不同的方式呈现，满足了不同群体的需求，从而提高了品牌在网络上的知名度。

如今，社交媒体上的品牌传播越来越多地由媒介组合来实现，而并非仅仅依赖单一的社交媒体平台，因此需要了解品牌营销中所涉及的社交媒体整合与消费者的体验过程。比如，故宫的社交媒体品牌传播已经搭建起了全媒体的传播矩阵。有的人的多媒体体验之旅可能是从微信朋友圈开始的，之后根据图片或文字内容被引导到微博平台了解相关话题，接着通过微博内嵌的链接打开视频网站优酷观看更长的视频内容，最终通过百度作为搜索引擎进一步检索故宫相关的信息。在这一过程中，使用者实现了在多个媒介渠道之间的穿梭与迁移，关于在社交媒体品牌传播中该如何对相关的各个社交媒体平台进行归因计算，不同的模型提出了不同的计算方式。比如最终点击归因（last-click attribution）模型选择全部归功于最终的社交媒体平台，即例子中的搜索引擎百度，因为这是用户接触信息的最后一站；首先点击归因（first-click attribution）模型则刚好相反，选择全部归功于最初的社交媒体平台，即本例子中的微信朋友圈，因为这是多媒体渠道之旅开始的地方；部分归因（fractional attribution）模型认为应该将不同社交媒体平台的贡献纳入考量，比如微信朋友圈占 45%，微博占 15%，优酷占 15%，百度占 25%；均等归因（equal attribution）模型则认为所有涉及的社交媒体平台的贡献均等，比如例子中的 4 个渠道各占 25%。可见，由此会产生不同的测算和评估，而通过实验检测的方式，对于受众的接触、注意、参与、评价和意向进行实证测量与分析也被认为是研究中评估媒介组合与受众体验的科学方法。

随着人工智能的逐渐兴起并在品牌营销传播中得以运用，数字化、智能化的营销传播将成为未来的发展方向之一。真实的社交媒体数据可以被用来展开研究和分析，指导营销传播，辅助创意生产，对客户的偏好进行获取，以便了解客户的行为特点与客户对品牌的忠诚度。再借由人工智能来替代广告创意生产中的基础性、重复性的工作，从而打造"千人千面"的个性化品牌营销（王佳炜和陈红，2020）。

7.2.2 整合营销传播

整合营销传播（integrated marketing communication，IMC）是以受众为导向的商业模式，对品牌传播的利益相关者、内容、渠道和结果进行战略管理，是将各种独立的营销传播方式（如广告、促销、公关、直销等）综合成一个协调、统一的整体，以产生协同效应，通过向消费者传递一致的品牌信息来实现与消费者的双向沟通，从而建立长期的关系和品牌忠诚度。整合营销传播是多渠道、最大化的营销策略，其理论基础是持续性对话、信息的一致性，同时需要全方位考虑品牌传播的各个方面。整合营销传播的七大主题包括品牌、传播、跨职能规划、整合、市场导向、关系管理和协同作用。整合营销传播要确保媒体、信息、市场之间的连续性，并通过战略目标来衡量。整合营销传播的关键在于协调营销传播的所有部分来发出一个声音。在新媒体语境下，整合营销传播更加强调对新媒体工具（如社交媒体、短视频平台、直播平台等）的充分利用，以实现更加精准、高效、互动的传播效果。

营销传播的目标可以分为短期目标和长期目标。其中，短期目标的根本目的是获得收益，具体的短期目标则包括获得关注、刺激试用和鼓励回购。为了实现短期目标，营销者可以通过监测追踪社交媒体上消费者的需求来进行推销，从而获取关注；为了激发消费者尝试体验的购买欲望，网络营销活动一般通过优惠券、折扣码、网络竞赛、线上抽奖、小游戏等形式开展；还可以通过网上促销激发消费者重复购买意愿。而长期目标则更注重创造品牌价值和构建品牌关系，具体的长期目标包括提升消费者满意度、创造关注度、建立关系和培育社区。

参与（engagement）是营销传播需要撬动的关键点，在整合营销传播中具有非常重要的作用。用户参与是个多层次、多维度的概念，来自用户为实现个人目标而经历的一个或多个丰富体验所形成或获得的想法和感受（Voorveld et al.，2018）。用户参与跟内容和平台都密切相关。根据消费者参与行为程度的差异，可以将社交媒体上的消费者划分为卷入程度依次递增的四类，即旁观者（bystander）、追随者（follower）、参与者（participant）、拥护者（advocate）。对于旁观者而言，他们或许在社交媒体上看到特定品牌的内容信息，但不会主动检索特定品牌的社交媒体帖文，也不会与品牌进行互动。追随者会通过关注、交友或订阅接受品牌传播的内容信息，但不会与品牌或品牌发布的内容进行互动。参与者会在社交媒体平台上与特定的品牌进行互动，基于不同的行为类型与目的，参与行为可能包括“被动参与”（如点赞），也可能是“主动参与”（如评论）。拥护者不仅在社交媒体上与品牌互动，还通过创建和上传有利于品牌的内容（如发帖、点评）来积极推广品牌。例如，人们在使用微博时，对故宫博物院的官方账号进行浏览，就故宫雪景、故宫 600 年展览等内容进行评论、转发、点赞，就是用户社交媒体参与的体现。值得一提的是，不同的社交媒体给用户带来的参与行为各有不同，这与平台自身的特征紧密相关。因此，在考察用户参与行为的问题上，需要根据社交媒体平台的不同特性进行差异化分析。

衡量社交媒体营销传播的重要指标包括（详见表 7.1）：数量或提及频率（volume or "volume of mentions"）、声音份额（share of voice）、参与、倡导者、投资回报（return on investment，ROI）、催生引领（leads generated）和响应时间（response time）。其中，数量或提及频率是指特定品牌一段时间内在社交渠道当中被提及的次数或曝光的频率，其中提及数量可以分为品牌的积极提及与消极提及，且情感分析可以运用到积极提及与消极提及的判断分析当中。声音份额是指同一类产品中某一品牌的提及量在所有品牌提及量中的百分比，通常只使用积极提及量来计算。参与行为包括"表示认同""评级""发表意见""分享"，作为一种综合衡量标准，可以表明消费者对品牌信息的总体兴趣水平，具体测量中可以通过每次发布或总体百分比来体现。消费者在社交媒体当中与品牌建立的关系分为旁观者、追随者、参与者、拥护者，而在品牌关系建立中，拥有众多粉丝或追随者的倡导者（意见领袖）相比粉丝较少的意见领袖更有影响力。投资回报是指在社交媒体营销活动中所获收益减去活动成本后除以活动成本的占比，投资回报是评估短期目标最有效的方式之一。催生引领即通过社交媒体产生的引领，也可以表示为公司产生的总引领的百分比，它提供了衡量社交媒体在产生引导方面相对有效性的指标。响应时间是指品牌方在社交媒体上对于顾客提问或求助响应的时间（Barger & Labrecque，2013）。

表 7.1　常见社交媒体营销指标及其界定

指标	计算方式
数量或提及频率	某一品牌在一段时间内在社交渠道当中被提及的次数或曝光频率。通常可以通过情感分析区分出提及数量中对于品牌的积极提及与消极提及
声音份额（百分比）	（特定品牌的正面提及）/（同一类型所有品牌的正面提及）× 100%
参与（每次发布）	品牌每一次发布内容后所得到的评论、回复、点赞及分享的数量
参与（总体百分比）	（某一时间段 t 内所有发布内容的参与量）/（某一时间段 t 内所有发布内容的浏览量）× 100% 或（某一时间段 t 内所有发布内容的参与量）/（某一时间点 t 的粉丝数量）× 100%
倡导者	某一特定时间段内发布关于特定品牌正面内容的社交媒体参与者数量
投资回报	（营销活动所获收益–活动成本）/（活动成本）× 100%
催生引领	通过社交媒体渠道产生的引领数量（有时也可以表示为总引领的百分比）
响应时间	从通过社交媒体收到询问或支持请求到公司答复之间所花费的时间

无处不在的媒介带来了无处不在的连接，从而商机也变得无处不在（McGuigan & Manzerolle，2015）。无处不在的媒介与无处不在的市场，成为终极商业，是指计算网络的使用支持了市场中买卖双方的无缝传播和信息、产品与服务的交换，包括各种利益相关者都置身于一个企业的供应链之中，不受时空的限制，将电子商务还原成完全自然的、牢固的，甚至会被忽视的社会现实的一部分，整个世界成为一个巨大的购物车。学者们认为电子商务具有四方面的特性（McGuigan & Manzerolle，2015）：普遍性（ubiquity）、通用性（universality）、独特性（uniqueness）、一致性（unison）。其中，普遍性意味着随时随地即可接入，这与信息传输协议、设备、资源相关，通过促进信息沟通并让市场机构调解交易，使得公民具有“购买力”。通用性是指兼容性，即网络、设备、接口、机构之间需要能够相互贯通。独特性指的是以买家为中心的原则，信息与市场结构的走向与变动基于消费者的情况开展。一致性指的是技术和商业管理是一致的，即整个全球经济可被看作一个响应计算网络“中枢神经系统”的单一“器官”而运作（McGuigan & Manzerolle，2015）。因而，为了实现品牌的持续成长和发展，全媒体的整合营销传播成为重要趋势，需要在多种媒体渠道上实施统一、协调、高效的营销策略，来实现品牌传播效果的最大化和市场渗透力的增强。

“故宫”品牌的全媒体营销传播策略就是非常典型的例子。目前，在已经形成的多维度、多层次的“故宫+互联网”战略布局中，结合不同的社交媒体，围绕不同主题，故宫推出了数字故宫、故宫购物、故宫社区、故宫应用和故宫游戏，并在每个细分领域打造不同的场景应用。其中，故宫购物又可以进一步细分为故宫淘宝、故宫文创和故宫出版，涉及了文具、服饰配饰、文房、家居、生活配件、首饰、书籍、器物雕版、彩妆等。故宫的品牌传播除了在不同社交媒体进行差异化运营外，还充分调用了多种符号化的表现形式。从《我在故宫修文物》到《上新了·故宫》，从故宫角楼咖啡到故宫猫，从故宫月饼到故宫口红……故宫在社交媒体上开展品牌营销传播的活动中实现了不同符号的多维整合，吸引了更广泛的受众群体。

7.2.3 新媒体营销类型

媒介生态环境的变化，带来了无所不在的媒介和无处不在的市场，处处都蕴藏着商机，各种媒体渠道都可以转化为销售的渠道。在新媒体语境下，随着互联网技术、社交媒体平台以及用户行为模式的不断发展，一些创新的营销传播类型涌现出来，比如病毒式营销、事件营销和粉丝经济等。这些信息传播技术支持下的新媒体营销，旨在更有效地触达目标受众，提升品牌知名度和用户参与度，从而实现营销目标。

1. 病毒式营销

网络传播可以实现信息的高效传递，尤其当信息符合人们对娱乐性、惊讶性、幽默性的需求时体现得淋漓尽致。社交媒体的即时性、互动性给信息的传递带来便利的同时，也为“病毒式”传播埋下伏笔。人们往往将信息在社交媒体中短时间内迅速扩散传播且辐射至庞大人群的现象看作“病毒式”传播（Barger & Labrecque，2013）。

病毒式营销（viral marketing）是一种利用公众的积极性和人际网络，让营销信息像病毒一样快速复制和扩散的网络营销方法。病毒式营销通过提供有价值的产品或服务，激发公众的参与热情，让营销信息在用户之间自发传播，从而实现广泛的品牌宣传和产品推广。与传统的大众营销传播活动不同，病毒式营销更注重消费者之间的互动以及随之形成的传播网络，其主要的传播形式依靠的是口碑传播。病毒式营销的内容通常具有高度的吸引力，能够迅速抓住目标受众的注意力，利用人际网络，营销信息能够在短时间内迅速传播到大量受众，形成滚雪球效应。由于传播是自发进行的，受众在接收信息时通常持有积极的心态，提高了信息的接收效率。病毒式营销并非信息均匀扩散的过程，而是一个社群与环境相互作用、传播动力条件转换的过程，形成初始激活与持续的两个传播阶段（陆煊和江若尘，2014）。由于更新速度快，病毒式营销需要根据市场反馈及时调整策略，以保持信息的新鲜度和传播力。

在故宫的新媒体传播中，也不乏病毒式营销的例子。比如，故宫淘宝微信公众号发布了文章《雍正：感觉自己萌萌哒》，利用反差感卖萌；故宫淘宝官方微博发布《够了！朕想静静》的文章，以极具幽默调侃的语气介绍了“一个悲伤逆流成河的运气不太好的皇帝的故事”；故宫推出的“历史人物不严肃，文创产品萌萌哒”系列，将历史人物以卡通、幽默的形式呈现，如康熙戴眼镜手拿玫瑰摆出经典自拍姿势、鳌拜眯着眼做卖萌状、李清照抛媚眼比剪刀手、“朕就是这样的汉子”折扇、“冷宫”冰箱贴等。这些“反差萌”的内容和产品迅速在社交媒体上走红，引发了网友的广泛讨论和分享（胡鑫等，2021）。

2. 事件营销

事件营销（event marketing）是一种通过策划、组织和利用具有新闻价值、社会影响以及名人效应的人物或事件来吸引媒体、社会团体和消费者的兴趣与关注，从而提升企业或产品的知名度、美誉度，树立良好品牌形象，并最终促成产品或服务销售的手段和方式。事件营销是通过把握新闻的规律，制造具有新闻价值的事件，并通过具体的操作让特定事件得以传播，从而达到广告的效果。由于集新闻效应、广告效应、公共关系、形象传播、客户关系于一体，事件营销成为近年来国内外十分流行的一种公关传播与市场推广手段。

新媒体语境下，事件营销成为一种高效、低成本的营销手段，通过策划和利用具有新闻价值和社会影响力的事件来吸引受众关注，从而实现营销的目标。故宫也非常善用事件营销的策略，结合传统节日、新闻事件等频频推出事件营销的典型案例。围绕春节、清明、中秋、冬至等中国传统节日或节气，故宫推出许多活动，比如故宫贺岁送福气、“紫禁城里过大年”、“紫禁城上元之夜”、故宫冬至“数九”活动等。除了特定的传统节日，故宫在春天直播赏花，推出“赏花更在帝王家，百花看遍不看花”；在冬天邀大家赏雪，曾凭借雪景刷爆朋友圈，而“紫禁城的初雪”的微博阅读量也是突破了千万。此外，故宫还针对“女主播藏身故宫直播”的虚假信息，通过调阅视频监控发布声明回应舆论关注，维护故宫形象；法国著名的巴黎圣母院发生重大火灾，北京故宫随即召开“消防安全紧急会议”，“故宫的消防措施”冲上热搜，引发众多网友分享自己看到的故宫消防细节。

然而，在实施事件营销时也需要注意风险控制和效果评估等方面的问题。故宫火锅是故宫角楼餐厅推出的特色主打菜，该餐厅位于故宫博物院神武门东侧。在2019年农历新年的第一天，即大年初一，餐厅正式开始营业。故宫火锅旨在通过其独特的餐饮体验，展现皇家的礼乐、宴会、家具器皿和游戏等宫廷文化元素，以期还原古代宫廷御食的场景和风貌。虽然人气爆棚，但也引发了不少争议，因为故宫博物院作为全国重点文物保护单位是“最怕火”的，所以餐厅也很快停止了火锅的供应。可见，事件营销能够吸引公众的注意力，但也可能带来负面影响，因而需要对其风险性进行评估和控制。

3. *粉丝经济*

粉丝经济（fan economy）泛指架构在粉丝和被关注者关系之上的经营性创收行为，采用的是一种基于粉丝与被关注者关系的商业运作模式，具有高度的互动性和参与感。粉丝经济强调以消费者为主导的营销手段，通过情感纽带的建立，使消费者自愿传播和购买相关产品或服务（宋志悦和蒋俏蕾，2023）。由于采用一种通过提升用户黏性并以口碑营销形式获取经济利益与社会效益的商业运作模式，粉丝经济主要建立在粉丝与被关注者（如明星、偶像、名人等）之间的亲密关系上，利用粉丝对特定偶像或品牌的喜爱与忠诚，通过商品销售、广告代言、周边产品开发等多种方式实现经济价值（蒋俏蕾和凌绮，2023；蒋俏蕾和张雅迪，2024）。

粉丝经济与粉丝社群、粉丝网络和粉丝行为密切相关。国内粉丝经济诞生的标志是从2004年开始的湖南卫视选秀节目《超级女声》（简称“超女”）。2005年，第二届“超女”捧红了一大批原本默默无闻的女生，也使“粉丝”这个词语成为一个社会群体的标志。文娱行业里“粉丝经济”的发展，可以分为三个阶段。第一阶段即“最初的粉丝经济”，是基于相同爱好自发形成的，追星逐渐从个体行为变成集体行为，开始走向专业化，但粉丝与偶像间的情感连接仍为单向追随关系。第二阶段是粉丝与偶像双向互动，偶像会树立人设自我营销，而情感联系从单向追随进化为双向联动，互联网聚集起大量狂热粉丝。第三阶段是粉丝经济变为"'饭圈'经济"，这个阶段不再单纯追求粉丝量，更注重单个粉丝的变现额，获利则不再关注于粉丝之外，而是形成"饭圈""自产自销"的商业模式，实现明星粉丝消费能力和应援能力质的飞跃，且粉丝群体内部管理越来越专业化。逐渐地，粉丝经济不再局限于文娱行业，而是出现"行行出偶像，门门有'饭圈'"的局面，逐步形成互联网环境下的人格化营销模式和动员方式（Jiang et al.，2022；蒋俏蕾和景嘉伊，2023）。

故宫在开展粉丝经济方面也采取了多种创新且有效的策略。故宫通过邀请明星参与其文化节目或活动，比如《上新了·故宫》节目与明星的合作，利用明星的号召力吸引大量粉丝关注。这种合作不仅提升了节目的知名度，还通过明星的引导，使粉丝对故宫文化产生浓厚兴趣，进而转化为故宫文创产品的消费者。此外，故宫在微博、微信公众号、抖音等社交媒体平台上积极发布内容，通过发起不同话题邀请粉丝参与其中，让话题及相关内容持续升温。故宫通过发布有趣的历史故事、文化知识、文创产品信息等内容，以及回复评论、举办线上线下活动等方式与粉丝进行互动，增强了粉丝的参与感和归属感，促进了口碑传播。

7.3　本章小结

新媒体时代，媒介逐渐下沉成为基础设施一般的存在，无处不在的媒介带来了无处不在的市场，给品牌塑造和营销传播带来了挑战和机遇。本章基于说服传播和营销传播的相关理论，梳理新媒体语境下说服与营销的新特点，并从分众传播、形态交互与信息交互、意见领袖、品牌传播、整合营销传播等角度为切入点，对故宫的全媒体品牌传播和营销手段进行解析，旨在能够从全面系统的视角理解现今的新媒体说服与营销在品牌营销传播活动中发挥的重要作用。

通过梳理说服与营销理论中的重要概念，本章从分众传播、形态交互与信息交互、意见领袖与普罗大众、品牌传播、整合营销传播、病毒式营销、事件营销、粉丝经济等角度展开论述，为理解新媒体说服与营销传播提供思路。信息渠道的丰富加剧了受众的分化，需要传播者针对不同的受众群体确定不同的传播策略来展开分众传播。随着新媒体多模态传播的不断发展，形态交互与信息交互成为网络说服过程中的重要方面，二者相互结合能够带来组合效应，推动说服效果的更好实现。在说服相关的研究和实践活动中，意见领袖发挥着重要的作用。在传统媒体时代的两级传播过程中，人们往往认为意见领袖的作用比普罗大众更为突出和更加有效。但新媒体语境下的研究表明，尽管意见领袖在社交媒体上能够促成舆论的形成与发展，但如果缺乏网民大众的广泛参与，信息扩散活动终将失败而无法形成流行趋势，而且普通用户在扩散过程早期阶段的参与可以推动在线社交媒体趋势的形成。因此，品牌传播要重视大众在传播过程中的重要作用，基于社交媒体开展的品牌营销活动要注重提升网民大众的参与。新媒体时代，新兴媒介层出不穷，社交媒体日趋繁荣，这给品牌的营销传播带来一定的挑战，面对风格迥异的不同新媒体平台，如何彰显品牌魅力与品牌价值成为当前营销活动的一大重点。整合营销传播的理念为衡量品牌的全媒体传播尤其是社交媒体平台上的营销活动提供了系统化的思维与依据。

新媒体时代，有着 600 多年历史的故宫不断推陈出新，打造“网红”品牌。新媒体说服与整合营销传播为理解故宫的全媒体品牌宣传策略与效果提供了理论依据。将故宫的全媒体品牌传播作为案例，通过分析梳理可以窥见其成功背后的秘诀，并有助于对新媒体说服与营销传播开展更加系统的角度思考，从短期目标到长期目标，从受众的接受到参与，从系统化的衡量指标到真实数据的实时反馈。未来可以结合理论进一步构建新媒体语境下品牌传播的评价体系与标准，通过统一、协调、高效的传播策略，多渠道、最大化、持续地开展品牌构建与营销传播，来实现更加精准、高效、互动的传播效果，更好地迎接无处不在的媒介与无处不在的市场。

思考题

- 如何看待社交媒体小红书上的“种草”与“拔草”？
- 新媒体时代应该如何“推销”自己？
- 如何看待新媒体时代无处不在的媒介与营销？

参 考 文 献

赫英海, 丁涛, 韦衍行. 2019. 故宫为什么能成为“网红”？ http://politics.people.com.cn/n1/2019/0903/c429373-31333669.html [2019-09-03].

胡鑫, 蒋俏蕾, 宋磊, 等. 2021. “萌”的媒介效果: 基于脑电情感计算的“萌”视频情绪分析. 全球传媒学刊, 8(6): 27-44.

蒋俏蕾, 陈欣杰. 2024-05-09. 县城的形象不应被悲情强行加戏. 环球时报, (15).

蒋俏蕾, 景嘉伊. 2023. 情感部落: 网络视频国际传播中的个人叙事与媒介共情. 中国新闻传播研究, (3): 97-114.

蒋俏蕾, 凌绮. 2023. 数智时代的“亲密”：媒介化亲密、亲密资本与亲密公众. 山东社会科学, (3): 87-96.

蒋俏蕾, 张雅迪. 2024-06-11. 数字亲密的理论视角与研究展望. 中国社会科学报, (A7).

蒋俏蕾, 陈宗海, 张雅迪. 2022. 当我们谈论媒介共情时, 我们在谈论什么: 基于可供性视角的探索与思考. 新闻与写作, (6): 71-85.

蒋俏蕾, 王鸿坤, 陈宗海. 2023. 社交媒体信息获取对育龄女性生育意愿的影响: 基于主动寻求信息和偶然接触信息的比较研究. 中国人口科学, (1): 39-55.

陆煊, 江若尘. 2014. 网络拓扑特征对病毒式营销传播动态影响的研究: 基于新浪微博大数据的实证分析. 新闻与传播研究, 21(10): 24-40, 126.

沈武. 2018-12-25. 以社会公众需求为导向 让故宫文创走进人们生活. 中国文物报, (003).

宋志悦, 蒋俏蕾. 2023. 媒介化视角下直播中的双重关系: 虚拟主播观众群体付费行为研究. 中国青年研究, (8): 51-60, 89.

王佳炜, 陈红. 2020. 人工智能营销传播的核心逻辑与发展挑战. 当代传播, (1): 73-76.

王宇彤, 张京祥, 何鹤鸣. 2020. 符号介入: 后消费时代的文化空间生产研究: 以故宫紫禁书院为例. 城市发展研究, 27(5): 58-64.

魏红钢. 2007. 符号消费下品牌概念的再定义. 中南民族大学学报(人文社会科学版), 27(5): 173-176.

余明阳, 舒咏平. 2002. 论"品牌传播". 国际新闻界, (3): 63-68.

张锐, 张炎炎, 周敏. 2010. 论品牌的内涵与外延. 管理学报, 7(1): 147-158.

张泽炎, 朱玥怡. 2019. 故宫文创 15 亿营收背后: 跨界+IP+网红. http://www.bjnews.com.cn/feature/2019/02/20/548491.html [2019-02-20].

Barger, V. A. & Labrecque, L. I. 2013. An integrated marketing communications perspective on social media metrics. *International Journal of Integrated Marketing Communications*, Spring: 64-76.

Cheng, Y., Shen, H. M. & Jiang, Q. L. 2020. Corporate dialogue in crises of China: Examining dialogic strategies and communicative outcomes in a child abuse scandal. *Public Relations Review*, 46(1): 101816.

Jiang, Q. L. 2013. Celebrity athletes, soft power and national identity: Hong Kong newspaper coverage of the Olympic champions of Beijing 2008 and London 2012. *Mass Communication and Society*, 16(6): 888-909.

Jiang, Q. L., Liu, S. Y., Hu, Y., et al. 2022. Social media for health campaign and solidarity among Chinese fandom publics during the COVID-19 pandemic. *Frontiers in Psychology*, 12: 824377.

Katz, E. & Lazarsfeld, P. F. 1955. *Personal Influence: The Part Played by People in the Flow of Mass Communication*. New York: Free Press.

Lazarsfeld, P. F., Berelson, B. & Gaudet, H. 1944. *The People's Choice*. New York: Duell, Sloan & Pearce.

McGuigan, L. & Manzerolle, V. 2015. "All the world's a shopping cart": Theorizing the political economy of ubiquitous media and markets. *New Media & Society*, 17(11): 1830-1848.

Oh, J. & Sundar, S. S. 2015. How does interactivity persuade? An experimental test of interactivity on cognitive absorption, elaboration, and attitudes. *Journal of Communication*, 65(2): 213-236.

Toch, H. H. 1958. Psychological research and effective persuasion. *Journal of Communication*, 8(4): 190-198.

Voorveld, H. A. M. 2019. Brand communication in social media: A research agenda. *Journal of Advertising*, 48(1): 14-26.

Voorveld, H. A. M., van Noort, G., Muntinga, D. G., et al. 2018. Engagement with social media and social media advertising: The differentiating role of platform type. *Journal of Advertising*, 47(1): 38-54.

Zhang, L. H., Zhao, J. C. & Xu, K. 2016. Who creates trends in online social media: The crowd or opinion leaders? *Journal of Computer-Mediated Communication*, 21(1): 1-16.

第8章

新媒介素养

引　　言

现今，信息传播技术迅猛发展并日益普及，新的媒介形态和新媒体平台不断涌现，人们在新媒体上不断地接触新技术、新事物、新内容，需要不断更新相关的知识技能，真正需要“活到老，学到老”。伴随着各种媒介技术日益基础设施化，在媒介高度渗透的当今社会，人们越来越多地借助网络媒体进行学习工作、社交娱乐、就医问诊、参与公共议题讨论。因而，媒介素养已经不再仅仅涉及个体层面的技能与认知差异，还实质性地影响着公民权利的行使，乃至社会的发展。媒介素养的差异表现在媒介技术接入、使用和批评分析等能力上的不同，这种差距也造成了“脱离网络”和“云端生活”两种日常状态并存的现象。善于使用互联网的年轻人能够在客户端上在线预约、购票，对互联网一窍不通的老年人却需要花费大量的时间前往现场排队……在这个被铺天盖地的信息技术所不断深刻改变的现代社会，那些对技术使用生疏的人正担负着一些额外的成本，媒介素养差异带来的数字鸿沟正成为一种新的社会分化现象。

伴随着人们获取信息的来源渠道越来越多，辨识不同信息的真伪也成为新媒体时代人们需要具备的一项基本能力。然而由于缺乏对新兴媒介技术的了解，某些数字弱势群体常成为谣言和诈骗的“易感人群”。比如，对新媒体缺乏必要认识的老年人以及认知能力还不够健全的儿童，由于缺乏对繁杂网络信息的甄别能力，新媒体素养较低，通常更容易听信谣言，甚至对其二次传播。由于网络骗局花样百出，而且不断采用深度伪造、人工智能等新的媒体技术，因此相关部门和网络平台陆续推出了粉碎谣言、反诈骗的机制进行应对。

在新冠疫情全球肆虐期间，因为缺乏对病毒的了解加上恐慌心理的蔓延，许多不实信息和谣言在社交媒体上广为流传，例如“喝茶和熏醋能预防新冠病毒感染”“喝酒能抵抗新型冠状病毒”等，各种非科学疗法满天飞，还引发了囤货潮、抢购风，扰乱了社会秩序和经济秩序。因此世界卫生组织指出，在传染病疫情背景下，包括谣言、小道消息在内的大量信息通过手机、社交媒体、互联网以及其他通信技术快速传播，形成信息疫情（infodemic），即信息（information）和流行病（epidemic）的合成，导致人们难以发现值得信任的信息来源和可以依靠的防护指导，并妨碍疫情防控的有效措施，有可能阻碍对疾病的控制和遏制，造成危及生命的后果。可见，虚假信息扩散带来的影响不亚于病毒扩散的危害，谣言、恐惧、歧视、污名等“信息疫情”在网络上的弥漫，会造成全球范围内的心理焦虑、社会恐慌，加深种族和地域歧视，强化刻板印象，加剧对立和冲突，阻碍交流与合作。

可见，面对日新月异、纷繁复杂的新媒体环境，辨识信息真伪对每个人来说都是一项挑战，这也越发凸显了媒介素养的重要性。随着媒介表现形式和内容的不断丰富，媒介素养的内涵也在不断延展。不同表现形式的媒介和信息内容对个人能力的要求不尽相同，于是衍生出广告素养、信息素养、健康素养、数字素养、算法素养等多种不同的媒介素养类型。

头脑风暴

- 如何看待新媒体语境下的媒介素养？
- 如何认识和理解不同类型的媒介素养？
- 如何认识和应对媒介素养的差异及其影响？

本章内容要点

- 媒介素养的界定、内涵与类型。
- 新媒体时代的媒介素养差异与数字鸿沟。
- 媒介素养干预的类型及影响。

8.1　媒介素养与新媒介素养

8.1.1　理解媒介素养

1. 媒介素养的界定与内涵

由于“媒介”（media）和“素养”（literacy）词义本身的抽象性和广泛性，在如何界定“媒介素养”（media literacy）这一问题上，学者们持有不同的观点。但从目前来看，国内外学者至少在两个方面已经达成了共识：其一，媒介素养是一个多维的综合性概念（Meyrowitz，1998；Potter，2012）；其二，媒体素养的基本要素是人们批判性地理解和使用媒体的能力（Hobbs，2006；McCannon，2009；Martens，2010）。

1992 年，美国召开了全国媒体素养领导会议，提出媒介素养是“在不同环境下获取、分析、评估和生成信息的能力”，得到了众多学者的认可（Aufderheide，1993；Christ & Potter，1998），确定了媒介素养领域研究的基本主线。该定义主要基于认知心理学的视角，反映了个体层面的认知与技能。

然而，媒介素养具有更加丰富的内涵，不单单是个人能力的问题，还涉及社会差异与平等的问题，影响深远。正如 Hartley（2002：136）所说：“素养不是且从来不是个人属性……它受思想和政治的影响，它不仅是一种社会管理的手段，也是一种争取解放斗争的进步武器。”此外，随着媒介形式和内容的不断丰富，媒介素养的内涵和外延也在不断发生着变化。

2. 不同学科框架下的媒介素养

随着媒介和通信技术逐渐渗透到社会生活的各个方面，如文化、娱乐、教育、经济、政治等，人们逐渐意识到，媒体素养不仅是数字化时代一项必要的生存技能，还对公民权利的行使、参与公民生活具有重要的意义（Livingstone，2004）。因此，只局限于从个人能力层面讨论媒介素养显然是不够的，研究者需要站在更高的社会宏观层面去审视这一概念。

如今，无论政府公开政策，还是公民关注时事议题、参与公共话题讨论，大家往往都依赖于数字设备和社交媒体，媒介素养教育日益与公民权利的实践紧密联系在一起（Hobbs，2010：16）。因此，教育者也非常重视媒介素养教育在推动公民的民主参与中所发挥的作用（Masterman，1997）。可见，媒介素养早已经从个人层面的认知、能力问题，上升到社会和文化实践层面。媒介素养也越来越被来自不同学科背景和研究领域的学者所关注，媒介素养不仅仅被看作是与媒介相关的个人能力问题，还被视为学校教育实践问题（Houk & Bogart，1974）、公共政策问题（Aufderheide，1993）、文化批判问题（Alvarado & Boyd-Barrett，1992）等等。

不同领域的媒介素养研究，其界定和聚焦点会受到研究者们自身学科背景和范式的影响。比如，受艺术和人文学科范式影响的学者们认为，媒介素养主要是公众对文化和视听艺术的审美鉴赏与创作能力。而在社会科学家眼中，媒介素养是抵御商业公司利用媒介商品影响大众观念、主导社会文化认知的重要基础。因此，社会科学领域的媒介素养研究往往基于培养理论（cultivation theory）、使用与满足理论（uses and gratifications theory）等理论视角，关注媒介的效果和影响，以及社会大众的认知行为和媒介的中介化作用（Livingstone et al.，2008）。近年来，"媒体素养"一词也被专门用来指代一系列特殊的政策和举措，旨在弥合公众认知与日益变化的媒介环境间的差距。在政府和学校教育层面，如何培养公众面对媒介化社会的基本技能，促进其通过媒介参与民主政治，也成为一项重要议程（Jenkins，2006）。

由此可见，不同学科框架下对于媒介素养的定义纷杂、观点多样，媒介素养既被视为"个人在不同环境下获取、分析、评估和生成信息的能力"（Aufderheide，1993；Christ & Potter，1998），又被视为一种涉及文化、教育与政治的公共政策。从某种程度上来看，这种多元性既是这一概念的优点也是其缺点，媒介素养概念的这种特性使得该领域的研究充满了多元发展的可能性。

3. 不同媒介技术下的媒介素养

虽然美国全国媒体素养领导会议上提出的媒介素养定义得到了较为广泛的认可与应用（Aufderheide，1993；Christ & Potter，1998），但这一概念只侧重于对"素养"一词进行界定，却忽视了媒介技术的作用。事实上，媒介素养对个人能力要求的改变在很大程度上是媒介技术不断发展的结果，因此必须意识到"媒介"本身的重要性。

在印刷媒体时代，书面文本的媒介形式决定了人们的主要媒介使用方式是阅读和写作，因此媒介素养所强调的是人们分析和鉴赏文学作品，通过写作来交流表达的能力（Brown，1998）。到了 20 世纪中叶，广播、电影、电视等视听媒介出现，信息呈现形式不再局限于文字文本，而变得更加多维立体，个人参与媒介的方式也更加丰富，视听素养逐渐引发更多的关注。随着信息技术革命与第四次工业革命的到来，在数字通信、卫星通信等电子技术的推动下，以计算机为中介的信息传播形式日益兴盛，人们所面临的媒介环境也越发纷繁复杂——印刷、视听、电子、数字、智能等多种媒介并存、交织甚至融合，万物皆媒的时代正在到来，"媒介素养"一词也越发具有"泛媒介"（pan-media）的特征（Livingstone，2004）。

大众媒体时代，受众主要作为信息的接收者而存在，而新媒体时代普通人拥有了更多传播信息的渠道和权利。在移动通信技术和互联网技术的支持下，人们不仅是流行文化的消费者，也是积极的生产者，社会迎来了"人人都有麦克风"的时代。日常生活中，人们在消费媒介内容的同时，也在参与媒介内容的生产制作与传播，成为信息的生产者和传播者。伴随着媒介内容生产和消费行为之间的界限日益变得模糊，媒介素养也越发强调用户在内容创造、信息生产方面的知识与技能，除了接入、理解、分析、评估等传统的媒介素养，参与、反馈、制作媒介内容等的能力也被纳入媒介素养的范畴，成为新的媒介素养构成。

也是基于这样的媒介生态环境变化，媒介接入与信息获取的不平等问题也变得日益凸显。过去，传统媒体时代的媒介素养更强调的是对印刷文本的阅读、理解、使用的能力，却忽视了公众是否都能够利用相同的媒介渠道、获取相同的媒介信息（Luke，1989）。就印刷媒体和视听媒体而言，传统媒体的传播形式是一对多的大众传播，公众接入和获取媒体信息的成本比较低廉。随着新媒体时代下公众参与互动形式的不断丰富多元，信息接入、获取、生成、传播等各环节存在的差异和不平等现象也表现得越发突出，媒介素养问题也越来越被重视起来。

8.1.2　媒介素养的多元类型

新媒体时代，对“媒介素养”的界定再也不局限于文本阅读、理解和写作的能力，而是已经全面扩展到接入、理解、分析、评估和生成信息等各方面的能力。区分人们与不同媒介形态和媒介内容的互动方式和使用能力，也成为学界关注与讨论的重要内容，数字素养、网络素养、新媒体素养、算法素养、信息素养、广告素养、健康素养等彼此关联交叠的概念和表述被提出，标志着新媒体语境下媒介素养的多元维度与类型，相关研究由此兴起。

1. 数字素养（digital literacy）

Gilster（1997）提出“数字素养”的概念，认为数字素养是指“理解信息的能力，更重要的是，能够以多种形式评估和整合计算机所传输的信息”。互联网搜索、超文本导航、知识汇编、内容评价是数字素养的四个核心能力（Bawden，2008）。

学者 Martin（2006：154）则强调数字素养概念的广泛性及其所发挥的作用，认为“数字素养是指个人在特定生活情景中，为确保建设性社会行动，使用数字设备和工具的意识、态度和能力，以识别、接入、管理、整合、评估、分析和综合数字资源，构建新的知识，创造媒体表达方式，与他人进行交流”。

可见，数字素养是一套与数字媒体、计算机和信息通信技术有关的能力。“数字素养”通常被看作是一个外延较为广泛的概念，可以包括各种不同形式的素养，如计算机素养、互联网素养、新媒体素养、算法素养、信息素养等等（Leaning，2019）。

相较于传统媒体时代的印刷素养、视听素养，数字素养研究不仅仅关注人们如何接受和评价媒介内容，它还强调内容创造的问题。这是因为在大众传播时代，受众几乎没有权利和资源参与内容生产，然而互联网是由无数个普通用户的站点组成的网络，无论是个人还是组织都可以参与到网络传播中，这种新的传播方式给予了用户生产、创造内容的机会。因此，在数字素养的研究中，接入、搜索、识别、理解、评估和创造每个维度的数字技能都需要受到重视。

2. 信息素养（information literacy）

最早使用“信息素养”一词的是前美国信息产业协会主席 Paul Zurkowski，1974 年他在一份报告中指出，“信息素养是指利用大量的信息工具和信息资源来解答问题的技能”（Zurkowski，1974）。1989 年，美国图书馆协会（American Library Association，ALA）指出，具备信息素养的人能认识到何时需要信息，具备能有效查找、评估和使用所需信息的能力，从根本上讲是那些知道如何进行学习的人（American Library Association，1989）。这两个关于信息素养的定义都得到了广泛的采纳。在很长的一段时期内，信息素养的概念主要被应用于图书馆与信息科学领域，用以描述学校和高等教育的相关实践，因而其概念的构成和研究的思路受到图书馆与信息科学的影响较大。

与强调对媒介内容的理解、批判和创作能力不同，信息素养更聚焦于信息的应用方面，关注人们对于通过不同信源主动查找定位信息、分析评估信息、对庞杂信息进行整合处理并加以创造的过程（Livingstone et al.，2008；杨琰和胡中锋，2019）。信息素养教育的核心是在特定领域和环境中定位信息的批判性思维、元认知和程序性知识，重点是对信息的质量、真实性和可信性进行识别判断（Hobbs，2006）。

3. 广告素养（advertising literacy）

广告作为一种媒介内容形态，与新闻等信息内容有着显著的区别。广告具有突出的说服特点，而且往往与商业利益紧密交织在一起。而广告素养，通常被定义为人们所具有的与广告方面相关的知识，主要涉及对广告来源、目标受众、销售意图、说服意图、说服策略等知识的了解（Rozendaal et al.，2011）。

如今，以盈利为目的的互联网商业平台上充斥着各种不同形式的广告信息，广告的呈现方式越来越多样，比如电商直播、KOL 带货；有些广告信息也变得越发隐蔽，令用户难以察觉，如信息流广告、植入式广告等等。在这种社会背景下，如何鉴别广告内容的真伪、识别广告背后的商业意图，对消费者来说至关重要，因为这将影响到消费者后续的决策与购买行为。

消息解释处理（message interpretation processing，MIP）模型是描述认知过程的概念框架（Austin，2007）。该模型借鉴了社会认知理论（social cognitive theory）和理性行为理论（the theory of reasoned action），可以被用来解释人们在接触到媒介信息后产生的行为反应经历了怎样的认知情感过程，有助于人们理解广告和广告素养发挥作用的机制。

MIP 模型表明，媒介信息通过逻辑（如怀疑、真实性、可信度判断）和情感（如对内容描述的中意程度）过程来影响人们的决策行为（Kupersmidt et al.，

2012）。比如，当一个人在看一条由外形俊美的模特所拍摄的啤酒广告时，通常会从多个维度对广告内容进行评估：在逻辑思维层面分析一部分信息，比如分析广告信息是否真实，所描述的内容是否具有可信度，与自己过往的经验是否相似，与自己是否相关；而对另一部分信息则通过调用情感认知机制进行处理，比如自己是否喜欢这条广告的呈现方式，是否喜欢这个模特的外形，等等。这些认知判断会共同影响人们对广告信息的认可度，如果个人经过逻辑分析认为这则啤酒广告的信息真实可信、与自己相关度高，在情感层面对啤酒广告呈现积极的态度，那么其未来饮用这款啤酒的可能性就越高。

基于 MIP 模型，如果能够提高人们对媒介信息（尤其是具有说服意图的广告）的批判性理解、剖析、评价的能力，那么就能够有效地防止人们在媒介信息影响下采取某些危害性行为，而这种能力实际就是广告素养。研究表明，通过广告素养教育，向青少年传授有关吸食烟酒危害性后果的知识，能够减少青少年受广告诱导尝试吸烟、喝酒的行为意向（Vahedi et al.，2018）。

4. 健康素养（health literacy）

如今的新媒体时代，健康素养与媒介素养紧密关联。电子健康（electronic health，eHealth）是医学信息学、公共卫生和商业交叉所形成的一个新兴领域，主要是指通过互联网和相关技术来提供或加强健康信息或服务（Eysenbach，2001）。基于电子信息技术，用户所能获得的健康资源和护理服务不再像过去那样只能到医院就诊。“互联网+医疗健康”的融合背景下，远程医疗、家庭医生、电子健康手册、个人健康监测设备等服务和产品逐渐兴起。人们开始使用智能手表或其他可穿戴设备监测心率、脉搏、睡眠质量，并通过移动端获得自己的身体健康数据，移动健康（mobile health，mHealth）越发普遍。随之而来的是对用户的健康素养提出了更高的要求。

一般而言，健康素养是指用户所具有的能够在医疗保健、疾病预防方面做出良好判断和决策的知识、动机及能力，主要涉及获取、理解、应用与评价健康信息等方面（Norman & Skinner，2006）。如今，健康素养则更加强调人们运用电子健康技术，获取、处理健康信息，采取适当行动等方面的能力。

电子健康工具和服务的确对帮助患者改善健康具有很大的潜力，但在发展和推广过程中必须要兼顾到人们健康素养方面的差异。对于健康素养低的人群来说，主要包括老年人、社会经济地位较低、文化水平较低的群体，他们无法很好地利用电子健康应用与资源，往往长期遭受较差的个人健康状况困扰。如今，数字原住民和数字难民之间的电子健康素养水平的差异，也造成了他们所享有的医疗健康服务方面的不平等。比如，当今在医院网上挂号、线上预约等信息化流程的改革之下，年轻一代能够享受快速的就医服务，而老年人却往往遭遇瓶颈，面临诸多就医困难的问题。而且，老年群体也往往不具备主动检索网络健康信息资源、甄别信息真假的能力，因而容易成为网络虚假信息的诈骗对象，甚至成为虚假健康信息的传播者。

8.1.3 新媒介素养的多重维度

技术变革推动着媒介形态的不断变化，从文字、印刷媒体到广播电视等视听媒体，再到电子媒体乃至数字化、智能化的新兴媒介的兴起，新媒体的发展从来都是相对于传统媒体而言的，是历史的、阶段性的，与之相应的是媒介素养也需要不断发展和拓宽。在移动通信技术的支持下，伴随着智能手机的日益普及，新媒体技术与应用逐渐扩散到人们日常生活的方方面面，媒介素养亦关乎所有人。

在数智化的信息时代，易接入性、社交性、参与性、协作性、分布式是新媒体的重要特征。基于此，新媒介素养（new media literacy，NML），既是指与新媒体密切关联的媒介素养，也是新一代的媒介素养，被认为是一个具有多维框架的概念，包括了经典素养（classic literacy）、视听素养（audiovisual literacy）、数字素养和信息素养，涉及接入、分析、评估、批评、制作和/或参与媒介内容等全过程的基本技能（Lee et al.，2015）。

由于媒体内容生产和分发的门槛日益降低，在新技术的推动下大众逐渐从流行文化的消费者转化为积极的内容生产者（Knobel & Lankshear，2007），因而新媒介素养概念中特别区分了其中消费与生产的维度。Toffler（1981）提出“产消者”（prosumer）的概念，并将用户与媒介内容的互动划分为媒介“消费”（consumption）和“产消”（prosumption）的不同行为。而从能力差异的角度，Buckingham（2003）提出要区分“功能素养”（functional literacy）和“批判素养”（critical literacy），前者是指知道怎样做的能力，通常与所掌握的技能和知识有关；而后者则侧重于建构意义、判断信息可信度和有用性的能力。功能性素养与批判性素养被发现在保护机制方面存在着不同甚至矛盾的效果（Jiang et al.，2023）。为了更好地细化和测量新媒介素养这一多维概念，Chen 等（2011）借鉴并整合了 Toffler 与 Buckingham 两位学者的观点，进而将新媒介素养划分为四种类型（图 8.1）：功能性消费素养（functional consumption literacy），指能够接触到新媒体，并理解其所传达的内容；批判性消费素养（critical consumption literacy），指媒体消费者学习媒体内容中社会经济、政治和文化背景的能力；功能性产消素养（functional prosumer literacy），涉及参与媒体内容创作的能力；批判性产消素养（critical prosumer literacy），侧重于个人在参与媒体活动中对媒体内容的语境解释能力。

后来，为了突出新媒体参与性文化取向（Jenkins et al.，2009），Lin 等（2013）对上述媒介素养的多重维度与类型划分框架进行了进一步调整，他们将产消素养进一步分为 Web1.0 和 Web2.0 阶段的，并将新媒介素养概念化为四个维度、共计十个小指标，具体描述见表 8.1。

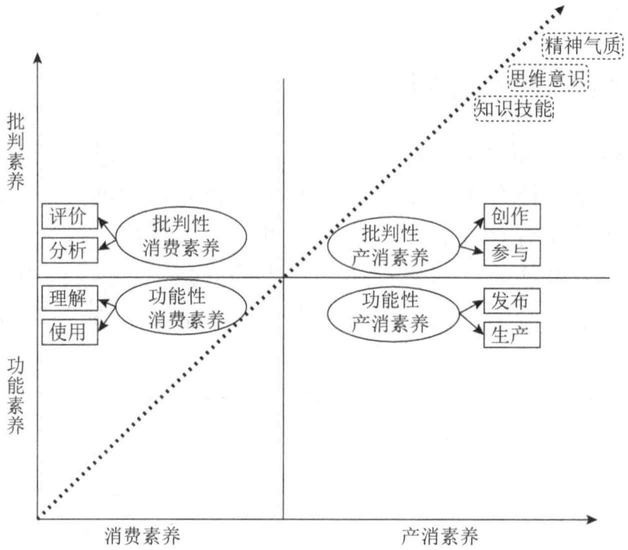

图 8.1　媒介素养的多重维度与类型划分

表 8.1　新媒介素养的指标及定义（Lin et al.，2013）

指标		定义
功能性消费素养	消费技能	消费媒介内容所必需的一系列技术能力
	理解	从文本层面把握媒介内容含义的能力
批判性消费素养	分析	独立解构媒体信息的能力
	综合	以有意义的方式对媒体内容进行抽样和混合的能力
	评价	个人质疑、批评和挑战媒体内容可信度的能力
功能性产消素养	产消技能	生产/创作媒体内容所需的一系列技术能力
	发布	传播现有信息的活动
	生产	复制或（部分或完全）重组媒体内容的活动
批判性产消素养	参与	在新媒体环境中互动和批判式参与的活动
	创作	创造媒体内容的活动，特别是基于对嵌入的社会文化价值观和意识形态问题的批判性理解

8.2　媒介素养与数字鸿沟

8.2.1　数字鸿沟及其成因

1. 数字鸿沟问题

随着互联网技术的发展和个人计算机使用覆盖率的增加，20 世纪 90 年代，数字鸿沟(digital divide)问题逐渐引发学界与社会的广泛重视(Eastin et al.,2015)。数字鸿沟的概念最初提出于 1995 年，始于美国报纸一系列报道中的比喻提法，后被电信传播相关统计数据印证并进入学术研究和政策制定的视野，其影响逐渐拓展到全球各地。

数字鸿沟被定义为信息传播技术（主要是互联网和计算机）的访问和使用方面的不平等（Castells，2002）。“数字”指数字媒体，而“鸿沟”关注不平等的问题。简言之，数字鸿沟就是能够连接和使用数字媒介的人与不能够连接和使用数字媒介的人之间的差异。数字鸿沟研究具有跨学科、多领域的特点，涉及传播学、社会学、心理学、教育科学等领域，其中传播学领域的研究聚焦于数字媒体的接入与使用，心理学领域的研究聚焦于使用数字媒体的态度、动机以及技术使用上的恐惧和焦虑情绪等，而教育科学领域的研究多与信息或数字素养有关(van Dijk，2005，2017，2020)。

数字鸿沟并不是一道静态的沟壑，而是在数字化过程中不同阶段表现出来的落差。最初，研究者们主要关注人们在网络信息通信技术的接入和访问方面的差异，即是否拥有计算机等软硬件设备、是否与互联网连接等二元问题(Mehra et al.，2004)，这通常受到受教育水平、社会经济地位、年龄、性别、种族等人口统计因素的影响（van Dijk，2017，2020）。互联网的接入者与非接入者之间的差异也被认为是“第一道数字鸿沟”（first-level digital divide），即接入沟（access divide）（Scheerder et al.，2017）。然而随着宽带网络和数字设备的逐渐流行，物理层面的接入差异已不再是数字鸿沟的主要表现，越来越多的学者们呼吁数字鸿沟的研究需要超越接入沟，认为接入之后如何使用互联网才是数字不平等问题的关键（van Dijk，2005）。

研究表明，即使接入沟被缩小，人们能够平等地接入数字技术、访问互联网，但实际上用户之间还会存在着参与性差距（Jenkins et al.，2009；Hargittai & Walejko，2008）。这是因为使用数字媒体需要人们掌握相关知识、技能，即数字素养或数字技能（digital skills）（James，2008）。因此，数字鸿沟不再只是物理接入方面的差距，而是包括技术使用所需技能差异的鸿沟（van Deursen & van Dijk，

2010)。Hargittai(2002)指出，应该对互联网的接入沟和技能沟(skill divide)进行区分，后者表示不同群体在使用互联网所需技能方面的差异，并提出了“第二道数字鸿沟”(second-level digital divide)的概念。第二道数字鸿沟，不再以二元论视角将数字鸿沟问题简化为接入与否的问题，而是关注人们在互联网使用情况、技术使用动机、相关技能、素养、社会支持方面的差异(Dimaggio et al.，2004)，主要包括使用沟(usage divide)、技能沟(Hargittai，2002；Mossberger et al.，2003；van Dijk，2005)。也有学者建议，依然将接入(access)作为数字鸿沟概念的核心，进一步丰富接入概念的层次和程度，指出数字技术使用中的接入具有多重维度，包括心理接入、身体与物质接入、技能接入和使用接入，四重接入彼此连续，如同阶梯一般(图 8.2)。从这一层面来说，不同群体数字素养方面的差异是第二道数字鸿沟的主要表现。

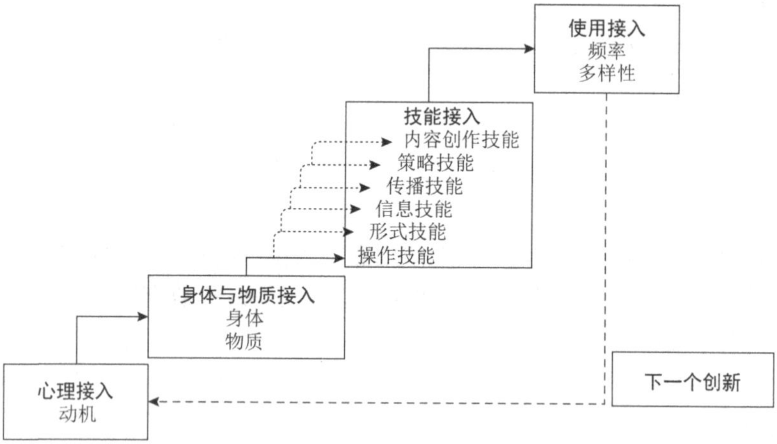

图 8.2　数字技术使用中的四重连续接入(van Dijk，2005)

值得注意的是，数字鸿沟并不是数字化生存的反面，而是数字化过程中不容忽视的现象。数字鸿沟概念的提出，旨在关注机会和表达的不平等，因其关乎社会参与和社会融入。因此，除了接入沟、技能沟、使用沟，一些学者认为还要关注互联网使用后的影响和效果层面的差异(Selwyn，2004；van Dijk，2005)，这也被称为“第三道数字鸿沟”(third-level digital divide)(Wei et al.，2011)。比如同样利用智能手机、互联网进行学习，城乡地区的儿童在知识获取、成绩提升方面的表现却差异较大。面对鱼龙混杂的网络世界，青少年被认为是网络有害信息的“易感人群”，容易被媒体上的暴力、犯罪、色情等内容误导，产生不良的心理和行为反应。然而，并非所有的青少年都会受到同样的影响。对于那些数字素养、信息素养较高的青少年来说，他们批判性思考和评估的意识较强，能够了解网络内容生产者背后的意图和运作方式，因此具有对网络有害信息较强的抵御能力和防范意识(Jiang et al.，2023)。因此，人们在媒介素养方面之间的差异也是第三道数字鸿沟——“效果沟”出现的一方面原因。

2. 数字鸿沟的成因

数字鸿沟形成的原因是多方面的（图 8.3），包括个人与地位范畴的不平等、资源的分配、信息传播技术的接入、信息传播技术的特征等，并最终影响社会参与。其中，经济层面的原因是学者们最多提到的。例如，区域经济发展水平影响着当地信息基础设施的建设和覆盖情况，这是人们使用数字技术的基本条件，比如发达国家与地区的互联网普及率要高于欠发达的国家与地区。个人层面的不平等，如年龄、社会经济地位、受教育程度、健康状况等的差异，特别是人们的社会经济地位也会影响到网络资源占有的数量、接受数字技术教育的情况。相对于高的社会阶层而言，较低社会阶层（lower social class）的人们所拥有的信息设备和资源更加匮乏，他们可能从小就缺乏计算机使用经验，接触互联网的时间相对较晚，个体层面的社会经济地位差异也会导致数字鸿沟的产生。

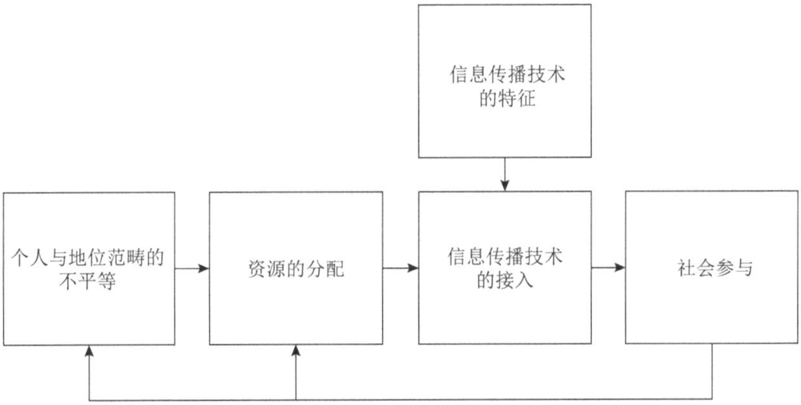

图 8.3　基于资源与使用理论的因果模式（van Dijk，2005）

近年来，越来越多的学者将数字鸿沟研究的重点转移到心理层面。因为即使给人们提供访问互联网的硬件设备和技能培训，他们也可能因为受到与态度、信念有关的因素影响而放弃使用互联网，例如对新技术的不信任、缺乏必要的需求与动机等等（Peacock & Künemund，2007）。而且，相较于难以改变的经济发展水平和收入状况等因素，了解数字鸿沟形成的心理因素对未来干预并解决这一问题更具有现实意义和启示价值。

技术接受模型和创新扩散理论等从心理层面对数字鸿沟的形成给出了一定的解释。其中，1989 年由学者 Fred D. Davis 提出的技术接受模型对信息技术领域中个体的采用意愿和行为的决定因素进行了论述。技术接受模型主要涉及感知有用性（perceived usefulness）和感知易用性（perceived ease of use）两个心理因素，前者是指个体感知到使用某种信息系统对自身工作业绩的提升程度，而后者是指个体感知到使用相应信息系统的容易程度。这些因素能通过影响人们对技术采用的态度、意愿进而影响到实际的采用行为。当人们感觉新技术对自己有较大的帮助，同时感觉操作该技术的难度不高时，使用该技术的意愿就会上升，进而就可能实际采用它。人们对新媒体技术接纳的差异，与人们感知有用性和感知易用性的高低不同有关。而 Rogers（2003）的创新扩散理论也为数字鸿沟的形成提供了有益的解释框架。类似地，在决定创新的五大属性中，也包括相对优势、兼容性、易用性、可试性和可见性。创新扩散理论模型中还根据人们对新技术的采用时间将其划分为五个群体，分别是创新者、早期采纳者、早期大众、后期大众和落后者。创新者通常是那些具备冒险和挑战精神的人，早期采纳者也往往具有较高的自我效能感，而后期大众则对创新持怀疑态度，在心理上抗拒新事物，固守传统。研究发现，早期采纳者与后期大众在计算机焦虑（computer anxiety）水平上存在差异（Jung et al.，2010）。具体来说，老年人比年轻人具有更高的计算机焦虑感，这种计算机焦虑感使得老年人相较于年轻人而言对计算机的采用表现得更加犹豫。

许多人在面临新技术时容易产生抗拒心理和负面情绪，比如计算机焦虑症和技术恐惧症。计算机焦虑症会表现出对使用计算机的不适、压力或恐惧感（Chua et al.，1999），而技术恐惧症则通常表现为对技术效果、作用的不信任和质疑，以及对使用新技术表现出恐惧和不安。在许多国家，计算机焦虑症和技术恐惧症仍然是计算机和互联网访问的主要障碍，尤其是在老年人、部分女性以及受教育程度低的人群之中。其实，绝大多数新技术刚刚兴起时，人们的接受意愿和使用动机往往偏低。但是，随着新技术在社会范围内广泛传播开来，人们的使用意愿会逐渐增强，对新技术的态度也会变得更加积极正面，即使是老年人，为了与家人和朋友联系，接入和使用数字媒体的动机也会逐渐增加。因此，对于数字鸿沟的成因与影响，我们需要从长期、系统的视角来加以看待和应对（图 8.4）。

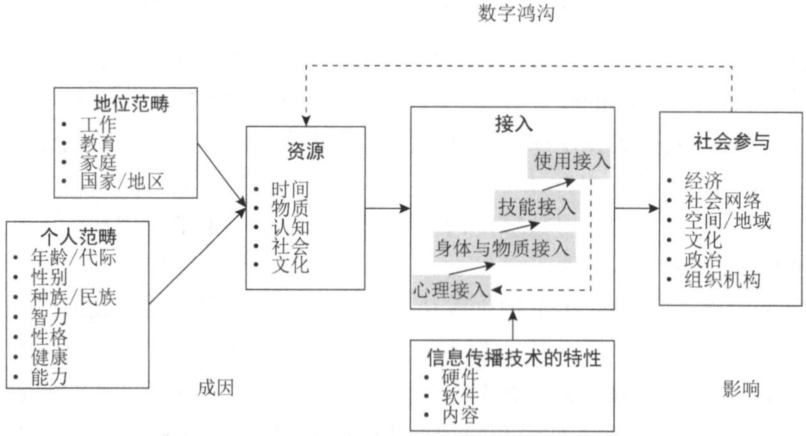

图 8.4　数字鸿沟及其成因与影响

8.2.2　代际数字鸿沟（Generational digital divide）

1. 数字原住民与 C 世代

出生在互联网和计算机技术诞生年代的人们(即在 1980 年及以后出生的一代人)，通常被认为是网生代、网络一代（net generation）或数字一代（digital generation)，也被称作“数字原住民”(digital natives)(Prensky，2001)。“数字原住民”的说法是由美国教育学家 Marc Prensky 提出的，由于与互联网相伴而生，从小成长于数字环境之中，生活中充斥着互联网和其他各种新媒体技术，数字原住民通常能够快速地精通这些技术并熟练地运用它们，比如通过社交媒体进行线上社交互动，创建和共享网络内容等等。

社会心理学中的相关理论可以解释这一现象，即个人的思维过程模式会因他们的经历而改变。这些经历主要来自个人的文化背景以及成长环境，处于不同文化环境的个体不仅接触的事物不同，而且思考方式也有本质差异。相比从小成长于生活中缺乏数字技术使用经历的人，数字原住民们的大脑因为频繁接触新媒体技术而得到了不一样的锻炼，这使得他们的思维方式更适应技术运行的逻辑，也更能适应技术变革（Prensky，2001；Autry & Berge，2011）。这种特殊的成长环境使他们的大脑发育与前几代人不同，造就了他们独特的思维方式和行为特征，也使他们具有更高的数字素养。

然而，这种分类方式也受到了其他一些学者的质疑，主要的争议点在于以出生年代作为划分标准是否合适。研究人员认为，除了年龄，描述“数字原住民”还有其他更重要的因素，比如技术的可用性、过往经验、自我效能感和受教育程度等（Brown & Czerniewicz，2010）。因为并非所有出生于数字信息时代的人都有机会接触到互联网。在全球范围内，由于几种非常强大的政治、经济、社会和文化因素，其中包括宗教、种族、社会阶级和性别，以及与上述发展有关的个人差异的影响，“大多数儿童成长中没有被数字化”（Tapscott，1998：12）。

尽管关于如何界定“数字原住民”仍然存有争议，但是越来越多学者开始关注代际数字鸿沟或者数字化的代际差异。近年来，一种被称为“C 世代”(Generation C)的新说法逐渐兴起。其中，C 即 creation，代表“内容创建”(content creation）和“创造力”(creativity)(Kalmus et al.，2009)。C 世代的概念强调了新媒体使用者不再仅仅是被动的受众或在线内容的消费者，他们会积极地参与到网络内容的生产过程中，比如在微博、微信、论坛、贴吧上发表言论，共享文件资源。以 B 站为例，大量的 UP 主在该平台上传分享视频，为平台提供了充足的内容资源，许多国外视频资源的搬运和翻译工作也是由用户自发组成的非官方“字幕组”完成的。这反映了在 Web2.0 时代，用户主导内容生产、参与协作的行为，使得生产者（productor）和消费者（consumer）之间的界限逐渐消失，“产用者/产消者”

（produser/prosumer）作为新的角色出现了（Bruns，2007）。

尽管C世代在学习数字技术方面具有天然的优势，但我们不能忽视的是儿童群体特别容易受到网络信息的影响。因此一直以来，儿童都是媒介素养研究的重点关注对象。Valkenburg（2000）根据 Jean Piaget 的认知发展理论（cognitive development theory），对不同年龄阶段的儿童如何理解媒体内容进行了论述。其中，2—7岁是前运算阶段，大约在3岁之前，孩子们就能看到电视里的内容，在他们眼中，这是一团色彩、音乐、运动、面孔的大杂烩。大约在5岁之前，孩子们倾向于把媒介看作是通往外部世界的一扇窗户。尽管此时他们开始区分媒介里的世界和现实的世界，然而他们无法理解广告是具有商业意图和劝服性质的，而不是真正为大众提供信息内容的。不过，他们会对媒介中有关性别的内容很敏感。7—12 岁是具体运算阶段，到七八岁的时候，孩子们已经能够区分不同节目的类型，他们已经能够意识到广告的说服意图。大约在8岁之后，儿童通常有能力在叙事中推断先后顺序、因果关系。此外，他们开始对节目内容的生产过程感到好奇，开始产生批判思维，会对电视里所呈现的内容和现实世界做比较。然而，即便认识到媒介内容有些是可以伪造的，但对于部分内容仍持相信的态度。到10岁或11岁，孩子们喜欢批评媒介内容的表演、布景和叙事，越来越多地利用自己习得的社会知识来判断媒介内容的现实性。12岁以上是形式运算阶段，大约从12岁开始，儿童的批评和判断就不再像之前那样简单了，变得更加复杂。他们能够意识到媒介内容中的偏见和刻板印象；他们会进行一点审美方面的判断，能够意识到不同风格的现实主义；他们会对广告和品牌背后的意图有更强烈的理解，往往对广告产生怀疑或不信任感（Livingstone & van der Graaf，2010）。

2. 数字移民和银发冲浪者

与“数字原住民”相对的概念是“数字移民”（digital immigrants），主要是指出生于互联网和计算机技术诞生之前的人们。在这部分人的生命历程中，他们接触到数字技术的时间较晚，因此就像所有移民所面临的问题一样，既有的认知和习惯与新的环境之间产生了冲突，学习和使用新技术对他们而言是一个“再社会化”的过程，需要花费大量的认知资源去克服思维定式。对技术的熟悉程度可能会影响个人对数字技术的看法和态度，因而数字移民们还容易对互联网这种新的信息环境产生不信任（Prensky，2001）。因此，“数字原住民”和“数字移民”在互联网技能和使用，以及数字素养等方面都会表现出显著的差异。

如今，世界上不少国家和地区都面临着人口老龄化的问题，老年人的社会融入和社会参与备受重视。在当前的数智时代，老年人面临着一个严峻的生存问题，即数字技术使用存在障碍的问题（蒋俏蕾，2024）。随着数字信息技术逐渐渗透至社会生活的各个方面，那些无法使用数字技术的人群将面临着诸多不便，甚至被社会边缘化。由于老年人的成长环境与如今的媒介生态环境差异较大，他们几乎没有接触和使用新媒体技术的经验，再加上认知能力的退化，学习和接受全新的技术对他们来说具有较大挑战性。因此，老年人被认为是典型的“数字移民”，甚至是“数字难民”（digital refugees）。

对于接入沟而言，影响老年人使用信息传播技术（information communication technology）的因素有很多，除了缺乏接入网络的数字设备（如电脑、智能手机）、记忆力下降等，还主要包括缺少必要的使用动机，比如他们认为自己在生活中很少需要用到数字技术，或者对使用数字技术完全不感兴趣（Peacock & Künemund，2007）；缺乏自我效能感（self-efficacy），即对自己能否掌握数字技术缺乏信心；还会受到主观规范影响，所以当主观规范水平提高时，互联网的使用也随之增加（Pan & Jordan-Marsh，2010）；此外，缺少社会支持，缺乏对技术的信任也是重要的影响因素。

随着数字适老化服务的不断完善和网络应用的加速普及，多措并举推动更多的老年人不断“触网”、用网。中国互联网络信息中心（China Internet Network Information Center，CNNIC）第 54 次《中国互联网络发展状况统计报告》显示，截至 2024 年 6 月，我国网民规模近 11 亿人（10.9967 亿人），较 2023 年 12 月增长 742 万人，“银发族”是新增网民重要来源，50—59 岁、60 岁及以上群体分别占新增网民的 15.2%和 20.8%，互联网普及率达 78.0%（中国互联网络信息中心，2024）。因此，未来对于代际数字鸿沟的关注，应该更多地从对接入沟的关注转向对技能沟、使用沟、效果沟的关注（蒋俏蕾等，2022），以新媒体使用推动积极老龄化（蒋俏蕾和陈宗海，2021；蒋俏蕾等，2024）。

对于这些银发冲浪者来说，复杂的互联网传播环境对其数字素养提出了较大的挑战。一方面，不少老年人因行动不便，社交范围缩小，面临着社会隔离、孤立的困扰，心理上会出现焦虑、沮丧、孤独、抑郁等负面情绪。而通过访问互联网，老年人可以跨越空间距离的阻隔，与远方的亲朋好友保持紧密的联系，获得社会支持、维系良好的社会关系，而且通过数字技术，老年人可以获得新的娱乐方式，孤独和寂寞情绪在一定程度上可以得到缓解（蒋俏蕾等，2021；蒋俏蕾等，2024）。一项全国范围的调查发现，互联网使用能够通过降低老年人的孤独感，促进其参与社区志愿服务活动，间接影响老年人的主观幸福感（Xu & Huang，2021）。另一方面，如同青少年群体缺乏自我约束力，容易沉迷网络一样，数字素养较低的老年人，很难抵御互联网世界的影响，在新媒体技术使用的过程中也会出现各种问题，甚至沉迷网络。对网络的畸形依赖可能与老年人在现实生活中缺乏来自家庭和社会的情感支持与关注有关。

这些银发冲浪者上网时，还会接触到大量的医疗健康方面的谣言。健康信息素养水平较低的老年人，由于缺乏对信息的甄别和辨识能力，往往会沦为谣言的听信者，采信其中的内容来指导自己在现实生活中的健康管理决策，甚至还会成为谣言的传播扩散者，从而误导他人。人到晚年，身体健康成为老年人格外重视的问题，如今长辈在微信群里转发各种健康养生类消息的现象屡见不鲜。互联网滋生了大量鱼龙混杂、真假难辨的健康养生信息，老年人由于缺乏健康信息素养，满足了谣言传播的基本要素。根据美国社会心理学家 Gordon W. Allport 和 Leo Postman 的谣言基本定律，谣言传播主要有两个决定因素——重要性（importance）和模糊性（ambiguity）。前者是指信息内容对传播者和接收者的重要程度，后者是指信息内容所涉及事实和证据的模糊程度。基于这两个因素，Allport 和 Postman 提出了著名的谣言公式：R（谣言强度）$=I$（重要性）$\times A$（模糊性）。研究表明，当人们认为谣言所涉及的主题、事件对自己很重要时，他们会倾向于传播谣言（Lee & Kim，2014）。对于老年人来说，个人和家人的身体健康是他们最为关心的事情之一。由于身体机能的老化，老年人往往遭受各种各样健康问题的困扰，因此相比其他群体，他们对健康类的信息更加敏感。研究表明，越来越多的老年人会利用网络搜索健康信息，而且他们较多关注日常健康信息中的营养膳食及慢性疾病治疗等信息。因此，但凡涉及如何养生、保健的内容，通常都会引起老年人的重视。而各种低质量、博眼球的公众号也瞄准了老年人的这一需求，用各种未经证实、证据模糊的健康信息谣言来吸引老年网民的关注、转发。除了主题的重要性和证据的模糊性，个人层面的因素也会影响人们对谣言的传播。Chorus（1953）将公众个人的辨识能力纳入了考虑，对原有公式进行了修正：谣言强度=重要性×模糊性÷公众批判能力。因此针对健康类谣言的传播，个人的健康焦虑程度和健康素养也被认为是两个重要的影响因素（Oh & Lee，2019）。健康心理学的相关研究表明，对自己健康状况感到焦虑的人更有可能传播谣言（Anthony，1973；Pezzo & Beckstead，2006），健康焦虑水平更高的人所感知到的信息重要性也更高，并且增强了信息重要性对个人分享信息意图的影响。此外，健康素养与人们对健康信息的有效运用情况具有密切关系（Agree et al.，2015），健康素养较高的人对网络健康信息通常会持怀疑态度（Chen et al.，2018），而且他们对信息感知的重要性越高，越会去寻求更多的信息来进行核实。因此，提高老年人的健康素养水平可以有效阻止他们自动地接受健康谣言。

3. 数字反哺与前喻文化

面对老年人在数智化社会种种不适应的现象，应该如何弥合代际数字鸿沟，帮助老年人融入数字化进程呢？部分研究者从家庭传播的角度提出，可以通过代际数字反哺帮助老年人学习数字技术（周晓虹，2000；周裕琼，2014）。这种从年轻一代向年长一代的知识文化传递模式，被 Margaret Mead 称为“前喻文化”（prefigurative cultures）。

人类学家Margaret Mead将人类文化划分为三种类型——后喻文化（postfigurative cultures）、并喻文化（configurative cultures）和前喻文化（米德，1987）。在后喻文化中，文化的传递是从年长一代向后流向年轻一代，主要是指晚辈向长辈学习的文化，即所谓的“老年文化”，整个文化体系中对祖先崇拜的色彩比较突出。这种文化模式主要出现在早期的传统社会，当时社会发展缓慢，每一代人的生活环境和境遇相差不大，因此在他们眼里生活的意义是既定的，前辈的过去就是他们的未来，长者所积累的生活经验就是整个社会公认的准则，象征着文化的权威。并喻文化出现于后喻文化的崩溃之际，后喻文化的崩溃可能与整个社会中处于族中统治领导层的长者遭遇巨大灾难，或者战争失败、居住地的迁移、科技发展等背景下，长者的生活经验不再能发挥作用等原因有关（周晓虹，2000）。并喻文化，本质来说属于历史文化的过渡阶段，因而只能维持短暂的时间。Mead认为，并喻文化是指晚辈和长辈的学习都发生在同辈人之间。在并喻文化中，文化传递发生在同代人之间，当长辈无法再为年轻一代提供符合当前时代要求的新生活模式和经验时，年轻一代只能在新环境中向那些提前取得良好效果的同伴进行学习，将其作为自己行为参照的楷模。在这种文化模式下，两代人之间会有冲突产生。以移民家庭为例，面对新的生活环境，长辈的经验失去了参考价值，从同辈人那里学习到新行为方式的年轻人与还习惯于旧模式的长辈之间必然会发生矛盾与冲突。在经历短暂的并喻文化后，人类社会将进入前喻文化阶段。前喻文化，即所谓的“青年文化”，它是未来导向的，是长辈反过来向晚辈学习的文化传递模式。

与后喻文化截然相反，在前喻文化中，年轻一代将知识文化向前传递给年长一代，对长辈进行反向社会化。在这一文化模式中，代表着未来的是晚辈，而不再是他们的父辈和祖辈。Mead指出，前喻文化的出现与第二次世界大战之后快速更迭变革的社会环境有关。在信息技术快速发展的背景下，人类社会面临着巨大的数字变革、科技革命，进入后工业化的信息时代。以电子计算机为代表的诸多新媒体技术的出现，使得整个人类社会发生着翻天覆地的变化。在剧烈的变革之下，年长者的经验不可避免地失去了传喻的价值，年轻一代不再片面接受前人传授流传下的经验，而是依赖自己的直接感受与体悟，因为“没有人能够了解过去、解释现在、洞悉未来”，“所有在二次大战以前成长起来的人都是时间上的先驱者和移民”（米德，1987：82-83）。而墨守成规的老一代面对日新月异的新时代，其旧有经验和文化观念将不断受到挑战。比如新冠疫情发生后，为了监测和防范病毒的传播，健康码成为人们外出的重要通行证，然而不会使用智能手机、无法提供健康码的老年人，面临着各种出行障碍。至于晚辈与长辈之间的代际冲突，在Mead看来，现代世界的特征就是接受代际的冲突，接受由于不断的技术变化，每一代人的生活经历都将与他们的上一代有所不同的信念。在独特的前喻文化传递方式中，虚心接受教育的应该是长辈，为了不落伍于时代，长辈需要从年轻人身上学习新事物、新思想。

8.3 媒介素养干预的模式与影响

8.3.1 媒介素养干预

随着移动互联网的全球普及，新媒体技术已逐渐成为大众日常生活领域中的普遍性实践（孙玮，2020）。无处不在的媒介已然成为人们生存的环境，人类社会进入了深度媒介化的时代，媒介对人们的感知判断、对社会的政治经济都产生着重要影响。当人们与媒介信息频繁地接触，其观念态度和行为决策都会受到信息内容的影响，这在经典的媒介效果研究中的涵化理论（cultivation theory）和议程设置理论（agenda setting theory）中都有所体现。尤其是某些媒介内容中会出现鼓励或教唆人们从事危险行为的信息，比如药物滥用、吸烟、饮酒等，这些内容会对人们产生负面影响。研究表明，青少年在社交网站中接触到推广饮酒的广告，会促进其对饮酒行为的积极态度（Scull et al.，2010）。面对复杂的网络信息传播环境，如何从中汲取有益的资源，同时防止受到不良信息的影响，关键在于如何提高人们的媒介素养。

因此，为了提高人们应对纷繁多变的网络环境的能力，政府和学校开始注重采取相关措施，主动通过公民的媒介素养来施以干预。通过媒介素养干预（media literacy intervention）让公众了解媒体的相关信息，从而影响其对媒体的观念和态度，以减少媒体可能产生的有害影响（Jeong et al.，2012）。媒介素养干预旨在增加公众对媒体运作规则的了解，增强对媒体影响的认识，提高对媒介内容真实性的评估能力，以此减少媒介信息对受众的态度、认知和行为的影响。目前与媒介素养有关的政策干预主要分为两类，一类是媒介教育（media education），另一类是媒介规制（media regulation）。

1. 媒介教育

教育学家认为，媒介素养教育应该一直作为学校课程的必要组成部分。鉴于儿童青少年处于特殊的生长发育阶段，对尝试未知新鲜事物的兴趣浓厚，容易受媒介内容诱导的这一特性，应当将媒介素养教育纳入 K-12 即从幼儿园到高中的十二个年级以及高等教育阶段的学校常规课程中，设立媒介素养教育项目。而媒介教育的积极作用已经得到大量实证研究结果的证实。目前，欧洲的媒介素养教育主要有四种模式：作为一门专业学科，作为课程主题的一个组成部分，作为一门完整的课程，以及作为一个综合、跨学科课程的主题（Masterman，1997）。

关于具体哪些方面的技能培训应当被纳入媒介教育当中，也随着媒介生态环境的变迁经历着变化。过去，重视阅读和写作的印刷素养、面向广播电视等视听媒介的观看和理解等能力长期被认为是教育的核心。近些年来，计算机和其他数字技术领域的理解、交流和参与能力逐渐得到了重视。

2. 媒介规制

一些国家还通过设立相关的规章制度、法律政策来进行媒介素养干预。媒介法规主要是通过设立与媒介素养相关的规章制度和法律政策来进行干预，相较于媒介教育，这种媒介素养干预手段更侧重以强制性的方式介入。

我国虽然没有新闻法，但在政府部门的规章制度、国民建设方针中也对媒介素养管理提出了相关要求。比如《法治社会建设实施纲要（2020—2025 年）》中指出，“加强全社会网络法治和网络素养教育，制定网络素养教育指南。加强青少年网络安全和法治教育，引导青少年理性上网”。国外也有不少媒介规制的例子，比如在英国，2003 年《通信法》第 11 条中要求通信管理局在公民中“促进媒体素养”。

8.3.2　媒介素养干预的理念与模式

1. 接种理论

接种理论（inoculation theory）为媒介素养干预提供了有力的理论依据（McGuire，1964）。该理论基于两个前提假设：一是媒体是具有破坏力的，会对消费它的人们产生负面影响；二是通过预先的防御和教育（即接种，类似于打预防针）可以消除媒体对个人和社会所产生的负面影响（Leaning，2019）。

接种理论主要由恐吓（threat）和预先驳斥（refutational preemption）组成，通过告知人们媒体的危害性，提供反驳媒体信息的知识和技能，相关的媒介素养干预措施可以帮助受众抵制有害媒体内容的影响。比如针对媒体上的虚假新闻，通过媒介素养教育给人们教授特定的技能来解码媒体信息，解释假新闻的叙事套路，提前“接种”假新闻所带来的负面影响，人们便一般不会再采信虚假新闻的内容（Jeong et al.，2012）。

接种理论最初是在 20 世纪 30 年代发展起来的，也是目前媒介素养干预最为流行的理论视角之一。在接种理论的框架下，媒介教育被看作是一种保护大众免受媒体侵害的形式（Leaning，2009）。

2. 去神秘化模式

到了 20 世纪 60 至 80 年代，出现了一种新的媒介教育方法——去神秘化模式（demystification model）。当时符号学和意识形态理论不断发展，文化学者们认为意识形态存在于所有的文化生活中，并且并不由精英群体从顶层进行传播，而是不断地被社会行动者们复制扩散。去神秘化模式受到了这种思想的影响，认为媒介内容本质上具有意识形态属性，在向那些被权力统治的人们强调权力关系的合法性上发挥着重要作用。因此，媒介教育的任务是让受众了解这些媒介内容背后隐藏的意识形态，给媒体“去神秘化”，并培养公众的自主意识（Penman & Turnbull，2007；Leaning，2019）。

在去神秘化模式的影响下，媒介教育主要以赋权于公众的形式来培养公众的“批判素养”（Kellner，2000：196-221）。具体而言，这种媒介教育主要是将教学视为一种在意识形态权力面前赋权于学生的活动，使得教学具有了政治功能。然而，这种模式下的媒介教育忽视了对学生在就业方面的知识和技能的培训（Leaning，2019）。

3. 创造性参与模式

从 20 世纪 90 年代初开始，创造性参与作为一种媒介教育模式逐渐兴起。这种模式被称为参与性或创造性模式（creative participation model），它的出现深受建构主义理论的影响。在建构主义者看来，人们进行学习、获取知识都要通过大脑中的知识建构过程。因此，最好的学习方式就是让人们从事创造性和生产性的活动（Jones & Brader-Araje，2002）。

此外，由于数字技术的发展，受众对媒介消费方式的转变（从被动的接受者转变为积极的生产者）等现象，也推动着媒介教育向创造性参与模式转型。

在创造性参与模式的指导下，媒介教育常用的方法包括项目工作、合作式媒体文本制作、小组工作、学生之间的互相教学、小组讨论、探索和研究性工作等等（Fernback，2014）。

8.3.3 媒介素养干预的效果

媒介素养干预的积极作用已经通过大量的实证研究检验而得到了证实。媒介素养干预所产生的效果主要可以分为两大类：与媒体相关的结果（media-relevant outcomes）和与行为相关的结果（behavior-relevant outcomes）。

1. 与媒体相关的结果

媒介素养干预最直接的效果就是提高人们媒介素养相关的技能，如批判性理解、使用、评估媒体的能力等等。媒介素养干预所产生的与媒体相关的结果大致可以分为四类（Jeong et al.，2012）。

1）促进公众对媒介相关知识的掌握

这些知识主要是关于媒介内容运用何种方式和技巧对受众进行说服的（Austin et al.，2005）。

2）促进公众对媒介内容的批评和质疑

这主要表现在对说服意图的理解和怀疑，例如通过对青少年进行媒介教育，让他们学会思考和分析广告内容背后的真实意图（Austin et al.，2005）。

3）促进公众对媒体影响力的认识

这主要是通过媒介素养干预帮助公众更好地理解媒体的影响(Duran et al.，2008)。

4）影响公众对媒介信息现实性的感知

当人们越相信媒介信息中所描述的人与故事时，越容易受到媒介信息的影响，而媒介教育可以让公众对媒介信息的真实性保持合理的质疑(Jeong et al.，2012)。此外，基于互联网的运用场景，个人的接入、搜索、定位、内容生产等新技能，也被纳入了媒介教育的课程体系当中（Austin et al.，2007）。比如，各地社区和老年大学通过开展计算机培训课程，来提高老年人对数字技术的运用能力，从而增强该群体对技术使用的自我效能，更好地理解和评估媒介信息的现实性。

2. 与行为相关的结果

对于媒介素养干预效果中与行为相关的结果，主要可以分为五类(Jeong et al.，2012)。

1）行为信念

这主要是指一个人对采取某行为的后果的看法。结合媒介素养干预，人们能够更好地理解自己由于特定媒介内容而采取某种行为的后果。

2）态度

这具体是指一个人对某行为的整体评价。研究证明，通过媒体素养干预，青少年对吸烟和不良性行为的态度趋向于负面（Vahedi et al.，2018）。

3）规范

这指的是人们对社交网络中重要参考对象（如朋友或家人）行为和态度的看法。媒介素养干预可以通过减少规范压力，来降低个人在媒介内容影响下采取某危险行为的概率（Austin et al.，2005）。

4）自我效能感

这是指一个人对自己执行某行动的能力的感知。通过媒介素养干预，可以提升人们感知自己执行特定行动的能力。

5）具体行为

相较于对行为方面的影响，媒介教育对公众媒介素养相关技能的提升往往更加有效。这可能是因为媒介素养干预措施主要涉及对媒介技能方面的培训和锻炼，比如训练人们的批判性思维意识，增强对不同媒介技术的了解，而不是直接涉及行为的改变（Jeong et al.，2012）。由于不同的媒介内容所导向、传播的行为不同，有的可能涉及对吸烟和饮酒等行为的鼓励，有的可能涉及对骨感审美和减肥行为的吹捧，媒介教育很难做到完全的覆盖。因此，往往需要通过提高公众的媒介素养、信息素养、健康素养等，来影响公众后续的行为决策。

8.4 本章小结

如今，人类社会逐渐进入深度媒介化的时代，媒介技术对社会生活的渗透力越来越强，人们的生活被媒介信息所包裹，关注“媒介素养”这一议题的重要性不言而喻。本章系统梳理了媒介素养概念的内涵、类型与维度，探析了媒介素养差异及其影响，并通过对媒介素养干预类型、理念与模式的比较，探讨媒介素养干预能够带来的效果与影响。

作为一个多维的综合性概念，批判性地理解和使用媒体的能力是媒介素养概念的核心要义，然而媒介素养的内涵远比此要丰富得多。媒介素养不仅是传播学领域的专业术语，也受到教育学、心理学、组织学、社会学等不同学科的学者们的关注。经过实践的探索与学理的沉淀，学者们对媒介素养的认识不再仅仅停留在个人能力层面，而是上升至社会和文化实践层面。但不同学科的媒介素养研究会受到相应学科背景和研究范式的影响而对媒介素养存在不同的解读：人文艺术学家认为，媒介素养是公众对文化和视听艺术的审美鉴赏、创作能力；社会科学家认为，媒介素养是抵御商业公司利用媒介商品影响大众思想的重要基础，多基于媒介效果理论来关注媒介的影响、社会大众的认知行为和媒介的中介化作用；而在政府和学校教育层面，媒介素养则特指一系列特殊的政策和举措。

不仅多学科、多领域对媒介素养定义的建构丰富了其内涵，媒介技术的不断发展也使得媒介素养的类型进一步细分和多元。例如，伴随着广播电视等视听媒介技术的发展，“视听素养”出现，相比印刷媒体时代的媒介素养，视听素养不再局限于文字文本；以计算机为中介的信息传播形式兴起之后，“数字素养”研究日益引发关注，除了关注人们对媒介内容的批判理解和分析之外，还涉及媒介接入、内容创造等问题。由于公众参与媒介互动的程度越来越高，媒介素养研究逐渐扩展到接入、理解、分析、评估和生成信息等各方面的能力。伴随着“万物皆媒”时代的到来，媒介种类和形式日渐宽泛化，媒介素养的概念也越发具有“泛媒介”的特征。为了与传统媒体时代的媒介素养相区分，越来越多的学者选择“新媒介素养”的表述，既能突显出新媒体的易接入性、社交性、参与性、协作性、分布式等特征，也能多维综合地表述涉及接入、分析、评估、批评、制作和/或参与媒介内容等各个过程的相关技能。新媒介素养的多重维度与类型划分中区分了“功能性消费素养”“批判性消费素养”“功能性产消素养”“批判性产消素养”，后来为了突出新媒体参与性的文化取向，又将产消素养进一步分为 Web1.0 和 Web2.0 的不同子类，最终形成了由十个指标构成的测量框架。

延续数字鸿沟的研究传统，近年来媒介素养方面的差异与影响也愈发受到关注。媒介素养既是数字鸿沟的一种体现，也是致使数字鸿沟形成的一大因素。通过数字鸿沟研究的不断深入，数字鸿沟被细分成不同的层级与类型，“第一道数字鸿沟”是指接入沟，即数字技术接入与否的差异；“第二道数字鸿沟”主要包括使用沟、技能沟；“第三道数字鸿沟”则关注数字技术使用后的影响和效果层面的差异。而媒介生态环境变化导致的代际差异和人口老龄化等社会现实，也使得越来越多的学者关注代际数字鸿沟的问题。相较于年轻人，老年群体通常被视为数字浪潮时代背景下的弱势群体，他们在进行数字化的过程中会面临诸多障碍，除了缺乏数字设备等客观物质因素，身体机能、认知记忆力下降，以及缺乏必要的动机、对创新的质疑也是重要的原因。而身为“数字原住民”的年轻一代则在新媒体使用技能、素养方面明显强于作为“数字移民”的老年群体，这种代际数字鸿沟与后喻文化中“长者崇拜”的传统有所背离。随着技术的发展以及社会的变革，长者经验不再适用，人们进入了并喻、前喻文化的时代，年轻人不再一味地听从前人经验，而是成为勇敢革新的一代，老一代越来越需要不断地从年轻人那里获取新知识，接受文化反哺。但是，也有学者质疑以往研究对于“数字原住民”的界定，认为除了出生年代，技术的可用性、过往经验、自我效能感和受教育程度等因素也是决定某一群体是否“数字原住民”的重要标准，比如部分欠发达国家、贫困地区的儿童在成长过程中是没有接受过数字化教育的。为了适应 Web2.0 时代用户主导内容生产、参与协作的新现象，“C 世代”作为一种新的说法逐渐兴起。其中，“C”既是“内容创建”也是“创造力”，这反映了生产者和消费者之间的界限逐渐消失，“产消者”这一新角色出现。

媒介对社会生活的渗透和融入已发展成为社会现实，但是媒介信息对人们的影响并不总是积极的，某些媒介内容也会教唆人们从事危险行为，如吸烟、饮酒等，因此需要对媒介信息进行有效的干预管控。目前与媒介素养有关的干预方式分为媒介教育和媒介规制两类，旨在增加公众对媒体运作规则的了解，增强对媒体影响的认识，提高对媒介内容真实性的评估能力，以减少媒介信息对受众态度、认知和行为的影响。根据对媒介影响的不同认识，媒介素养干预存在接种模式、去神秘化模式、创造性参与模式。其中，接种模式是强调通过预先的强调、恐吓，告知人们媒体的危害性，向公众提供反驳媒体信息的知识和技能，使其对有害的媒介内容产生一种免疫能力；去神秘化模式认为媒介内容本质上具有意识形态属性，是权力统治关系产生合法性的重要力量，媒体教育就是要揭开媒体的神秘面纱，培养公众的自主意识；而创造性参与模式的兴起深受建构主义理论的影响，主张媒介素养教育重点是培养公众创造和生产的能力，项目工作、合作式媒体文本制作、小组工作、学生之间互相教学、小组讨论等是该模式常用的媒介教育方法。为了验证媒介素养干预的效果，学者们进行了大量的实证研究，发现媒介教育产生的最直接的效果就是提高人们媒介素养相关的技能，如批判性理解、评估的能力等，进而还会影响人们的信念、态度、规范、自我效能感以及具体行为，从而产生与媒体相关和与行为相关的不同效果

思考题

- 何为新媒介素养？
- 新媒体语境下如何理解后喻文化、并喻文化与前喻文化？
- 如何理解不同媒介素养干预模式的适用对象与效果差异？

参 考 文 献

蒋俏蕾. 2024-05-06. 让“银发族”搭上数字化快车. 人民日报(海外版), (08).

蒋俏蕾, 陈宗海. 2021. 银发冲浪族的积极老龄化：互联网使用提升老年人主观幸福感的作用机制研究. 现代传播(中国传媒大学学报), (12): 41-48.

蒋俏蕾, 陈宗海, 岳永婕. 2022. 弥合数字鸿沟 助力全民阅读：信息无障碍与数字融入研究脉络与趋向. 中国出版, (8): 15-21.

蒋俏蕾, 陈宗海, 张自中, 等. 2024. 健康老龄化与媒介适老：媒介接触对老年人心理健康的影响研究. 新闻与写作, (8): 5-18.

蒋俏蕾, 刘入豪, 邱乾. 2021. 技术赋权下老年人媒介生活的新特征：以老年人智能手机使用为例. 新闻与写作, (3): 5-13.

玛格丽特·米德. 1987. 文化与承诺：一项有关代沟问题的研究. 周晓虹, 周怡译. 石家庄：河北人民出版社.

孙玮. 2020. 媒介化生存：文明转型与新型人类的诞生. 探索与争鸣, (6): 15-17, 157.

杨琰, 胡中锋. 2019. “互联网+”时代高校教师信息素养现状与提升策略. 中国电化教育, (4): 117-122.

中国互联网络信息中心. 2024. 第 54 次《中国互联网络发展状况统计报告》. https://www.cnnic.net.cn/n4/2024/0829/c88-11065.html [2024-08-29].

周晓虹. 2000. 文化反哺：变迁社会中的亲子传承. 社会学研究, (2): 51-66.

周裕琼. 2014. 数字代沟与文化反哺：对家庭内“静悄悄的革命”的量化考察. 现代传播(中国传媒大学学报), (2): 117-123.

Agree, E. M. , King, A. C. , Castro, C. M., et al. 2015. “It’s got to be on this page”: Age and cognitive style in a study of online health information seeking. *Journal of Medical Internet Research*, 17(3): e79.

Allport, G. W. & Postman, L. 1947. *The Psychology of Rumor*. New York: Henry Holt.

Alvarado, M. & Boyd-Barrett, O. 1992. *Media Education: An Introduction*. London: British Film Inst.

American Library Association. 1989. *American library association presidential committee on information literacy*. https://www.ala.org/acrl/publications/whitepapers/presidential [1989-01-10].

Anthony, S. 1973. Anxiety and rumor. *The Journal of Social Psychology*, 89(1): 91-98.

Aufderheide, P. 1993. Media literacy: A report of the national leadership conference on media literacy. (Paper presented at the National Leadership Conference on Media Literacy). Queenstown, MD.

Austin, E. W. 2007. The message interpretation process model. *Encyclopedia of Children, Adolescents, and the Media*, 2: 535-536.

Austin, E. W., Pinkleton, B. E. & Funabiki, R. P. 2007. The desirability paradox in the effects of media literacy training. *Communication Research*, 34(5): 483-506.

Austin, E. W., Pinkleton, B. E., Hust, S. J. T., et al. 2005. Evaluation of an American Legacy Foundation/Washington state department of health media literacy pilot study. *Health Communication*, 18(1): 75-95.

Autry, A. J., Jr & Berge, Z. 2011. Digital natives and digital immigrants: getting to know each other. *Industrial and Commercial Training*, 43(7): 460-466.

Bawden, D. 2008. Origins and concepts of digital literacy. *Digital Literacies: Concepts, Policies and Practices*, 30(2008): 17-32.

Brown, C. & Czerniewicz, L. 2010. Debunking the ‘digital native’: beyond digital apartheid, towards digital democracy. *Journal of Computer Assisted Learning*, 26(5): 357-369.

Brown, J. A. 1998. Media literacy perspectives. *Journal of Communication*, 48(1): 44-57.

Bruns, A. 2007. Beyond difference: Reconfiguring education for the user-led age. (Paper presented at ICE 3: Ideas, Cyberspace, Education). Loch Lomond: UK.

Buckingham, D. 2003. Media education and the end of the critical consumer. *Harvard Educational Review*, 73(3): 309-327.

Castells, M. 2002. *The Internet Galaxy: Reflections on the Internet, Business, and Society.* Oxford: Oxford University Press.

Chen, D., Wu, J. & Wang, Y. M. 2011. Unpacking new media literacy. *Journal of Systemics, Cybernetics and Informatics*, 9(2): 84-88.

Chen, X. W., Goodson, P., Acosta, S., et al. 2018. Assessing health literacy among Chinese speakers in the U.S. with limited English proficiency. *Health Literacy Research and Practice*, 2(2): e94-e106.

Chorus, A. 1953. The basic law of rumor. *The Journal of Abnormal and Social Psychology*, 48(2): 313-314.

Christ, W. G. & Potter, W. J. 1998. Media literacy, media education, and the academy. *Journal of Communication*, 48(1): 5-15.

Chua, S. L., Chen, D. T. & Wong, A. F. L. 1999. Computer anxiety and its correlates: a meta-analysis. *Computers in Human Behavior*, 15(5): 609-623.

DiMaggio, P., Hargittai, E., Celeste, C., et al. 2004. From unequal access to differentiated use: A literature review and agenda for research on digital inequality. *Social Inequality*, 1: 355-400.

Duran, R. L., Yousman, B., Walsh, K. M., et al. 2008. Holistic media education: An assessment of the effectiveness of a college course in media literacy. *Communication Quarterly*, 56(1): 49-68.

Eastin, M. S., Cicchirillo, V. & Mabry, A. 2015. Extending the digital divide conversation: Examining the knowledge gap through media expectancies. *Journal of Broadcasting & Electronic Media*, 59(3): 416-437.

Eysenbach, G. 2001. What is e-health? *Journal of Medical Internet Research*, 3(2): e20.

Fernback, J. 2014. *Teaching Communication and Media Studies: Pedagogy and Practice*. London: Routledge.

Gilster, P. 1997. *Digital Literacy*. New York: John Wiley & Sons.

Hargittai, E. 2002. Beyond logs and surveys: In-depth measures of people's web use skills. *Journal of the American Society for Information Science and Technology*, 53(14): 1239-1244.

Hargittai, E. & Walejko, G. 2008. The participation divide: Content creation and sharing in the digital age. *Information, Community & Society*, 11(2): 239-256.

Hartley, J. 2002. *Uses of Television*. London: Routledge.

Hobbs, R. 2006. Reconceptualizing media literacy for the digital age. In A. Martin & D. Madigan (Eds.), *Digital Literacies for learning* (pp. 99-109). London: Facet.

Hobbs, R. 2010. *Digital and Media Literacy: A Plan of Action*. Washington, D. C. : The Aspen Institute.

Houk, A. & Bogart, C. 1974. *Media Literacy: Thinking about*. Dayton: Pflaum/Standard.

James, J. 2008. Digital divide complacency: Misconceptions and dangers. *The Information Society*, 24(1): 54-61.

Jenkins, H. 2006. *Fans, Bloggers, and Gamers: Exploring Participatory Culture*. New York: New York University Press.

Jenkins, H., Purushotma, R., Weigel, M., et al. 2009. *Confronting the Challenges of Participatory Culture: Media Education for the 21st Century*. Cambridge: The MIT Press.

Jeong, S. H., Cho, H. & Hwang, Y. 2012. Media literacy interventions: A meta-analytic review. *Journal of Communication*, 62(3): 454-472.

Jiang, Q. L., Chen, Z. H., Zhang, Z. Z., et al. 2023. Investigating links between Internet literacy, Internet use, and Internet addiction among Chinese youth and adolescents in the digital age. *Frontiers in Psychiatry*, 14: 1233303.

Jones, M. G. & Brader-Araje, L. 2002. The impact of constructivism on education: Language, discourse, and meaning. *American Communication Journal*, 5(3): 1-10.

Jung, Y., Peng, W., Moran, M., et al. 2010. Low-income minority seniors' enrollment in a cybercafé: Psychological barriers to crossing the digital divide. *Educational Gerontology*, 36(3): 193-212.

Kalmus, V., Pruulmann-Vengerfeldt, P., Runnel, P., et al. 2009. Mapping the terrain of "generation c": Places and practices of online content creation among Estonian teenagers. *Journal of Computer-Mediated Communication*, 14(4): 1257-1282.

Kellner, D. 2000. Multiple literacies and critical pedagogies: New paradigms. In P. P. Trifonas (Ed.), *Revolutionary Pedagogies. Cultural Politics, Instituting Education, and the Discourse of Theory* (pp. 196-221). Oxfordshire: Taylor & Francis.

Knobel, M. & Lankshear, C. 2007. Online memes, affinities, and cultural production. In M. Knobel & C. Lankshear (Eds.), *A New Literacies Sampler* (pp. 199-227). New York: Peter Lang Publishing.

Kupersmidt, J. B., Scull, T. M. & Benson, J. W. 2012. Improving media message interpretation processing skills to promote healthy decision making about substance use: The effects of the middle school media ready curriculum. *Journal of Health Communication*, 17(5): 546-563.

Leaning, M. 2009. *Issues in Information and Media Literacy (Vol. 2)*. Santa Rosa: Informing Science Institute.

Leaning, M. 2019. An approach to digital literacy through the integration of media and information literacy. *Media and Communication*, 7(2): 4-13.

Lee, E. J. & Kim, Y. W. 2014. How social is Twitter use? Affiliative tendency and communication competence as predictors. *Computers in Human Behavior*, 39: 296-305.

Lee, L., Chen, D. T., Li, J. Y., et al. 2015. Understanding new media literacy: The development of a measuring instrument. *Computers & Education*, 85: 84-93.

Lin, T. B., Li, J. Y., Deng, F., et al. 2013. Understanding new media literacy: An explorative theoretical framework. *Journal of Educational Technology & Society*, 16(4): 160-170.

Livingstone, S. 2004. What is media literacy? *Intermedia*, 32(3): 18-20.

Livingstone, S., van Couvering, E. & Thumim, N. 2008. Converging traditions of research on media and information literacies: Disciplinary, critical and methodological issues. In D. J. Leu, J. Coiro, M. Knobel, et al. (Eds.), *Handbook of Research on New Literacies* (pp. 103-132). New York: Routledge.

Livingstone, S. & van der Graaf, S. (2010). Media literacy. In W. Donsbach (Ed.), *The International Encyclopedia of Communication* (pp. 1-5). Hoboken: John Wiley & Sons.

Luke, T. W. 1989. *Screens of Power*. Urbana: University of Illinois Press.

Martens, H. 2010. Evaluating media literacy education: Concepts, theories and future directions. *Journal of Media Literacy Education*, 2(1): 1-22.

Martin, A. 2006. A European framework for digital literacy. *Nordic Journal of Digital Literacy*, 1(2): 151-161.

Masterman, L. 1997. A rationale for media education. In R. Kubey (Ed.), *Media Literacy in the Information Age* (pp. 47-48). New Brunswick: Transaction.

McCannon, R. 2009. Media literacy/media education: Solution to big media. In V. C. Strasburger, B. J. Wilson & A. Jordan (Eds.), *Children, Adolescents and the Media* (pp. 519-569). Thousand Oaks: Sage.

McGuire, W. J. 1964. Inducing resistance to persuasion: Some contemporary approaches. In Berkowitz, L. (Ed.), *Advances in Experimental Social Psychology (Vol. 1)* (pp. 191-229). New York: Academic Press.

Mehra, B., Merkel, C. & Bishop, A. P. 2004. The internet for empowerment of minority and marginalized users. *New Media & Society*, 6(6): 781-802.

Meyrowitz, J. 1998. Multiple media literacies. *Journal of Communication*, 48(1): 96-108.

Mossberger, K., Tolbert, C. J., & Stansbury, M. 2003. *Virtual Inequality: Beyond the Digital Divide*. Washington, D.C.: Georgetown University Press.

Norman, C. D. & Skinner, H. A. 2006. eHealth literacy: essential skills for consumer health in a networked world. *Journal of Medical Internet Research*, 8(2): e9.

Oh, H. J. & Lee, H. 2019. When do people verify and share health rumors on social media? The effects of message importance, health anxiety, and health literacy. *Journal of Health Communication*, 24(11): 837-847.

Pan, S. Y. & Jordan-Marsh, M. 2010. Internet use intention and adoption among Chinese older adults: From the expanded technology acceptance model perspective. *Computers in Human Behavior*, 26(5): 1111-1119.

Peacock, S. E. & Künemund, H. 2007. Senior citizens and Internet technology: Reasons and correlates of access versus non-access in a European comparative perspective. *European Journal of Ageing*, 4(4): 191-200.

Penman, R. A. & Turnbull, S. 2007. *Media Literacy: Concepts, Research and Regulatory Issues*. Canberra: Australian Communications and Media Authority.

Pezzo, M. V. & Beckstead, J. W. 2006. A multilevel analysis of rumor transmission: Effects of anxiety and belief in two field experiments. *Basic and Applied Social Psychology*, 28(1): 91-100.

Potter, W. J. 2012. *Media Effects*. Thousand Oaks: Sage.

Prensky, M. 2001. Digital natives, digital immigrants part 2: Do they really think differently? *On the Horizon*, 9(6): 1-6.

Rogers, E. M. 2003. *Diffusion of Innovation*. 5th edn. New York: Free Press.

Rozendaal, E., Lapierre, M. A., van Reijmersdal, E. A., et al. 2011. Reconsidering advertising literacy as a defense against advertising effects. *Media Psychology*, 14(4): 333-354.

Scheerder, A., van Deursen, A. & van Dijk, J. 2017. Determinants of Internet skills, uses and outcomes. A systematic review of the second-and third-level digital divide. *Telematics and Informatics*, 34(8): 1607-1624.

Scull, T. M., Kupersmidt, J. B., Parker, A. E., et al. 2010. Adolescents' media-related cognitions and substance use in the context of parental and peer influences. *Journal of Youth and Adolescence*, 39(9): 981-998.

Selwyn, N. 2004. Reconsidering political and popular understandings of the digital divide. *New Media & Society*, 6(3): 341-362.

Tapscott, D. 1998. *Growing up Digital: The Rise of the Net Generation*. New York: McGraw-Hill.

Toffler, A. 1981. *The Third Wave*. London: Pan Books.

Vahedi, Z., Sibalis, A. & Sutherland, J. E. 2018. Are media literacy interventions effective at changing attitudes and intentions towards risky health behaviors in adolescents? A meta-analytic review. *Journal of Adolescence*, 67: 140-152.

Valkenburg, P. M. 2000. Media and youth consumerism. *Journal of Adolescent Health*, *27*(2): 52-56.

van Deursen, A. J. A. M. & van Dijk, J. A. G. M. 2010. Measuring internet skills. *International Journal of Human-Computer Interaction*, 26(10): 891-916.

van Dijk, J. A. 2005. *The Deepening Divide: Inequality in the Information Society*. Thousand Oaks: Sage.

van Dijk, J. A. 2017. Digital divide: Impact of access. *The International Encyclopedia of Media Effects*, 1: 1-11.

van Dijk, J. 2020. *The Digital Divide*. Cambridge: Polity Press.

Wei, K. K., Teo, H. H., Chan, H. C., et al. 2011. Conceptualizing and testing a social cognitive model of the digital divide. *Information Systems Research*, 22(1): 170-187.

Xu, Y. & Huang, Y. J. 2021. Chinese middle-aged and older adults' Internet use and happiness: The mediating roles of loneliness and social engagement. *Journal of Applied Gerontology*, 40(12): 1846-1855.

Zurkowski, P. G. 1974. The information service environment relationships and priorities. Related paper no. 5. National program for library and information services. *National Commission on Libraries and Information Science, Washington DC*, No. 11: 1011-1033.

第四篇

新媒体的黑暗面

第9章 新媒体的去抑制性、去个性化与越轨行为

引　言

随着新媒体的流行与普及，一些负面的现象也在网络空间中出现，“狗粉丝”文化即是一例。“狗粉丝”文化起源于网络主播李某和孙某川，这两名家乡在四川的网络主播因为其种种博人眼球的直播方式吸引了一些粉丝。李某曾经在直播中将那些不送虚拟直播礼物的粉丝称为“狗粉丝”，而孙某川则因为在直播中与其邻居发生争吵而形成了“抽象话”，并被粉丝结合网络表情 emoji 亚文化形成了其独特的语言风格。

随着时间的推移，李某和孙某川因其直播中种种不良表现而引发了“狗粉丝”群体的不满，“狗粉丝”群体逐渐成为意图使李某、孙某川等被封杀的粉丝群体。在“狗粉丝”的举报下，李某、孙某川已不能在国内直播网站进行直播，而他们的微博则成为“狗粉丝”群体聚集的场域。在孙某川的微博中，“狗粉丝”群体评论种种无关的内容，涉及地域歧视、种族歧视、对孙某川家人的攻击，或将诸多负面新闻指控为是孙某川所为，甚至还夹杂有色情内容。

类似的网络负面现象还有以网络粗口为表现形式的“祖安文化”，可能造成严重后果的网络喷子、网络欺凌等。这些网络空间中的越轨（deviance）现象及其所造成的危害已不容忽视，新媒体的黑暗面亦需要我们正视和思考，分析这些网络越轨行为背后的成因，从而进行有效的预防和干预。

头脑风暴

- 如何理解“狗粉丝”文化？
- 新媒体环境如何促成了越轨行为的形成？

- 怎样理解和应对网络越轨行为？

本章内容要点

- 新媒体上的偏差与越轨行为。
- 新媒体的去抑制性、去个性化。
- 理解新媒体越轨行为的相关理论视角。

9.1 新媒体与越轨行为

关于越轨行为（deviance，或译为“偏差行为”）的概念，学者们有着多元的界定。Macionis（2018）将越轨定义为“违反了被认可的文化规范”，而 Thio（2009）则将其定义为“公众一致认可的，由重到轻的任何有偏差的行为”。Becker（1963）认为，“越轨”是被社会创造出来的，社会群体通过制定规范使得不符合规范的行为成为越轨。

越轨的行为取决于行动本身的性质和他人执行规范和判断的结果，而人们在制定规范以及对他人实施规范的能力方面的差异是由权力多寡带来的。这些规范本身是冲突和争论的产物，也是社会政治进程的一部分（Becker，1963）。因此，行动者的身份和受该行为伤害的人的身份影响了对越轨行为的认定。

关于越轨行为的研究，社会学家提出了诸多相关理论，主要可以分为结构功能主义（structural functionalism）、符号互动论（symbolic interaction）和冲突理论（conflict theory）的不同视角。其中，结构功能主义关注社会中的因素是如何聚集并互动形成社会整体的，代表性的研究包括 Émile Durkheim 的自杀论（theory of suicide）和 Robert Merton 的紧张理论（strain theory）。而符号互动论是一个相对微观的社会学理论框架，关注社会如何通过重复的个体间互动而被创造和维持，这一概念由 Herbert Blumer 提出，代表性的理论包括 Edwin Sutherland 的差别接触理论（differential association theory）、Howard Becker 的标签理论（labelling theory），James Wilson 和 George Kelling 的破窗理论（broken windows theory）。冲突理论则认为社会或组织运作使得每个参与者及其团体都在努力最大化自己的利益，这不可避免地导致了社会变革，例如政治变革和革命等。

新媒体的出现与日益普及，既给传统越轨行为提供了新的环境，也形成了一些网络空间中的越轨现象。网络欺凌、网络喷子、网络暴力、网络骚扰等越轨行为危害着人们的安全与健康，妨碍着社会的和谐稳定。

9.1.1　网络欺凌

网络欺凌（cyberbullying）是当下网络越轨行为中常见的现象。联合国儿童基金会将“欺凌”定义为“故意且重复发生的对他人具有攻击性的行为”，而“网络欺凌”则是发生在网络环境下的欺凌行为（UNICEF，2024）。网络欺凌现象可以分布于各种数字平台（蒋俏蕾和张自中，2022），广泛地涉及社交网站、网络游戏、聊天室、博客、即时消息应用程序和短信等。施加者以文本、图片或音视频等形式发布电子信息，意图对他人进行骚扰、威胁、排挤或散布关于他人的谣言。不同于传统的欺凌，发生在新媒体环境中的网络欺凌行为有时是以匿名的形式实施的。

近年来，网络欺凌已在国内外成为非常普遍的现象，而作为互联网的重要用户群体，青少年是网络欺凌中主要的受害者和加害者。2021 年 6 月 1 日起施行的新修订的《中华人民共和国未成年人保护法》中增设了网络保护专章，而 2023 年出台的《未成年人网络保护条例》则是我国第一部专门性的未成年人网络保护综合立法，二者都对未成年人遭受网络欺凌等问题提出针对性要求。在网络欺凌防治方面,《未成年人网络保护条例》要求网络产品和服务提供者应当建立健全网络欺凌行为的预警预防、识别监测和处置机制，设置便利未成年人及其监护人保存遭受网络欺凌记录、行使通知权利的功能和渠道，提供网络欺凌信息防护选项，建立健全网络欺凌信息特征库。

根据广州市青年文化宫、香港游乐场协会、澳门街坊会联合总会于 2016 年针对广州、香港、澳门及其他华人地区同步开展的有关青少年网络欺凌的调研项目结果显示，在 3965 份有效问卷中，过去一年曾经向别人施行网络欺凌的受访者占 68%（广州日报，2016）。调查形成的《青少年网络欺凌调查报告》显示，有 61.4% 受访者既是欺凌者也是受害人（广州日报，2016）。一项在新西兰开展的全国性调研显示，14.9%的新西兰成年人曾经是网络欺凌的攻击目标，其中 18—25 岁的年轻人有着最高程度的网络欺凌经历，而女性相比男性遭遇的网络欺凌更加严重（Wang et al.，2019）。一项针对瑞典青少年的研究则显示，15.1%的中学生只经历过现实中的欺凌（in-real-life bullying），17.2%只经历过网络欺凌，而 19.6%的中学生同时经历过两种类型欺凌（Landstedt & Persson，2014）。而且网络欺凌与现实生活中的欺凌行为也存在着一定的关联。

在目前的网络欺凌现象中，当下流行的“‘饭圈’文化”与网络欺凌交叠，也带来了“‘饭圈’网络欺凌”行为。“饭圈”是由粉丝聚集而成的网络社群，以数字媒介平台为聚集空间，开展具有共同兴趣的粉丝文化实践活动，塑造了既具备身份区隔性，又具备文化参与性的“‘饭圈’文化”（曾一果，2020）。“饭圈文化”的特点使得“饭圈”成为新媒体语境下滋生网络欺凌的温床之一。在“饭圈”环境下，出于“粉丝行为，偶像买单”和报复心理，“饭圈”成员在对明星本人进行网络欺凌之外，也会对特定的粉丝群体或粉丝个体进行攻击，通过人肉搜索、大量信息骚扰、言语辱骂等方式展开网络欺凌。

当前，网络欺凌已然成为网络越轨现象中范围广、危害大的偏差行为，相关的案例屡见不鲜，影响的群体也并不限于青少年群体，网络欺凌所造成的恶劣后果不容忽视。比如，2021 年 4 月，重庆一位初中女生因与其他同学产生矛盾，同学匿名向校园“表白墙”发帖对其进行诽谤，很快网上的不实信息和跟帖加上现实中的风言风语，让这位初中女生不堪重负，身心疲惫，不但产生了厌学情绪，心理问题也逐步显现并加剧，直至患上重度抑郁。后来，在检察机关的支持下，2023 年这位初中女生以名誉权遭受侵害导致其身心健康受到严重影响为由，向法院提起侵权民事诉讼，并于 2024 年在民事诉讼中胜诉，重拾对生活的信心。又如，马来西亚 TikTok 知名网红爱莎，长期遭受网络欺凌，欺凌者不断向其发送骚扰和攻击信息，致使其于 2024 年 7 月因不堪压力而结束了自己年仅 30 岁的生命。警方在调查相关记录后，逮捕了一名 44 岁的男性，该男性承认了两项网络欺凌罪名，并被判处 12 个月有期徒刑。

对于网络欺凌行为，旁观者（bystanders）具有突出的影响。一方面，旁观者效应会助长网络欺凌，而另一方面，旁观者干预（bystander intervention）对遏制网络欺凌具有积极的影响。研究者通过实验研究发现，网络欺凌者的数量、关于网络欺凌的原创信息和转发信息都会影响旁观者对网络欺凌的干预意愿和行为（Kazerooni et al.，2018）。尽管网络旁观者通常不愿意直接干预网络欺凌行为，但看到了多位网络欺凌者之后会增加旁观者参与干预的情况，而相对于看到关于网络欺凌的原创内容而言，网络旁观者在阅读到关于网络欺凌的转发内容时，其参与网络欺凌干预的意愿会降低（Kazerooni et al.，2018）。这些实证研究发现，对于我们调动网络旁观者的积极性，减少旁观者效应，通过旁观者干预来协助预防和遏制网络欺凌的发生具有重要意义。

9.1.2 网络喷子

网络喷子（trolling）是指“在网上发布或发送信息，意在激怒他人或者扰乱讨论话题和空间的人”（窦东徽等，2017：138）。由网络喷子所发表的网络仇恨言论或极端言论也是网络越轨行为中的一大类型。

网络游戏中不但会出现游戏霸凌，也是网络喷子行为出现的“重灾区”（蒋俏蕾和张自中，2022）。一项针对在线游戏中喷子行为的研究发现，年轻男性会频繁地参与网络喷子行为。其喷子行为的理由包括娱乐、无聊和复仇等等，可能表现为性别歧视、种族主义等类型（Thacker & Griffiths，2012）。而另外一项针对网络游戏中喷子行为的研究也证实，网络喷子行为的主要动机包括个人享受、复仇和寻求刺激（Cook et al.，2018）。

人们可能认为网络喷子是一类特殊群体，然而研究发现，当条件具备时，人人都有可能成为网络喷子（Cheng et al.，2017）。个人的心情和线上讨论的语境是喷子行为的基本触发机制。学者们研究发现，负面的个人情绪和糟糕的讨论语境会激发普通网民参与到网络喷子的活动之中，并且喷子行为可以在讨论中进行人际传播，持续存在进而在社群中进一步传播开来（Cheng et al.，2017）。喷子行为被当作一种自我表现的方式用以引起他人的关注，基于观念共合而形成的喷子群体，其内部互动可以在网络环境下催生出集群文化，并伴随着喷子群体的网络活动而不断发展传播（Ng 等，2019）。

9.1.3　其他网络越轨行为

除了网络欺凌和网络喷子行为之外，网络暴力、网络谣言、网络性骚扰等也是值得注意的网络越轨现象。

网络暴力也是一种颇具代表性的网络越轨现象。网民参与网络暴力的动机主要包括道德审判和宣泄式的攻击。侯玉波和李昕琳（2017：102）认为，“网民在网络上的暴力行为是社会暴力在网络上的延伸，网民通过对未经证实或已经证实的网络事件的发帖、回帖或网络创作，打着道德的名义对自认为不道德、不公正的现象进行讨伐，对网络事件的相关人群发表进攻性、侮辱性、谩骂性、诽谤性的言论，人肉搜索并公布当事人及其亲友的真实信息，以侮辱、漫骂，人身攻击和发布追缉令等方式来达到维护社会正义和伦理纲常，以实现群体性情绪宣泄为目的的网络行为”。网络暴力信息治理是网络空间治理的重要领域，《网络暴力信息治理规定》是我国首部以部门规章形式公布的反网络暴力专门立法，为持续构建网络暴力信息治理体系奠定了重要基础，对于网络空间治理意义重大。

“社会性死亡”从一个社会学术语演变为网络流行语，进而酿成一桩桩“社会性死亡”事件，其背后的推手也与网络暴力密切相关。一个原本是部分网友用以自嘲个人尴尬时刻的词语，以自我祛魅、自我解构的方式抛开日常生活所展演的光鲜亮丽，将不常为外人所知的荒诞故事公之于众。但当“社会性死亡”从主动变为被动时，却有可能成为网络暴力的尖刀。被动的“社会性死亡”表现为社交往来断绝、社会名望损害等“社会关系决裂与社会评价颠覆”，会对当事人的正常生活造成极大的负面影响且难以修复。源于网络暴力的被动性“社会性死亡”，是一些网民在结构性压力下由于触发性事件刺激而通过网络虚拟空间发送不友善内容对他人进行的伤害与污蔑，其中裹挟着一种“置之于死地”的泄愤快感。“社会性死亡”概念的流变及其带来的恶果警示我们，网络传播与现实社会的紧密互联，网络暴力会从线上蔓延至线下，并在现实生活中进行转化甚至升级，所造成的伤害后果往往超乎预期。每位网民都应对网络暴力保持警惕，坚决遏制，自觉维护健康的网络环境，从我做起，“勿以恶小而为之”。

可见，对网络暴力产生影响的因素包括社会环境、网络环境和网民心理因素等。在我国网民结构中，青少年网民占据了重要比例，也是新增网民的重要来源。然而网络暴力问题在青少年网民中也不容小觑，其中既有网络暴力的施暴者，也有网络暴力的受害者。江根源（2012：116）将青少年网络暴力视为“网络社区与个体生活环境的互动建构行为”，认为网络暴力在青少年群体中之所以普遍存在，首先与网络本身的匿名性有关，更与青少年个体所生活的家庭与社会环境紧密相关。因此，网络暴力治理作为一项系统工程，应坚持协同共治，离不开全社会的共同参与。

网络谣言也是网络暴力的一项促发因素。有研究发现，那些契合了网民道德焦虑并能激发网民多元、复合道德情绪的网络谣言，能够使网民形成对相关主体消极的道德判断，进而诱发网民实施网络暴力行为，由此网络谣言演化为网络暴力（刘绩宏和柯惠新，2018）。可见，对网络谣言相关主体的消极道德判断是网络谣言演化为网络暴力过程中的关键中介因素。

网络性骚扰（cyber sexual harassment）是另一种常见的网络越轨行为类型。传统意义上的性骚扰，通常包括性别骚扰（gender harassment）、不必要的性关注（unwanted sexual attention）以及性胁迫（sexual coercion）。在网络空间中发生的性骚扰行为还包括电子邮件骚扰（e-mail harassment）、网络跟踪（cyber-stalking）、网络诽谤（cyber defamation）、黑客（hacking）、编辑图片（editing pictures）、电子邮件欺骗（e-mail spoofing）、网络色情（cyber pornography）、网络性诽谤（cyber sexual defamation）、网络调情（cyber flirting）等等。一些研究者对互联网性骚扰者进行聚类分析后发现，参与网络性骚扰的越轨群体对于受害者缺乏同情心（Henry et al.，2010）。研究还发现，在线环境的刺激性与多种形式的网络性骚扰存在关联，而感知到在线环境中可以接受公然的偏见会加剧网络性骚扰的发生和进行网络性骚扰的意图（Ritter，2014）。

9.2 去抑制性与新媒体越轨行为

9.2.1 去抑制性

与去抑制性（disinhibition）对应的概念为抑制性（inhibition），是指行为受到自我意识的约束、对公众评价的担忧等情况。去抑制性是由 Joinson 最先提出的概念，是指在互联网环境下，个体减少对自我表现和他人评价的关注，从而表现出的一种不受约束或控制的行为（Joinson，2006）。在网络去抑制性效应之下，一些网络用户在线上表现得攻击性很强，而在线下则显得羞涩。以“狗粉丝”现象为例，根据一些媒体对“狗粉丝”群体的报道，“狗粉丝”群体在线下的表现与其在线上的攻击性行为大相径庭。

线上去抑制性的行为包括传播（自我暴露和谩骂）和信息获取（搜寻色情信息）。高网络去抑制的个体，其本我的表达缺少监管，在面对压力所带来的负面情绪时，往往会有更大的可能性去实施网络欺凌；而低网络去抑制的个体则有相对较小的可能性去实施网络欺凌（张雪晨等，2019）。

造成去抑制性的主要因素包括分离的匿名性（dissociative anonymity）、隐形性（invisibility）、同步性（synchronicity）、自我中心的内向投射（solipsistic introjection）、分离的想象力（dissociative imagination）以及权力的最小化（minimization of authority）等，研究发现，人格相关变量对于去抑制性也有影响（Suler，2004）。

9.2.2　不确定性减少理论

不确定性减少理论（uncertainty reduction theory）能够解释去抑制性现象的成因。人际关系中常常充满了不确定性，个体将通过交往来减少这种不确定性。人们的社交过程也是自我表露的过程，当人际交往的不确定性减少时，人们对自己言行的约束可能会有所减少，从而造成去抑制现象。

不确定性减少理论由 Charles R. Berger 和 Richard J. Calabrese 提出，该理论认为，人际交往的不确定性与以下关键变量密切相关，包括语词输出（verbal output）、非言语的温暖（nonverbal warmth）、信息搜寻（information seeking）、自我表露（self-disclosure）、互惠性（reciprocity）、相似性（similarity）、喜爱程度（liking）等（Berger & Calabrese，1975）。减少不确定性是人际交往的核心动力，正因为如此，减少不确定性能够促进人际关系的发展（周爱保和周鹏生，2008）。在最初的相遇中，陌生的交际双方都试图获取相应信息以推断下一步的行为。信息的汇集通常伴随着自我表露，人际关系就随着自我表露和信息的共享而得到增强，而这一增强也受制于许多因素，个体有能力通过建立相互作用的模式来减少不确定性。基于对未来互动和激励价值的期待，以及为了减少越轨者的不确定性，人们都会觉得有必要减少交往过程中的不确定性。

9.3　去个性化与新媒体越轨行为

9.3.1　去个性化

去个性化（deindividuation）概念的核心思想来源于 Gustave Le Bon。Le Bon

（1908）认为群体中的匿名性导致人自我意识的丧失，抑制的减弱增加了人们展现出卑劣动物性本能的可能性，去个性化是成为人群中的成员所导致的一种消除了对个人行为约束的“浸没”（submergence）状态。尽管这些想法被认为是推测性的，但仍在社会心理学领域对解释群体行为产生了重要的影响。

关于去个性化，不同学者都有所论述。Leon Festinger 等学者认为，当一个人没有在群体中被个性化时，成员的内部约束可能会减少。Philip Zimbardo 则认为，匿名（anonymity）、觉醒（arousal）、感官过载（sensory overload）、改变思维能力的药物（mind-altering drugs）以及自我专注的减少（reduction in self-focus）会导致去个性化，从而导致越轨的行为（Zimbardo，1969）。可见，去个性化理论认为，匿名性导致社会责任感的降低和个人在群体中的浸没，继而丧失自我意识，削弱对反规范、反社会行为的限制能力（Festinger et al.，1952；Prentice-Dunn & Rogers，1989）。早期对计算机中介传播的研究认为由于电脑带宽有限，计算机中介传播会削弱社会规范和社会影响，导致去抑制和去管制行为，去个性化理论常被用来解释该现象。

社会心理学研究认为，去个性化是在群体中感到个体性的丧失，对自身行为的觉察和控制下降，进而产生在单独活动时不会出现的行为，即以非常态的、反规则的方式行动（陈云祥等，2019）。造成去个性化的原因包括了问责线索的减少和自我意识的减少。

去个性化是青少年网络问题中较为常见的现象。去个性化会导致青少年自我观察和评价意识的降低，促使不道德行为的增加（陈云祥等，2019），在网络社交中表现为丧失自我特性和个体责任。

9.3.2 去个性化效应的社会认同模型（SIDE 模型）

去个性化效应的社会认同（social identity model of deindividuation effects，SIDE）模型于 1995 年提出（Reicher et al.，1995），并在 Russell Spears 和 Tom Postmes 于 2015 年发表的《社会认同、社会影响与线上集体行为：SIDE 模型的拓展与应用》（“Group Identity，Social Influence and Collective Action Online: Extensions and Applications of the SIDE Model”）学术论文中进行了详细的梳理与阐释（Spears & Postmes，2015）。

SIDE 模型的理论来源是社会认同路径，即社会认同理论（social identity theory）（Tajfel & Turner，2000；Turner et al.，1987）和自我归类理论（self-categorization theory）（Turner et al.，1987；Potter & Wetherell，1987），强调群体身份认同和规范对集体行为和群体极化的重要作用。社会认同路径拒绝了上述由 Le Bon 开始并被其他研究者发展的去个性化的解释方式，其最根本的不同在于去个性化理论认为群体内的匿名性导致了身份的丧失和社会行为的去规制化，而社会认同路径认为匿名性恰恰增加了社会身份和社会规范对个体的显著影响。社会认同路径为 SIDE 模型提供了理论框架，在此基础上 SIDE 模型为分析特定技术的效果提供了更具体的指向。

可见，同样是关注去个性化现象，SIDE 模型提供了与传统去个性化理论不同的新视角，二者的区别主要体现在以下三个方面。在去个性化发生的条件或去个性化操作方面，去个性化理论探究了许多外部条件；而 SIDE 模型主要关注匿名性。在去个性化的发生机制方面，在去个性化理论中，去个性化发生的机制是自我意识、自我控制力等自我功能的丧失；而在 SIDE 模型中则是个体的社会认同及其显著性。在去个性化行为方面，去个性化理论关注的是反规则、反社会行为；而 SIDE 模型则认为这种行为是对情境（或群体）规则的遵守，并且这种行为的表现具有策略性。总体而言，去个性化理论侧重于从个体心理的角度研究去个性化现象，群体是个体的影响因素；而 SIDE 模型则从个体与群体或群际之间的关系角度解释去个性化现象，更注重揭示去个性化的社会心理实质。SIDE 模型将去个性化行为看作是群体规则的表现，而不是个体具有本能性质的、被抑制行为的释放，使得研究者能在更广阔的领域内研究去个性化现象（兰玉娟和佐斌，2009）。

SIDE 模型挑战了去个性化是一定条件下个体失去自我而做出反规则、反社会行为的观点，认为去个性化不是自我的丧失，而是自我从个人认同转化为社会认同，结果表现为对群体规则的遵守；而去个性化操作对群体成员策略性的表达认同行为有影响，特别是面对外群体的反对时，去个性化操作将为群内成员表达认同行为提供“力量”（power）。这两个方面分别构成了 SIDE 模型的认知维度和策略维度（Reicher et al.，1995）。

具体而言，SIDE 模型的认知维度认为，匿名性并不会导致群体中的个体失去对自我和身份认同的感知，而是个人的身份认同向群体身份认同转化了，群体身份认同的获得使得人们对规范变得更加敏感。SIDE 模型认知维度的解释力就在于，根据具体情境中身份认同的规范，既可以解释攻击性行为也可以解释互助性行为。这种解释是对原本去个性化理论的逆转，即去个性化并不意味着群体中自我的丧失，而是意味着自我中群体的出现。集体行动不是反规范和去抑制的，而是对显性或隐性规范的服从。此外，这种服从并不是因为丧失自我意识或身份认同，而是通过共享身份认同提高群体意识，并以群体的方式行事，这一过程就是“去个体化或去个人化”（depersonalization）。而 SIDE 模型的策略维度是指特定技术结构或社会情境所提供的可能性和制约力在身份认同的棱镜下被解释和利用。策略维度从两个重要方面发展了去个性化研究。一方面，它包含了身份认同的层级分析；另一方面，它又一次强调了身份认同的选择取决于身份认同的显著性。总体而言，SIDE 模型策略维度的实证研究认为，SIDE 模型展现出策略性效果还是认知性效果与权力是否存在差异有关。当权力存在差异时，权力下位的群体更有可能展现出策略性维度，如利用计算机辅助传播中的“化名”（pseudonymity）来掩饰群体身份。以性别群体为例，如果女性认为与男性相比处于劣势，则可能选择不透露自己的性别身份。这体现了网络乌托邦的观点，即计算机辅助传播是跨越权力差异的一种方式，可以解除在日常生活中限制我们的强制性身份。然而，这也会使得女性群体在网络上变得不可见。矛盾之处在于，女性主动隐藏性别身份，不论是在表面还是现实意义上，都会让位于男性群体使其占据主导。另一方面，网络作为一种强大的建立联系的通信工具，可以强化权力弱势群体成员之间的联系，支持他们协调开展集体行动。权力弱势群体在网络上隐藏身份，就是为了减少被污名化攻击的可能性。因此相较于面对面交流，网络可以在权力弱势群体的行动中发挥更强的功能。

总之，从 SIDE 模型的认知维度角度而言，群体内个体的匿名性减少了他者的个体化，使群体身份得以凸显；而从 SIDE 模型的策略维度来看，对外部群体的匿名性则削弱了对外部群体的责任感，继而容许了原本会被外部群体制裁和惩罚的行为。SIDE 模型的认知维度分析了技术特征如何影响了特定身份的显著性和运作方式，而策略维度则分析了当身份认同表达受限于被其他群体监视的规范时，技术特征如何影响身份认同的表达。目前，很多 SIDE 模式相关的研究关注的技术特征包括计算机辅助传播的视觉匿名性以及计算机辅助传播产生的社会支持。实际上，SIDE 模型的核心不是匿名性而是个体或群体的在线表征（online representation）。去个性化理论所主张的匿名性使得人们表现出异常行为的观点是对匿名性问题化和简单化的理解，但其实在计算机辅助传播中真正的匿名性是很少见的，通常表现为化名，交流者可以被追踪但是无法在原位中被识别，用户利用技术展现出来或隐藏起来的内容为其个人身份和社会身份提供线索。因此，对于 SIDE 模型来说，重要的是群体或群体中个体的视觉在线表征。SIDE 模型认为，技术特征产生的社会效果取决于原位的社会关系，始终有必要考虑在特定的社会情境中，哪些身份可能被激发，同时这些社会情境和身份又与哪些规范相联系。虽然视觉匿名性凸显了这些内容，但效果还取决于社会身份或者个体身份的显著性。既有研究表明，当视觉匿名性不显著时，匿名并不会导致更大的群体影响力，所以不能将计算机辅助传播具体化和本质化为一定会导向更强的社会影响。因此，SIDE 模型避免了技术决定论和社会决定论，并且能够对技术和社会因素如何相互作用进行灵活的分析。

SIDE 模型从认知维度和策略维度阐释了技术对身份认同和集体行动的影响。在计算机中介传播中，匿名性并没有将个体与群体分离，反而加强了群体对个体的影响，产生了群体规则遵守、群体吸引，刻板印象和群际差异等效果，这验证和拓展了 SIDE 认知维度的观点。而在策略维度方面，个体策略性地利用计算机中介传播的匿名性以做出相应行为的案例也有很多。

SIDE 模型已被用于解释不同的社会现象，其中许多与群体过程相关，如影响力、刻板印象、群体凝聚力、权力关系等，并提供了用来了解和指导不同领域应用的框架，如小组决策、合作学习和工作、集体行动等。既有研究已经从 SIDE 模型的基本陈述中延展开来，并与广泛的社会心理过程相联系，分析各种新旧媒介的影响。早期对传播技术的研究围绕匿名性展开，体现了 SIDE 模型的认知维度。而更新的研究则聚焦社会媒体和博客等新媒体的大众传播潜力，强调了其对集体行动的影响，这同时体现了 SIDE 模型的认知和策略维度的效果。到目前为止，SIDE 模型的认知维度和策略维度已经在不同媒介中被不同规模的实验研究或田野实证研究证实。随着新媒体技术的不断发展，SIDE 模型也会不断推进，它目前对分析媒介效果仍非常具有启发性。

9.3.3　群体极化

群体极化（group polarization）的概念可以追溯到美国学者 James Stoner 的研究。Stoner 在 1961 年研究群体讨论及决策时，意外发现群体讨论之后的决策要比讨论之前的决策更具有冒险性，他使用了“冒险性偏移”（risky shift）来指代这一现象（Stoner，1961）。之后的研究则发现，群体讨论的结果也有可能出现相反的情况，即发生讨论前群体对某一议题呈谨慎倾向，而在讨论之后谨慎倾向变得更为明显，于是出现了“谨慎性偏移”（cautious shift）。Serge Moscovici 和 Marisa Zavalloni 等学者首次使用了“极化”（polarization）和“极化效果”（polarization effect）来描述这些现象（Moscovici & Zavalloni，1969）。

美国学者 Cass R. Sunstein 在《网络共和国：网络社会中的民主问题》一书中提出了群体极化的定义，即团队成员一开始既有某种偏向，在商议之后人们朝偏向的方向继续移动，最后形成极端的观点（桑斯坦，2003）。可见，在群体讨论之前，群体对于某个议题有一个初始的态度倾向，而在群体讨论之后，群体的决策可能会朝这个初始方向偏移得更远。换言之，群体极化所讨论的核心问题不是群体成员态度的分布，而是群体态度在群体讨论前后的改变（蒋忠波，2019）。

群体极化是指经由群体讨论得出的结果比群体中个体态度的平均水平更极端。这种类型的群体行为并不能简单地解释为从众，因为如果每个群体成员都服从群体，那么他们的态度应该更平均而不是更极端。社会认同路径很好地解决了这个问题，即在解释群体讨论结果极化的同时反映了从众过程，认为群体讨论中的规范或典型立场不仅能反映群体的平均立场，而且还反映了该群体与更广泛的社会参考框架中其他人的区别。因此，当我们在群体内的一致性中加入群体间的差异性时，更极端的结果可能产生。社会认同路径的精妙之处就在于它既可以解释更极端的群体决策也可以解释更谨慎的群体决策。

网络环境下的社会互动过程，将导致以心理群体或舆论群体形式存在的社会公众的意见极化。研究认为，新媒体特别是社交媒体的技术属性，为群体极化这一过程提供了物质基础，选择性信息接触和社会背书构成了两种基本的解释机制（夏倩芳和原永涛，2017）。群体极化与公众选择性接触内容有关，而碎片化的阅读也使得网民形成了思维惰性，不太愿意接触需要思考的内容。比如，研究者通过对“浙江温岭杀医案”中的群体极化现象进行分析后认为，群体极化现象通常由触及网民敏感情绪的，或汇集了明显矛盾、涉及相对弱势群体且强势一方未妥善及时处理甚至试图隐瞒真相的事件引发（辛文娟和赖涵，2015）。另外，社会“气压”下，敏感议题出现、舆论领袖引导、网民群体协同、政府及主流媒体表态以及舆情引导等因素都有可能影响网络群体极化的发展（辛文娟和赖涵，2015）。学者们通过分析“江歌案”中网络群体极化的现象，总结出了移动互联网环境下的群体极化发生机制：争议性源头事件刺激社会现实矛盾是群体极化的根源；自媒体发声煽动公众的非理性情绪触发群体极化；网民的移动互联网媒介使用习惯，如选择性接触、碎片化阅读和激进化表达，加速极端倾向的形成；群体传染、暗示等心理在移动互联网的传播流程和信息级联效应中发挥作用，加速极端情绪扩散；移动互联网“回音室”效应和算法推荐固化了网络舆论的极端倾向；应当担负起理性引导责任的专业媒体、网络监管及网民媒介素养等未能起到应有作用；群体极化现象在上述诸多因素的交互作用之下产生（黄河和康宁，2019）。

9.4 新媒体越轨行为的其他相关理论

除了用去抑制性、去个性化来解释新媒体环境下的越轨现象之外，第三人效果、黑暗人格和多元无知等相关理论中的观点也与越轨行为具有一定的关联，有助于对新媒体越轨行为的理解。

9.4.1 第三人效果

第三人效果（third person effect）是美国学者 W. P. Davison 在 1983 年提出的理论假设。该假设认为，劝服传播所面对的受者倾向于认为他人（即“第三人”）所受的影响要比自己所受的影响大，基于这种认知，人们可能采取某些行为。他们的理由是“我不会受到影响，但别人（即‘第三人’）会被劝服而受到影响”（Davison，1983）。第三人效果假设有两个层面：一是与感受有关，人们认为大众传播的消息对其他人会比对自己有更大的效果；二是与效果有关，因为有了这样的感受，人们会采取相应的行动。而这些行动就导致原本的消息产生了效果，虽然是不那么直接的效果。

在网络环境下，第三人效果同样存在，而在网络意见的形成中，第三人效果存在着延时的现象。从网络意见的形成过程来看，网络事件发生伊始，人们普遍缺乏对事件的了解，处于搜集信息、了解情况阶段，网络意见在这一阶段往往呈现出非理性的特点。随着信息越来越多，人们从了解事件到认知事件并形成自己的独立判断，从而对事件进行反思，这就是网络意见中第三人效果产生的过程，也是网络意见理性化的过程。人们在网络意见的形成中会表现出“为了他人利益”的行为，即给予事件当事人客观公正的评价，对其他网民的非理性意见予以纠正（关德兵，2009）。然而，在这种网络意见理性化的过程中，不可避免地会出现一些不理性的越轨行为，需要注意并及时纠正。

9.4.2　黑暗人格

关于黑暗人格，有黑暗三人格（Dark Triad）的表述，包括马基雅维利主义（Machiavellianism）、自恋（narcissism）和精神病态或心理变态（psychopathy）。其中，马基雅维利主义借用意大利政治学家马基雅维利之名，用以揭示权力使用上的个体差异和权力在普通人群中的非平均分配（Christie & Geis，1970）。马基雅维利主义者在心理和行为上一般表现为冷酷无情、擅长操纵、阴谋算计、实用主义、注重结果和忽视道德。自恋作为日常话语源于希腊神话故事，精神分析学派较早关注自恋的人格心理学意义。Sigmund Freud 将其视为一种人格障碍，属于临床和变态心理学研究的领域。Heinz Kohut 认为自恋是普通人人性的一部分，从而将自恋引入人格和社会心理学（Kohut，1971）。亚临床阶段的自恋一般具有以自我为中心、爱慕虚荣、自我吹嘘、支配性、优越感、傲慢无礼和自以为是等特征。精神病态最初被定义为一种以反社会心理和行为为特征的人格障碍（Hare，1991）。早期对精神病态的理解局限在临床和变态心理学范围内，随着研究的深入，研究者发现，精神病态者（psychopaths）并非都是患者或罪犯，正常人也有病态心理和病态行为。作为人格特质，精神病态在行为上一般表现为行为冲动、寻求刺激、缺乏共情、缺乏责任感和缺乏焦虑。三者的行为特征具有某种共性，表现为自以为是、冷酷无情、表里不一、有攻击性（秦峰和许芳，2013），而这些共性有可能导致新媒体环境下的越轨行为。

德国学者 Morten Moshage 提出了性格中的一般黑暗因素（general dark factor of personality），即 D 因素存在于人群中，并且这一因素符合指标无关原则（Moshagen et al.，2018）。这表明，类似于智力测试中的一般智力因素（g 因素），性格中的黑暗因素也表现出一种跨情境的一致性，即无论在哪个测试中，只要测试足够复杂且条目足够多，就能可靠地测量出一个人的黑暗性格特质。D 因素可以被定义为以他人利益为代价，把自己利益最大化，并伴有正当化自己邪恶行为的基本倾向。那些 D 因素指数高的人，会追求利益最大化，哪怕那意味着违背他人的意愿，甚至给他人带来不好的结果，因为在他们的定义中，利益就意味着成就目标。组成D因素的九个特征包括，自我，即对个人乐趣或优势的过度在意，而忽视集体的利益；马基雅维利主义，表现为控制欲强，冷酷无情，倾向于谋划和算计；道德缺失，作为一种广义的认知倾向，使个体有一种不同的思维方式，强烈地诱导了个体的不道德行为；自恋，是一种强烈地加强自我意识的倾向；心理权利，即持续认为自己值得得到更多，并比别人更有资格的感觉；精神变态，表现为没有情感，麻木不仁，缺乏自控能力，容易冲动；施虐倾向，即故意造成别人身体、性或心理上的痛苦和折磨来维护权力和主导地位，或取得快感与享受；利己主义，指在社会认同有价值的领域内追求利益，包括物质商品、社会地位、社会认可、学术或事业成就，以及幸福快乐等；怀恨在心，指的是一种害人害己的倾向，这种伤害可以是社会上的、经济上的、身体上的，也可以是给他人带来的一种不便（Moshagen et al.，2018）。

9.4.3 多元无知理论

多元无知理论（pluralistic ignorance）指大众对他人的态度和意见容易产生错误的判断。具体而言，是在实际多数意见及其感知意见之间有较大差异的一种情况（Shamir & Shamir，1997）。Hubert J. O’Gorman认为，多元无知是社会共有的认知模式，即被社会所接纳但与事实并不相符的对社会的看法，并强调“无知”并非普通意义上的“不知道”，也不是指个人对他人意见的错误认知，“多元无知”是“共享错误想法”（shared false ideas），可理解为某一议题的实际民意分布和人们认为的民意分布之间可能存在偏差（O’Gorman，1986）。

Charles Korte进一步提出了绝对多元无知（absolute pluralistic ignorance）和相对多元无知（relative pluralistic ignorance）的概念。其中，绝对多元无知是指在某一问题上，人们所认知的多数意见实际上是少数意见，反之亦然；而相对多元无知则是指人们所认为的多数意见与实际的多数意见方向一致，但该意见的赞同程度或力度却被明显地高估或低估了（Korte，1972）。

可见，在多元无知的情况下，网络用户容易产生集体的错误判断，以自己所认为的多数意见评判事件，从而导致越轨行为的发生，因此需要对民意进行合理的引导。比如，学者Albert C. Gunther和Stella Chih-Yun Chia发现媒介说服推论（persuasive press inference）与敌意媒介感知（hostile media perception）的共同作用导致了多元无知现象的产生，对新闻报道的群体认知可能是预测多元无知的一个关键因素，对媒体报道偏向的感知能预测民意的集体误判（Gunther & Chia，2001）。

9.5 本章小结

新媒体环境带来了一系列积极的影响，但在新媒体的阴暗面，形式多样的越轨现象也同样值得关注。新媒体环境中越轨行为的成因与去抑制性和去个性化等因素有着密切关系。本章首先回顾了越轨行为在社会学中的意义，介绍了新媒体中越轨行为的概念，从而形成对新媒体环境下越轨现象的基本认知。随后，本章从去抑制性和去个性化两个关键概念着手，分析新媒体越轨行为背后的原因，并结合第三人效果、黑暗人格、多元无知理论等试图对新媒体越轨现象进行阐释。

现今，以网络欺凌、网络喷子、网络暴力、网络谣言、网络性骚扰等为代表的网络越轨行为已然成为网络空间中亟须治理的问题，引起了国家和社会各界的重视，国家陆续出台了相关的政策法规来对这些新媒体越轨现象进行治理。这些问题的背后，是新媒体空间中的去抑制性与去个性化。其中，去抑制性是指在新媒体环境下，个体减少对自我表现和他人评价的关注从而表现出的一种不受约束或控制的行为。而传统去个性化理论认为，个体在群体中感到个体性的丧失，对自身行为的觉察和控制下降，进而产生在单独活动时不会出现的行为，即以非常态的、反规则的方式行动，在网络社交中表现为丧失自我特性和个体责任。SIDE 模型以社会认同路径为理论框架，颠覆了对去个性化和群体极化的一般解释，认为去个性化和群体极化实际上都是强有力的社会规制的标志，提供了一个有助于理解媒介效果、社会影响和相关集体行动的社会心理过程的框架。去抑制性和去个性化带来的责任分散导致了诸多网络越轨行为。除此之外，第三人效果、黑暗人格与多元无知理论等也为新媒体越轨行为提供了有力的解释。

网络空间是亿万民众共同的精神家园，网络空间天朗气清、生态良好是广大网民的共同期待。近年来，网络越轨现象已经引起了国家的高度重视。我国全面推进网络法治建设，系统施策营造综合治理新生态，持续开展“清朗”系列专项行动，加强未成年人网络保护，深化网络举报和辟谣工作，不断优化社会协同治理的制度机制，凝聚网络治理强大合力，网络空间生态环境日益清朗。对“饭圈”“黑界”“祖安文化”等涉及未成年人的不良网络社交行为和现象进行治理；对涉及未成年人的网络社交中出现的侮辱谩骂、人身攻击、恶意举报等网络欺凌和暴力行为，以及敲诈勒索、非法获取个人隐私等违法活动予以查处；对相关 QQ 账号、群组等通报相关企业，依法依规采取关闭群组、关闭账号等处置措施。我国出台了《中华人民共和国网络安全法》《中华人民共和国数据安全法》《中华人民共和国个人信息保护法》《网络信息内容生态治理规定》等法律法规和管理规定，完成了网络法律体系的基本构建。党的二十届三中全会审议通过的《中共中央关于进一步全面深化改革、推进中国式现代化的决定》对“健全网络综合治理体系”作出系统部署，其中专门提出“加强网络空间法治建设，健全网络生态治理长效机制，健全未成年人网络保护工作体系”。未来，国家针对种种网络越轨现象的治理必将有更多新的举措，同时，治理和应对新媒体越轨行为也需要新媒体使用者的共同参与。

思考题

- “人人都有可能成为网络喷子”是危言耸听吗？
- 如何有效地治理网络暴力？
- 如何理解新媒体环境中的群体极化现象？

参 考 文 献

陈云祥, 王书剑, 刘翔平. 2019. 青少年归属需要满足与去个性化网络行为: 有调节的中介模型. 中国临床心理学杂志, 27(6): 1256-1259.

窦东徽, 罗明明, 刘肖岑. 2017. 网络喷子: 演变过程、产生机制及干预路径. 现代传播(中国传媒大学学报), (10): 138-142.

关德兵. 2009. 网络环境下“第三人效果”延时. 国际新闻界, (2): 38-41.

广州日报. 2016. 六成受访青少年既是网络欺凌者也是受害者. https://gd.sina.cn/news/gz/2016-12-16/detail-ifxytqax6275000.d.html [2016-12-16].

侯玉波, 李昕琳. 2017. 中国网民网络暴力的动机与影响因素分析. 北京大学学报(哲学社会科学版), 54(1): 101-107.

黄河, 康宁. 2019. 移动互联网环境下群体极化的特征和生发机制: 基于“江歌案”移动端媒体文本和网民评论的内容分析. 国际新闻界, (2): 38-61.

江根源. 2012. 青少年网络暴力: 一种网络社区与个体生活环境的互动建构行为. 新闻大学, (1): 116-124.

蒋俏蕾, 张自中. 2022. 隐蔽而日常: 游戏霸凌机制探究. 中国青年研究, (7): 72-80.

蒋忠波. 2019. “群体极化”之考辨. 新闻与传播研究, 26(3): 7-27, 127.

凯斯·桑斯坦. 2003.网络共和国: 网络社会中的民主问题. 黄维明译. 上海: 上海人民出版社.

兰玉娟, 佐斌. 2009. 去个性化效应的社会认同模型. 心理科学进展, 17(2): 467-472.

刘绩宏, 柯惠新. 2018. 道德心理的舆论张力: 网络谣言向网络暴力的演化模式及其影响因素研究. 国际新闻界, (7): 37-61.

秦峰, 许芳. 2013. 黑暗人格三合一研究述评. 心理科学进展, 21(7): 1248-1261.

夏倩芳, 原永涛. 2017. 从群体极化到公众极化: 极化研究的进路与转向. 新闻与传播研究, 24(6): 5-32, 126.

辛文娟, 赖涵. 2015. 群体极化视域下网络舆情的演化机制研究: 以微博网民讨论“浙江温岭杀医案”为例. 情报杂志, 34 (2): 47-52.

曾一果. 2020. 从“圈地自萌”到“文化出圈”——社交媒介环境下“饭圈”文化的自我突破. 人民论坛・学术前沿, (19): 6-13.

张雪晨, 褚晓伟, 范翠英. 2019. 同伴侵害和网络欺负:一个有调节的中介模型. 中国临床心理学杂志, 27(1): 148-152.

周爱保, 周鹏生. 2008. 人际交往的不确定性减少理论(URT)述评. 心理科学, 31(6): 1499-1501.

Ng, J. C. Y., 章琳娅, 谭清美. 2019. “网络喷子”: 经典扎根理论视角下个体到集群的文化生发与互动过程研究. 江南大学学报(人文社会科学版), 18(4): 38-49.

Becker, H. S. 1963. *Outsiders: Studies in the Sociology of Deviance*. London: Free Press of Glencoe.

Berger, C. R. & Calabrese, R. J. 1975. Some explorations in initial interaction and beyond: Toward a developmental theory of interpersonal communication. *Human Communication Research,* 1(2): 99-112.

Cheng, J., Bernstein, M., Danescu-Niculescu-Mizil, C., et al. 2017. Anyone can become a troll: Causes of trolling behavior in online discussions. *Proceedings of the 2017 ACM Conference on Computer Supported Cooperative Work and Social Computing,*: 1217-1230. https://doi.org/10.1145/2998181.2998213 [2017-02-25].

Christie, R. & Geis, F. L. 1970. *Studies in Machiavellianism*. New York: Academic Press.

Cook, C., Schaafsma, J. & Antheunis, M. 2018. Under the bridge: An in-depth examination of online trolling in the gaming context. *New Media & Society,* 20(9): 3323-3340.

Davison, W. P. 1983. The third-person effect in communication. *Public Opinion Quarterly,* 47(1): 1-15.

Festinger, L., Gerard, H. B., Hymovitch, B., et al. 1952. The influence process in the presence of extreme deviates. *Human Relations*, 5: 327-346.

Gunther, A. C. & Chia, S. C. Y. 2001. Predicting pluralistic ignorance: The hostile media perception and its consequences. *Journalism & Mass Communication Quarterly,* 78(4): 688-701.

Hare, R. D. 1991. *Manual for the Hare Psychopathy Checklist-Revised*. Torento: Multi-Health Systems.

Henry, O., Mandeville-Norden, R., Hayes, E., et al. 2010. Do Internet-based sexual offenders reduce to normal, inadequate and deviant groups? *Journal of Sexual Aggression,* 16(1): 33-46.

Joinson, A. N. 2006. Disinhibition and the Internet. In J. Gackenbach (Ed.), *Psychology and the Internet: Intrapersonal, Interpersonal, and Transpersonal Implications* (pp. 63-80). Cambridge: Academic Press.

Kazerooni, F., Taylor, S. H., Bazarova, N. N., et al. 2018. Cyberbullying bystander intervention: The number of offenders and retweeting predict likelihood of helping a cyberbullying victim. *Journal of Computer-Mediated Communication,* 23(3): 146-162.

Kohut, H. 1971. *The Analysis of the Self.* New York: International Universities Press.

Korte, C. 1972. Pluralistic ignorance about student radicalism. *Sociometry*, 35(4): 576-587.

Landstedt, E. & Persson, S. 2014. Bullying, cyberbullying, and mental health in young people. *Scandinavian Journal of Public Health,* 42(4): 393-399.

Le Bon, G. 1908. *The Crowd: A Study of the Popular Mind*. London: T. Fisher Unwin.

Macionis, J. J. 2018. *Sociology*. London: Pearson Education.

Moscovici, S. & Zavalloni, M. 1969. The group as a polarizer of attitudes. *Journal of Personality and Social Psychology,* 12(2): 125-135.

Moshagen, M., Hilbig, B. E. & Zettler, I. 2018. The dark core of personality. *Psychological Review*, 125(5): 656-688.

O'Gorman, H. J. 1986. The discovery of pluralistic ignorance: An ironic lesson. *Journal of the*

History of the Behavioral Sciences, 22(4): 333-347.

Potter, J. & Wetherell, M. 1987. *Discourse and Social Psychology: Beyond Attitudes and Behaviour*.London: Sage.

Prentice-Dunn, S. & Rogers, R. W. 1989. Deindividuation and the self-regulation of behavior. In P. B. Paulus (Ed.), *Psychology of Group Influence* (pp. 87-109). Mahwah: Lawrence Erlbaum Associates, Inc.

Reicher, S. D., Spears, R. & Postmes, T. 1995. A social identity model of deindividuation phenomena. *European Review of Social Psychology*, 6(1): 161-198.

Ritter, B. A. 2014. Deviant behavior in computer-mediated communication: Development and validation of a measure of cybersexual harassment. *Journal of Computer-Mediated Communication,* 19(2): 197-214.

Shamir, J. & Shamir, M. 1997. Pluralistic ignorance across issues and over time: Information cues and biases. *Public Opinion Quarterly,* 61(2): 227-260.

Spears, R. & Postmes, T. 2015. Group identity, social influence, and collective action online: Extensions and applications of the SIDE model. In S. S. Sundar (Ed.), *The Handbook of the Psychology of Communication Technology* (pp. 23-46). Hoboken: Wiley Blackwell.

Stoner, J. A. F. 1961. *A Comparison of Individual and Group Decisions Involving Risk.* Cambridge: Massachusetts Institute of Technology.

Suler, J. 2004. The online disinhibition effect. *CyberPsychology & Behavior,* 7(3): 321-326.

Tajfel, H. 1979. Individuals and groups in social psychology. *British Journal of Social and Clinical Psychology*, 18(2): 183-190.

Tajfel, H. & Turner, J. 2000. An integrative theory of intergroup conflict. In M. J. Hatch & M. Schultz (Eds.), *Organizational Identity: A Reader* (pp. 56-65). Oxford: Oxford University Press.

Thacker, S. & Griffiths, M. D. 2012. An exploratory study of trolling in online video gaming. *International Journal of Cyber Behavior, Psychology and Learning,* 2(4): 17-33.

Thio, A. 2009. *Deviant Behavior.* 10 Edn. London: Pearson Education.

Turner, J. C., Hogg, M. A., Oakes, P. J., et al. 1987. *Rediscovering the Social Group: A Self-categorization Theory*. Oxford: Basil Blackwell.

UNICEF. 2024. *Cyberbullying: What is it and how to stop it.* https://www.unicef.org/end-violence/how-to-stop-cyberbullying [2024-02-10].

Wang, M. J., Yogeeswaran, K., Andrews, N. P., et al. 2019. How common is cyberbullying among adults? Exploring gender, ethnic, and age differences in the prevalence of cyberbullying. *Cyberpsychology, Behavior and Social Networking,* 22(11): 736-741.

Zimbardo, P. G. 1969. The human choice: Individuation reason and order versus deindividuation impulse and chaos. In W. J. Arnold & D. Devine (Eds.), *Nebraska Symposium on Motivation (Vol. 17)* (pp. 237-307). Lincoln: University of Nebraska Press.

第 10 章

新媒体依赖与沉迷

引　　言

2024 年初，上海市静安区人民法院开庭审理了假冒知名演员的诈骗案，并依法对 8 名被告人作出一审判决。网上“交往”时间短的仅一周，长的近两年，60 多岁的张女士和多名年龄相仿的女士都被假冒的明星骗了钱。从每天三顿饭的问候，到深夜跟“姐姐”聊家常，张女士逐渐在“偶像”的一声声嘘寒问暖中沦陷，先后向其转账近 20 万元。直至儿子发现后报警，张女士仍不愿相信自己的“偶像”会是儿子口中的“诈骗犯”。然而，张女士的经历并非个例，这背后是一个有组织有预谋的犯罪团伙。被告人招募了多位业务员，在短视频平台上发布假冒明星或名人的视频或音频，吸引中老年妇女，骗取对方信任，随后与被害人在网上开展网聊、网恋，诱导被害人与之建立情感联系。最后以投资、公益、应援、网购、恋爱等各种理由索要钱款，通过转账等方式骗取多名被害人钱财。

荒诞现实的背后，是不容忽视的老年人网络使用与情感需求。《老年人互联网生活报告》显示，中国移动互联网上活跃着约 9600 万银发族，60 岁及以上老年用户日均使用 APP 的时长达 64.8 分钟，比 40 岁及以上年龄的用户多 16.2 分钟，也高于所有用户平均水平（俞骄，2020）。手机已经成为老年人日常生活中重要的资讯、娱乐工具，社交媒体和短视频软件成为广大老年人交友、娱乐的主要平台，网络缓解了老年人生活的孤独，也逐渐成为众多老年人生活的寄托和依赖，甚至正在“榨干”部分老年人的精力与财富。

新媒体依赖与沉迷的风险不仅侵袭着老年群体，更有大量的青少年困于其中。2023 年 12 月由共青团中央维护青少年权益部和中国互联网络信息中心联合发布的《第 5 次全国未成年人互联网使用情况调查报告》显示，我国未成年网民规模为 1.93 亿，未成年人互联网普及率达到 97.2%，未成年网民使用手机上网的比例达到 91.3%。此外，互联网对于低龄群体的渗透能力持续增强，34.2%的小学生网民在学龄前就开始使用互联网（共青团中央维护青少年权益部和中国互联网络信息中心，2023）。一方面，以网络游戏、社交、短视频为代表的移动应用，为青少年在知识获取与更新、视野拓展、兴趣培养以及技能提升等方面发挥了重要的工具价值；另一方面，互联网平台自身的产品特性和内容生态现状，也给广大青少年群体带来了潜在的安全风险，给青少年的健康成长带来隐患。由中国青少年新媒体协会发布的《青少年互联网平台参与风险研究报告》显示，网络游戏已成为青少年发生风险行为的核心来源。作为最大的青少年风险行为平台，网络游戏平台存在多种风险并行的特点，涉及不良信息接触、网络违法侵害、网络沉迷成瘾等多种风险，其中以网络沉迷成瘾风险最为突出。青少年网络沉迷问题持续引发社会各界的关注。

头脑风暴

- 如何看待被短视频“榨干”的老年人？
- 为什么有的青少年对网络游戏欲罢不能？
- 沉迷于智能手机是怎样一种体验？

本章内容要点

- 如何区分新媒体依赖与沉迷？
- 如何理解媒介沉迷的内涵和影响？
- 如何对媒介沉迷进行有效干预？

10.1 媒介依赖

10.1.1 媒介依赖理论

媒介依赖理论（media dependency theory）被认为是理解个体受众与特定媒介之间依赖关系的经典理论（Ball-Rokeach，1985，1998；Loges，1994），见图 10.1。在该理论中，媒介依赖被定义为受众对媒介信息的依赖程度，是理解媒介信息何时以及为何改变受众信念、情感或行为的关键变量（Ball-Rokeach & Defleur，1976）。个人与媒体之间的关系是依赖关系，这种关系不仅基于心理和社会经济根源，还基于不断变化和影响个体的社会环境。媒介依赖理论主要在宏观的社会系统中，探讨媒介、受众与社会之间的依赖关系（鲍尔-洛基奇等，2004；龚新琼，2011）。媒介、受众、社会都是这个系统中的组成部分。媒介依赖理论的核心观点是受众使用媒介来满足自身特定的目标需求。当受众缺乏或是找不到能够替代媒介所能提供的满足目标需求的其他方式时，他们将变得依赖于媒介，即产生媒介依赖。这种依赖一定程度上与媒介对受众的影响呈正相关。换句话说，一个人越依赖于使用媒介来满足自身需求，媒介在其生活中的作用就越重要，对其生活的影响也就越大，受众也就越离不开该媒介。

与使用与满足理论相似的是，媒介依赖理论也强调受众在传播过程中的主动性。媒介依赖理论认为，受众依赖于媒介所提供的信息来满足自己的需求，实现自己的目标，这与使用与满足理论的基本思想是一致的。两者的不同点在于，媒介依赖理论强调宏观系统（受众-媒介-社会）中的媒介传播效果，而使用与满足理论更立足于微观层面的探索和思考，研究重点落在微观系统中的媒介对受众需求的满足和目标的实现。

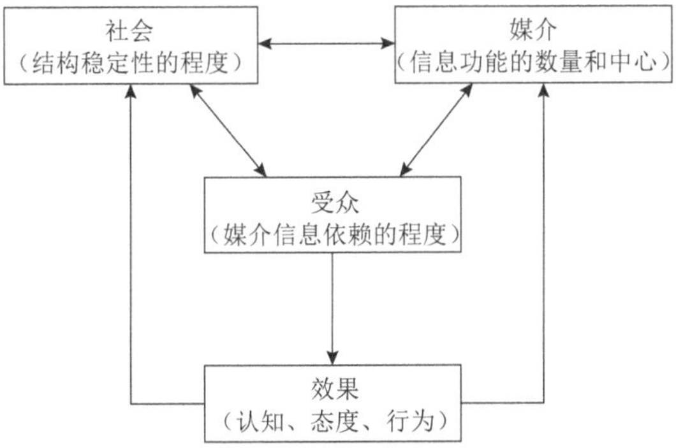

图 10.1　受众、媒介和社会三者之间的依赖关系（Ball-Rokeach & DeFleur，1976）

为了能够更好地理解个人对媒介的依赖，媒介依赖理论对个体受众的动机目标进行了综合界定，将个人的媒介行为按照不同动机分为理解型、趋向型和娱乐型三类诉求，而每种诉求又可以根据不同的侧重进一步细分为自我或社交两种。因而，媒介依赖理论将个人媒体依赖诉求具体分为六种，即自我理解（self-understanding，表达自己或自己的观点）、社交理解（social understanding，了解自己关心的事件或群体）、行动趋向（action orientation，完成业务、财务或工作任务）、互动趋向（interaction orientation，获得如何与他人打交道的建议）、自我娱乐（self-play，玩耍或自娱自乐）和社交娱乐（social play，出于社交需求的娱乐，例如结交新的朋友），见表 10.1。虽然人们未必能够清楚地反馈其媒介依赖情况，但是人们可以清晰地表述驱动他们媒介行为的不同诉求。因此，通过测量这六种媒体依赖诉求，可以深入分析人们的媒介依赖情况。

表 10.1　媒介依赖理论下个人媒体依赖诉求的分类

媒体依赖诉求	理解型	趋向型	娱乐型
自我	自我理解	行动趋向	自我娱乐
社交	社交理解	互动趋向	社交娱乐

随着信息传播技术日益成为人们日常生活中基础设施一般的存在，媒介依赖诉求的相关研究也日渐丰富。尽管同为基于受众心理诉求的传播学经典理论，与使用与满足理论不断丰富的满足感诉求不同，媒介依赖理论通过反复测量这六种媒介依赖诉求，为进行不同媒介之间的比较分析提供了基础，例如关于电视（Grant et al.，1991；Skumanich & Kintsfather，1998）、互联网（Jung，2008；Jung et al.，2005；Jung et al.，2001；Leung，2010）、社交媒体（Kim & Jung，2017）、智能手机（Ahn & Jung，2016；Jiang & Li，2018）的媒介依赖研究中测量的都是同样的六种媒介依赖诉求。媒介依赖理论指导下的研究通过分析人们的媒介依赖诉求，可以得到比传统单纯分析人口统计学变量和单个心理因素更加丰富而具体的发现（Ball-Rokeach，1985，1998；Loges，1994；Jiang & Li，2018）。

10.1.2　新媒体与媒介依赖

正如媒介依赖理论所指出的那样，当社会中的个人越来越依赖媒介来获取资讯、满足需求时，媒介对个体的影响力就会愈发深刻。反观我们现在身处的环境，移动互联网、短视频、算法推荐、5G、VR 等新媒体以各种各样的形式进入了人们的生活，既包括人们的日常生活，也包括人们的交往空间。人们习惯于从新媒介中搜索大量信息、感知周围环境、建立人际关系……互联网越来越成为人们所依赖的媒介路径，也逐渐成为人们生活中不可缺失的一部分。就这样，人们在不知不觉中深深地陷入网络依赖之中（高嘉潞，2020）。刘艳和吴悠（2003）从受众对媒介的工具性依赖和内容依赖两个维度探讨了信息时代媒介依赖的情况，认为受众的媒介依赖程度在不断加强。谢新洲（2004）则通过实证研究探析了媒介依赖理论在互联网环境下的适用性，结果显示，人们的需求在互联网语境下仍然可以概括为认知、认同、娱乐三个层面，但是受众与媒介之间的关系比传统语境下更为紧密。随着受众对媒介的依赖程度不断增强，受众的媒介依赖也出现了新的表征，如“高频化”使用、“器官化发展”、“奴隶性”依赖（马文青，2019）。

受众对新媒体产生依赖的原因是多方面的。从社会心理学传统来看，人们获取信息的目的是获得心理上的安全感，以及实现自我诉求，即理解、趋向与娱乐。新媒体时代的社会转型造成了深刻的社会变化，这种变化会带来强烈的不确定性，尤其是处在拥有发达的媒介系统社会中的人，会随着社会变迁的加剧而变得更加依赖媒介。Tai 和 Sun（2007）的调查研究发现，在重大突发公共卫生危机期间，受众表现出更高的媒介依赖程度，他们不仅会积极从手机和互联网等替代资源中寻求信息，还会自主参与创建替代性信息渠道的活动。Lyu（2012）也探讨了中国大陆的年轻受众在公共卫生危机情境下的媒介依赖情况，并进一步将传统媒介依赖与网络媒介依赖进行了比较。研究发现，受众的威胁感知水平越高，媒介依赖越强烈，且受众对网络依赖的强度要高于传统媒介。

此外，眼花缭乱的新媒体技术创造出一系列新的功能和服务来迎合甚至制造人们的需求，增加了受众的媒介依赖程度。首先，新媒体实时性、海量性、互动性等特点更加便于实现信息的检索和获取，人们可以更多地利用不同类型的新媒体进行信息搜索和新闻浏览。再加上互联网遍布全球并且不断延展，这使得新媒体上的信息流动跨越了空间的限制，实现了接近实时性的发布。尤其是在当今社会中，孤独感成为一种弥漫性的社会心态，孤独的个体遭遇前所未有的自我认同困惑和归属感缺失，而新媒体形式和功能的多样性为更好地实现沟通交流、获得归属感提供了便利。其次，新媒体与以往传统媒介的传受方式不同，它没有固定的传者与受者，任何受众、任何组织都可以同时兼具主体与客体的双重身份，受众可以根据自己的理解去创造信息。新媒体的交互性赋予受众以话语权，彻底改变了受众在传播中被动接受的地位，受众不再单纯是信息接受者，也同时扮演发布者、参与者的角色。新媒体技术带来的传播权力的泛化，弱化了媒介中“把关人”的作用，受众主体性增强，参与度提高，进而变得更加依赖新媒介。最后，网络游戏、短视频、网络直播、网剧等丰富的网络娱乐资源给人们提供了更多的娱乐选择，大幅度提升了用户体验，使其沉浸其中。随着生活节奏日益加快，人们的时间已经在快节奏的工作和学习中被切割得七零八碎，新媒体推出的娱乐产品在提供消遣、减少压力的同时，也与受众碎片化的时间不谋而合，使受众在不知不觉中更加依赖新媒体。

10.1.3　多重沟通交流与新媒体依赖

1. 多任务处理与多重沟通交流

像许多其他新技术一样，移动通信技术融入了我们的日常生活，并塑造了我们与他人互动的方式。无论时间和地点，移动通信技术使“永久联系”成为可能（Katz & Aakhus，2002；Katz，2008）并且造成持续的注意力分散。目前，多任务处理（multi-tasking）已经渗透到人们日常生活的方方面面。人们同时处理不同的任务，同时使用各种媒体，同时进行多个对话。随着智能手机的普及和其丰富的通信功能，在某个时间进行多线程的持续通信变得更加容易和普遍。在多任务处理的总体框架内，一种常见的模式涉及参与两个或多个重叠的同步对话，这被称为多重沟通交流（multi-communicating）（Reinsch et al.，2008）。

多任务处理由不同的动机所驱动，包括应对时间压力或工作需求，或是简单地喜欢同时参与两个或多个任务（Kaufman et al., 1991; Poposki & Oswald, 2010）。有时，多重任务偏好还受到多元文化背景的潜在影响（Bluedorn et al., 1999）。不同类型的多任务处理可能由不同的因素驱动。例如，一项研究发现，同时参与两个或多个媒体活动的媒体多任务处理不是由时间压力驱动的，而是由使用媒体的娱乐动机驱动的（Kang & Seo, 2011）。此外，Wang 和 Tchernev（2012）的研究发现，情绪满足（例如娱乐消遣、放松、消磨时间）是媒体多任务处理的主要驱动因素，尽管没有积极寻求。换句话说，参与者最初并没有从多任务处理中主动寻求情感满足，而是从媒体多任务处理中体验到了情感满足，这可能是一种隐性动机。

2. 多重沟通交流与媒介依赖

既有的多重沟通交流的研究很多集中在工作场所的多重沟通交流上（Cameron & Webster, 2011; Turner & Reinsch, 2010; Reinsch et al., 2008）。先前的研究已经描述了用于支持多重沟通交流的媒体（Bélanger & Watson-Manheim, 2006）和多重沟通交流的任务或性能结果（Rennecker & Godwin, 2005）。虽然一些研究已经检验了多重沟通交流的关系结果（Cameron & Webster, 2011），但也仅限于工作场所的环境。Seo 等（2015）将多重沟通交流从工作场所扩展到与家人和朋友的日常面对面交流中，探讨了注意缺陷与多动障碍（attention deficit hyperactivity disorder, ADHD）和社会保障（social assurance）对移动手机问题使用（problematic use of mobile phone, PUMP）和多重沟通交流的影响。研究结果证实了移动手机问题使用和多重沟通交流之间的联系。对移动手机的依赖是面对面交谈时多重沟通交流的主要原因之一。此外，那些具有注意缺陷与多动障碍症状的人很可能会被问题性移动手机使用所困扰，而这又进一步导致了频繁的多重沟通交流。但是，注意缺陷与多动障碍与多重沟通交流之间的直接联系并不明显，移动手机的问题使用在两者之间起到中介作用。最后，对社会保障的强烈需求，鼓励了“永远在线”的模式，影响了移动手机问题使用和多重沟通交流。社会保障和连通性（connectedness）不一定要通过移动手机的问题性使用来调节，而是可以对多重沟通交流施加独立的影响。

10.1.4 互联网连通性

互联网连通性（Internet connectedness）这一概念起源于媒介依赖理论。随着信息通信技术的持续发展和快速普及，学者们开始研究个人与新媒体形成的依赖关系的性质以及这种新型的依赖关系与传统媒体依赖有何不同。传统意义上，很多研究采用的是“是否接触互联网”的二元测量和以时间为基准（测量上网时间的长短）的量表，这往往会引发关于技术决定论和忽视特定情境的相关讨论。基于媒介依赖理论，互联网连通性的概念被提出，用以描绘一个人与互联网的整体关联（Jung et al.，2001）。面对过往二元区分的局限和以时间为基础的测量工具，Joo-Young Jung、Jack Qiu 和 Yong-Chan Kim 于 2001 年提出了具多重维度的互联网连通性概念。这一概念整合了传统测量中诸如上网时间、互联网使用史和网络使用情境这些因素，同时又探析了人们使用网络的范围、强度，以及网络在人们生活中的中心性等因素。

互联网连通性一共由九大维度构成，分别是互联网使用史（history scope）、互联网使用的任务范畴（task scope）、地点范畴（site scope）、目的范畴（goal scope）、活动范畴（activity scope）、时间范畴（time scope）、对互联网的评估（evaluation scope）、对互联网的依赖（Internet dependency）和对电脑的依赖（computer dependency）。就具体测量而言，个人使用互联网的年数被用来反映其互联网使用史。任务范畴特指个人使用互联网的任务数量。地点范畴考量的是个人上网的地点，比如家庭、网吧、学校、社区中心或者公共图书馆等。目的范畴沿用了 Ball-Rokeach 提出的六大媒介依赖目标，包括两个认知目标（自我理解与社会理解）、两个趋向目标（行动趋向与互动趋向），以及两个娱乐目标（自我娱乐和社交娱乐）。活动范畴是关于人们参与的各种线上活动，比如电子公告板（Bulletin Board System，BBS）、网上聊天室、博客、网络游戏、社交网站、在线视频或音频使用与下载、在线信息检索、网络购物以及网上冲浪等等。时间范畴用以显示互联网使用的强度。对互联网的评估表明网络如何影响了个人的生活。为了测量个人对互联网的依赖，量表中采用的问题是“想象一下你明天起床后发现互联网消失了，用从 1 到 10 的程度来表示你会有多想念能够使用互联网的状态，其中 1 表示完全不想念，而 10 表示极度想念”。测量个人对电脑的依赖采用的是与上述类似的问题，区别是询问的是关于醒来后发现的是电脑消失后的反应。

作为一个具有多重维度的测量工具，互联网连通性能够呈现人们网络使用的更多方面。学者 Louis Leung 于 2010 年进一步优化了互联网连通性量表，加入了一些更新的条目，比如宽带使用和移动互联网使用等（Leung，2010）。此外，相比传统单一维度的量表，在数据分析时互联网连通性在统计意义分析方面也展现出相较于传统测量的优势。

10.2 媒介沉迷

10.2.1 媒介沉迷与成瘾

媒介沉迷，亦被称为媒介成瘾，其英文表述为 media addiction。经过对现有媒介沉迷研究进行系统梳理与归纳总结可以发现，总体而言，对媒介沉迷的界定主要可以分为两种不同的观点。第一种观点的代表性人物是 Kimberly Young，她认为媒介沉迷，尤其是网络成瘾，是一种不涉及麻醉剂的冲动控制障碍。这一概念主要基于精神障碍诊断和统计手册（Diagnostic and Statistical Manual of Mental Disorders，DSM）中对于成瘾性赌博的界定（Young，1998a，1998b）。另一种观点的代表性人物是 Mark Griffiths，他提出技术成瘾的概念，并通过扩展来理解媒介沉迷（Griffiths，1995）。他认为技术成瘾是行为成瘾的一个亚型，因为它包含了行为成瘾的所有核心成分。具体来说，Griffiths 将技术成瘾定义为本质是非化学的，但涉及过度的人机交互。他指出，成瘾行为是由媒介的诱导和强化特征以及特定的活动所驱动的。

虽然关于媒介沉迷的界定尚未形成统一的界定，但是绝大多数定义都认为媒介沉迷由两大核心要素组成，即强迫性（compulsivity）和损伤（impairment）（Griffiths，2005）。具体而言，强迫性是指缺乏能够自主决定继续或停止媒介使用行为的能力（Schneider，1994）。例如，Lemmens 等（2009）发现，游戏上瘾者无法控制自己的过度使用。同样，Leung 等（2017）将网络沉迷定义为个人无法控制互联网的过度使用。考虑到强迫性是定义媒介沉迷的核心，在实证研究中，成瘾一词常常与过度使用（excessive use）、问题性使用（problematic use）和病理性使用（pathological use）彼此互换也就不足为奇了。此外，越来越多的媒介沉迷研究试图确定过度使用特定媒体会如何干扰或危害使用者的生活。Griffiths（2010）认为，游戏玩家可能每天花 14 个小时玩网络游戏，但如果对游戏玩家的生活只有很少或没有负面影响，这并不应该被描述为成瘾。Suler（1999）提出整合原则（integration principle）以区分健康和病理性的互联网使用。他认为，当互联网使用脱离现实生活时，就会变得病态化；当它与个人的真实生活有机结合时，则会变得健康。因此，损伤是媒介沉迷概念中的另一个关键因素。基于上述阐述，媒介沉迷应被定义为无法控制的媒体过度使用，并对使用者的生理、心理或社会交往等层面造成了损伤（蒋俏蕾，2018）。

10.2.2 从物质成瘾到行为成瘾

物质成瘾（substance/drug addition）可以被定义为对药物等物质使用失去控制，或不顾不良后果而强迫性地寻求和服用药物。物质成瘾是一种神经精神障碍（neuropsychiatric disorder），其特征是反复渴望且不顾有害后果继续服用药物的欲望。这种药物寻求行为与渴望和失去控制有关。物质成瘾是由滥用药物这一行为引发的，通常需要反复接触药物（Zou et al.，2017）。许多药物或物质会使人上瘾。到目前为止，科学家们已经确定了一些常见的成瘾药物或物质，例如酒精、咖啡因、大麻、迷幻剂、吸入剂、阿片类药物、催眠药、抗焦虑药、可卡因、烟草和其他（或未知）物质等等。

近年来，不断有学者提出在赌博、饮食、性行为、使用电脑、工作、锻炼以及购物等方面的问题行为，都应被视为行为成瘾。行为成瘾（behavioral addiction）亦被称为非物质成瘾（non-substance addiction），指的是那些原本正常、令人愉悦的行为活动转变为由于不可抗拒的渴望以及难以自控的冲动所驱使的不适当的、反复出现的行为，即使这些行为明显对他人或自己有害，但却仍然不断出现（Grant et al., 2010）。患者经常花费大量时间对成瘾行为进行无效的抵抗，可伴随行为前逐渐增强的紧张感，以及行为后的愉悦感或放松感。从临床角度上看，行为成瘾与物质成瘾之间有许多共同的重要特征，如控制不了自己的成瘾行为，把成瘾行为作为第一需要，明知有害还要进行，甚至也有物质成瘾相似的戒断症状与耐受性（Marazziti et al., 2014）。尤其“反复出现的渴求”，是成瘾障碍的基本病理生理学机制在临床上的表现，也是 DSM-5 中成瘾障碍诊断标准中重要的一条。

有研究认为，行为成瘾与物质使用障碍之间有相似的自然病程进展、人格中的冲动性以及强迫性特征（Di Nicola et al., 2010）。一些研究调查了物质使用障碍与赌博障碍、强迫性购物、性成瘾以及网络成瘾的共病率，发现两类疾病间共病的现象普遍存在（Garcia & Thibaut, 2010; Ko et al., 2012; Wareham & Potenza, 2010），这也支持了认为行为成瘾与物质成瘾拥有共同的病理生理基础的观点。

除了人们熟知的网络成瘾，行为成瘾还包括赌博成瘾、食物成瘾、购物成瘾等多种类型。赌博成瘾，又称病理性赌博（pathological gambling），可以被描述为一种由频繁、反复发作的赌博所构成的紊乱，这种赌博支配了患者的生活，对社会、职业、物质以及家庭价值和承诺造成损害。食物成瘾（food addiction）在 20 世纪 50 年代中期首次被提出，指人们对食物摄入失去控制，对食物有着持久的欲望，尽管人们知道过度的食物摄入会带来不良后果，但试图减少食物摄入量的尝试却难以成功。购物成瘾（shopping addiction），也被称为强迫性购物、强迫性消费，是指以长期、反复的购物行为作为对负性事件及负性情绪的主要应对方式，难以停止，最终会导致有害的结果。

10.2.3　新媒体沉迷的类型

在当今高度媒介化的时代，媒体使用已经成为人们日常生活中不可分割的一部分。近年来，随着新媒体技术的快速发展，媒体的使用越来越多地从线下（如读报纸、听广播、看电视）转移到线上（如玩手机游戏、在线购物、观看流媒体视频等）。尽管使用媒体在某些方面是有益的，但过度使用媒体所带来的潜在的负面后果已经越来越引发人们的普遍关注，比如对媒介的沉迷和成瘾。自 20 世纪 90 年代以来，“电视迷”“沙发中的土豆”被用来描述那些看电视上瘾的观众。随着越来越多的人连接至互联网，心理学家开始对过度使用互联网带来的负面影响表示担忧。当今，短视频、网络直播、网络游戏、社交软件等移动应用喷涌而出，催生了网络赌博沉迷（online gambling addiction）、智能手机沉迷（smartphone addiction）、网络游戏沉迷（online game addiction）、社交网络沉迷（social networking sites addiction）、色情沉迷（pornography addiction）、网络性爱沉迷（cybersex addiction）、网络购物沉迷（online shopping addiction）、自拍沉迷（selfie addiction）等新的媒介沉迷类型。

Leung 和 Chen（2021）系统梳理了 1991—2016 年关于媒介沉迷的研究，发现既有的研究主要集中在以下四个领域，包括广义的网络成瘾（generalized Internet addiction，研究的重点并不是特定的网络内容或活动）、媒介内容成瘾（media content addiction，由刺激性媒体内容驱动，如色情、游戏和赌博）、媒介平台成瘾（media platform addiction，由与设备或应用程序的过度人机交互所驱动）和行为成瘾（由媒体的特性或可供性驱动，而不是内容和特定活动，如社交网站、在线聊天和购物）。具体而言，广义的网络成瘾成为研究数量最多的领域，占所有研究的 51.86%。随着各种各样的内容出现在互联网上，比如游戏、色情和在线点播，媒介内容成瘾变得越来越流行，成为研究数量紧随其后的领域，占比达到 32.90%。包括对电视成瘾和智能手机成瘾研究的媒介平台成瘾排在第三位，占比为 10.48%。在智能手机普及的加速发展期，媒介平台成瘾已经成为一个热门的研究领域。行为成瘾是现有的第四大研究方向，包括网络性爱成瘾、社交网络成瘾和网络购物成瘾，占所有媒介沉迷研究的 4.76%。此外，就研究主题而言，游戏沉迷、在线赌博沉迷、智能手机沉迷、社交网络沉迷受到的关注更多，色情沉迷、网络性爱沉迷、网络购物沉迷等主题相较而言并不多。

新的媒介沉迷类型虽然表现出一些新的特征，但是并未脱离构成沉迷的两大关键性要素，即强迫性和损伤，其症状与物质成瘾也没有本质的差别。例如，智能手机成瘾指的是无法控制地过度使用智能手机以逃避现实中的某些问题，并且向家人和朋友隐瞒智能手机使用的实际情况，试图控制时出现戒断症状，以及在意识到消极后果的情况下仍继续使用手机（Jiang et al.，2018b；蒋俏蕾等，2019）。据报道，滥用智能手机会导致身体和心理问题，包括肌肉疼痛、视力模糊、睡眠质量下降、焦虑和抑郁等。

10.3 新媒体沉迷的表现、成因与应对

10.3.1 新媒体沉迷的行为表现

新媒体沉迷的首要表现是过度使用，即使用者在与互联网有关的活动上花费

了大量的时间。人们在使用新媒体时看似获得了暂时的满足与短时的快感，并且有时能够意识到过度使用新媒体带来的严重问题，但是沉迷新媒体常常让人“明知故犯”，即一边享受着快感，一边无法自拔，事后或许会有些后悔，但当时却难以摆脱，仍然继续花费大量的时间上网。此外，以“网络沉迷”为代表的新媒体沉迷虽然不具有明确的生物学基础，但与药物成瘾具有类似的构成要素和表现，具有相似的特点。

1. 凸显性（salience）

凸显性是指新媒体使用占据了沉迷者的思维、情感和行为活动的中心，上网成为其主要的活动，在无法上网时会体验到强烈的渴望。

2. 情绪改变（mood modification）

情绪改变是指如果停止使用新媒体则可能会产生激怒、焦躁和紧张等情绪体验。

3. 耐受性（tolerance）

新媒体沉迷者必须逐渐增加上网时间，提高投入程度，才能获得以前曾有的满足感。

4. 戒断反应（withdrawal symptoms）

沉迷者一旦停止使用新媒体，会产生不良的生理反应以及烦躁、不安等负面情绪。

5. 冲突（conflict）

新媒体沉迷行为会导致沉迷者与周围环境的冲突，如与家庭、朋友关系淡漠，工作效率降低，学习成绩下降等；会导致沉迷行为与其他活动的冲突，比如与学习、工作等社会活动和其他爱好冲突；还会导致沉迷者内心对沉迷行为的矛盾心态，即意识到过度上网的危害但又不愿意放弃上网带来的各种精神满足的冲突。

6. 复发性（relapse）

尽管对新媒体沉迷进行控制与干预，但沉迷行为还是会反复地发作。

10.3.2　新媒体沉迷的影响因素

1. 人格因素

作为一种稳定的心理特质，人格因素被看作是沉迷或成瘾行为的重要影响因素。从现有文献看，一些性格特质被发现与网络沉迷呈显著相关（Takao et al., 2009；邓林园等，2014；徐远超等，2013；侯娟等，2018）。例如，此前的研究分析出特定的性格特质类型和特征，特别是神经质（neuroticism）在计算机中介传播中相关的异常行为领域具有重要的作用（Seigfried et al.，2008；Seigfried-Spellar & Rogers，2010；姜永志等，2018）。此外，互联网为内向的个体提供了与他们周围的世界沟通交流的媒介，他们倾向于在网络上停留更长的时间，并且更加惦念网络，这以某些心理测量的标准来衡量可能被视为是"有问题的"（Ebeling-Witte et al.，2007）。网络使用通常会给外向性格的个体带来更好的结果，但却给内向性格的个体带来更糟的结果，比如在自尊感、社群参与以及时间管理等方面（Kraut et al.，2002）。此外，攻击性、自控力低和自恋的性格特质与网络沉迷的某些行为也具有密切的关联，比如过度的网络游戏使用（Griffiths & Dancaster，1995；Kim et al.，2008）。这些具体的性格特质可能将个体置于产生互联网使用问题行为的更大风险之中。

2. 心理健康

心理健康与新媒体使用之间的关联是一个持续被关注的议题。但是，目前的研究指出互联网使用与心理或心理健康的关联仍不清晰（Özcan & Buzlu，2007）。更多的证据表明，不加控制或过度的网络使用对于社会心理健康具有负面影响（Caplan，2007；Kim et al.，2009）。例如，过度的网络使用可能导致年轻人的隐遁行为（Ni et al.，2009）。具有互联网使用问题行为的人被发现表现出更高程度的社交孤僻、孤独感和抑郁症状（Davis et al.，2002；Morahan-Martin & Schumacher，2000；陈春宇等，2018）。但是，另外一些研究从反向的逻辑分析，认为社会心理失调导致了网络使用的沉迷、成瘾或问题行为（Caplan，2007；Kim et al.，2009；LaRose et al.，2003；赵陵波等，2016；周芳等，2017）。考虑到发病前的状况，一些研究者提出网络沉迷可能与多种社会心理或临床问题有关，这些问题先于网络使用，如焦虑、抑郁、孤独和自尊感低下（Davis，2001；Yang et al.，2005；叶娜等，2019）。由于网络具有匿名性，具有这些问题的个体可能将网络沟通理解为"社会沟通的百忧解"，因而更偏爱线上互动（Jiang & Leung，2012）。近年来，一些学者基于历时性的研究指出，互联网使用与心理健康的关联可能是双向的（van den Eijnden et al.，2008）。例如荀寿温等（2013）的研究发现，对于青少年来说，网络成瘾和抑郁之间存在显著的双向而非单向的预测关系。

3. 人际关系

缺乏良好的人际关系已经被确认与新的传播技术使用方面所产生的问题行为有着密切的关联。根据目前网络沉迷的相关文献，人际关系与互联网过度使用之间已经被发现具有稳定的负相关关系（Milani et al.，2009；孙晓军等，2014）。缺乏社会支持被发现与精神损伤之间具有相关性，这可能会增加互联网沉迷的可能性（Ybarra，2004；Ko et al.，2008）。

现有研究表明人际因素对个人的整体健康具有影响（Miczo et al.，2006）。一些研究指出社交能力相对低下或经历过更多人际关系问题的人更可能被网上的关系所吸引（La Greca & Harrison，2005；贾月亮等，2019）。其他研究表明，网络虚拟世界中的关系满足了真实生活关系中未能满足的需求（Lo et al.，2005；黄含韵，2015）。因此，在人际关系方面遭遇问题的个人倾向于表现出更高程度的互联网使用。换言之，当人际互动的程度被认为不足的时候，一种平行的对于互联网的高度依赖或过度使用就可能出现。整体而言，人际关系欠佳会使人更容易置于网络沉迷的较高风险之下。

4. 网络游戏使用

网络游戏被认为是与网络沉迷相关的最有争议的网络应用形态。正如研究网络沉迷的先驱学者 Kimberly Young 指出，互联网本身并不会让人成瘾（Young，1998a），而是特定的网络应用，特别是那些具有娱乐性的、令人沉浸其中的、具有互动特征的网络应用，被发现在成瘾性的网络使用中发挥着突出的作用，并且给相关使用者的身心健康带来了巨大威胁（Wan & Chiou，2006）。Young 和 Rogers 在他们 1998 年发表的重要研究中指出，相对于其他网络应用，网络依赖者更难控制他们对于具有互动特征的网络应用的使用，而网络游戏恰恰就是这种具备娱乐功能和互动特征的网络应用形态（Young & Rogers，1998）。

网络游戏沉迷已经成为当前网络心理学研究经常讨论的议题之一，讨论主要集中于与网络游戏行为相关的负面影响。从心理层面而言，过度沉迷网络游戏可能会对玩家的心理成长带来非常大的伤害。尽管玩网络游戏被很多年轻人当作娱乐消遣，但有的游戏玩家甚至把网络游戏作为自己生活的焦点，比现实生活中的各种互动更加重要、更具满足感，常常混淆了想象与现实的边界（Anand，2007）。在身体健康方面，网络游戏非常吸引人并且耗费大量的时间，很多玩家倾注了很多时间与精力，以至于他们忽略了饮食、睡眠、锻炼、学业和工作，只为了能在愉悦的、令人满足的、持久的游戏世界中停留更久（Hussain & Griffiths，2009）。因此，过度游戏也会带来一些身体上的不适表现，比如睡眠混乱、饮食失调、眼睛干涩、颈椎疼痛等。除了身体健康方面的伤害，过度沉迷网络游戏会导致一系列对于玩家社会心理健康层面的负面影响，诸如学习成绩下降、人际关系疏离、情绪紊乱、焦虑、抑郁、孤独、攻击性、暴力和犯罪等（Chak & Leung，2004；Funk et al.，2004；Lo et al.，2005）。有实证研究表明，网络游戏与网络沉迷和危险行为呈显著正相关，网络游戏是影响网络沉迷的重要因素（Jiang et al.，2018a）。

5. 风险行为

根据风险行为理论，风险行为被定义为可能带来主观损失（subjective loss）的行为（DiClemente et al.，1996）。传统社会及其权威机构的法律规范将风险行为描述为社会不良行为，包括酗酒、吸烟、非法使用药物、早熟性交、危险驾驶、赌博、违法行为和其他违反规范的行为（Austin & Knaus，2000；Hays et al.，1987；Witte et al.，1996）。现有研究表明，成瘾者往往表现出更多的问题行为（Andersson & Eisemann，2003；Jiang et al.，2013），并且有某种问题行为的年轻人很可能染上另一种问题行为（Holden，2001）。因此，风险行为并不孤立地发生，相反，它们之间往往是正向相关的（Isralowitz & Reznik，2006）。

作为一个系统的、多元的社会心理学概念框架，风险行为理论由三个主要的解释变量系统组成，即行为系统（behavior system）、人格特质（personality）和感知环境（perceived environment）。该理论认为，风险行为是人与环境相互作用的结果。风险行为也被认为是危害健康的行为，通常会偏离年龄分级标准。因此，一些行为（如饮酒、吸烟、性交）对成年人来说是可以接受的，但对未成年人来说是被禁止的（Jessor，1991；Jessor et al.，1991）。在人格特质中，决定着冒险倾向的人格特质是很多问题行为的直接诱因（Yanish & Battle，1985）。感知环境是指风险行为的环境前因。目前，已经发现多种因素与危险行为有关，包括互联网使用（Ko et al.，2008）。例如，互联网的易接近性使得人们前所未有地接触到各种各样的材料，包括危险或不当的性内容、网络色情和网络性关系（Jiang et al.，2013；Mesch，2009）。研究发现，上网者与非上网者相比，初次性经历的年龄更小，尤其是在网上有明显的性内容的情况下更是如此（Kraus & Russell，2008；Wolak et al.，2007）。

6. 家庭环境

家庭环境对新媒体沉迷的影响主要体现在青少年群体之中。现有的研究主要从宏观层面和微观层面探讨家庭环境对青少年网络沉迷的影响，宏观层面的研究聚焦家庭功能，微观层面的研究更关注亲子互动、亲子依恋、教养方式等变量。

关注宏观家庭功能的研究发现，网络成瘾青少年的家庭环境明显差于非网络成瘾青少年的家庭环境（邓林园等，2013；李毅等，2012；梁凌燕等，2007；张海涛等，2011），网络成瘾青少年感知到家庭成员之间更少的亲密感或情感表达以及更多的矛盾。而且，有研究发现，网络成瘾青少年的家庭功能更差（程绍珍等，2007；刘凤娥等，2017），甚至存在明显的功能失调（张惠敏等，2012）。此外，夫妻之间的冲突也会增加青少年网络成瘾的可能性（赵春梅和杨伯溆，2008；邓林园等，2012）。

关注微观亲子互动的研究发现，积极的亲子沟通和良好的亲子关系对青少年网络成瘾具有重要的保护作用（Park et al.，2008；Liu & Kuo，2007；赵宝宝等，2018），而频繁的亲子冲突却会增加青少年网络成瘾的可能性（余祖伟等，2009；张馨月和邓林园，2015）。另有研究发现，父子关系和母子关系对青少年网络成瘾也有显著的影响，但二者对网络成瘾具有不同的影响机制（张锦涛等，2011）。还有研究者从亲子依恋的角度探讨亲子互动的影响，结果发现消极的亲子依恋可能增加青少年网络成瘾的倾向（罗辉萍和彭阳，2008；楼高行和王慧君，2009）。

总体而言，家庭因素可能会影响到新媒体使用行为。很多研究表明，部分青少年由于家长的引导和监督不足更容易发展出网络的过度使用（Hall & Parsons，2001；Kandell，1998）。相反，良好的家庭环境，例如高对话型以及温和遵循型的取向对孩子的网络沟通更容易持相对健康的态度（Ledbetter，2010）。

10.3.3　新媒体沉迷的应对与干预

新媒体沉迷是一个复杂的社会问题，单纯依靠某一力量很难产生良好的效果（Shi et al.，2022），需要政府、媒体平台、学校、家庭、专业机构共同发力，形成"五位一体"协同共治的干预措施和应对方案。

1. 政府干预

建立有效的网络防沉迷机制，是预防网络沉迷的关键。2021 年 6 月 1 日起施行的新修订的《中华人民共和国未成年人保护法》，创设"网络保护"专章，以网络素养教育、网络信息管理、网络沉迷防治、个人信息保护、网络欺凌防治五大主题为纲，以国家、社会、学校、家庭这四大责任主体为本，形成了科学性、体系化、整体性的未成年人网络保护体系，使预防未成年人网络沉迷有章可循、有法可依。2024 年 1 月 1 日起施行的《未成年人网络保护条例》，根据《中华人民共和国未成年人保护法》《中华人民共和国网络安全法》《中华人民共和国个人信息保护法》等法律制定，进一步营造有利于未成年人身心健康的网络环境，保障未成年人合法权益。

政府做好顶层设计，从政策法规的角度对预防和应对青少年群体的网络沉迷进行明确和细化的规定。一方面，网络防沉迷应当全面覆盖所有的网络活动和产品，防止出现监管的中空地带，考虑到青少年群体偏爱的网络应用，建议将网络社交、网络文学等领域一并纳入防沉迷监管体系。另一方面，针对不同网络应用场景，建立与之相适应的监管机制，拒绝"一刀切"，比如对网络游戏施行强实名认证和防沉迷系统，对网络音视频、网络文学等内容产品进行内容过滤和时间限制、设置专属模式，对网络社交进行综合性的防沉迷监管等。

2. 平台责任

目前，各大互联网平台相继出台了多项预防青少年网络沉迷的举措。例如，青少年模式、"限玩、限充、宵禁"、实名认证、人脸识别等，但针对老年人的防沉迷措施却依然罕见。首先，互联网平台应做好自律和自查，积极治理平台网络生态，有效落实网络防沉迷的平台举措，构建安全健康的网络环境。网络社交、网络文学等平台也应加强内容治理，严厉打击侵害公民权益的内容和行为，并主动落实防沉迷机制。其次，互联网平台应充分发挥对未成年人、老年人的赋能作用，让数字技术真正助力下一代发展、促进“一老一小”乃至全民的健康上网。不同的网络平台应充分发挥各自的特点和优势，提供能够满足未成年人成长发展需求的产品与服务，也应针对老年人上网的特点进行专门设计，在适老化改造的同时注意保障老年群体的网络权益，切实保障青少年、老年人等群体的数字权利。

3. 数字教育

学校教育是实施数字教育的重要途径和环节。一方面，需要大力推动网络素养教育体系的建立，促进网络素养教育进入学校教育体系（王国珍，2013；Jiang et al.，2023），提高青少年对网络传播内容的分析判断能力、鉴赏取舍能力和道德自律能力，增强对“网络毒瘤”的抵抗力和免疫力（罗湘明和李超民，2012）。此外，应针对从幼儿园到大学不同数字化和社会化成长阶段的特点，相应地建立正规化、体系化、渐进化的数字素养教育课程，积极推动数字教育技术在学校场景下的发展和应用。已有研究证明，班主任自主支持、教师关怀行为与青少年网络成瘾呈显著负相关（陈云祥等，2019；叶宝娟等，2017）。因此，良好的师生关系对预防未成年人网络沉迷也有一定的干预作用。而对老年人而言，老年大学、社区教育也应进行相应的课程设置和调整，主动适应网络时代的发展，提高老年人操作智能手机、鉴别虚假信息、预防网络沉迷的技能和方法。

4. 家庭抚育

在未成年人网络保护体系中，家庭应置于重要位置甚至是首位，应重视父母对子女的数字抚育和陪伴。一方面，家长需要主动关注数字一代的行为习惯和文化生活，并充分了解自己孩子的网络生活现状，包括孩子的身心健康、社交关系、网络爱好等，不能仅仅以网络使用对于学习成绩的影响来判断孩子是否网络沉迷。另一方面，家长要学会有效的沟通和引导方式，教导孩子辨别网络风险和正确的应对方法，引导孩子更加主动地利用数字媒介来实现权利保护和自我发展，并承担相应的数字义务。此外，对于很多家长而言，提高自身的网络素养是当务之急。为此，可以充分借助家校联动、居委会、社区等基层自治组织、网络平台等渠道开展家庭网络素养教育活动，帮助家长提升网络素养。

在预防老年人的网络沉迷中，家庭也应承担着重要的责任。帮助老年人迈过数字鸿沟，往往通过家庭“数字反哺”更有效，年轻人教会老年人使用手机和互联网，并使他们得心应手“不掉队”（周裕琼，2018；周裕琼和丁海琼，2020）。

5. 心理干预

心理干预主要以行为干预为主。近年来，行为干预已被学者和临床医生用于网络沉迷的治疗中，成为矫治网络沉迷的主要方法。心理干预主张通过加强学校、家庭、社会的协作，整合多方力量，逐渐地弱化沉迷的习惯行为，强化健康的行为，并形成良好健康的网络行为，可以通过强化干预法、厌恶干预法、行为替代法、认知行为疗法（cognitive behavioral therapy）、动机访谈（motivational interviewing）疗法等方式进行。强化干预是使有机体增强某种反应重复可能性的力量，它可以分为奖励与惩罚两种。在网络沉迷的干预中，一旦发现成瘾者减少上网时长，就给予肯定性评价，否则给予处罚。厌恶干预法是通过反复的厌恶性条件作用过程，以减少或消除不良行为的方法。行为替代法需要培养替代活动（如感兴趣的文体活动），让网络沉迷者参与其中，从而转移注意力并减轻他们对网络的迷恋程度。认知行为疗法也被应用于网络沉迷的预防与干预研究中，研究者大多通过要求受试察觉和监督管理自己的思维、感受及行为来避免沉迷问题的反复及获得新的应对技能，最终达到合理使用网络的目标。动机访谈疗法是目前最有影响力的、应用范围最广泛的短期干预方法之一，这是一种以来访者为中心，通过鼓励来访者探索并解决内心矛盾从而诱发其行为改变的指导性行为改变方法。

10.4　本 章 小 结

本章从媒介依赖理论出发，探讨了新媒体与媒介依赖、多重任务处理与多重沟通交流、互联网联通性的界定与测量，比较媒介依赖与媒介沉迷，阐明媒介沉迷的内涵，梳理从物质成瘾到行为成瘾的演变，以及新媒体沉迷的类型、表现、成因与应对干预。

首先，基于媒介依赖理论阐述了新媒体与媒介依赖的关系，概括了多任务处理与多重沟通交流的意涵，明确了互联网连通性的概念及测量方式。媒介依赖理论认为，受众依赖于媒介所提供的信息来满足自己的需求，实现自己的目标，强调宏观系统（受众-媒介-社会）中的媒介传播效果，并将个人媒体依赖诉求具体分为自我理解、社交理解、行动趋向、互动趋向、自我娱乐和社交娱乐六种。随着新媒体技术突飞猛进，人们对各种新媒体的依赖显著增强，并进一步塑造了人们互动交往的方式，“永久联系”成为可能，多重任务处理与多重沟通交流日益渗透到日常生活之中。现有研究已经证实了移动手机问题使用和多重沟通交流之间的联系。起源于媒介依赖理论的互联网连通性用以描绘一个人与互联网的整体关联，由互联网使用史、任务范畴、地点范畴、目的范畴、活动范畴、时间范畴、对互联网的评估、对互联网的依赖、对电脑的依赖九大因素构成，并处于不断更新中。

在媒介沉迷方面，本章主要探讨了关于媒介沉迷界定的两种观点，并结合从物质成瘾到行为成瘾演变过程的阐述，梳理了媒介沉迷的新类型。Kimberly Young

认为媒介成瘾是一种不涉及麻醉剂的冲动控制障碍，而 Mark Griffiths 提出以技术成瘾的扩展概念来理解媒介成瘾，他认为技术成瘾是行为成瘾的一个亚型。尽管尚未形成统一的概念，但大多数定义认为媒介沉迷须包含强迫性和损伤两大要素。近年来，不断有学者指出，在赌博、饮食、使用电脑、购物等方面的问题行为，都可能属于“行为成瘾”。从临床角度上看，行为成瘾与物质成瘾之间有许多共同的重要特征。随着互联网技术飞速发展和移动应用的喷涌而出，催生了网络游戏沉迷、网络赌博沉迷、社交网络沉迷、网络购物沉迷、智能手机沉迷、自拍沉迷等新的媒介沉迷类型。

在上述阐述的基础上，本章聚焦新媒体沉迷的表现、成因与应对。新媒体沉迷主要表现为凸显性、情绪改变、耐受性、戒断反应、冲突、复发性等症状，人格因素、心理健康、人际关系、网络游戏使用、风险行为、家庭环境等是导致新媒体沉迷的主要影响因素。在应对与干预措施方面，需要协调政府、媒体平台、学校、家庭、专业机构等各方面的力量，形成“五位一体、多元共治”的干预策略。2024 年 1 月 1 日起施行的《未成年人网络保护条例》与 2024 年修订的《中华人民共和国未成年人保护法》中增设的“网络保护”专章，从网络素养教育、网络信息管理、网络沉迷防治、个人信息保护、网络欺凌防治等层面对国家、社会、学校以及监护人义务作出了具体规定，进一步强化了对未成年人上网的引导和监督。除了对青少年新媒体沉迷的关注，一系列负面案例亦引发了社会各界对老年人新媒体使用的重视。2020 年 11 月，国务院办公厅印发《关于切实解决老年人运用智能技术困难的实施方案》，就进一步推动解决老年人在运用智能技术方面遇到的困难，加快建立解决老年人面临“数字鸿沟”问题的长效机制作出了具体部署。在探索老年人智能技术使用和应对新媒体沉迷方面，也需要更多的学术研究来回应现实关注。

思考题

- 媒介依赖和媒介沉迷有何不同？
- 如何将消极的沉迷转化为积极的生活策略？

参 考 文 献

鲍尔-洛基奇，郑朱泳，王斌. 2004. 从“媒介系统依赖”到“传播机体”：“媒介系统依赖论”发展回顾及新概念. 国际新闻界，(2): 9-12.

陈春宇，连帅磊，孙晓军，等. 2018. 社交网站成瘾与青少年抑郁的关系：认知负载和核心自我评价的中介作用. 心理发展与教育，34(2): 210-218.

陈云祥, 李若璇, 张鹏, 等. 2019. 班主任自主支持、投入、温暖与青少年网络成瘾: 有调节的中介模型. 中国临床心理学杂志, 27(2): 306-310.
程绍珍, 杨明, 师莹. 2007. 高中生网络成瘾与家庭环境的关系研究. 现代预防医学, 34(14): 2644-2645, 2648.
邓林园, 方晓义, 伍明明, 等. 2013. 家庭环境、亲子依恋与青少年网络成瘾. 心理发展与教育, (3): 305-311.
邓林园, 武永新, 孔荣, 等. 2014. 冲动性人格、亲子沟通对青少年网络成瘾的交互作用分析. 心理发展与教育, (2): 169-176.
邓林园, 张锦涛, 方晓义, 等. 2012. 父母冲突与青少年网络成瘾的关系: 冲突评价和情绪管理的中介作用. 心理发展与教育, (5): 539-544.
高嘉潞. 2020. 媒介系统依赖理论的内涵、发展及新媒体研究应用. 东南传播, (1): 56-59.
龚新琼. 2011. 关系・冲突・整合: 理解媒介依赖理论的三个维度. 当代传播, (6): 28-30.
共青团中央维护青少年权益部, 中国互联网络信息中心. 2023. 第 5 次全国未成年人互联网使用情况调查报告. http://qnzz.youth.cn/qckc/202312/P020231223672191910610.pdf [2024-09-25].
侯娟, 樊宁, 秦欢, 等. 2018. 青少年大五人格对网络成瘾的影响: 家庭功能的中介作用. 心理学探新, 38(3): 279-288.
黄含韵. 2015. 中国青少年社交媒体使用与沉迷现状: 亲和动机、印象管理与社会资本. 新闻与传播研究, (10): 28-49, 126-127.
贾月亮, 安龙, 贾月明. 2019. 大学生社交能力与网络成瘾的关系: 社会适应与自卑感的链式中介作用. 中国临床心理学杂志, 27(1): 103-107.
蒋俏蕾. 2018. 中国青少年的网络沉迷研究: 特征表现、风险因素与干预策略. 北京: 人民出版社.
蒋俏蕾, 郝晓鸣, 林翠绢. 2019. 媒介依赖理论视角下的智能手机使用心理与行为: 中国与新加坡大学生手机使用比较研究. 新闻大学, (3): 101-115, 120.
姜永志, 王海霞, 蒋怀滨, 等. 2018. 神经质人格对青少年移动社交网络过度使用的影响: 冲动性与人际困扰的双重中介. 心理与行为研究, 16(2): 272-282.
李毅, 钟宝亮, 崔娟, 等. 2012. 网络成瘾青少年的家庭亲密度和适应性. 中国药物依赖性杂志, 21(3): 206-210.
梁凌燕, 唐登华, 陶然. 2007. 211 例网络过度使用青少年的家庭功能探讨. 中国心理卫生杂志, 21(12): 837-840.
刘凤娥, 张锦涛, 周楠, 等. 2017. 大学生家庭功能与网络成瘾的关系: 应对方式的调节作用. 中国特殊教育, (2): 90-96.
刘艳, 吴悠. 2003. 论信息社会中受众的媒介依赖. 社科纵横, 18(2): 68-69.
楼高行, 王慧君. 2009. 青少年家庭依恋、朋友依恋与网络游戏成瘾的关系. 现代教育科学, (1): 44-45.
罗辉萍, 彭阳. 2008. 青少年网络成瘾与家庭环境、依恋的关系研究. 中国临床心理学杂志, 16(3): 319-320, 336.
罗湘明, 李超民. 2012. 传播学视阈下青少年网络成瘾现状及防治研究. 中国青年研究, (2): 88-91.
马文青. 2019. 移动互联网时代受众媒介依赖表征与原因探析. 东南传播, (4): 16-18.
孙晓军, 牛更枫, 周宗奎, 等. 2014. 大学生的人际归因倾向、网络交往动机与网络人际关系成瘾的关系研究. 心理科学, 37(6): 1397-1403.
王国珍. 2013. 网络素养教育视角下的未成年人网瘾防治机制探究. 新闻与传播研究, (9): 82-96,

127-128.
谢新洲. 2004. “媒介依赖”理论在互联网环境下的实证研究. 石家庄经济学院学报, 27(2): 218-224.
徐远超, 杨裕萍, 吴大兴. 2013. 冲动性在负性情绪与大学生网络过度使用间的中介作用. 中国临床心理学杂志, 21(6): 942-945.
荀寿温, 黄峥, 郭菲, 等. 2013. 青少年网络成瘾与抑郁之间的双向关系. 中国临床心理学杂志, 21(4): 613-615.
叶宝娟, 符皓皓, 杨强, 等. 2017. 教师关怀行为对青少年网络成瘾的影响: 领悟社会支持与学业自我效能感的链式中介效应. 中国临床心理学杂志, 25(6): 1168-1170, 1174.
叶娜, 张陆, 游志麒, 等. 2019. 自尊对手机社交成瘾的作用: 有调节的中介模型分析. 中国临床心理学杂志, 27(3): 515-519.
余祖伟, 孙配贞, 张仕华, 等. 2009. 广州市中学生网络游戏成瘾状况及影响因素研究. 中国临床心理学杂志, 17(4): 473-475.
俞骄. 2020. 一图看懂《老年人互联网生活报告》: 别让手机陪伴父母过晚年. https://www.thepaper.cn/newsDetail_forward_9680250 [2024-09-25].
张海涛, 苏苓, 王美芳. 2011. 高职生家庭环境、自我和谐与网络成瘾关系的研究. 学校党建与思想教育, (2): 54-56.
张惠敏, 宁丽, 陶然, 等. 2012. 网瘾青少年所在家庭的家庭功能状况探析. 中国药物依赖性杂志, 21(4): 307-311, 317.
张锦涛, 刘勤学, 邓林园, 等. 2011. 青少年亲子关系与网络成瘾: 孤独感的中介作用. 心理发展与教育, (6): 641-647.
张馨月, 邓林园. 2015. 青少年感知的父母冲突、自我同一性对其网络成瘾的影响. 中国临床心理学杂志, 23(5): 906-910.
赵宝宝, 金灿灿, 邹泓. 2018. 青少年亲子关系、消极社会适应和网络成瘾的关系: 一个有中介的调节作用. 心理发展与教育, 34(3): 353-360.
赵春梅, 杨伯溆. 2008. 父母冲突对初中生电子游戏使用的影响研究. 青年研究, (8): 10-18.
赵陵波, 陈珊瑜, 苏文亮, 等. 2016. 孤独感与网络成瘾关系及其影响因素的 meta 分析. 中国心理卫生杂志, 30(7): 554-560.
周芳, 刘儒德, 郭明佳, 等. 2017. 青少年消极情绪对网络成瘾的影响: 幸福倾向的调节作用. 中国临床心理学杂志, 25(2): 208-212.
周裕琼. 2018. 数字弱势群体的崛起: 老年人微信采纳与使用影响因素研究. 新闻与传播研究, (7): 66-86, 127-128.
周裕琼, 丁海琼. 2020. 中国家庭三代数字反哺现状及影响因素研究. 国际新闻界, (3): 6-31.
Ahn, J. & Jung, Y. 2016. The common sense of dependence on smartphone: A comparison between digital natives and digital immigrants. *New Media & Society*, 18(7): 1236-1256.
Anand, V. 2007. A study of time management: the correlation between video game usage and academic performance markers. *CyberPsychology & Behavior*, 10(4): 552-559.
Andersson, P. & Eisemann, M. 2003. Parental rearing and individual vulnerability to drug addiction: a controlled study in a Swedish sample. *Nordic Journal of Psychiatry*, 57(2): 147-156.
Austin, E. W. & Knaus, C. 2000. Predicting the potential for risky behavior among those “too young” to drink as the result of appealing advertising. *Journal of Health Communication*, 5: 13-27.
Ball-Rokeach, S. J. 1985. The origins of individual media-system dependency: A sociological framework. *Communication Research*, 12(4): 485-510.

Ball-Rokeach, S. J. 1998. A theory of media power and a theory of media use: Different stories, questions, and ways of thinking. *Mass Communication and Society*, 1(1-2): 5-40.

Ball-Rokeach, S. J. & DeFleur, M. L. 1976. A dependency model of mass-media effects. *Communication Research*, 3(1): 3-21.

Bélanger, F. & Watson-Manheim, M. B. 2006. Virtual teams and multiple media: Structuring media use to attain strategic goals. *Group Decision and Negotiation*, 15: 299-321.

Bluedorn, A. C., Kalliath, T. J., Strube, M. J., et al. 1999. Polychronicity and the inventory of polychronic values (IPV): The development of an instrument to measure a fundamental dimension of organizational culture. *Journal of Managerial Psychology*, 14: 205-231.

Cameron, A. F. & Webster, J. 2011. Relational outcomes of multicommunicating: Integrating incivility and social exchange perspectives. *Organization Science*, 22(3): 754-771.

Caplan, S. E. 2007. Relations among loneliness, social anxiety, and problematic Internet use. *CyberPsychology & Behavior*, 10(2): 234-242.

Chak, K. & Leung, L. 2004. Shyness and locus of control as predictors of internet addiction and internet use. *CyberPsychology & Behavior*, 7(5): 559-570.

Davis, R. A. 2001. A cognitive-behavioral model of pathological Internet use. *Computers in Human Behavior*, 17(2): 187-195.

Davis, R. A., Flett, G. L. & Besser, A. 2002. Validation of a new scale for measuring problematic Internet use: Implications for pre-employment screening. *CyberPsychology & Behavior*, 5(4): 331-345.

DiClemente, R. J., Hansen, W. B. & Ponton, L. E. 1996. *Handbook of Adolescent Health Risk Behavior*. New York: Plenum Press.

Di Nicola, M., Tedeschi, D., Mazza, M., et al. 2010. Behavioural addictions in bipolar disorder patients: role of impulsivity and personality dimensions. *Journal of Affective Disorders*, 125(1-3): 82-88.

Ebeling-Witte, S., Frank, M. L. & Lester, D. 2007. Shyness, Internet use, and personality. *CyberPsychology & Behavior*, 10(5): 713-716.

Funk, J. B., Baldacci, H. B., Pasold, T., et al. 2004. Violence exposure in real-life, video games, television, movies, and the internet: is there desensitization? *Journal of Adolescence*, 27(1): 23-39.

Garcia, F. D. & Thibaut, F. 2010. Sexual addictions. *The American Journal of Drug and Alcohol Abuse*, 36(5): 254-260.

Grant, A. E., Guthrie, K. K. & Ball-Rokeach, S. J. 1991. Television shopping: A media system dependency perspective. *Communication Research*, 18(6): 773-798.

Grant, J. E., Potenza, M. N., Weinstein, A., et al. 2010. Introduction to behavioral addictions. *The American Journal of Drug and Alcohol Abuse*, 36(5): 233-241.

Griffiths, M. D. 1995. Technological addictions. *Clinical Psychology Forum*, (76): 14-19.

Griffiths, M. D. 2005. A "components" model of addiction within a biopsychosocial framework. *Journal of Substance Use*, 10(4): 191-197.

Griffiths, M. D. 2010. The role of context in online gaming excess and addiction: Some case study evidence. *International Journal of Mental Health and Addiction*, 8: 119-125.

Griffiths, M. D. & Dancaster, I. 1995. The effect of type a personality on physiological arousal while playing computer games. *Addictive Behaviors*, 20(4): 543-548.

Hall, A. S. & Parsons, J. 2001. Internet addictions: College students' case study using best practices in cognitive behavior therapy. *Journal of Mental Health Counseling*, 23: 312-327.

Hays, R. D., Stacy, A. W. & Dimatteo, M. R. 1987. Problem behavior theory and adolescent alcohol use. *Addictive Behaviors*, 12(2): 189-193.

Holden, C. 2001. 'Behavioral' addictions: Do they exist? *Science*, 294(5544): 980-982.

Hussain, Z. & Griffiths, M. D. 2009. The attitudes, feelings, and experiences of online gamers: a qualitative analysis. *CyberPsychology & Behavio*r, 12(6): 747-753.

Isralowitz, R. & Reznik, A. 2006. Brief Report: Binge drinking among high-risk male and female adolescents in Israel. *Journal of Adolescence*, 29(5): 845-849.

Jessor, R. 1991. Risk behavior in adolescence: A psychosocial framework for understanding and action. *Journal of Adolescent Health*, 12(8): 597-605.

Jessor, R., Donovan, J. E. & Costa, F. M. 1991. *Beyond Adolescence: Problem Behavior and Young Adult Development*. Cambridge: Cambridge University Press.

Jiang, Q. L. 2014. Internet addiction among young people in China: Internet connectedness, online gaming, and academic performance decrement. *Internet Research*, 24(1): 2-20.

Jiang, Q. L. & Leung, L. 2012. Effects of individual differences, awareness-knowledge, and acceptance of Internet addiction as a health risk on willingness to change Internet habits. *Social Science Computer Review*, 30(2): 170-183.

Jiang, Q. L. & Li, Y. 2018. Factors affecting smartphone dependency among the young in China. *Asian Journal of Communication*, *28*(5), 508-525.

Jiang, Q. L., Huang, X. & Tao, R. 2013. Cybersex. In P. M. Miller (Ed.), *Principles of Addiction: Comprehensive Addictive Behaviors and Disorders (Volume I)* (pp. 809-818). San Diego: Elsevier Inc., Academic Press.

Jiang, Q. L., Huang, X. Q. & Tao, R. 2018a. Examining factors influencing Internet addiction and adolescent risk behaviors among excessive Internet users. *Health Communication*, 33(12): 1434-1444.

Jiang, Q. L., Li, Y. & Shypenka, V. 2018b. Loneliness, individualism, and smartphone addiction among international students in China. *Cyberpsychology, Behavior and Social Networking*, 21(11): 711-718.

Jiang, Q. L., Chen, Z. H., Zhang, Z. Z., et al. 2023. Investigating links between Internet literacy, Internet use, and Internet addiction among Chinese youth and adolescents in the digital age. *Frontiers in Psychiatry*, 14: 1233303.

Jung, J. Y. 2008. Internet connectedness and its social origins: An ecological approach to postaccess digital divides. *Communication Studies*, 59(4): 322-339.

Jung, J. Y., Kim, Y. C., Lin, W. Y., et al. 2005. The influence of social environment on internet connectedness of adolescents in Seoul, Singapore and Taipei. *New Media & Society*, 7(1): 64-88.

Jung, J. Y., Qiu, J. L. & Kim, Y. C. 2001. Internet connectedness and inequality: Beyond the "Divide". *Communication Research*, 28(4): 507-535.

Kandell, J. J. 1998. Internet addiction on Campus: The vulnerability of college students. *CyberPsychology & Behavior*, 1(1): 11-17.

Kang, M. & Seo, M. 2011. Why and how young adults consume media simultaneously: A comparison between Korean and American college students. *Journal of Media Economics & Culture*, 9(4): 99-140.

Katz, J. E. 2008. Mainstreamed mobiles in daily life: Perspectives and prospects. In J. E. Katz (Ed.), *Handbook of Mobile Communication Studies* (pp. 433-446). Cambridge: The MIT Press.

Katz, J. E. & Aakhus, M. A. 2002. *Perpetual Contact: Mobile Communication, Private Talk, Public Performance*. Cambridge: Cambridge University Press.

Kaufman, C. F., Lane, P. M. & Lindquist, J. D. 1991. Exploring more than 24 hours a day: A preliminary investigation of polychronic time use. *Journal of Consumer Research*, 18(3):

392-401.

Kim, E. J., Namkoong, K., Ku, T., et al. 2008. The relationship between online game addiction and aggression, self-control and narcissistic personality traits. *European Psychiatry*, 23(3): 212-218.

Kim, J., LaRose, R. & Peng, W. 2009. Loneliness as the cause and the effect of problematic Internet use: The relationship between Internet use and psychological well-being. *CyberPsychology & Behavior*, 12(4): 451-455.

Kim, Y. C. & Jung, J. Y. 2017. SNS dependency and interpersonal storytelling: An extension of media system dependency theory. *New Media & Society*, 19(9): 1458-1475.

Ko, C. H., Yen, J. Y., Chen, C. S., et al. 2008. Psychiatric comorbidity of internet addiction in college students: An interview study. *CNS Spectrums*, 13(2): 147-153.

Ko, C. H., Yen, J. Y., Yen, C. F., et al. 2012. The association between Internet addiction and psychiatric disorder: A review of the literature. *European Psychiatry*, 27(1): 1-8.

Kraus, S. W. & Russell, B. 2008. Early sexual experiences: The role of Internet access and sexually explicit material. *CyberPsychology & Behavior*, 11(2): 162-168.

Kraut, R., Kiesler, S., Boneva, B., et al. 2002. Internet paradox revisited. *Journal of Social Issues*, 58(1): 49-74.

La Greca, A. M. & Harrison, H. M. 2005. Adolescent peer relations, friendships, and romantic relationships: Do they predict social anxiety and depression? *Journal of Clinical Child and Adolescent Psychology*, 34(1): 49-61.

LaRose, R., Lin, C. A. & Eastin, M. S. 2003. Unregulated Internet usage: Addiction, habit, or deficient self-regulation? *Media Psychology*, 5(3): 225-253.

Ledbetter, A. M. 2010. Family communication patterns and communication competence as predictors of online communication attitude: Evaluating a dual pathway model. *Journal of Family Communication*, 10(2): 99-115.

Lemmens, J. S., Valkenburg, P. M. & Peter, J. 2009. Development and validation of a Game Addiction Scale for adolescents. *Media Psychology*, 12(1): 77-95.

Leung, L. 2010. Effects of Internet connectedness and information literacy on quality of life. *Social Indicators Research*, 98(2): 273-290.

Leung, L. & Chen, C. 2021. A review of media addiction research from 1991 to 2016. *Social Science Computer Review*, 39(4): 648-665.

Leung, L., Liang, J. W. & Zhang, Y. 2017. Media addiction. In P. Rössler, C. A. Hoffner & L. Zoonen (Eds.), *The International Encyclopedia of Media Effects* (pp. 1-14). Hoboken: Wiley-Blackwell.

Liu, C. Y. & Kuo, F. Y. 2007. A study of Internet addiction through the lens of the Interpersonal theory, *Cyberpsychology & Behavior*, 10(6): 799-804.

Lo, S. K., Wang, C. C. & Fang, W. C. 2005. Physical interpersonal relationships and social anxiety among online game players. *CyberPsychology & Behavior*, 8(1): 15-20.

Loges, W. E. 1994. Canaries in the coal mine: perceptions of threat and media system dependency relations. *Communication Research*, 21(1): 5-23.

Lyu, J. C. 2012. How young Chinese depend on the media during public health crises? A comparative perspective. *Public Relations Review*, 38(5): 799-806.

Marazziti, D., Presta, S., Baroni, S., et al. 2014. Behavioral addictions: A novel challenge for psychopharmacology. *CNS Spectrums*, 19(6): 486-495.

Mesch, G. S. 2009. Social bonds and Internet pornographic exposure among adolescents. *Journal of Adolescence*, 32(3): 601-618.

Miczo, N., Miczo, L. A. & Johnson, M. 2006. Parental support, perceived stress, and illness-related variables among first-year college students. *Journal of Family Communication*, 6(2): 97-117.

Milani, L., Osualdella, D. & Di Blasio, P. 2009. Quality of interpersonal relationships and problematic Internet use in adolescence. *CyberPsychology & Behavior*, 12(6): 681-684.

Morahan-Martin, J. & Schumacher, P. 2000. Incidence and correlates of pathological Internet use among college students. *Computers in Human Behavior*, 16(1): 13-29.

Ni, X. L., Yan, H., Chen, S. L., et al. 2009. Factors influencing internet addiction in a sample of freshmen university students in China. *CyberPsychology & Behavior*, 12(3): 327-330.

Özcan, N. K. & Buzlu, S. 2007. Internet use and its relation with the psychosocial situation for a sample of university students. *CyberPsychology & Behavior*, 10(6): 767-772.

Park, S. K., Kim, J. Y. & Cho, C. B. 2008. Prevalence of Internet addiction and correlations with family factors among South Korean adolescents. *Adolescence*, 43(172): 895-909.

Poposki, E. M. & Oswald, F. L. 2010. The multitasking preference inventory: Toward an improved measure of individual differences in polychronicity. *Human Performance*, 23(3): 247-264.

Reinsch, N. L., Jr, Turner, J. W. & Tinsley, C. H. 2008. Multicommunicating: A practice whose time has come?. *Academy of Management Review*, 33(2): 391-403.

Rennecker, J. & Godwin, L. 2005. Delays and interruptions: A self-perpetuating paradox of communication technology use. *Information and Organization*, 15(3): 247-266.

Schneider, J. P. 1994. Sex addiction: Controversy within mainstream addiction medicine, diagnosis based on the DSM-Ⅲ-R, and physician case histories. *Sexual Addiction & Compulsivity: The Journal of Treatment & Prevention*, 1(1): 19-44.

Seigfried, K. C., Lovely, R. W. & Rogers, M. K. 2008. Self-reported online child pornography behavior: A psychological analysis. *International Journal of Cyber Criminology*, 2(1): 286-297.

Seigfried-Spellar, K. C. & Rogers, M. K. 2010. Low neuroticism and high hedonistic traits for female internet child pornography consumers. *Cyberpsychology, Behavior and Social Networking*, 13(6): 629-635.

Seo, M., Kim, J. H. & David, P. 2015. Always connected or always distracted? ADHD symptoms and social assurance explain problematic use of mobile phone and multicommunicating. *Journal of Computer-Mediated Communication*, 20(6): 667-681.

Shi, J., van der Maas, M., Yu, L., et al. 2022. Current prevention strategies and future directions for problem Internet use. *Current Opinion in Behavioral Sciences*, 48: 101231.

Skumanich, S. A. & Kintsfather, D. P. 1998. Individual media dependency relations within television shopping programming: A causal model reviewed and revised. *Communication Research*, 25(2): 200-219.

Suler, J. R. 1999. To get what you need: Healthy and pathological Internet use. *CyberPsychology & Behavior*, 2(5): 385-393.

Tai, Z. X. & Sun, T. 2007. Media dependencies in a changing media environment: The case of the 2003 SARS epidemic in China. *New Media & Society*, 9(6): 987-1009.

Takao, M., Takahashi, S. & Kitamura, M. 2009. Addictive personality and problematic mobile phone use. *CyberPsychology & Behavior*, 12(5): 501-507.

Turner, J. W. & Reinsch, N. L. 2010. Successful and unsuccessful multicommunication episodes: Engaging in dialogue or juggling messages? *Information Systems Frontiers*, 12: 277-285.

van den Eijnden, R. J. J. M., Meerkerk, G. J., Vermulst, A. A., et al. 2008. Online communication, compulsive Internet use, and psychosocial well-being among adolescents: A longitudinal study. *Developmental Psychology*, 44(3): 655-665.

Wan, C. S. & Chiou, W. B. 2006. Why are adolescents addicted to online gaming? An interview study in TaiWan. *CyberPsychology & Behavior*, 9(6): 762-766.

Wang, Z. & Tchernev, J. M. 2012. The "myth" of media multitasking: Reciprocal dynamics of media multitasking, personal needs, and gratifications. *Journal of Communication*, 62(3): 493-513.

Wareham, J. D. & Potenza, M. N. 2010. Pathological gambling and substance use disorders. *The American Journal of Drug and Alcohol Abuse*, 36(5): 242-247.

Witte, K., Cameron, K. A., McKeon J. K., et al. 1996. Predicting risk behaviors: Development and validation of a diagnostic scale. *Journal of Health Communication*, 1(4): 317-341.

Wolak, J., Mitchell, K. & Finkelhor, D. 2007. Unwanted and wanted exposure to online pornography in a national sample of youth Internet users. *Pediatrics*, 119(2): 247-257.

Yang, C. K., Choe, B. M., Baity, M., et al. 2005. SCL-90-R and 16PF profiles of senior high school students with excessive internet use. *The Canadian Journal of Psychiatry*, 50(7): 407-414.

Yanish, D. L. & Battle, J. 1985. Relationship between self-esteem, depression and alcohol consumption among adolescents. *Psychological Reports*, 57(1): 331-334.

Ybarra, M. L. 2004. Linkages between depressive symptomatology and Internet harassment among young regular Internet users. *CyberPsychology & Behavior*, 7(2): 247-257.

Young, K. S. 1998a. *Caught in the Net: How to Recognize the Signs of Internet Addiction: And a Winning Strategy for Recovery*. New York: John Wiley & Sons.

Young, K. S. 1998b. Internet addiction: The emergence of a new clinical disorder. *CyberPsychology &Behavior*, 1(3): 237-244.

Young, K. S. & Rogers, R. C. 1998. The relationship between depression and Internet addiction. *CyberPsychology & Behavior*, 1(1): 25-28.

Zou, Z., Wang, H., d'Oleire Uquillas, F., et al. 2017. Definition of substance and non-substance addiction. In X. Zhang, J. Shi & R. Tao (Eds.), *Substance and Non-substance Addiction* (pp. 21-41). Singapore: Springer Nature.

第五篇

新媒体心理研究视角与范式

第 11 章

新媒体与情境行动

引　　言

数字技术发展至今日，使用社交媒体寻找恋情的方式已不再新鲜，国内大学的青年学生甚至开发出了多款大学生专属的校园恋爱交友手机软件，以供象牙塔里的年轻人寻找青春伴侣。在这类软件中，用户提供学生身份证明方可注册，每个人都可以自己设计一套试题，对方需要回答试题并且通过打分考核，才可以实现自由对话，进而产生后续可能的发展。

从这个案例来看，如何促进在线亲密关系的获得，与媒体的设计密不可分，也与用户在具体使用中的策略息息相关。通过对互联网中对于这类软件的相关讨论进行梳理就会发现，不同的用户针对不同的情况采取了不同的行动，通过问题的设置和关系的发展，用户在尝试各种功能中进行自我协调，又通过种种行为共同构建着网络社区，推动着这类软件的发展与兴衰。

这类为大学生设计的恋爱交友软件只是众多线上恋爱交友平台之一，或者说哪怕是通过线下方式确定关系的“传统”恋爱，也很难完全脱离线上交往而存在。如果情侣之间存在或长或短的地理分隔，那么数字媒体则成为填补距离的最优互动场景。除了即时通信软件可以给情侣提供远距离交流的可能外，各类恋爱类软件为异地恋情侣提供了丰富的“代码恋爱”选项。在这些软件中，情侣可以互相提供地理位置，展示诸如学习、工作、睡觉等生活状态，甚至可以运用给定的表达和模式交流。此外，数字媒体还针对身体数据的采集发展出了对于运动、饮食、睡眠以及女性经期的分享渠道，满足了目标人群彼此了解、照顾和监控的可能。

审视在线亲密关系的获得和维持，我们很难得出统一的判断。情侣们对于数字媒体的使用，双方在数字媒体中的互动，都表现出即时性和偶然性，这一点身处其中的当事人最有发言权。唯一可以确定的是，面对手机对话框中传来的信息，当事人会不断调整自己下一步的行动，而手机另一端的一方亦然。

同样，当一段感情走向尾声时，关于分手和挽留的活动也特别能凸显这一点。相比线下分手，线上分手的熵值更大，分手双方借以判断的依据可能仅仅是与对方采取沟通的载体——文字或者语音等。因而，借由此做出的行为反应可能导致更为激烈的结局，比如争吵、拉黑或者更大社交范围内的冲突。

我们以现今的亲密关系作为案例，试图探讨的是恋爱作为行动与线上作为环境之间的互动关系。在线上浪漫关系的建立、维持抑或破裂中，行动是如何变化的、环境是如何变化的、会产生什么样的后果，都是紧密交织在一起的。可见，对于行动和环境的分析可以且应当被联系在一起。

头脑风暴

- 新媒体使得人们的亲密关系更加容易获得吗？
- 维持在线亲密关系需要怎样的环境和情境要素？
- 在线提出分手得体吗？如何得体地在线分手？

本章内容要点

- 新媒体中的情境如何影响行动？
- 如何理解情境性认知、具身认知与社会情境启动？
- 不同新媒体平台的情境行动存在哪些核心差异？

11.1 心理学理论中的情境

在心理学研究中，长期存在着关于人和情境关系的思考，这种思考的指向是认知、情感和行动的相互连接。为了增进对于情境相关理论概念的理解，我们将介绍三个心理学中与情境研究具有关联的概念，它们亦是心理学理论中探讨认知和行动的重要概念。

11.1.1 特质性与情境性认知

特质性认知（dispositional cognition）和情境性认知（situational cognition）是人格心理学领域的重要理论论争，争论的核心问题在于是人格特质还是情境决定了个体的行为。特质性理论认为，行为者个人具有稳定不变的内在素质倾向或特质，因而旨在探讨这些素质或特质在多大程度上决定行为的跨情境一致性。情境派则认为，行为受到具体行为情境特征所左右，因而跨情境一致性比人们想象得要小。随着论争的发展，在异同的不断交融后，核心问题最终演变为人格倾向与具体行为情境如何相互作用，以决定某情境中个人的具体行为。

20 世纪二三十年代，F. H. Allport 从本质论的人格观角度提出人格特质理论。所谓特质，通常指在一段时间内、不同情况下，相对稳定的个体差异性及个体有别于他人的基本特性。特质是人格的有效组成元素，作为一种心理结构，是行动一致性的原因，也是测定人格时常用的基本单位。它是某种特殊方式的行为倾向，表现在一系列情境中的个人行为上。心理学家研究人格特质（personality trait），主要是探究人格的构成因素以及应该从哪些维度去分析人格。按照这种观点，每个人的人格都可以用同样的维度去测量，只是不同的人在同一维度上所处的位置会有所不同。具体的测量模型包括人们熟悉的大五人格模型等。此后，特质都被视为人格的主要元素。经过 Raymond B. Cattell、Hans J. Eysenck 等的努力，到 20 世纪 60 年代，人格特质的研究已经成为人格心理学的主流，人格特质的测量也成为心理学界被广泛采用的一种测量工具。

相对而言，情境观认为实践不是独立于学习的，而意义也不是与实践和情境脉络相分离的，意义正是在实践和情境脉络中加以协商的。由于特质性很难从对人格的描述转向解释，又缺乏对人格发展的动态研究，因此在 20 世纪 60 年代遭到以 Walter Mischel 为代表的情境论者的批判和挑战。1968 年，Mischel 发表著作《人格及评估》（*Personality and Assessment*）明确了对特质理论的假设，即对行为具有跨情境的一致性质疑，引发了人格研究领域中后来被称为“人-情境”之争（person-situation controversy）的论战。这一论争引发了该领域的范式危机，在其后的 20 年时间里一直占据着人格心理学的重要位置。

Mischel 对特质论的质疑主要集中在三个方面：首先，特质测验不能很好地预测行为；其次，跨情境的一致性缺乏证据；最后，特质或其他概念只是有关人的知识建构，并不反映人的实际行为。这些质疑的主要依据也来自三大方面：其一，在绝大多数研究中，个体在两种情境中行为的相关系数并不高；其二，特质论者没有确凿的证据可以直接证明行为的一致性；其三，人们在解释行为时，容易犯基本归因错误，夸大了行为特质的作用而忽略情境因素。面对挑战，特质理论的研究者进行了更深入的研究并提出了更为具体的理论。在双方的论证中，通过对情境及其与人格的相互作用的强调促进了“情境心理学”作为一个新的人格心理学研究领域的兴起。同时，各种探讨个人和情境相互作用的机制和模式大量出现。Mischel 提出的人格认知-情感系统理论（cognitive-affective system theory of personality）也成为人格心理学的经典理论。

11.1.2　具身认知

具身认知（embodied cognition）是认知心理学中发展出来的一个新取向。传统的认知心理学倾向于将关注的焦点放在内部的心理过程，无论是以计算机模拟为基础的符号加工模式还是以神经的网状结构和并行加工原理为基础的联结主义模式，都把认知机制放置在行为之前，被称为认知主义（cognitivism）。而具身认知理论认为，生理体验与心理状态之间有着强烈的联系，生理体验同样可以激活心理感觉。具身认知重新强调了身体的重要意义，反思了传统的内部视角，它同传统认知主义视身体仅为刺激的感受器和行为的效应器的观点截然不同，它赋予身体在认知的塑造中以一种枢轴的作用和决定性的意义，在认知的解释中提高了身体及其活动的重要性。

作为在对传统认知科学反思的基础上发展出的新理论，具身认知强调重建身体在认知中的地位，而不应该将人抽象为态度或者认知，要重视身体本身在主客互动中的作用。具身认知的观点在现今的新媒体技术条件下显得尤为重要。互联网和社交媒体的发展带来了更为密切的人机交互，也创造出与以往不同的语境，因此对于不同情境中具体细节和过程的关注变得必要且重要。而 AR 和 VR 等技术以及可穿戴设备的迅猛发展，使得身体的概念在人机传播中更加不容忽视，进一步推动了具身认知研究的发展。

同时，具身认知也为情境相关研究提供了新的思路。关于人类行为的产生和解释以及语言在这一过程中所扮演的角色，通常的分析方式是将语言视为主要的和自主的，并将一切非语言的东西归入“语境”的范畴。在具身认知理论的影响下，有学者提出并发展了一种分析人际互动中行动的方法，并考虑到参与者同时使用的多种符号资源，以往被认为是语境的内容，比如手势、表情等，都成为和语言同样重要的互动方式。谈话的片段借助这些符号资源在更大序列结构中的位置而获得作为社会行动的力量，这些结构包括活动和通过行为者身体的相互定位展示而构成的参与框架。比如，身体以不同的方式被用于执行特定的手势，也是一类包含结构上不同类型手势系统的现象。说话和手势都可以对参与者周围的实体进行索引、解释或当作无关的实体。此外，周围环境中的物质结构，如各种类型的图形场，亦可以提供符号结构，如果没有这些结构，通过谈话调用特定种类行动的构成将是不可能的（Goodwin，2000）。

简而言之，在情境互动中通过谈话来构建的行动，是通过不同种类的符号资源在时间上的并置来完成的，而且通过这一过程，人体作为一系列结构上不同种类的展示的场所而被公开展示，这些展示关涉当下行动的构成。具身认知的视角有助于扩充情境相关的研究。

11.1.3 社会启动

研究人们的社会环境对其思想和行为微妙的、未曾预料到的影响，长期以来一直是社会心理学研究的一个基本内容。对于情境的研究，启动效应（priming effect）亦是社会心理学中的一个重要概念（Molden，2014）。启动从字面上看是表达一种前后联系，一般指的是某些事件或行为对随后相关反应的促进作用。这个过程被聚焦到信息的层面，从而被明确定义为这些事件或行为如何影响储存知识的激活，即前面接受的刺激信息影响到后续对某个刺激信息的加工。社会心理学家的主要研究兴趣在于，不同类型的信息如何激活相应的社会表征，例如特质、刻板印象或目标属性，以及被激活的社会表征如何影响个体的决策、判断和行为（Macrae & Cloutier，2009；Young & Leonardi，2012）。

社会心理学早期关于启动的大部分研究集中在研究启动效应下社会印象发生的具体过程上，例如环境如何引发了种族歧视观念的产生。后期的研究将目光转向了研究激活的社会表征如何也能产生更间接的影响，影响认知和更长期的行为（Higgins，1996），比如情境如何引发种族歧视的判断，并导致种族歧视行为的发生。总体而言，现今的社会启动理论，主要关注那些能唤起人们对特定社会情境或关系的记忆线索是如何潜移默化地影响人们的反应的，即使人们并没有刻意将这些线索与他们当前的思想和行动联系起来。

在社会启动的相关研究中，启动语境（priming context）的内容更加明确地指向了对语境的关注。启动语境的概念最早出自对语言的研究，即语境对于认知的启动作用。这种作用从表象层面可以理解为对于语言表达式的记忆和认识与上下文语境的关系，也可以理解为某种观念和传递它的上下文语境之间的关系，这就和前文所述的社会启动所关注的表征联系了起来。以具体的实证研究为例，社会启动和启动语境都可以运用到刻板印象相关的研究之中。当关于社会启动的研究从认知迈向行动时，它与情境行动的关系就变得紧密起来，再结合启动语境研究中的语言取向，从而形成环境、语言、认知、行动之间的互动关系。

11.2　情境行动理论

情境行动理论（situated action）认为，人的行为是人与特定环境中事物的互动（Lave，1988）。这也明确了情境行动理论研究的基本单位，即在特定环境中人与客体的互动。情境行动理论将“环境”这一要素纳入人们的认知过程之中，并指出特定的环境会对人们的认知以及采取的行动产生决定性的影响。人们通过认知对环境进行编辑，并以此为基础进行相应的活动。情境行动理论避开了“习惯”这一因素对认知的影响，将所有行动理解为解决一次性问题的一次性行动，因而用一次性避免了对习惯性进行讨论。

11.2.1　情境行动概念的提出

情境行动理论源于对社会科学在研究行动的过程中针对计划（plans）的反思，

强调行动主体和环境之间的互动关系（Bardram，1997）。传统的认知科学认为，行动的组织和意义来自计划，而计划是行动的先决条件，并规定了行动中的细节水平。但是 Suchman（1987，2007）认为，像计划这样的常识概念其实是人们对行动进行实际审议的资源，作为对行动的投射性和回顾性叙述，计划本身就处于一些实际活动的大背景中。作为关于活动结构的常识性概念，计划是研究有目的行动时需要研究的主题的一部分，而不是需要改进或转化为适当的科学理论的东西。

情境行动概念的前提是，个体往往并不提前知道，或者至少并不具体知道他们希望通过行动带来什么样的未来状态。只有在遇到某种认为可取的状态之后，人们才会把这种状态确定为以前行动的计划，回过头来看，并将其命名为其所追寻的目标。当然，人们总是可以对情境行动进行事后分析，使它看起来是遵循了一个合理的计划。但这一事实说明了人们分析的性质，而不是说明了人们的情境行动本身。

所以，学者们提出了情境行动理论，以强调应该用行动与环境的互动来理解行动。情境行动理论强调人类活动的突发性、偶然性，即活动直接从特定情境的特殊性中发展出来的方式。情境行动理论中的组织是行动者之间、行动者与行动环境之间的即时互动的一种涌现（French & Bazarova，2017）。情境行动模型假定情境的首要地位，在这种情境中，每一时刻的互动和事件都是至关重要的。其目的不是从计划理论中建立行动理论，而是研究人们如何在情境行动过程中产生并找到计划的证据。更一般地说，不是把行动的细节归入计划的研究，而是把计划归入情境行动这一更大的议题之中。

11.2.2 常人方法学的运用

常人方法学（ethnomethodology）也被译为俗民方法论，是研究人们在日常生活互动中使用方法的理论范式，由美国社会学家 Harold Garfinkel 等在 20 世纪 60 年代创立。常人方法学的理论来源于 Edmund Husserl 的现象学，与符号互动论同属于阐释学派，都对于以 Talcott Parsons 为代表的结构功能主义日益脱离社会进行了经验的批判。所谓常人，就是日常生活中的个体，而所谓民俗，是指人们约定俗成的习惯。这类研究将视线对准看似没有变化和冲突的常规行为，试图填补的空白是被社会学研究忽略的“日常生活”。情境行动理论可以被理解为常人方法学在行动研究中得以运用的产物。

常人方法学的提出带有反理论性，是对传统社会学的反思。常人方法学认为日常生活需要被研究，而传统的社会学只是把日常生活作为一种事实，成为社会问题研究的材料，殊不知日常本身就应该是研究的对象。Émile Durkheim 以降的社会学家把社会研究作为一种量化社会直觉的科学，认为社会事实的客观现实是社会学的基本原则，如果不参照这些“社会事实”，人类的行动就无法得到充分的解释。而这些“社会事实”相对于个体行动者而言，应被视为先验的、外在的和强制的。但是这种观点忽略了各种社会习俗其实是在日常实践中建立的。常人方法学试图描述这些日常实践，而非以这些常识为基础列举它们的产物，这样可以真正做到从日常生活中生产知识。因此，常人方法学的兴趣在于如何实现社会世界的相互理解性。而且，它把这种实现定位在人们的交往中。要解释日常生活中的互动和交往，就需要把具体实践中复杂的行为、场景和说明等内容进行拆解，呈现它们相互构建的过程。

进一步的说明有助于我们理解常人方法学对于传统社会学研究思路的批判。如果假定社会中存在一套具体的行为规范，并且这套规范通过文化符号共享的方式达至个体，那么从属于这个规范共识群体的个体在进入社会的过程中就需要时刻学习和适应社会规范，以使得自己的行为与社会规范达成一致。然而，我们总能观察到一些个体的行为并不符合所谓的社会规范，于是就有了对于越轨行为和亚文化的研究，传统社会学会试图从冲突或者反抗的角度去解释这样的行为，媒介文化研究中这样的案例比比皆是。但 Garfinkel 认为，如果我们抛开传统社会学的假设，不认为社会是依靠共同认识和行为规范运作的，那么其实可以认为个体只是不断在对独特而变化的环境进行文献诠释法（documentary method of interpretation）的解读。在解读的过程中，可能呈现出不同的行为，但不能使用这种行为还原个体的意图。因此，常人方法学认为研究者应该做的是描述个体对于“文献方法”的应用。处于这种思考模式下的个体，在实践的过程中可能对环境的认识和对自身目的的认识都是不足的，所以行动本身并不是确定的。因此，我们对于行动的研究不是为了通过表象看到实质，而是为了描述这种表象。正如 Garfinkel 在《常人方法学》一书的开篇中所述，常人方法学通过分析日常活动，使这些活动可以在所有实际目的上变得可见合理且可报告，即日常生活的组织应该是可解释的（Garfinkel，1967；甘雨梅，2024）。

情境行动的基本观念也正是来源于常人方法学的逻辑，它强调行动的过程在本质上取决于行动的环境。这种方法不是试图将行动从环境中抽象出来并将其重构为一个合理的计划，而是要研究人们如何利用环境来实现其具有理解和学习能力的行动。不是从传统的计划理论中建立行动理论，而是要研究人们如何在情境行动的过程中产生和寻找计划的证据。更一般地说，不是把行动的细节归入计划的研究，而是把计划归入情境行动之中。

具体而言，情境行动从常人方法学的反思中建立起自身对于行动拆分的基本观点。第一，计划是由现场行动派生出来的。第二，在现场行动的过程中，当原本透明的活动在某种程度上变得有问题时，就会产生审议。第三，行动情境的实际客观性是实现而不是给予的。第四，实现情境客观性的核心资源是语言，它与其所预设、产生和描述的情境存在着普遍的索引关系。第五，由于语言的索引性，在每一次互动中，通过求助于情境的特殊性，实现了相互理解，而不是通过一个稳定的共享意义体系而一劳永逸。因而，理解情境行动不仅需要完成对情境客观性和计划非决定性的判断，还需要思考语言的重要性。

11.2.3 语言的索引性

情境行动理论还具有语言学的传统。人们对情境的共同理解在很大程度上要归功于语言，语言是“卓越的类型化媒介”。一方面，语言的表达式赋予了其常规的意义，在任何使用场合都能保持不变；另一方面，语言的表达式在一些实际场合的意义在于其与表达式本身所指示的但实际上并没有被表达式本身所捕获的情境的关系。这是语言学在产生之初就提出的观点。换句话说，语言从嵌入的世界中获取其意义，同时将世界转化为可被思考和谈论的事物。

如前所述，语言是实现情境客观性的核心，尤其是其索引作用，使得互动的过程中必须不断实现相互理解，而不存在 Durkheim 所说的以“社会事实”作为稳定的意义来源。所谓索引性（indexical），指的是依靠其情境获得意义的表达方式。比如，人们在对话中说到“他”这个词时，双方都能够从这个词的声波形态联想到同一个具体的人，这就是索引的过程。同样的词语“他”，在不同的情境中可能被索引为不同的对象。所以，语言虽然是客观的，但也是情境的，是变化的。沿着语言的索引性来理解行动，行动者面临一个由指令做出行为的过程，必然会体现出情境被指令发出者和接受者的解读。此时，意义既不在指令的发出者，也不在行动者，而在他们与情境的互动之中，语言则成为可见的过程。想要理解语言的意义，就需要回到情境中，这种互动不仅是即时的，而且是不断发生的，所以对于语言的研究也是不断进行的，知识被不断地生产，却不一定能够重复。

因此，情境行动理论包含着对常人方法学和语言的双重重视。研究者首先承认的前提是，人们表达所蕴含的意义总是超过实际说出来的意思，因此，对一个表达的解释，总是不仅仅取决于它的字面意思或字典意思，也不完全取决于其字面意思或字典意思加上一些未说出来的假设，而是取决于其使用情况。在这样的前提下，对于行动与环境互动的研究实际上是对于语言的研究。

11.2.4 情境行动理论与活动理论

关注研究人类行动不应该仅从社会事实出发，而应该结合情境的观点并非情境行动理论所独有，与活动理论（activity theory）进行对比有助于我们更好地理解情境行动所处的理论位置。活动理论起源于苏联，是 Vygotsky（1978）、Leonty'ev（1974，1978）和 Luria（1979）创立的文化历史心理学派的一部分。作为一个哲学框架，活动理论用于研究作为发展过程的不同形式的人类实践，强调个人和社会层面是相互联系的。

活动理论分析的基本单位是人的活动，具有三个基本特征。其一，它是针对物质或理想对象的研究，活动理论的框架下不同的活动之间是有明显区分界限的。其二，活动理论以工具、符号、语言和机器等人工物（artifacts）为中介（Nardi，1996）。其三，活动理论关注文化中的社会性活动，指出计算机和其他人工物一样，在实践中对人类活动产生了中介作用。人类在世界中活动，必然接触客观世界，而客观世界是通过活动来体验的。因此，人类对世界的认识是通过活动获得的反映，并构成对这个世界活动的期望、欲望的基础。这说明了人与世界、主体与客体之间的基本辩证关系。

人的活动可以被总结为三个层次的结合体，即活动（activities）通过行动链实现，而行动链是通过操作（operations）进行的，人的活动总是以满足某种需要的物质或理想对象为对象，主体对这一对象的反映和期望是活动的动机（motives）。人的活动是通过行动（actions）来进行的，以实现客观结果。这些行动受主体的意识目标控制，是对行动未来结果的预期。活动只存在于一个或多个行动中，但活动与行动并不完全相同，不能相互简化为彼此。在活动理论的框架中，主体的预期居于核心地位。预期在活动的过程中表现为活动的动机、行动的目的和行动的定向基础。借助 Ivan Pavlov 经典的狗和摇铃实验可以很好地理解这一点。

活动理论与情境行动理论的相似之处，在于对情境意义的重视，二者都认为对于行动的研究不能脱离情境，这对新媒体研究包括新近的人机传播研究都具有启发意义。然而，二者的差异体现在研究过程的出发点和侧重点不同，依照 Nardi（1996）的观点，二者的区别可以主要梳理归纳为四大方面（表 11.1）。

表 11.1　情境行动理论与活动理论的主要区别

理论	基本分析单位	对情境的理解	行动的结构化与结构的持久性	人与物的对称或非对称关系
情境行动理论	特定情境之中由人活动所产生的行动	情境在特定环境中的复杂且不断变化的日常行为之中	行动的结构不是先发的，而只能生发于即时的情境，目的是被建构的；跨越情境的持续结构独立于特定的情境，但并非核心	人和物有质的不同，但人具有被动反应性，并非具有自发目标计划的全然认知主体
活动理论	包含主体、客体、行为、操作的活动	活动本身即情境	行为的结构化部分地由人的意向决定，关注目的作为形塑力；结构的持久性是一大核心关注点	人与物不同，强调人类独有的动机和意识的重要性

可见，活动理论与情境行动理论的差异可以归纳总结为四个主要方面，包括基本分析单位、对情境的理解、行动的结构化与结构的持久性，以及人与物的对称或非对称关系。

第一，是基本分析单位方面的差异。如前所述，情境行动理论强调的是人类活动与环境的互动关系，因此研究的不是单纯的人工物的形式或认知属性，亦非结构化的社会关系或持久的文化知识和价值观。虽然情境行动理论并不否认这些内容的重要性，但是“特定环境中人的日常活动”才是其研究的核心（Lave，1988）。因此，情境行动研究会对一连串特定事件的时间顺序进行复杂而详细的观察，而不是去描述不同情况下持久的行为模式，认为过于强调计划对于行为塑造的重要性，就是没有意识到环境作为活动重要塑造者的作用，而几乎只把大脑中的表象——通常是僵化的、计划性的表象——作为研究对象。相较之下，活动理论的分析单位就是活动，并将活动视为由主体、客体、行为和操作组成。主体是指从事某项活动的个人或群体。客体（在“对象”的意义上）是主体所持有的，是活动的动力，使活动具有特定的方向。活动理论并非以人和人的意识为中心，同样关注情境的意义，只是情境和活动被放在同一维度进行理解，或者说活动的不同部分以及变化就是情境。

第二，是对情境的理解方面的区别。活动理论强调动机和目标，对于活动的分类通过不同的对象来完成。但情境行动理论则与之不同，认为目标不是行动的条件，不能由此区分行动，在行动过程中目标会被不断建构，是完成一件事之后的回顾和反思。因此，活动理论的分析是从对象开始的，而情境行动理论则是从诸多因素汇聚而成的情境开始的，认为主体对环境的反应最终决定了行动，这也表现出了一种潜在的行为主义色彩。目标、计划、对象和心理表征的中介影响都不存在，因此对于其情境的感知需要不断地进行描述和细化。

第三，关于行动的结构化与结构的持久性，对于活动理论来说，持久结构是一大焦点。活动理论关注的是活动的历史发展和人工制品的中介作用。Leonty’ev（1974）认为工具的使用是至关重要的，工具是活动的中介，它不仅将一个人与对象世界联系起来，而且将其与其他人联系起来。这意味着一个人的活动近似于人类的经验。情境行动理论视活动为真正情境化的，而对于持久的、跨越情境的结构作为一种独立于情境的描述和分析非研究的核心部分。然而，很可能的是，情境行动理论特别是那些与技术设计有关的研究，允许在坚持纯粹的情境性观点的基础上，有一定的余地去研究那些跨越情境的人工制品和实践操作的认知与结构特性。因此，情境行动理论的阐述可能会展现出一种在强调突发、偶然、即兴与强调常规、可预测之间的张力。

第四，人与物的对称或非对称关系方面的差异。活动理论与认知科学根本上的差异在于拒绝承认人与计算机等媒介是等同的。在认知科学中，包括两端输入和输出的密集信息处理环路塑造着认知，而模型中的行动者是人还是人工物并不重要。但是，以人为中心的活动理论自然强调动机和意识并认为这是人类所独有的，而人工物与人是不同的。对于情境行动理论而言，人与物在本质上是不同的，但是情境行动理论却确实会在不经意间将人呈现为反应性的解码者，而非拥有自发目标计划的全然意识主体。

以人们去超市购物的行为为例子来呈现两种理论视角的差异。如果从活动理论的角度出发，购物这一行为可以不需要到超市去进行，而去超市只是完成购物这一目标的一种方法。从情境行动理论出发，“超市”是一个给定的特定环境，人要在这一特定环境中完成“购物”这个目的。人们在超市中购买自己需要的产品，超市在情境活动理论中展示给人的是一个被“编辑”过的图景，即每一个人认知的超市都是不同的，因为每个人从超市中选择购买的商品并不相同，因而超市中并不是所有的商品都存在于人购物行为的认知之中，人只是去购买其认知中需要购买的商品，因此超市这一特定的环境是被个体的认知所编辑过的环境。这种在给定环境中因人而异的认知行为体现了情境行动理论的主旨，Lave（1988）称之为“解决一次性问题的一次性行动”。

11.2.5　情境行动理论的理论局限

综合前文的论述来看，情境行动理论模型亦存在明显的不足。其中，两个关键的问题，一是不够关注规律性和跨越不同情况的持久而稳定的现象，二是对行动者的主观性关注不够。

第一个问题是由其常人方法学的出发点决定的。情境行动理论把解释行动的路径交给了情境性的现实，而并不关注那些被认为是稳定和有规律的行动。解决一次性问题的一次性行动，意味着行动无法被再现，也无法被预测。这与现实情况明显不符，人的行为是可以再现的，也可以在一定程度上被预测。由于长期需要回应其反例，事实上后期的情境行动理论研究中对于持久的结构产生了松动，“常规做法”和“常规能力”的概念开始出现（Suchman & Trigg，1991；Suchman，1993）。这些研究继续提供丰富的细节，但也开始加入一些对于常规行为的描述，这使得情境行动理论与活动理论有所靠近。

第二个问题则是情境行动理论的根本性问题。因为坚持淡化意识、意向性、计划、动机和先前的知识作为人类思想和行为的关键组成部分，情境行动理论模型一直不愿意将主观性纳入其中（Suchman，1987；Lave，1988，1993；Suchman & Trigg，1991；Jordan & Henderson，1995）。这种坚持来自对传统认知科学过于理性的模式的强烈反思以及鼓励人们就地研究行动的愿望，这虽然值得称道，但也有可能带来偏狭。情境行动理论研究者并不否认人工物、社会关系、知识、价值观念等是重要的，但他们强调真正的研究应着眼于人们在特定环境中展开的日常行为。然而，忽视人类活动中的动机和意识是有局限性的，仅将分析局限于可观察到的每时每刻的相互作用也是有局限性的。从长远来看，旨在深入且广泛地说明人们在活动中随着时间的推移如何展开活动，并寻求一种方法来纳入人们为什么要这样做，以及先前的知识如何塑造特定情境下经验的主观描述，是更令人满意的道路。推及以人机传播为代表的人与新媒体的交互研究，理想的理论应该充分认识到人工物的特性与情境对于技术设计的重要性，并能够比较不同界面、进行细致的分析和对现实设计提出建议。

11.3 新媒体中的情境行动

情境行动理论为开展新媒体语境下的心理与行为研究提供了一种重要的理论视角（French & Bazarova，2017；Tikhomirov，1972）。想要开展新媒体中的情境行动研究，我们需要理解新媒体作为一种新情境的意义，比如人机关系（Suchman，2007；Gan，2023；Jiang et al.，2022；甘雨梅，2020，2024；甘雨梅和郭良文，2022）。以互联网的产生作为标志，新兴的媒体技术和形态带来了诸多变化，从而催生了新情境的出现。

首先，新媒体提供了信息。海量的信息以及由此建构的意义空间本身就是新的情境。新媒体带来新的信息呈现与融合以及新的信息表达方式，不仅在数量而且在结构上都与传统媒体时代存在显著不同。信息被人们获取和解读，它们构成了新的情境。

其次，新媒体提供了工具。新媒体不仅是信息载体，而且是信息工具。人们在新媒体中有了更多主动性，这也激发了人们的行为实践，进而产生了与环境的交互。站在媒介史的角度来看，传统的大众媒体具有更加明显的单向属性，它们作为一种情境对于个体的影响比较明显，而互动却相对少见，或者说有限的互动过程较为漫长且缓慢。然而，相比传统的报纸、广播、电视和电影而言，新媒体能够制造出更加连续和复杂的交互情境。

最后，新媒体提供了新的社会关系。这些社会关系既可能是对现有社会关系的延续和拓展，也可能是被互联网压缩了地理空间后而得以聚集的新社会关系。新的社会关系还会催生新的社会规范，新的社会关系亦是个体需要理解的新文本，这都需要对个体的相关实践展开必要的关注。

既然新媒体带来了一系列新的情境，新媒体语境下的情境行动探究亦显得非常必要。情境行动研究提倡从行动的发起者和环境之间的互动入手，而新媒体所带来的新环境必然会带来新的互动关系。不同的学者从不同的主体和不同的行动出发，探究了新媒体与使用者互动的不同截面，本节也将结合相关的研究案例来呈现新媒体中的情境行动。

11.3.1 一“网”情深

古有鸿雁传书，今有网络传情。新媒体语境下的爱情如何保鲜？当日常持续的联系成为爱的媒介条件，这对于人们而言到底意味着什么？粟花通过研究发现，新媒体时代紧密的爱情纽带亦可能成为束缚（Su，2016）。

情侣间的日常交流是普通人在日常生活中会频繁经历与遇到的情况，数字化的新媒体可以使情侣间保持密切的交流，这对于情侣爱情的维系到底是有益还是有害，却并不是一个容易回答的问题。因为结合日常的生活经验来看，对于爱情的感受往往与个人体验有着很强的关联，似乎难以有统一的答案。研究者借鉴了情境行动的思维，把亲密关系视为一种协商和意义创造的过程，在 4 年间访谈了北京的 44 位年轻人，通过他们的经历和讲述来探究情侣如何在日常的互动中完成其协商和意义创造。

研究发现，数字媒体成为情侣关系中重要的“博弈空间”（Su，2016）。一方面，数字媒体具有多模态属性，情侣可以通过其进行文字、声音、图像的交流，这使得情侣可以保持全天候的即时联系。这种交流既包括信息分享，也包括一些没有信息交换的单纯陪伴，比如在各自学习和工作时打开视频聊天。交流给亲密关系提供了仪式感、参与感，有助于加强情侣间的纽带。另一方面，新媒体带来的联络方式的进步，也使得情侣间对于“失联”的忍耐程度降低，一方的“失联”可能给另一方带来很强的恐惧感和不安，这可能成为情侣关系破裂的诱因，然而对于“保持联络”，又可能存在困难和性别差异。因而，在情侣间数字媒体的使用过程中，亦生发出一些负面感受和抵抗方式。全天候的可联络性可能带来监视和控制，会令个体丧失很多自由，因而情侣一方可能会采取一些手段来抵抗这种控制，比如延迟回复、设置隐身等。随着相应的抵抗需求和策略变得强烈和常见，相应的媒介技术手段也被开发出来供使用者选用。

新媒体使用者，特别是现今的年轻情侣，可能对这些研究发现非常有共鸣。一方面，即时通信和数字媒体技术首先在年轻人群体中被采纳并逐渐普及开来。另一方面，诚如研究者发现，在中国语境下，情侣们常常将恋爱关系与家庭关系进行等同，对于联系的需求很强烈。通过对情境行动的关注，有助于对普通人日常化的行为实践进行拆解和分析。

11.3.2　同病相“联”

人们常说“同病相怜”，如今借助各种新媒体，同病亦能“相联”。近年来，学者们研究了以社交媒体为代表的新媒体平台在为病患以及病患家人提供信息与支持以及建立社交网络中所发挥的作用。

有学者聚焦罹患乳腺癌的年轻女性，将她们的信息搜寻行为放置于互联网使用的具体情境之中加以探究（Balka et al.，2010）。研究者们通过媒体和诊所招募的方式获得了 35 位加拿大乳腺癌患者对于自己经历的个人叙述。不同于传统的问卷调查或者访谈，这些个人叙述作为研究的原始资料尽可能地保持了叙述者的独立观点，并且内容足够发散。通过这些具有互联网使用经验的年轻的乳腺癌患者的个人讲述，可以得知她们究竟需要从互联网中获得哪些类型的信息，她们能够从哪些渠道获得信息，以及使用互联网获取信息在她们寻找信息和应对策略的过程中到底起到了怎样的作用。

同时，研究者们也结合对过往相关研究的回顾，梳理出一系列假设或者说是有待批驳的论断。具体包括：把健康信息放到网上就能满足健康信息寻求者的需要；人们获取健康信息的首选是互联网；人们在寻找所需健康信息时不会遇到什么问题；人们找到的健康信息将立即有用，即不需要解释。通过研究回应这些站在健康行动角度所进行的推断，对于理解健康信息的传播具有重要的指导意义。

研究发现，患有乳腺癌的年轻女性利用互联网来了解自己的经历，互联网对某些动机的服务比对其他动机的服务更好。寻求健康信息，虽然通常是一个解决问题的理性过程，但也是满足不断变化的情感需求的一种手段。互联网并不是这些患癌女性获取信息的首选，也不是终点。互联网可能会提高患者对于了解病情程度的期望。这些发现呈现出具体情境下病患基于互联网搜寻信息的动机、手段和效用等，并且否定了假设中的论断。

这一研究指出了在新媒体语境下，医疗和健康传播领域需要关注情境的意义。患有乳腺癌的年轻女性使用互联网获取信息并不是一个简单的同质化过程。互联网上优质的健康信息并不是轻易就可以获取的，所以这些乳腺癌患者需要付出努力，其需求也未必能尽数满足。在信息检索的过程中，她们可能会面临混乱和压力，无法有效过滤互联网上的信息，这成为一些患有乳腺癌的年轻女性避免使用互联网作为其疾病信息来源的原因之一。互联网也许可以使患者在获取信息时拥有更强的自我掌控感，却也可能因为信息的混乱和不易得，而给她们带来持续的伤害。从情境行动的视角出发，对于病患及其家人而言，并不能简单地认为互联网提供的健康信息，与患者希望更多了解自己疾病和护理信息的需求相吻合，需要使互联网上的健康和医疗信息传播更加精准有效，为不同类型的病患提供消除各种混乱和压力的方向与可能，从而使他们可以更好地得到互联网的赋权。

11.3.3 线上“柜族”

互联网为身份认同提供了更多展露、探索和表达的渠道与资源，这对于长期处于深柜之中的少数群体而言，意义尤其深远。近年来，随着中外媒体尤其是西方媒体中的一些公众人物选择公开出柜，互联网的推力让更多普通人关注到了性别身份认同的议题。中国纪录片《柜族》通过采访十几位出柜人士，试图呈现其出柜过程中所体验到的歧视、压制甚至暴力，以及感动、成长与理解。对于性少数人士来说，出柜变得越来越成为一种见证爱与认同的方式，但仍有很多选择出柜的性少数人士受到了态度或行为上的拒绝与仇恨。

出柜是英文 coming out of the closet 的直译，指代性少数群体公开自己性倾向或性别认同的行为。出柜是性少数人士接受自己的性倾向和性别身份并将其整合到个体生活中的过程，其中包含自我认同以及向他人表达两个维度，是性少数群体创造自我的过程。对于性少数群体来说，是否出柜、对谁出柜、何时何地出柜等都会随着性别身份和社会环境的变化而变化，与个体自身的性格因素和成长环境也存在关联，是不可一概而论的复杂过程。

互联网等新媒体让以往隐匿于深柜之中的性少数群体变得更为可见。在出柜仪式的核心阶段，其重点在于叙述，其中包含着丰富的话语争辩与身份争夺。有学者研究了美国乡村性少数青少年在线出柜的叙事，研究者进行了 19 个月的民族志研究，在网络社区和乡村生活之中探究乡村性少数青少年的身份协商与酷儿欲望，发现在线出柜的叙事中呈现出复杂的再媒介化过程，他们将数字化的媒介内容编织进个人的身份构建之中（Gray，2009）。研究发现，在美国，相较于城市的性少数群体，生活在乡村地区的性少数人群在公共生活中面临着更为匮乏的相关信息和更为保守且复杂的生活环境。美国乡村地区的性少数青少年在寻求相关信息时只能转向数字媒体，而即便是数字媒体，也缺乏对乡村地区的性少数群体的呈现。因而，美国乡村性少数青少年在探索、思考和表达个人性别身份的过程中，需要吸收和重构从数字媒体上获得的关于性少数群体的文本，并在线上获取信息和线下吸收的杂糅中形成不同的自我发现和出柜叙事。

基于情境行动的视角，美国乡村性少数青少年的身份确认与构建是在与数字媒体以及线下传统社交的互动中产生的，这些性少数青少年使用性少数群体网站的相关信息并反思着自己的生活。研究者以 Brandon 和 John 作为案例，深入探讨了美国语境下种族、家庭和乡村对其身份确认与出柜的影响。虽然数字媒体中提供了性少数群体的形象，但他们并不能将其与现实生活中的经验联系起来，因此他们寻找的其实是一种酷儿欲望和自身社会体验中的平衡状态。数字媒体提供的性少数群体形象及其背后所绑定的道德价值，并不能很好地嵌入这些青少年的乡村生活，这使他们的自我意识依然没有得到很好的安置。或者说，由数字媒体带来的性少数群体的可见性，其实隐藏着一种主流形象的霸权，乡村性少数青少年试图通过这些信息获得支持，但对于他们而言，那个需要走出的柜子并不是媒体信息所定义的柜子，反而可能是他们所依赖的乡村环境。因此，对于美国乡村性少数青少年而言，宣布出柜，无法带来一种稳定的身份认同，却带来了进一步的不确定性。当处于深柜中的性少数青少年选择出柜，他们将生活中非常隐私的部分暴露给世界，而他们真的不知道这样做会带来什么后果。

情境行动理论视角的意义在于，提醒研究者不应将任何一种身份认同剥离出来单独研究，而应将其置于情境之中，与性别认同密切关联的“深柜”对于不同年龄、收入、阶层、自我认知的人具有不同的含义。

11.4 本章小结

本章聚焦情境对于新媒体研究的突出意义，结合心理学不同理论概念中对于情境的关注，介绍了情境行动理论的提出与意涵，并结合不同社会语境下学者们开展的具体研究案例来更好地理解新媒体语境下情境行动理论模型的应用。

在心理学研究的不同领域中，都有关于情境的关注和理论强调。通过将情境行动理论视角置于心理学研究的脉络之中，我们可以进一步借鉴特质性与情境性认知、具身认知、社会启动等理论概念的力量。这些概念从心理学的不同角度关涉语境与行动及其相互关联，虽未见得与情境行动理论的提出有直接的纵向演进关系，但仍可以作为理解和运用情境行动理论的重要资源拓展。

情境行动理论模型的核心是对于语境的重视，强调对行动中具体情境的审视和对传统行为研究中“计划”的反思，认为不应该把行动从其语境中抽离出来单独分析，行动的过程在本质上取决于行动的语境。情境行动理论的诞生与对常人方法学的借鉴和对语言的重视密不可分。可以说，常人方法学和语言学建构了情境行动理论模型的基本研究取向、范畴和方法。情境行动理论关注人们日常生活中的偶然性，并聚焦语言，关注语言和情境存在的普遍索引关系。

本章还对情境行动理论与活动理论进行了系统的比较。同样是对人类行动的研究，同样强调对于语境的关注，情境行动理论与活动理论在基本分析单位、对情境的理解、行动的结构化与结构的持久性以及人与物的对称或非对称关系方面存在突出的差异。理解这些差异，对于更好地将语境纳入新媒体研究，具有重要的意义，也有助于理解情境行动理论模型的局限，即情境行动理论缺乏对于持久性现象的解释力，对于主观性的关注亦不够。

对于日新月异的新媒体技术环境，情境行动的概念和理论视角具有丰富的应用空间。本章结合新媒体语境下的研究案例，具体呈现了如何通过情境行动的视角来理解特定的新媒体情境与行为实践，可以为开展新媒体语境下的情境行动研究指明方向。新媒体提供了新语境，在对于各种新语境的探索中，常人方法学和对语言的关注为研究数字媒体中人们的日常行为提供了着力点。新媒体技术推动以往诸多的不可见变为可见，通过各种媒介化叙述，可以探究伴随着新媒体出现的各种新型的人与媒介交互现象。

思考题

- 结合生活中具体的新媒体使用谈谈如何理解情境行动。
- 结合具体案例谈谈情境行动理论与活动理论分别会做出怎样不同的阐释。

参 考 文 献

甘雨梅. 2020. 录像分析作为社会研究方法: 理论、应用与展望. 新闻与传播研究, (2): 25-41, 126.

甘雨梅. 2024. 录像民族志在人机交互研究中的可能与可为. 全球传媒学刊, 11(3): 24-41.

甘雨梅, 郭良文. 2022. 当“人-机”相遇: 基于智能服务机器人的录像民族志研究: 以上海“COFE + 机器人”咖啡亭为例. 新闻与写作, (12): 64-74.

Balka, E., Krueger, G., Holmes, B. J., et al. 2010. Situating internet use: information-seeking among young women with breast cancer. *Journal of Computer-Mediated Communication,* 15(3): 389-411.

Bardram, J. E. 1997. Plans as situated action: An activity theory approach to workflow systems. *Proceedings of the Fifth European Conference on Computer Supported Cooperative Work*, 17-32.

French, M. & Bazarova, N. N. 2017. Is anybody out there? Understanding masspersonal communication through expectations for response across social media platforms. *Journal of Computer-Mediated Communication,* 22(6): 303-319.

Gan, Y. M. 2023. Choreographing digital love: Materiality, emotionality, and morality in video-mediated communication between Chinese migrant parents and their left-behind children. *Journal of Computer-Mediated Communication,* 28(3): zmad006.

Garfinkel, H. 1967. *Studies in Ethnomethodology*. Englewood Cliffs: Prentice-Hall.

Goodwin, C. 2000. Action and embodiment within situated human interaction. *Journal of Pragmatics,* 32(10): 1489-1522.

Gray, M. L. 2009. Negotiating identities/queering desires: coming out online and the remediation of the coming-out story. *Journal of Computer-Mediated Communication,* 14(4): 1162-1189.

Higgins, E. T. 1996. Knowledge activation: Accessibility, applicability, and salience. In E. T. Higgins & A. W. Kruglanski (Eds.), *Social Psychology: Handbook of Basic Principles* (pp. 133-168). New York: Guilford.

Hughes, J. A., Prinz, W., Rodden, T., et al. 1997. Plans as situated action: An activity theory approach to workflow systems. *Proceedings of the Fifth European Conference on Computer Supported Cooperative Work*: 17-32.

Jiang, Q. L., Zhang, Y. D. & Pian, W. J. 2022. Chatbot as an emergency exist: Mediated empathy for resilience via human-AI interaction during the COVID-19 pandemic. *Information Processing & Management,* 59(6): 103074.

Jordan, B. & Henderson, A. 1995. Interaction analysis: Foundations and practice. *Journal of the Learning Sciences*, 4(1): 39-103.

Lave, J. 1988. *Cognition in Practice*. Cambridge: Cambridge University Press.

Lave, J. 1993. The practice of learning. In S. Chaiklin & J. Lave (Eds.), *Understanding Practice: Perspectives on Activity and Context* (pp. 3-32). Cambridge: Cambridge University Press.

Leonty'ev, A. N. 1974. The problem of activity in psychology. *Soviet Psychology,* 13(2): 4-33.

Leonty'ev, A. N. 1978. *Activity, Consciousness, and Personality.* Englewood Cliffs: Prentice-Hall.

Luria, A. R. 1979. *The Making of Mind: A Personal Account of Soviet Psychology*. Cambridge: Harvard University Press.

Macrae, C. N. & Cloutier, J. 2009. A matter of design: Priming context and person perception.

Journal of Experimental Social Psychology, 45(4): 1012-1015.

Molden, D. C. 2014. Understanding priming effects in social psychology: What is "social priming" and how does it occur? *Social Cognition,* 32: 1-11.

Nardi, B. A. 1996. Studying context: A comparison of activity theory, situated action models, and distributed cognition. In B. Nardi (Ed.), *Context & Consciousness: Activity Theory & Human–computer Interaction* (pp. 35-52). Cambridge: The MIT Press.

Su, H. 2016. Constant connection as the media condition of love: where bonds become bondage. *Media, Culture & Society,* 38(2): 232-247.

Suchman, L. 1993. Response to Vera and Simon's situated action: A symbolic interpretation. *Cognitive Science,* 17(1): 71-75.

Suchman, L. A. 1987. *Plans and Situated Actions: The Problem of Human-Machine Communication (Learning in Doing: Social, Cognitive and Computational Perspectives).* Cambridge: Cambridge University Press.

Suchman, L. A. 2007. *Human–Machine Reconfigurations: Plans and Situated Actions (second edition).* Cambridge: Cambridge University Press.

Suchman, L. A. & Trigg, R. H. 1991. Understanding practice: Video as a medium for reflection and design. In J. Greenbaum & M. Kyng (Ed.), *Design at Work: Cooperative Design of Computer Systems* (pp. 65-89). Boca Raton: CRC Press.

Tikhomirov, O. 1972. The psychological consequences of computerization. In O. Tikhomirov (Ed.), *Man and Computer* (pp. 1-13). Moscow: Moscow University Press.

Vygotsky, L. S. 1978. *Mind in Society*. Cambridge: Harvard University Press.

Young, L. E. & Leonardi, P. M. 2012. Social issue emergence on the web: A dual structurational model. *Journal of Computer-Mediated Communication*, 17(2): 231-246.

第 12 章

新媒体与分布式认知

引　　言

不知道下面的这些情况，哪些会引发你的共鸣。当你打开手机短视频应用时，一条条你喜欢的视频，让你在不知不觉中感受着如今的时间“相对论”，慨叹“抖音三分钟，世间一小时”。当你打开网络音乐播放时，其中自动推送的歌曲，让你觉得它最懂你的心情，此时的歌曲正是你心中的那一首歌。当你进入电商平台购物时，琳琅满目的商品，都是你喜欢的，价格也特别体贴你的钱包……“懂你”，这个原本似乎只存在于亲密关系中的描述，而今却在一个个手机应用中浮现。在镜花水月的温柔背后，真正懂你的可能是一行行代码——它们的名字叫作“算法”。

如今的我们生活在一个深度媒介化的时代，一个突出的时代特征便是人们的媒介使用行为决策逐步被算法代理（Hepp & Hasebrink，2018）。日常生活中，算法为人们安排出行的交通工具，为人们规划出行的路线，帮人们推荐用餐的场所……面对无处不在的算法，而今的人们该如何选择，是心安理得地享受便利，还是奋起抵抗以彰显人类的尊严？如何与算法共生已经成为现今时代的生存主题之一。

头脑风暴

- 在深度媒介化的时代，算法能够在多大程度上代表甚至代替人思考？
- 被困在算法里的人们，有破局的机会吗？

本章内容要点

- 如何理解新媒体与认知？
- 何为分布式认知？

◆ 如何理解新媒体生态中的分布式认知？

12.1 新媒体与认知

传播学研究与学科的发展长期从心理学研究中汲取理论与方法的营养，随着新媒体的勃兴和传媒生态的深刻变革，新媒体研究与认知科学亦呈现出日益紧密的关联与交叠。对认知研究领域的概述与梳理，有助于认识新媒体研究重要的理论与方法资源。

认知科学（cognitive science）发轫于20世纪70年代中期，随着认知领域成为人们关注与研究的中心，心理学、神经科学、计算机科学等不同学科领域的研究者开始汇聚起来，共同致力于认知问题的研究。作为一个学科领域的建立，此间有三个具有里程碑意义的标志性事件，即《认知科学》于1977年正式创刊，1978年的斯隆基金会（Alfred P. Sloan Foundation）报告中详细阐述了认知科学的学科状态，以及1979年认知科学学会正式召开第一次会议。

12.1.1 认知科学的研究领域

关于认知科学的研究领域，现有的主流观点包括狭义与广义两种。对于狭义的观点而言，认知科学理论假设的基础是心智计算理论（computational theory of mind，CTM），假设大脑心智类似于某种类型的计算机，认知科学的不同分支的共同目标是探索心智的表征与计算能力，以及它们在大脑中的结构功能（Miller et al.，1978）。从广义的观点来看，认知科学包括所有研究认知的科学，即智能实体与外界环境互动的原理，包括对现实存在与抽象问题的认知，理解人的心灵、学习与心智能力，探索智能和认知行为的原理，理解人与机器的认知，应用并发展智能装置等。

在认知科学建立之初，涉及的核心学科主要包括心理学、神经科学、人工智能、语言学、人类学与哲学等。其中，心理学提供了各种认知能力相关的理论以及实验范式；神经科学提供了关于生物神经系统功能与认知能力之间关联的知识；来自计算机科学的人工智能研究中软件与硬件的联结、算法与数据结构等为生命体系的组织提供了潜在的理论；而语言学致力于研究语言这一重要认知能力的加工过程；人类学则从跨文化的视角探索认知现象；哲学为认知科学提供了意识、理性、心身一体等重要的研究问题。如图12.1所示，这六大相关领域作为组成部分，彼此之间都可以通过跨学科的动态网络与其他领域相连接。根据Pylyshyn（1984）的归纳，图中的每一条实线都代表一门已经具有明确定义、专业化的跨学科研究领域，而虚线的连接则展示出新的问题，即在当时尚未成为研究的焦点。而随着技术的变革与时代的发展，其中的一些虚线逐渐发展出新的日渐成熟的研究领域。近年来，在认知科学的六边形图示中，横跨三个以上领域的交叉研究也逐渐发展起来，例如将心理学、语言学与人工智能研究结合起来的机器学习与推荐算法领域正在如火如荼地发展。

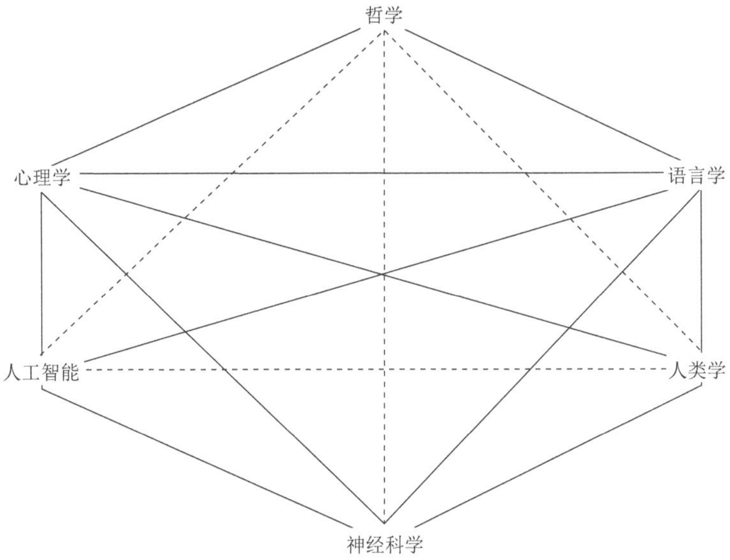

图 12.1　认知科学六边形（Pylyshyn，1984）

注：连线代表认知科学各学科间的联系，其中实线代表学科间的强联系，虚线代表学科间的弱联系。

12.1.2　认知模型

认知过程是对经由感知系统输入的刺激所进行的信息加工的阶段或信息处理的过程，包括转换、缩减、添加、储存、提取和使用的全过程。认知心理学关注心理活动的内部机制与认知结构和过程。作为突出的研究特点之一，认知心理学试图通过建立各种认知模型来阐明人的认知活动，包括认知结构和认知过程。好的认知模型，要能够表现认知的结构与过程并说明各种中枢控制因素，要能够容纳和解释已经观察到的现实或现象并对新的事实或现象进行预测，此外还应该吸收其他学科的研究成果。

1. 认知表征

人的内部心理结构是知识及知识的组织方式。心智计算理论视角将人类个体的认知状态视为具有内容的心理表征计算关系，并将认知过程视为认知状态的转换，包含一系列心理表征的计算操作。为了充分解释人类的认知能力，认知被看作包含“表征”“操作”的过程，认知状态是具有特定内容的心理表征关系，而认知过程是对这些表征进行的心理操作。认知模型则需要对这些过程进行模拟。

认知计算理论认为，认知涉及人们对周围世界的心理表征进行生成、转化和删除等心理操作，其机制类似于计算机这样一种自动操作符号的机器。在认知计算模型中，心理表征、心理操作以及相关的关系都是可以被计算的。表征（representation）代表和传递某种事物的信息，包括符号、语义、意义、内容、指代等。信息如何进行数字表征，其数据结构如何储存和控制就关乎认知系统表征的重要特点。

认知表征可以被分为三种主要的类别，即定位式表征、准分布式表征和分布式表征。其中定位式表征是指单个认知单元的激活，表示某一范围内的某个元素，如一个具体概念、个体或性质；准分布式表征指的是一组单个认知单元（神经元）的激活模式，表示某一范围内的多个元素，这些单元不参与其他表征；分布式表征则是指一组单个认知单元的激活模式，表示某一范围内的多个元素，这些单元同时参与其他的认知表征。

在定位式表征中，具体单元专门用于某个具体的“概念”，这在神经系统硬件中难以实现，因为没有足够多的神经元用来逐个表征人类接触到的所有概念以及概念之间的关系，而分布式认知可以通过给概念表征添加更多单元来解决这个问题。因此，分布式表征具备诸多的优点，在复杂的神经网络中，人类任务更多采用分布式认知表征来实现定位和心理操作。

1）内容寻址性

认知材料的储存方式依据所表征的内容而定，而不依赖于特定的神经元。因此在认知加工的过程中，只要目标内容与原有认知储存内容接近，就可以被直接提取。

2）样式完备性

分布式表征系统可以正确识别含有部分缺省值的信息输入。

3）自发归纳能力

系统具有激活与目标节点相关节点的能力。其中，目标特征越具有普遍性，越能激活更多的节点。

4）容错性

系统可以兼容错误信息，在输入不准确的前提下依然能够找到最优解。

5）渐次衰减

在认知网络受到部分损坏时，系统功能不会完全丧失或崩溃，而是在速度和精度上有所下降。

6）再生能力

一旦系统遭到破坏，混入大量噪声，再次训练和学习时，分布式表征系统会比之前的学习速度更快。

2. 认知联结计算模型

作为关于心理认知现象的普遍理论，认知计算模型却难以解释创造性、睡眠、梦境等心理过程和状态。因而，在此基础上发展出了更具有普遍解释力的联结主义心智计算理论（connectionist computational theory of mind，CCTM）。

人类的认知能力可以进行三个最简化模式分层，即概念层、次概念层和神经层。其中，概念层是通过词汇或数据形成的认知节点矢量，次概念层是概念层描述的构成单元与成分结构，神经层是大脑认知神经系统内部的信号处理机制。在认知联结计算模型中，概念层包含符号程式，在语言中形成规则并进行序列解释，为文化知识提供有效的形式规则，而程式主要由各种符号元素及其计算方式构成，具有淹没的序列性特征；次概念层的次符号程式，能够对一系列认知直觉加工过程进行准确的描述，通过直觉处理器联结物理信息符号与心理动力系统，采用统计模型进行并行式计算；而在神经层，大脑皮层与联结主义系统具有宽泛的对应关系。尽管仍存在很多争论，但认知科学研究者仍然在不断探索着认知功能的生理基础与应用边界。

依据认知联结计算理论构建的认知联结计算模型，网络加工活动与人类行为相仿，网络特征亦类似于人脑，并突出地体现在以下多个方面。

1）海量数据并行加工

大脑的神经元大约以 1/1000 秒的速度传递信号，而计算机的传输速度千万倍速于人脑（Patterson & Hennessy，2012；von Neumann，2012）。然而，实际情况是大部分的复杂认知过程，大脑只需要几百毫秒就可以完成，包括感觉、记忆、语言、推理和决策等等。可见，计算机与大脑之间的一个重要区别在于两个系统内处理信息的方式不同，计算机主要以串行步骤执行任务，而大脑既使用串行步骤进行信息处理，也利用数量众多的神经元和神经元之间的突触连接来大规模并行处理任务（von Neumann，2012）。大脑进行计算时，可以同时对大量数据进行处理，同时兼顾了速度和准确性。

2）分布式储存

储存在大脑之中的信息分布于各个脑区，在记忆线索的识别、再认与提取过程中，分布在多个脑区的 1000 余个神经元协同参与工作。并且，大脑在寻址过程中，也可以通过部分信息片段获取完整的信息内容。

3）对缺省输入不敏感

大脑能够简易轻松地处理缺省值和杂乱无章的输入信息，经过一系列认知操作形成完整且有意义的信息输出。

3. 表征分析的模型与方法

自然语言处理（natural language processing，NLP）是通过构建算法实现对人类自然语言的表征与自动分析的学科领域，可以帮助机器执行与复杂自然语言有关的任务，比如机器翻译和对话生成。基于 NLP 的系统现今已经实现了广泛的应用，例如人们熟悉的搜索引擎、各种各样的语音助手等等。

传统的 NLP 研究依赖于各种机器学习模型，如支持向量机（support vector machine，SVM）、逻辑回归（logistic regression）等，近年来基于神经网络的模型取得了突破性成果，包括词嵌入与分布式表征等算法，在各种语言相关的任务中获得了普及和成功。词嵌入模型基于分布式假设，将出现在类似语境中具有相似含义的词构成分布向量，把一个高维空间中的所有词，嵌入一个低维的连续向量空间中。通常情况下，词嵌入会在任务上进行预训练，用浅层神经网络基于上下文预测单词，例如 Bengio 等（2000）提出的神经语言模型。词向量中嵌入语法和语义信息可以有效构建高质量的词嵌入，还能被用于语义组合，在情感分析等各类 NLP 任务中都取得了成果。

作为一群用来产生词向量的相关模型，Word2vec 以分布式算法为基础，获得了广泛的研究和应用，并发展出了连续词袋模型（continuous bag of words，CBOW）和连续跳字模型（skip-gram，SG）两种模型类别（Mikolov et al.，2013）。其中，连续词袋模型采用神经方法构建词嵌入，基于特定的上下文和窗口大小，预测目标单词出现的条件概率。而连续跳字模型的目标则是在特定中心目标单词确定的情况下，预测上下文的条件概率。这两种模型中，词嵌入的维度都是以无监督的方式进行训练和预测的。词嵌入模型高度依赖其应用场景，而为每个新任务重新制定训练集意味着高昂的计算成本。此外，还可以采取字符嵌入方式进行分布式算法的模型构建，如词性标记和命名实体识别等，查看词汇的词法信息，在字符级别分析文本，尤其适用于汉语、葡萄牙语、西班牙语等构词方法十分丰富的语言。

12.2 分布式认知的理论探讨

如果人类活动如情境行动理论所述，存在着巨大的不确定性和差异性，那么是否可以既将环境因素纳入考量，同时又揭示认知的一般规律？分布式认知理论（distributed cognition theory）试图回应这一理论呼唤。

12.2.1 分布式认知理论

相对于传统的认知研究，分布式认知认为环境塑造了心智（图 12.2）。分布式认知理论重视环境对认知过程的影响，但认为过度考虑复杂变化的环境对分析认知的过程毫无帮助。秉持人与物等同的视角，分布式认知理论进一步提出将认知过程划分为两部分——人与所使用的人工物（artifact），二者都是系统中的行动者（Flor & Hutchins，1991；Hutchins，1995a，2000）。认知行为的客体不再仅仅作为整个认知行为的对象，而是以人工物的形式作为一种环境因素而存在。人可能基于社会的或个人的动机，对于特定的知识展开无法预测的自发行动。而机器对于信息的使用则往往是程序化的，系统的边界被拓展至包括一系列人工物与人的协同，而不仅仅是认知科学中的人机二元关系。分布式认知理论关注的一大焦点就是理解人与物直接的协作，即个体行动者如何在分布的过程之中协同共享。

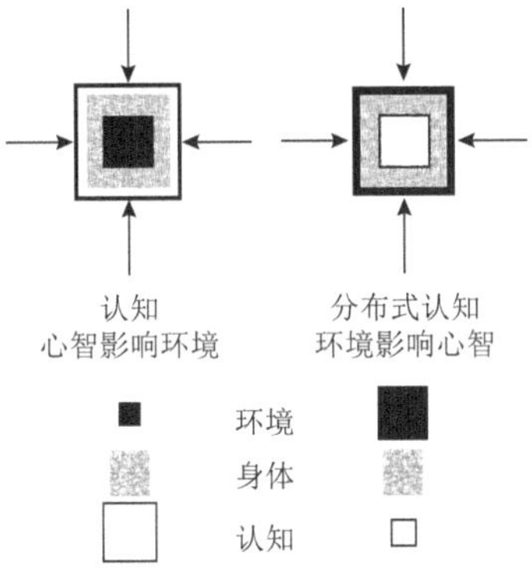

图 12.2　认知与分布式认知的比较

分布式认知是一种混合路径，试图从认知、社会和组织的视角对认知的所有方面进行分析，其关注的主要内容包括信息与知识在分布式认知系统的各组成部分间的分布、变化和传播，以及它们如何影响系统整体的表现。其中，各个组成部分包括个体大脑内部与世界中的知识表征、不同个体与人工物间的知识传播，以及个体和人工物操作时外部结构经历的变化；而作为整体的系统意味着分布式认知的研究单位是一组人与外部认知物交互的分布式认知系统。一个分布式系统可以具有与其构成部分显著不同的特性，且无论我们多么了解这些构成部分的特性，分布式系统的特性都无法仅仅通过构成部分的特性来推断。一个认知系统可以被理解为一个整体，涉及系统中个体行动者的贡献与为了实现目标而在行动者之间进行的必要的协调。因此，人与物协调是研究的焦点，而并非只是个体大脑中的认知。为了厘清文化、情境、历史和情感等因素对认知过程的影响，分布式认知理论将个体与环境、人工物之间相互协调的过程纳入分析框架，考察知识如何分布于个体大脑内部与外在的物质环境以及社会群体，并考察其时空分布（Hutchins，2000；Cole & Engeström，1993；Salomon，1997）。与情境行动理论不同的是，相对稳定的人工物作为环境因素，取代了情境行动理论模型中复杂变化的环境因素，以弥补情境行动理论中不可重复性的短板。

理解分布式认知理论的关键在于“分布”，即其对环境因素与认知过程关系的理解。不同于情境行动理论将环境视作可以被认知所“编辑”的认知内在要素，分布式认知理论认为在认知的过程里并不存在一个可以掌握全部认知过程的核心，参与认知的各个要素必须各司其职，才能形成完整的认知过程。分布式认知理论认为，环境是能够与人类认知互动的因素，也是能够制约认知过程的外在因素。在分布式认知理论的视角中，只要人与人工物所组成的认知系统保持稳定，人与人工物之间的互动行为也会保持稳定。Hutchins（1995a）通过一个飞行员完成一次飞行的例子来解释认知分布于人和人所使用的人工物中。飞行员要实现“完成一次飞行”这个目标，对于完成这个目标所需要进行的行为的认知不仅仅存在于飞行员的认知系统里，也存在于飞机的操作系统中。只有飞行员和飞机的操作系统完成正确的互动，飞行的既定目标才能完成。在完成这个目标的过程里，不论外部环境，例如天气、风向等发生什么变化，只要飞行员和飞机操作系统可以实现正确互动，完成一次飞行的目标就依然可以达成。

12.2.2 分布式认知的类别

分布式认知理论认为，认知过程可能包括内部与外部结构（物质的或环境的）的协调配合，也可能分布于社会群体的成员之间；在时间方面，认知过程的分布体现在先前事件的产物能够影响之后时间的性质。可见，人类的智能行为来自与外部认知物和其他人的交互之中。因此，分布式认知可以分为两大类别，即分出负载（off-loading）和共享认知（shared cognition）。前者聚焦认知如何分布于人的意识与人工物中，而后者则关注认知如何分布在不同人的意识。

1. 分出负载

分出负载是利用人工物拓展人思维的过程，即如果没有某种特定的人工物支持，那么相应的认知过程将会停止存在，或者从本质上转变为另一种认知过程。以目前广泛应用的导航软件为例，在使用地图软件进行导航时，人通过将认知中的所在地和目的地输入软件，由软件来提供实时路况、列出不同的交通工具选项、规划不同路线等，导航软件拓展了人类选择路线和出行方式的认知过程。如果没有使用地图软件进行导航，人可能不知道如何安排出行计划，或者只能单纯依靠自己的经验、猜测或预估来进行判断和选择。

2. 共享认知

共享认知可以被简单理解为认知分布在不同个体之间的共有和分享。共享认知可以通过家庭沟通和团队工作为例来进行说明。学者们认为，家庭是以文化为中介的认知系统，当家庭遇到来自外部的压力时，家庭成员并非以个体的方式被动地采取行动，而是以家庭为单位积极运用分布于家庭成员大脑中的各种知识储备，共同来应对外界的压力。团队协作、“头脑风暴”等也是共享认知的体现，团队成员面对一个共同的目标，成员们共享分布于各自意识中对于共同目标的认知，彼此交换信息，最后达成共识，分工协作（Podolny & Baron，1997）。

关于共享认知中的认知如何分布于不同个体之间并达成集体认知的过程（Krackhardt，1987），学界存在两种不同的观点，即还原论与互动论。其中，还原论观点认为，群体的认知属性完全可以由个体的属性决定；而互动论观点则认为，人类认知过程的互动能够涌现出一部分的群体属性，而这些群体属性并不必然能够还原为个体的认知属性。以团队协作为例，还原论观点认为，团队之间通过细致的分工，成员各司其职，合力协同完成任务，整体的认知过程可以分解到每一个参与者身上。而互动论观点则认为，当人们通过“头脑风暴”集思广益，将分布于不同个体中关于同一个议题的认知进行交汇、碰撞，往往会产生单个个体独立思考所未能想到的内容。在形成最后的群体认知的过程中，有不同个体的参与，更要依赖成员个体交流讨论形成的新想法、新点子。个体成员在文化背景等因素方面的差异性，使其认知属性也有差异性，最终形成的群体认知，并不是全部参与者认知的简单累积相加，而是成员间积极交流互动、相互协调之后产生的结果。

12.2.3　分布式认知的研究方法

分布式认知关注各种表征，即作为内在和外在表征的分布式认知系统的组成部分（Krackhardt，1987）。其中，内在表征是个体大脑中的知识与结构，而外在表征是在外部环境中的人工物中被创造和展示出来的知识与结构。相应地，对于内在表征的分析是在人类大脑内部，分布式认知的研究在神经层面、大脑层面进行分析，比如探讨脑区与不同社会群体间的社会实践之间的交互关系与不同维度的整合。而关于外在表征，分布式认知则关注如何提供短期或长期记忆辅助来减少记忆的负载；提供可被直接理解和使用的信息来降低信息处理的消耗；提供从内部表征中无法获取的知识与技术；支持能够易于识别特征和直接做出推断的感知装置；无意识情况下锚定并结构化认知行为；通过更高效的行为序列来改变任务性质；通过感知排演使不可见和短暂的信息变得可见和可持续；降低抽象以辅助过程性；以及通过精度的最大化和努力的最小化来确定决策的策略（Vygotsky，1978）。

在研究的开展方面，分布式认知的研究范式和研究方法受到了来自人类学和认知心理学传统的影响。前者强调研究真实的情境以及人工物在实践中的角色；后者强调在技术环境中研究个体，并且认为区分大脑中与世界中的知识是非常重要的。特定情境中的人类行为是由物质的、文化的、社会的语境所指导、限定的，甚至在某种程度上是决定的。分布式认知研究关注结构，包括大脑内部和外部的表征以及这些结构所经历的变化。因而，持久的结构成为分布式认知研究的核心问题。认知过程涉及信息的路径，包括传播与变化，而这些信息路径的类型如果稳定则能反映出某种潜在的认知架构，社会组织加上行动语境带来的结构基本决定了信息流动的方式。分布式认知关注在场景中的认知加工过程，研究主要采用田野调查的方式，通过进行大量的田野调查来观测和记录事件，并将之编码进行分析。人工物被置于其实际使用的真实情境之中展开研究，但人工物的特性被视为具有跨越使用情境的持久性，且认为人工物能够根据其固有结构和具体使用情境来被设计或再设计。因而，对于人工物的理解基于对其真实使用情境的观察，但考虑其相对稳定的认知和结构特性也非常重要，所以分布式认知研究对跨越具体情境的实践研究亦非常重视。

分布式认知研究的主要目的是形成从事件到理论的映射，以此来解释分布式认知的过程。Hutchins 和 Klausen（1996）提出了分布式认知研究的一般过程。首先是记录场景，研究者通过录音和录像设备对场景以及发生在场景中的行动进行记录。其次是进行文本转换，将录音录像所呈现出的内容，以文字的形式记录下来。在记录的过程中，需要对场景中的语言、行为、动作以及一些隐含的想法进行理解，这一理解的过程应尽量避免研究者的主观猜测。再次是对整个事件的行为流（tream of behaviors）进行分割，把整个事件文本划分为多个具有意义的片段。最后，对这些有意义的关键事件进行分析和解释，力求建立一个从文本数据到理论的映射。在这种研究方法之外，分布式认知研究还广泛采用诸如认知实验法、自我报告法、社会网络分析法、设计研究法、内容分析法等方法来开展研究。

12.2.4 分布式认知的应用与案例

我们可以通过结合更多的案例来更好地理解分布式认知理论。分布式认知的经典案例来自 Hutchins 在美国海军军舰上开展的民族志研究（Hutchins，1995b）。比如，当海军军舰靠岸时，需要与岸边的相对位置进行反复测量。在这一过程中，会有一位船员在船即将靠岸的一侧使用仪器记录陆标位置的角度和轮船旋转罗盘的角度。这些读数通过电话传递给导航室，导航员再根据这些数据在地图上绘制图线来计划轮船下一步的方位。在反复测量的过程中，负责测量的船员并不直接决定船即将停靠的位置，而导航员虽然提供了船只下一步的移动方位，但这一计算的过程并不只是发生在导航员个人的大脑内部，他需要依赖接收到的来自测量人员的数据，并将数据通过测绘工具反映到地图上，再将具体方位回报给观测员。可见，在整个测量的循环过程里，对军舰停泊位置的认知，并不集中于一个单独个体的大脑内部，而是分布于观测员、领航员、观测仪器设备以及地图之上，虽然这些认知的分布并不均匀，但的确涉及了多个个体和人工物。

Hutchins 在海军军舰上开展的研究似乎具有特殊性，其实分布式认知在人们日常生活中的应用也非常普遍。除了航海定位，很多工作场景中的认知活动都融合了人、器物、技术、环境的复杂交互过程，比如飞行驾驶、空中交通管制、消防指挥、热线救援等。分布式认知理论既可以用来分析这些场景中的活动，也可以用来进行这些工作场景的设计，例如消防指挥中心的设计、飞机导航控制台的设计等等。

除了诸多复杂的工作场景，其实人们日常的学习中也充满了分布式认知的应用和案例，比如知识可视化等等。知识可视化的过程就是个体内部的心理知识与外部的物理知识之间的转化过程。心智模型是一种隐性知识，把个体的知识结构或知识储备转化为外部表征，有助于知识共享和协同创新。分布式认知对于促进个体心智模型的形成和显性化具有启发意义。知识可视化需要考虑三方面的关键问题，包括需要对什么类型的知识进行可视化，为什么要对这些知识进行可视化，以及如何对这些知识进行可视化。概念图、思维导图、认知地图、语义网络等是常用的知识可视化方法。

学习环境和与学习相关的资源与工具的设计中也常常蕴含着分布式认知思维。Hatch 和 Gardner（1993）认为，学生在教室中的认知活动受到三方面因素的影响，即文化力（power of culture）、领地效用（territorial validity）和个人力（individual power），并在此基础上提出了描述教室中认知活动的同心圆模型。其中，最外层的文化力包括信仰、习俗等内容，处于中间的领地效用包括直接影响学生认知的伙伴、资源和其他媒介，而最内层的个人力则是指个体的经验和倾向。除了关于教室的学习空间和情境，过往研究也探究了很多学习资源与工具的作用与影响。研究表明，当受试解决汉诺塔问题时，将解决问题的规则以文字形式内化记忆于大脑中与外化于实验材料中相比，二者对问题解决的影响具有显著差异。过往的研究还发现，使用动画学习材料（比如动态画面+语音解说）的学习者，在学习时间和理解错误次数上要少于使用图文学习材料的学习者，因而发现了动画效应的存在。因此，分布式认知理论也在课件设计、计算机辅助学习软件的开发上广泛应用。分布式认知可以作为信息技术支持深度学习的理论基础。深度学习鼓励学习者进行批判性思考，积极地探索、反思和创造，是一种基于理解的学习，而不是反复的记忆。分布式认知也能够为分析和构建计算机支持的协作学习（computer supported collaborative learning，CSCL）系统提供很好的理论框架，网络世界的分布性是建立学习共同体的基础。分布式认知还可以为人机交互的设计提供新的思路（Hollan et al.，2000）。

12.3 新媒体时代的分布式认知

在新媒体时代，分布式认知的日常应用更加广泛。一方面，分布式认知理论可以为新媒体技术应用与设计提供理论支持；另一方面，新媒体也给人类的认知带来了深刻的影响（蒋俏蕾和张自中，2022）。新媒体可以带来认知任务的转载，即把一些简单的、非创造性的、机械的认知任务转载到新媒体上（比如计算机）。以新媒体为代表的人工物可以在完成特定任务上比人更加有效率，从而让个体能够去做一些更加复杂的、更有创造性的认知任务。新媒体还可以降低认知负荷，特别是工作记忆，即从系统视角整体考察新媒体与个体的协同，新媒体的即时性、形成性、过程性、历史性的外在表征形式可以降低个体在认知过程中的认知负荷。长期的新媒体使用，特别是对于数字原住民一代，个体大脑中留存的新媒体使用经历可以使个体在没有相应的人工物时也知道如何去做，即呈现出认知留存效应。新媒体甚至可能影响大脑运算结构与方式的改变，即新媒体可以转换认知任务的表征方式，使之更易于大脑的运算，从而节省脑力劳动和降低出错的风险。因而，将新媒体时代称作分布式认知的时代并不为过。

12.3.1 新媒体应用与分布式认知

随着新媒体日益成为人们日常生活中基础设施一般的存在，分布式认知的新媒体应用与案例在当今社会中比比皆是。从老少皆宜的网络游戏到快速发展的自动驾驶，智慧家居、物联网、区块链、虚拟现实、元宇宙、人机交互、众包、众筹……从线下到云端，种种迅猛发展、快速更迭的新媒体应用不仅改变着人们的生活，也改变着人们的认知、思维与意识。

1. MMORPG

大型多人在线角色扮演游戏（massively multiplayer online role-playing game，MMORPG）是流行已久的网络游戏类型，玩家通过使用游戏内的角色进行游戏，与游戏内的非玩家角色（NPC）和其他玩家进行互动。

玩家所扮演的游戏内角色一方面是玩家自身认知在游戏中的体现，同时也是游戏这一人工物对人的认知进行影响的体现。玩家只能创建被游戏所允许创建的角色及其化身。在游玩的过程里，玩家对于自身的认知，同时结合游戏提供的世界观形成对游戏角色的身份认知。在此基础上，玩家在游戏中与 NPC 以及其他玩家所扮演的角色进行交互，玩家还可以形成工会组织，并在工会中承担不同的职位，在与其他玩家的互动中，可以形成对游戏以及所扮演角色更深层次的认知。

而网络游戏的外部环境，比如网吧、家庭、学校等不同的场所也会影响人们的相关认知。可见，MMORPG 的游戏体验亦是融合了玩家、角色、化身、NPC、游戏情节及叙事线索、工会、网吧等环境的分布式认知。

2. 自动驾驶

自动驾驶已经逐渐从前沿科技走进人们的日常生活，理解自动驾驶，分布式认知理论也具有启发意义。其实，自动驾驶汽车完成一次行驶和飞行员完成一次飞行相似。完成一次自动驾驶，驾驶员将目标地点输入汽车，汽车在行驶的过程中，会依据实时的路况，选择合适的道路，根据和其他车辆的相对位置，调整车距与车速。未来的自动驾驶汽车甚至可以在发生意外的时候，优先保护驾驶员的人身安全。经典的“电车困境”依然是摆在自动驾驶技术面前的难题，技术发展与道德伦理的博弈是自动驾驶汽车发展历程中必须要解决的重要问题，而分布式认知有助于我们进行系统的思考。

3. 云共享

云共享的出现，使得跨越时间的差异和空间的距离进行协同工作成为可能。协同工作是分布式认知的一种体现。对同一个任务的认知，既分布在参与者的认知中，也分布在云端的储存器中。每个参与者通过分工协作，最后借由云端储存技术将各自的成果汇总形成最终的成果，这一过程充分体现了分布式认知的过程。

4. 区块链

区块链起源于比特币，在比特币形成过程中，区块是一个一个的存储单元，记录了一定时间内各个区块节点全部的交流信息。各个区块之间通过随机散列（哈希算法）实现链接，后一个区块包含前一个区块的哈希值（Hash value）①，随着信息交流的扩大，一个区块与一个区块相继接续，形成的结果就叫作区块链。区块链是分布式数据存储、点对点传输、共识机制、加密算法等计算机技术的新型应用模式。作为信息技术领域的术语，区块链本质上是一个共享数据库，存储于其中的数据或信息具有“不可伪造”“全程留痕”“可以追溯”“公开透明”“集体维护”等特征。

12.3.2　人与算法的共生交互

新媒体时代，种种新媒体应用的背后都是算法在发挥着重要的作用。算法是解决一类问题所使用的一系列完整的、准确的指令。结合分布式认知的视角来看，算法作为用来解决一类相似问题的指令，在稳定高效地解决一类问题，尤其是在

① 哈希值，又称散列值或信息摘要，是通过哈希函数将任意长度的输入数据（如字符串、文件等）映射为固定长度的输出数据。

处理大量重复性问题时具有优势。在人与算法交互的分布式认知过程中，算法作为人工物负责储存和处理琐碎重复性的问题，而人通过输入指令来负责更为“创造性”的工作。举例来说，当我们打开一个搜索网站，我们键入想要搜索的内容，算法会帮我们将相关的信息搜集起来。

这种简单的“输入-输出”式的人与算法的交互尚且是算法应用的初级阶段。如今，算法已经进入了更为“智能”的阶段。在原有的交互基础上，算法能够记录人输入指令时的“偏好”，基于输入的指令所显示出和包含的“人的思考”，推断使用者可能的偏好，以及下一步可能会输入的指令。如此的进步，使得算法越来越“懂”人的心思。正如本章开篇的引言所述，当我们进入电商平台开始购物时，算法会记录我们的消费习惯、价格倾向等数据。购买商品的认知既存在于我们的大脑内，也存在于算法中。算法会根据过往的数据，在我们进行商品搜索时提供符合我们价格倾向的商品，在我们没有明确购买意图的时候，向我们展示与我们消费习惯贴合的商品。如今，可以说没有算法的帮助，我们在挑选需要购买的商品时所消耗的时间成本要大大增加，因此可以将在线购买商品的决策理解为分布于我们个人意识与算法之中的认知。

然而，算法想要“懂”人的心思是需要进行“培养”的。如果没有人们向算法输入自身的消费偏好和价格倾向，单凭算法自身也无法完成向人们推荐商品的功能。通过分布式认知的视角探究算法的“奥秘”，引导我们思考人与算法的交互关系，思考算法的培养过程，思考算法背后内嵌的价值逻辑，从而关注算法所带来的伦理问题，探索“算法向善”的有效路径。

1. 算法推荐

算法推荐技术是近年来在各种数字媒体中应用最为广泛和最有代表性的算法之一。在由人与算法共同组成的认知系统中，人通过向算法提供自身对接收到信息的反馈来训练算法，使算法依据人的偏好来实现更为精准的信息分发。在这种分布式认知过程里，人对信息的认知不仅存在于自己的意识之中，也存在于算法之中。

作为数智时代人们难以回避的“人工物”，算法正在从工具向结构转变，算法已经不仅仅是内容分发平台影响内容流行度的工具，而且已经开始成为一种影响人类生活诸多方面的结构性因素。从驯化（domestication）视角理解人与算法交互的分布式认知过程，学者们认为在人类对算法进行驯化的同时，算法也在驯化着人本身（聂静虹和宋甲子，2020；Huang & Miao，2021）。你的品位、你的偏好是否真的完全出于你自己的选择？从最初你进行的第一个选择开始，算法就开始不断地对你进行“贴标签”的处理，将你划归在商家给算法设定的各类人中的一种或多种之中。你每一次键入的信息，停留的时长等数字痕迹，都会被算法无一例外地收集、分析，不断地反复分类，反复进行信息匹配……直到最后，你的偏好与算法提供的信息形成了动态的平衡，于是你和算法共同培养的喜好逐渐形成了。

随着算法应用的日益普及，人们对算法的感知、思考、调校与驯化也在不断提升。越来越多的使用者意识到算法推荐带来大量同质化的信息，使用者们开始通过各种蛛丝马迹来推断算法逻辑，甚至试图通过分享各种“算法流言”（algorithmic gossip）来驾驭算法。这都体现出在人与算法的共生交互中，越来越多的使用者开始更加积极主动地在这种分布式认知过程中发挥主观能动性。

2. 关于算法推荐负面效应的忧虑

伴随着算法推荐技术在信息传播领域的广泛应用，国内外学界对其可能产生的负面效应也提出了种种忧虑，信息茧房（Sunstein，2006）、回音室效应（Sunstein，2009）、过滤气泡（Pariser，2011）等概念被相继提出。在关于算法推荐负面效应的相关研究中，“信息茧房”“回音室”“过滤气泡”三个概念常常被混用，尽管三者存在一定的关联与交叠，三个概念所描述的信息环境是相似的，即在网络技术的支持之下，由个体偏好相匹配的同质化信息构成的信息环境，或者说“信息接收舒适区”，但三者在理论假设、提出背景、关注内容等方面也存在着差异。

1）信息茧房

基于美国两党政治的语境对新技术降低政治信息多元化以及政治信息极化的忧虑，Sunstein（2006）提出“信息茧房”（information cocoons）的概念（陈昌凤和仇筠茜，2020a）。信息茧房，指用户在面对海量信息时，只会选择自己感兴趣、能使自己愉悦的信息，从而形成一种“个人日报”式的信息系统，进而排斥或彻底拒绝其他内容，而被自己选择和喜欢的信息所形成的茧房所包围。信息茧房的危害分为两方面：其一，对个体而言，信息茧房会阻碍个体获得信息的全面性发展，进而阻断不同观点之间的自由交流；其二，对群体而言，信息茧房会导致群体极化效应，导致难以展开有效的公共对话并形成社会共识，从而最终导致社会分裂。

“信息茧房”是在美国的政治语境中所提出的比喻，目前存在泛用、误读的情况，全盘接受或望文生义的概念化研究很多，尚缺少有力的实证研究，并且算法平台实务界与学术界的观点大相径庭（陈昌凤和仇筠茜，2020b）。基于对“信息茧房”概念的学术史考察和学术场域内文献的分析，学者们指出，Sunstein 提出“信息茧房”时采用的是技术批判视角，将“信息茧房”与算法推荐紧密关联，其“算法偏倚”具有合理性，而“信息茧房”效应以假说形式提出，且现有验证性研究在概念理解、操作性定义、推导逻辑、数据采集等方面多有缺陷，故而“理论偏倚”值得商榷（丁汉青和武沛颍，2020）。因此，“信息茧房”概念的警示价值在于启发学界与业界思考探讨“除茧”“破茧”的可能途径，通过不断寻求推荐算法的技术升级和优化路径以降低信息茧房风险的可能性（陈昌凤和仇筠茜，2020a，2020b）。而在学术研究方面，应尊重“信息茧房”效应的假说本意，推动算法推荐的批判研究重心适度向“回音室效应”“过滤气泡”倾斜以提高相关学术场域的质量（丁汉青和武沛颍，2020）。

2）回音室效应

回音室（echo chamber）是 Cass R. Sunstein 在《网络共和国：网络社会中的民主问题》中提出的概念（桑斯坦，2003）。回音室效应是指人们更易于听到志同道合的言论。人们倾向于寻求或分享的信息既符合其群体规范，又能加强现有的信念，因而相近的意见会不断地重复，却也因此让自己更加孤立，听不到相反的意见。如果个体处在回音室中，就难以很好地拓展视野，很可能对政治、文化有狭隘和扭曲的理解；如果很多人都处于回音室之中，那么很多社会问题就会变得难以解决（Jamieson & Cappella，2008；Sunstein，2009）。

回音室效应的内在逻辑更强调个人因素，即个体对信息的选择性接触机制，包括选择性注意、选择性理解和选择性记忆，是普遍存在的（Garrett，2009；Rice，2017），并非由互联网技术所催生的特殊现象。回音室效应认为，受众个体是具有高度主动性和充分自我意识的积极行动者，强调受众主动选择与其既有倾向一致或接近的个体或媒介内容进行交流互动，而有意或无意地回避那些与自己既有倾向相左的信息，从而陷入只能听到自己声音的回音室之中，不断强化对自己观点正当性的感知，变得更加狭隘和极端（蒋忠波和薛丹阳，2024）。回音室效应的实质是由同质化观点构成的信息环境所带来的信息区隔，所导致的后果是受众观点的极化。

可见，个体由其“自主选择”而导致了“回音室”现象，而互联网所提供的多样化选择和用户定制化信息的功能放大了个体选择性接触的影响，进而造成群体极化和社会分裂的后果。群体极化，包括政治极化和情感极化等，是回音室效应相关研究所关注的重要议题。回音室效应的相关研究更多地关注个体在一般性的网络新闻消费及相关的政治讨论中所出现的回音室效应，及其可能导致的政治极化后果（刘强和赵茜，2021；蒋忠波和薛丹阳，2024），在相关的实证研究中，回音室常被操作化为同类用户间的交流与互动，通过分析用户的社交网络数据来判断回音室的存在与否，并获得了一定的实证支持（Ceron & Memoli，2015；García-Sánchez et al.，2023；Hanusch & Nölleke，2019；Usher et al.，2018）。

3）过滤气泡

过滤气泡（filter bubble），是互联网活动家 Eli Pariser 于 2011 年提出的概念，他指出个性化的算法推荐系统作为“新一代的网络过滤器”，自动为每个人打造出符合其特定需求的独特信息空间，即“过滤气泡”，并对人们接触观点和信息的方式产生了深刻的影响（Pariser，2011）。过滤气泡概念提出的背景是个性化的算法推荐系统在搜索引擎以及各个社交媒体平台上得到广泛的应用，算法推荐逐渐成为人们信息接触的“把关人”，基于用户的兴趣与偏好进行信息过滤与推荐，导致用户陷入同质化、单一化的窄化信息之中而失去了接触多元信息的可能性（蒋忠波和薛丹阳，2024）。

与回音室效应不同的是，"过滤气泡"更注重网络与媒体环境，强调算法推荐带来的信息过滤效果导致受众陷入同质化的信息环境之中。其实质是信息接触的单一化，所导致的主要后果包括知识窄化、观点极化，乃至社会分裂。在过滤气泡假设中，受众被视为被动性的消费者，在无须主动介入甚至毫不知情的状态下因接触到自己想要的信息而倍感愉悦，往往并没有意识到自己本质上处于由算法操控的自我确认的反馈回路之中，这与回音室效应强调受众的主动性具有鲜明的区别（蒋忠波和薛丹阳，2024）。

过滤气泡相关研究关注的是个性化的算法新闻推荐对受众接触多样化的新闻信息所产生的影响，在相关的实证研究中过滤气泡常被操作化为算法推荐对使用者接触信息多样性的影响程度，包括信息的渠道多样性、话题多样性、观点多样性等，通过比较同一个体接触的信息是更加多样化还是单一化，不同个体获得的信息是更具同质性还是异质性来加以验证（Bechmann & Nielbo，2018；Cardenal et al.，2019；Haim et al.，2017；Puschmann，2018），但与回音室效应的实证研究相比，过滤气泡获得的实证支持相对较少。

12.4　本章小结

本章聚焦分布式认知理论与新媒体时代的应用，系统介绍了分布式认知的概念、类别、研究方法，以及应用与案例，并比较了分布式认知与活动理论、情境行动理论的区别与联系，从而有助于新媒体研究者运用分布式认知的理论视角思考和探究各种新媒体应用及其影响。

通过对认知科学的研究领域以及认知模型的相关介绍与概念辨析，有助于理解分布式认知能够成为算法基础理论的原因。在传统的认知理论中，环境是作为认知过程中的要素进行考察的，环境是可以被认知所"编辑"的，属于认知过程中的要素。而在分布式认知理论中，环境则可以与认知过程产生互动，甚至可以制约认知活动。进而，通过具体类别的界定与比较，可以更好地认识分布式认知的两种分类，即分出负载和共享认知。前者是指认知分布于人类意识与人工物之间，而后者是指认知分布于人与人之间的情况。在共享认知中，还原论的观点认为个体的认知在聚合成集体认知时，个体认知的属性会决定集体认知的属性；而与之不同的互动论则认为，个体的认知在聚合成集体认知时，虽然体现了一定的互动性，但集体认知的属性并不必然地被个体认知属性所决定。

理论应用亦需要切实可行的研究方法与实践方式。分布式理论的提出者

Hutchins（1995a，1995b，2000）描述了分布式认知经典的研究过程，即通过对记录下来的音视频文件中的关键事件进行分析和解读，架构出从文本数据到理论的映射。这是分布式认知的基本研究方式，而在此基础上分布式认知研究还可以广泛采用诸如认知实验法、自我报告法、社会网络分析法、设计研究法、内容分析法等方法来开展研究。

本章还通过结合实际的应用场景以及案例分析来辅助分布式认知理论的理解与相关研究的开展。从分布式认知概念提出之时所采用的军舰靠岸的实例，到如今人们日常生活可以接触到的教室活动分析、知识可视化、学习场景设计、计算机支持的协作学习、工作场景分析、网络购物过程……无不体现出分布式认知的应用场景。在数智化媒介日益成为基础设施的当下，分布式认知可以为人机交互提供有益的分析思路。

深度媒介化的时代，随着新媒体日益成为人们日常生活中基础设施一般的存在，可供分布式认知视角阐释的新媒体应用与案例比比皆是。分布式认知的理论视角与分析方法有助于我们理解种种迅猛发展、快速更迭的新媒体应用，探究其使用过程与影响，思考其如何改变着人们的生活，也改变着人们的认知、思维与意识。其中，如何与算法共生交互就是当前摆在人们面前亟待思考的问题。一方面，以算法推荐为代表的新媒体技术给人们的生活带来了诸多便利；另一方面，人们也越发意识到算法的存在以及算法推荐可能带来的负面效应，“信息茧房”“回音室效应”“过滤气泡”这些概念的提出和引发的讨论足见一斑。从分布式认知的视角出发，辨析这些概念之间的区别与联系，思考算法可能带来的问题与影响。在借鉴并反思国外相关研究的基础上，立足我国现实情境展开相关研究，并指导算法向善的相关实践与规制。

思考题

- 新媒体时代，如何看待人与算法的关系，是算法日趋人性化还是人日渐算法化？
- 如何理解信息茧房，何以成茧，如何破茧？

参考文献

陈昌凤，仇筠茜. 2020a. “信息茧房”在西方：似是而非的概念与算法的“破茧”求解. 新闻大学，(1): 1-14, 124.

陈昌凤，仇筠茜. 2020b. “信息茧房”在中国：望文生义的概念与算法的破茧求解. 新闻与写作，(1): 58-63.

丁汉青, 武沛颖. 2020. “信息茧房”学术场域偏倚的合理性考察. 新闻与传播研究, (7): 21-33, 126.

蒋俏蕾, 张自中. 2022. 全媒体时代的决策与素养: 媒介可供性与分布式认知. 中国新闻传播研究, (3): 120-132.

蒋忠波, 薛丹阳. 2024. 社交媒体时代“回音室”与“过滤泡”之辨析. 新闻与传播评论, 77(3): 101-114.

刘强, 赵茜. 2021. 算法中选择的同化与异化: 国外回音室效应研究 20 年述评与展望. 新闻界, (6): 29-38.

聂静虹, 宋甲子. 2020. 泛化与偏见: 算法推荐与健康知识环境的构建研究: 以今日头条为例. 新闻与传播研究, (9): 23-42, 126。

凯斯・桑斯坦. 2003.网络共和国: 网络社会中的民主问题. 黄维明译. 上海: 上海人民出版社.

Bechmann, A. & Nielbo, K. L. 2018. Are we exposed to the same “news” in the news feed? An empirical analysis of filter bubbles as information similarity for Danish Facebook users. *Digital Journalism*, 6(8): 990-1002.

Bengio, Y., Ducharme, R. & Vincent, P. 2000. A neural probabilistic language model. *Journal of Machine Learning Research*, 3(6): 932-938.

Cardenal, A. S., Aguilar-Paredes, C., Galais, C., et al. 2019. Digital technologies and selective exposure: How choice and filter bubbles shape news media exposure. *The International Journal of Press/Politics*, 24(4): 465-486.

Ceron, A. & Memoli, V. 2015. Trust in government and media slant: A cross-sectional analysis of media effects in twenty-seven European countries. *The International Journal of Press/Politics*, 20(3): 339-359.

Cole, M. & Engeström, Y. 1993. A cultural-historical approach to distributed cognition. In G. Salomon (Ed.), *Distributed Cognitions: Psychological and Educational Considerations* (pp. 1-46). New York: Cambridge University Press.

Flor, N. & Hutchins, E. 1991. Analyzing distributed cognition in software teams: A case study of team programming during perfective software maintenance. (Paper presented at the Fourth Annual Workshop on Empirical Studies of Programmers). Norwood, MA.

García-Sánchez, E., Benetti, P. R., Higa, G. L., et al. 2023. Political discourses, ideologies, and online coalitions in the Brazilian Congress on Twitter during 2019. *New Media & Society*, 25(5): 1130-1152.

Garrett, R. K. 2009. Echo chambers online? Politically motivated selective exposure among Internet news users. *Journal of Computer-Mediated Communication*, 14(2): 265-285.

Haim, M., Graefe, A. & Brosius, H. B. 2017. Burst of the filter bubble? Effects of personalization on the diversity of Google News. *Digital Journalism*, 6(3): 330-343.

Hanusch, F. & Nölleke, D. 2019. Journalistic homophily on social media: Exploring journalists' interactions with each other on Twitter. *Digital Journalism*, 7(1): 22-44.

Hatch, T. & Gardner, H. 1993. Finding cognition in the classroom: An expanded view of human intelligence. In G. Salomom (Ed.), *Distributed Cognitions: Psychological and Educational Considerations* (pp. 164-187). Cambridge: Cambridge University Press.

Hepp, A. & Hasebrink, U. 2018. Researching transforming communications in times of deep mediatization: A figurational approach. In A. Hepp, A. Breiter & U. Hasebrink (Eds.), *Communicative Figurations* (pp. 15-48). Cham: Palgrave Macmillan.

Hollan, J., Hutchins, E., & Kirsh, D. 2000. Distributed cognition: Toward a new foundation for human-computer interaction research. *ACM Transactions on Computer-Human*

Interaction(TOCHI), 7(2): 174-196.

Huang, Y. & Miao, W. S. 2021. Re-domesticating social media when it becomes disruptive: Evidence from China's "super app" WeChat. *Mobile Media & Communication,* 9(2): 177-194.

Hutchins, E. 1995a. How a cockpit remembers its speeds. *Cognitive Science*, 19(3): 265-288.

Hutchins, E. 1995b. *Cognition in the Wild*. Cambridge: The MIT Press.

Hutchins, E. 2000. Distributed cognition. In N. J. Smelser & P. B. Baltes (Eds.), *International Encyclopedia of the Social and Behavioral Sciences* (pp. 2068-2072). Amsterdam: Elsevier.

Hutchins, E. & Klausen, T. 1996. Distributed cognition in an airline cockpit. In Y. Engeström & D. Middleton (Eds.), *Cognition and Communication at Work* (pp. 15-34). Cambridge: Cambridge University Press.

Jamieson, K. H. & Cappella, J. N. 2008. *Echo Chamber: Rush Limbaugh and the Conservative Media Establishment*. Oxford: Oxford University Press.

Krackhardt, D. 1987. Cognitive social structures. *Social Networks*, 9(2): 109-134.

Lave, J. 1988. *Cognition in Practice*. Cambridge: Cambridge University Press.

Leont'ev, A. N. 1974. The problem of activity in psychology. *Soviet Psychology,* 13(2): 4-33.

Mikolov, T., Sutskever, I., Chen, K., et al. 2013. Distributed representations of words and phrases and their compositionality. *NIPS*, 13: 3111-3119.

Miller, G., Keyser, S. J. & Walker, E. 1978. Cognitive science. (Paper presented to the advisors of the Alfred P. Sloan Foundation). New York, NY.

Nardi, B. A. 1996. Studying context: A comparison of activity theory, situated action models, and distributed cognition. In B. Nardi (Ed.), *Context & Consciousness: Activity Theory & Human–computer Interaction* (pp. 35-52). Cambridge: The MIT Press.

Pariser, E. 2011. *The Filter Bubble: What the Internet is Hiding from You*. London: Penguin UK.

Patterson, D. A. & Hennessy, J. L. 2012. *Computer Organization and Design*. Amsterdam: Elsevier.

Podolny, J. M. & Baron, J. N. 1997. Resources and relationships: Social networks and mobility in the workplace. *American Sociological Review,* 62(5): 673-693.

Pritchard, J. K., Stephens, M. & Donnelly, P. 2000. Inference of population structure using multilocus genotype data. *Genetics*, 155(2): 945-959.

Puschmann, C. 2018. Beyond the bubble: Assessing the diversity of political search results. *Digital Journalism*, 7(6): 824-843.

Pylyshyn, Z. W. 1984. *Computation and Cognition: Toward a Foundation for Cognitive Science*. Cambridge: The MIT Press.

Rice, L. 2017. Common Threat: Sunstein urges people to consume more diverse information for the good of our democracy. https://today.law. harvard.edu/book-review/common-threat [2017-07-25].

Salomon, G. 1997. *Distributed Cognitions: Psychological and Educational Considerations*. Cambridge: Cambridge University Press.

Sunstein, C. R. 2006. *Infotopia: How Many Minds Produce Knowledge*. Oxford: Oxford University Press.

Sunstein, C. 2009. *Republic. Com 2. 0*. New York: Princeton UP.

Usher, N., Holcomb, J. & Littman, J. L. 2018. Twitter makes it worse: Political journalists, gendered echo chambers, and the amplification of gender bias. *The International Journal of Press/Politics*, 23(3): 324-344.

von Neumann, J. 2012. *The Computer and the Brain*. New Haven: Yale University Press.

Vygotsky, L. S. 1978. *Mind in Society: Development of Higher Psychological Processes*. Cambridge: Harvard University Press.

第 13 章

新媒体与认知民族志

引　言

请想象一下，如果一场聚会上的“真心话和大冒险”游戏要你记录整整一个星期你自己的手机使用情况并在下一次聚会时展示给大家看，你敢接受挑战吗？

这可能既是一场“大冒险”，同时也要亮出“真心话”。如果继续想象，你接受了这个挑战，接下来的记录工作应该如何完成？

首先你需要明确记录的对象包括什么。人们可以通过使用智能手机的自带功能（比如电话、短信）以及下载的各种第三方软件（比如微信、支付宝、抖音）来实现使用目的，所以一切软件的打开和使用过程都需要记录。此外，人们对于手机的使用绝不仅仅限于输入指令和输出结果这么简单，还包括一些更为复杂的内容，而且手机可能影响到使用者的后续行动。比如，利用手机使用支付宝软件，可能是通过扫码支付完成停车缴费，也可能是通过好友红包完成人情关系的维系。前者有可能省去了现金交易的烦琐步骤，让移动支付使用者因此节省了时间而没有错过一个重要的会议；后者则可能伴随着进一步的线上交流甚至是线下见面。对于这些手机软件的使用过程，可以通过手机提供截屏和录屏等功能来帮助存储操作和过程。而对于更为广泛的手机使用目的与影响，考虑到现在人们使用手机的频率，恐怕可能需要随时通过文字或语音进行日志式的记录，甚至用一组监控摄像头对自己进行全天候全角度的记录，以此来帮助人们事后回忆自己的手机使用行为和过程。

其实，这种兼具“真心话与大冒险”特色的挑战过程也非常具有学术研究价值。上述记录个人手机使用情况的过程和内容可以成为研究人们新媒体使用行为、心理与影响的重要手段与方法。我们不妨以此作为案例，来更加具体地认识新媒体技术环境下认知民族志如何帮助我们回答关于意义形成过程的问题。

头脑风暴

- 你觉得这个挑战的哪一部分更难，是对手机使用进行全记录的“大冒险”还是展示出来“真心话”？
- 通过这项自我认知民族志的挑战，能够发现多少你自己从未意识到的问题？

本章内容要点

- 理解区别传统民族志与认知民族志。
- 认知民族志的方法与实践。
- 认知民族志与新媒体心理研究。

13.1 认知民族志

作为一种民族志方法，认知民族志不同于传统的民族志研究方法，是一种更加微观的、试图帮助人们了解认知的外化过程与内部机制的材料收集与分析阐释的研究方法。认知被认为是人们获得知识或应用知识的过程，对研究人的心理过程具有重要意义（Langley & Tsoukas，2016）。认知民族志通过一种“认知观测仪”（cognito-scope）的方法，提供了一种不同于心理实验方法研究人类认知的重要视角与途径。所谓的“认知观测仪”或者被称为“人类日常认知的显微镜”，其实就是我们自己，通过认知民族志我们都可以更加细节地来认识这个世界。与心理实验研究方法不同，认知民族志并不试图对人们的日常生活加以控制并进行验证，而是在日常化的情境中去开展对人类日常认识活动与过程的研究，因此可以获得不同于实验数据的研究材料，从而通过探析、阐释和归纳来为研究认知带来一些新的可能性。

13.1.1 民族志研究

为了更好地理解认知民族志，我们首先需要了解民族志研究。从造词法的角度来看，民族志（ethnography）是由“人”（ethno）和“记录”（graphy）两个部分组成的。其中，ethno 相当于英文中的 people 或者 folk，是人或者人群的意思，而 graphy 相当于英文词语 documentation，用以表达记录的意思。两者结合，“民族志”一词从字面上可以被理解为对人生活世界的记录。

1. 民族志的概念

民族志作为一个重要的学术概念，具有三方面突出的意义。第一，民族志是一种方法论，对应的是一套行动。第二，民族志也是一种对待人类生存的立场，是一种生活方式。第三，民族志还是一套理论假设，即人类活动是有意义的，它不是混乱的，而是在文化层面上是有组织的。

具体而言，民族志倡导从文化参与者的角度来描述一种文化和理解一种生活方式，具体方法则可以公开或隐蔽地进行。民族志研究者认为，人类的行为基于人们对各种情况所赋予的意义和这些情况所带来的意义。用 Erving Goffman 的话来理解民族志研究的立场显得十分生动，“任何一群人，囚犯、原始人、领航员或患者等，在任何具体的地方，可以是丛林、贫民区、街角，都会发展出自己的生活，一旦你接近它，这种生活就会变得富有意义、合情合理和正常”（Goffman，1961）。

2. 民族志研究的历史

就学科史而言，英国社会人类学家 Bronislaw Malinowski 开创了现代人类学，同时确立了民族志的研究方法，他被称为民族志方法的开创者和现代人类学的奠基人。Malinowski 的代表作《西太平洋的航海者》（*Argonauts of the Western Pacific*）即是民族志研究的经典范例，其研究发现与结论也成为民族志研究的理论基础。

Malinowski 在位于太平洋的特罗布里恩群岛（Trobriand Islands）与当地人共同生活长达数年，学会了他们的语言，参与了他们的生活。他以 Kula 为案例，描述了岛民进行一些并无实际价值的无限循环的物品交换，从而保证人群之间的信任以推动其他物品交换，因此说明了文化的功能性。Malinowski 的功能主义人类学，将文化视作满足人类不同层次需求的存在。这一方面超越了 James George Frazer 的进化主义人类学，同时也确立了民族志研究的理论假设，即文化是一个完整的、由相互联系的各种要素构成的体系，文化的意义存在于各要素之间的功能关系之中，因此需要进入具体的文化环境中进行深入的了解。此时的人类学研究兼具了研究过程、研究成果、理论证明三个条件，同时标志着民族志研究方法的形成。

3. 民族志的特点

民族志可被视为对人类社会最基本的研究方法和表述形式。其突出的特点是民族志工作者或公开或隐蔽地在相当长的时间里参与当地人的日常生活，观察发生了什么，倾听人们说了什么，提出研究问题并通过对社会结构、文化意义的整体描述，并以当地人的视角及理解方式来回答问题。

参与式观察与深度访谈是民族志研究中研究者获取资料最基本的方法，讲求一手性和细节化。以 Malinowski 的研究为例，对特罗布里恩群岛的研究必须通过和岛民生活在一起而完成，只有与岛民建立足够的联系和信任，才可以展开有效的观察和交谈，同时获得的资料才能足够丰富以证明研究者的判断。

Malinowski 开创的民族志研究方法在中国语境下也得到了广泛的实践。中国早期的人类学家和他们的代表作都体现了民族志研究对于文化和生活的重视，以及研究材料的一手性和细节化。费孝通（2010）在开弦弓村调查社会经济变迁对农村社会的影响并写下了《江村经济：中国农民的生活》；林耀华（2023）在凉山彝族聚集区调查“边政”视野下的民族与国家关系而写出了《凉山彝家》。这些都是开展民族志研究值得学习的经典案例。

综合来看，民族志方法适合被用于对文化群体的价值观、信念和行为进行描述，通常通过参与式观察、深度访谈和实地笔记等手段获取资料，以文字、照片、地图、谱系图、田野记录等方式呈现材料。从研究范式发展的角度看，民族志研究显示出实证主义与科学主义的共同影响，同时表现出建构主义（constructivism）和文化相对主义（cultural relativism）与民族志的自然主义特性之间的张力。但是，民族志研究通常因为其非历史倾向，缺少变迁视角而被诟病，同时在描述的过程中可能会造成对权力关系的忽视。

13.1.2 传统民族志与认知民族志

民族志是对人的生活世界的系统研究，包括群体成员如何生活、互动和交流，以及生活的物质与观念层面。认知民族志是对真实世界行为具体实例的准确记录，对这些实例的认知方面展开分析，以广义的民族志作为知识来源去了解人们做了什么，做这些事情有什么资源，使用了什么惯例。

认知民族志方法相信，人们的思维被训练或调适得会系统地对活动组织的许多方面视而不见或充耳不闻。而这种情况在组织结构的所有层面都会发生。人们认为自己的日常生活只是例行公事而已，是无趣的，因此人们不去关注这些日常的细节。人们依赖外部世界来提供一致性，会对缺漏进行“脑补”，却因此无法真正看到缺漏。人们为了更好地看清人、事、物，而常常忽略了现实场景中的背景。因此，人们自以为看清了自己所生活的世界，但是大部分有趣的细节，大部分对于理解这个世界中的认知所必须了解的细节却往往被忽视了，而这些细节对于理解认知不可或缺。人们通常听不见言语中不流畅的地方，除非它们过于强烈。如果幸运的话，人们可以记住彼此谈话中的要点内容，但却很少记得住所用到的具体词汇。甚至有些时候，人们记住的根本不是对方说的话，而是自己期待或者想要别人说的话。人们倾向于通过文化模式来理解世界，而这些文化模式可以使一些事情变得显而易见，却使另一些事情无法被思考。然而，人们可能从来没有看到过构建自己理解的文化模式。人们可以毫不费力地处理多重来源的信息，却很少关注这些信息来源之间的关系。因此，人们需要工具和技术来克服这些视而不见或充耳不闻的问题（Garfinkel，1967），而认知民族志就是这样的研究方法。

理解认知民族志的基本观点，需要强调的是，认知民族志源于传统的民族志方法，但又与传统的民族志研究有着显著的区别。通过比较传统民族志与认知民族志在研究问题和研究方法等方面的区别，有助于更好地理解认知民族志研究的意义。

1. 内容关切

从研究问题的角度来看，传统民族志关注的是特定文化群体的成员所创造的意义，而认知民族志关注的是群体成员如何创造这些意义。传统民族志描述的是知识，而认知民族志描述的是知识是如何被构建和使用的。

认知民族志研究者的工作是记录生活世界的一个特定方面，即意义的系统。这包括了社会成员所创造和传达的意义是什么、文化知识的结构是什么、文化知识是如何组织起来的，以及哪些类别被人们认识到，而这些类别之间的关系如何，语言、文化、思想之间的关系是什么。

总结来说，传统民族志关注的是文化表现，而认知民族志关注的是文化表现形成的"过程"，认知民族志研究的主要目的是揭示认知活动是如何在现实世界的环境中完成的。传统民族志试图确定构成群体成员生活世界的物质和概念资源，而认知民族志则研究这些资源如何在文化活动中得到运用。

2. 研究方法

作为一种研究方法，认知民族志能够带来关于真实生活行为与情境的详细知识。在具体的方法上，传统民族志更倾向于使用研究者的观察和被研究者的自我报告，而认知民族志则是通过仔细检查具体事件的细节来获得证据。例如，传统民族志学者可能会就亲属关系术语对群体成员进行访谈，努力描述他们如何理解亲属关系，以及这种理解对其社会组织和运作的影响；而认知民族志学者则更有可能记录和分析亲属进行重要决定的活动事件，比如对重要资源的控制等，从而寻求了解亲属关系的文化模式如何在群体决策过程中发挥作用（Williams，2006）。

可见，传统民族志使我们深入了解界定文化群体的思维方式，阐明人类经验的广泛性和多样性以及使我们成为人类的共同点。而认知民族志关注的过程意味着活动此时到彼时的发展，以及其与在不同时间尺度上展开的社会文化过程（通常是制度）存在关系。

3. 联系与沿革

比较认知民族志与传统民族志之间的区别并不意味着二者之间的脱节，认知民族志并非对民族志研究的革命，而是一种延续和发展。传统民族志利用参与式观察、深度访谈、文物分析等历史悠久的方法建立知识库，通过这些知识库可以对具体的活动情节进行解释和分析。

在不知道有哪些物质资源和观念资源的情况下，我们如何研究物质资源和观念资源是如何在活动中发挥作用的？如果不熟悉参与者、他们的关系以及他们先前的互动历史，我们又如何能揭示参与者所建构的意义？传统民族志研究为认知民族志提供了启示，民族志研究的观察传统与方法技术可以帮助描述和审视位于原生空间中的关系和互动。认知民族志将民族志研究向过程层面的分析方向进一步延伸，把人们的认知和“现实生活”的情境联系到一起，把心理学对认知的关注拓展至更为复杂的社会现象，从而将心理学和人类学视角的研究优势进行了交叉融合。实验室观察和田野观察都有各自的优势，因此认知民族志又被称作“认知的社会人类学”或“户外心理学”，在日常情境的日常实践中研究人类的认知活动。

作为一种探究视角和方法，认知民族志的贡献可以归纳为五个层面。第一，认知民族志有助于我们了解认知生态。大脑是产生人类认知的众多子系统之一，认知并非只存在于我们的心智之中。在日常实践中观察到的认知是分布在大脑、身体、活动和文化组织的环境（包括其他行为者）之上的，而不是将这些因素进行分割，认知民族志可以解释认知过程如何在现实世界的环境中展开。第二，认知民族志可以为研究人类认知系统提供一种改进的功能性明细单，高层次的认知过程是内嵌于社会与物质世界之中的。第三，认知民族志可以记录认知过程在空间、时间和社会中的分布情况。第四，认知民族志可以为实验性研究提供信息，可以增强研究者对调查结果相关性和有效性的信心。在实验研究中，研究者需要为被测量的内容提供理论框架，为如何测量提供经验框架，并明确这两个框架之间的联系。而认知民族志可以帮助将概念/理论与可观察到的事物联系起来，并检查一个建构体在一组相关建构体中的表现以及预期的程度。第五，认知民族志可以为人类系统的设计提供有益信息。基于对于实际行动细节的观察，认知民族志的研究发现可以用于优化系统设计。

13.1.3 认知民族志研究

相较于传统心理学的研究视角，认知民族志视域下的认知是一种复杂的社会现象，是工作中的心智及其发挥作用的世界之间的纽带关系（LeBaron，2012）。在日常实践中观察到的认知是分布式的，覆盖着大脑、身体、活动和文化组织的环境（包括其他行为者），而并非分配于这些因素之间（Hollan et al.，2000；LeBaron et al.，2016；Streeck & Mehus，2005）。

如前所述，认知民族志相较于传统民族志更关注“过程”，以事件为中心，研究中注重对细小事件进行分割，分析事件中的结构以确定事物对活动参与者的意义，并记录创造这些意义的手段（Reiss，1971；Scheflen，1965）。结合对传统心理学视角的反思，认知民族志在方法上实现了对人类学和心理学的有机融合。

在具体的实施过程中，认知民族志会采用观察、记录和分析现象等方法，特别关注信息流、系统的认知属性、社会组织和文化过程。认知民族志并非任何单一的数据收集或分析技术。相反，它汇集了许多具体的方法与技术，其中一些技术是汲取自其他学科并不断发展和完善的，如访谈法、调查法、参与式观察、视频/音频记录与分析等。认知民族志在方法的实施过程中包括了对时空隐喻映射的新分类、语言分析、手势和语言关系的分析，以及对具身性和概念化的思考。

1. 认知民族志研究者的准备与要求

在开展具体的认知民族志研究之前，研究者必须首先对自己将要开展研究的特点有足够的认识。认知民族志研究者需要有一颗"大心脏"，因为认知民族志研究真实世界场景下的认知活动，其结果不可能被准确预测。认知民族志强调的是对于细小且不易发觉的事件展开研究，所以在研究中必须时刻保持耐心，留有充分的时间来进行观察和思考，这是为了让研究者能够持续地对细小事件进行观察和分析而不至于轻易放弃。同时，研究者必须时刻提醒自己不要落入惯常思维的陷阱，而是要忠于自己观察到的事实。这是因为认知民族志的目的就是揭示人们在日常生活中忽视的细节，而这些细节之所以被忽视，就是因为人们总是使用惯常思维来看待世界。因此，为了帮助研究者在研究过程中时刻保持警醒，研究者应该尽量使研究做到计划严密、注重细节、有条不紊。同时，访问权、隐私保护、观察者效应和设备故障等因素也都是认知民族志研究者有可能面临的重要挑战。

由于认知民族志的方法与传统民族志以及心理学的研究方法都有所不同，开展认知民族志研究需要锻炼新的研究能力，从而克服一系列的错误和困难。为了克服将世界视作理所当然的思维倾向，研究者需要对细节足够关注，要有方法、有策略地规划观察的开展。为了克服将日常生活视为常规或例行的倾向，研究者可以整日地进行认知记录，审视自己到底使用大脑思考了什么，并审视描述普通一天生活的组织情况。为了克服活动的短暂性特质，研究者选择一项活动的场景展开研究，与研究对象建立融洽关系并征得同意后对活动中的动作进行照片记录，并细致分析这些照片，描述照片中的内容。为了搞清楚什么对别人而言是重要的，研究者可以设计并开展访谈，并在访谈中注意聆听，尽可能多地观察并尽可能少地做任何预设，基于访谈录音或录像生成的语料成为重要的研究数据。为了克服言语的短暂性特质，研究者可以进行基于照片的访谈，并对访谈进行录音和转录，这样可以找出在实时聆听时被遗漏的结构。为了让意义建构背后的文化组织变得可见，研究者可以记录下访谈数据的概念化组织，识别出数据中语句之间的逻辑关系，描述出与数据相一致的文化模式。为了找出正在进行中的活动的结构，研究者可以通过视频记录来捕捉人的动作或互动，对视频进行分析，记录下多模态互动的细节。

对于研究者来说，尽管认知民族志研究的开展与实施很辛苦，光是数据收集的工作就要花费大量的时间和精力，但是也需要对开展认知民族志研究有信念。民族志研究者需要秉持一种信念，相信有趣的研究现象会从数据中浮现出来并且能够被捕获，要相信可以通过分析为之提供支撑。对于民族志研究而言，研究者要相信研究发现将会让所有为之付出的辛苦努力都变得值得，因为民族志研究的发现将会以我们无法预料的方式让我们感到惊讶。有了这样的信念和信心，可以支持民族志研究者坚定地开展研究。

2. 认知民族志研究案例

认知民族志已被广泛用于研究人们的心理、行为及其过程，因此积累了很多值得借鉴的经典案例。过往研究者开展的认知民族志研究涉及的话题非常多元，包括对于课堂教学、家庭宴会、孩童游戏、核电站控制室、机舱操作、航海操作、村民议事、日常沟通等的研究。

我们可以选择机舱操作研究作为案例，来比较认知民族志与传统心理学视角在研究设计方面的区别。采用认知民族志的方法研究商业航空驾驶舱中飞行员的协同操作,研究者可以选择在全动模拟机的飞行训练过程中实时记录下多种数据，而不是设计开展实验室场景中的研究。这些真实的数据采集，可以来自两个不同角度的摄像头所拍摄的视频，其中一个在飞行员肩膀上进行拍摄，一个在飞行员的帽子上进行拍摄；麦克风可以捕捉参与操作的每个飞行员的个人语音；来自模拟机的数据流，可以记录飞行变量，如高度和速度，及其与驾驶舱控制的互动；此外，还包括观察者在模拟飞行期间所做的笔记。随着飞行的进行，研究人员会记录飞行员的活动，包括操作错误、飞行员之间的交流和其他值得注意的行为。模拟飞行结束后，研究人员需要分析数据，并可以根据结果提出优化设计方案。而对于传统的心理学视角而言，如果需要进行一个相关的实验研究，实验的成功将取决于其多大程度上符合实际，而某些问题或许根本就无法通过实验来回答。由此可见，认知民族志研究的适应范围更加广泛，而且有助于衍生出可供实验研究的问题和假设，指导实验刺激材料的设计，从而有助于建立实验研究的生态有效性。

3. 认知民族志与实验研究

认知民族志与实验研究都是研究认知的重要方法，二者对于认知特征的假定与认识有着突出的区别，但二者也存在着关联，认知民族志可以为实验研究提供思路和材料。

对于认知民族志而言，认知研究是在日常生活中进行的。认知民族志研究者关注的是那些常见的、普遍的、发生在自然状态下的认知现象，采用更加生态的视角，研究人们的一般能力。认知民族志中观察的是人们熟悉的任务以及其中涉及的不断重复的动作，过程是由行动者定义的，能够提供丰富的元认知。相较而言，认知的实验研究关注的是那些不常见的、发生在受限的状态下的认知情况，将研究对象和关注变量隔离出来，研究设计是由实验者界定的，一般采用新的任务，通过一次性的动作来研究特定目标的技能，能够提供的元认知较为匮乏。

然而，认知民族志也可以与实验研究产生密切的联系。认知民族志研究可以启发实验研究，为实验研究孕育研究问题与研究假设，指导实验研究的设计，特别是对于实验刺激材料的设计，并为实验研究建立生态效度。认知民族志还可以对实验研究中很多问题的思考进行指导。比如，当建立假想的位置线时，从眼动到手动的关系是什么？什么类型的扰动影响了人的判断？大脑的哪个部分在处理相关的行为活动？大脑不同区域中的处理彼此之间的关系是什么？

因此，我们可以将认知民族志与实验研究结合起来，可以使得我们对于同一个问题的研究，从真实的环境到实验室的研究环境，在自然状态下观察个人和群体活动的复杂方式，然后在实验室中验证，进而再引导进一步的实地观察与研究。比如，关于深度媒介化时代以搜索引擎为代表的新媒体对人们记忆的影响，学者们基于实验研究发现了“谷歌效应”（Sparrow et al.，2011），而它在日常生活中的形成和表现或许可以通过认知民族志研究来进行探析。

13.2　新媒体认知民族志

认知民族志并不是一种单一的数据收集方法或分析技巧，而是汇聚了非常多元的研究方法与手段来观察、记录和分析现象，特别关注信息流动、系统的认知特性、社会组织和文化过程等。在新媒体时代，认知民族志被注入了新的活力，这不仅体现在新媒体语境下研究议题的进一步丰富，还体现为技术手段方面的诸多革新。试想一百年前，以 Malinowski 为代表的研究者在民族志研究中几乎只能依靠纸和笔来进行文字记录，而现在我们有非常丰富的新媒体设备和技术可供选择。特别是在如今数字化、智能化的新媒体技术背景下，在人机交互的情境中，新的技术手段可以帮助研究者自动录制很多互动行为的历史数据，并使之成为开展分析的重要数据来源。面对新的议题和新的技术手段，认知民族志产生了新的意义与新的操作。

13.2.1　认知日记与日常事件

早期对于行动的具体描绘都是通过纸笔完成的，时至今日，认知日记作为认知民族志一种传统的方法和手段依然十分有效。记录认知日记的目的是用“认知观测仪”来认清个人生活的特定部分。打开“认知观测仪”，首先必须慢下来，不要急于去理解，应该多花一些时间去观察和思考，在观察世界的时候是不能进行多任务处理的，因为观察细节本身已经会占据人的所有注意力。另外，还必须诚实，人具有填补观察中缺漏的倾向，但绝不可以汇报想象中的事件，必须忠于事实地进行描述，而不能基于期待或希望来进行描述，也不能基于人们认为事实通常发生的样子去描述。

在具体实施过程中，研究者可以尝试记录一整天的认知日记。具体的操作是，每当你从事一项需要思考或记忆的活动时，就试着关注它并把它记录下来，或者口述给录音设备，如今也有一些视频日记的记录手段（Zundel et al.，2018）。这将使你能够对日常生活的认知纹理有一定的了解，并能够为日后的研究积累起认知活动集合。你可能并不必然需要提交这些认知日记本身，但务必要做相应的记录。当你学会了如何去观察审视世界，你将会发现人类活动的最小时刻其实也满载着有趣的认知现象。届时，就可以实现由“看”到“见”的转变，使得重要的细节变得真实可见。研究发现的意义和真实价值在于功能，这一功能是基于共享过往思维经历而进行思维互动做出成就并被接纳的群体的功能。

在进行整体的记录之后，研究者需要从日记中选择一个日常的关键事件进行详细描述。日记中的事件越多，事件的种类越多，就越容易选择一个容易描述和分析的事件。选择须仔细，选择一个事件，要使对它的分析能够证明研究者对描述和逻辑分析的掌握。应该尽量选择一个小而简单的事件进行描述，可以是工作的一部分，或是娱乐活动的一部分，或者日常工作的一部分，它应该是人日常会做的事情。不要试图描述事件的属性、与自己的关系，以及选择的理由。不要试图给自己设计一个“实验”，不要担心这个不具有很强的代表性。

在描述的过程中，要尽量做到仔细描述在某些特定的实际事件中实际发生的事情。开始时，只描述那些可以用视频捕捉到的东西，或可以从外部被观察到的东西。同时，要积极寻找生态组合。根据生态组合原理（principle of ecological assembly），人的活动由一个或多个生态组合组成。如果选择的事件恰当，研究者应该能够描述作为生态组合一部分的外部资源。此外，还要重视描述行动和观念。在发展对外部资源的描述时，描述你对这些资源实际做了什么。比如，我看到了，我闻到了，我听到了，我触摸到了，我移动了，等等。这些可以转变为更复杂的行为，比如我认识到了，我意识到了，我记住了，我期待着，我预料到了，等等。最后，要保持警惕，不要试图去读懂自己的思想，否则如前所述，又会落入对日常生活的想象和忽视当中。你可以描述一些简单的内部事件，如记忆、无意识、想象，只有当它们与可观察的行为或可观察的外部资源直接相关时，才可以描述。描述你实际采取的行动是如何在可观察的资源之间建立起关联的。

之后，要对描述进行分析。在分析中，需要解决的问题是：什么是关于活动的认知。也就是说，活动是如何完成认知功能的，比如计划、解决问题、决策、理解、控制活动等。比如，我们可能回答活动如何利用环境中的结构或与之互动。需要注意先前活动的影响，寻找有说服力的捷径，即把复杂计算变成简单计算的方法，或者省去以前看来有必要的活动的部分。同样，此时也要避免一些主观臆断，即不断回忆或者试图回答自己当时在想什么。无论何时，切记要忠于记录，一定不要因为过早地在脑子里寻找解释而错过实际的细节。

本章引言中提到的“真心话大冒险”挑战就可以被视为这种认知日记式的记录。通过整日地记录自己日常的智能手机使用情况，持续整整一周，你将有可能看见司空见惯中的不寻常。你将有可能深刻体会到智能手机作为一种新媒体的代表是如何深度嵌入你的日常生活的方方面面，变得“基础设施化”，或者成为时下人们的一种“外置的数智器官”。你将感受到作为新媒体的智能手机如何深度参与了你的日常活动与决策，人机交互、人机协同完成日常的很多活动，由此你的很多行为也被打上了媒介逻辑的烙印（蒋俏蕾，2023）。认知民族志对于深刻认识新媒体语境下人们的心理、行为、认知与思维变化，具有非常重要的意义。

13.2.2　日常活动的图像记录

对日常活动进行图像记录有助于帮助我们学习如何关注日常生活中的种种细节（Höllerer et al.，2018）。对日常活动展开图像记录的过程大致包括五个基本步骤。第一步，选择一项活动来进行记录。第二步，征得被记录者的知情同意。第三步，拍摄记录照片。第四步，选择用于描述的照片。第五步，对所选照片进行描述。

在图像记录的实际开展过程中，还有一系列需要注意的事项。首先，在选择记录活动时应考虑一些标准。比如，这件事是否可以观察，便于观察，以确保研究可以进行下去。再比如，观察的活动是否包括以及包括怎样的人与人之间的互动（Meyer et al.，2013）。还有，这个活动处于怎样的物质环境之中。当然还包括你是否对它感兴趣。获得知情同意是研究伦理的必要部分，我们必须首先征得被记录者的知情同意。需要向活动参与者介绍研究的基本流程，并获得参与者的同意，应该让参与者签署一份知情同意书。拍摄照片的过程似乎是容易的，新媒体时代我们日常中对于摄影技术的使用为我们提供了充足的经验和技术手段。但是，依然要注意拍摄角度与景别的多样性，以及不要忘记对于环境信息的捕捉。在对图片进行分析的时候，要记得掌握对比的原则，仔细检查照片之间的不同，比如照片在内容的宽松或紧密、社会性或物质性、表现状态或表现过程、表现行动之前或之后等方面都可以展开比较（Kress & van Leeuwen，2006）。当然，除了对比，我们也需要对照片本身进行描述。此时，需要带着学术思维进行描述，从认知活动的证据、理论概念的展开、可进行的推论、组织的结构等方面，结合基本信息对照片进行仔细的描述。最后，把描述和分析过程细致地写下来，形成一份日常活动的图像记录。

新媒体时代，拍摄设备更加轻便化、日常化，对于拍摄，我们平常所用的智能手机就能够胜任，而图像记录的数字化、智能化，更是为图片的存储、挑选、备份与分析带来了极大的便利。人们常说魔鬼都藏在细节之中，对日常活动进行图像记录，就是为了捕捉藏在细节之中的关键，让我们的分析与解读"有图有真相"。其实，人们日常活动中的认知关键要素是可见的而并非不可见，但平常往往被忽视，需要我们打开"认知观测仪"来捕捉、记录，并开展描述和分析。图像记录对开展结合图片的访谈也非常有帮助，可以帮助受访者意识到和回想起更多的细节内容。新媒体语境下，除了外部的图像拍摄记录，截屏、录屏等，基于新媒体内部的图像记录，也有助于人们记录下日常新媒体使用的活动和过程，便于开展相关的研究。

13.2.3 视听记录及其转录与分析

相比于文字记录、绘图和拍照，我们现在拥有的新媒体技术带来了新一代廉价的数字记录设备和存储设备，这也正在改变着我们收集和分析人类活动数据的能力（Christianson，2018；Toraldo et al.，2018）。这些日益普及的数字录像设备和存储手段为行为科学的数据收集提供了新的方法，将其扩展到过往无法进入的环境中，并使研究者能够检查在有意义的环境中所捕捉到的行动细节（Erickson，2011；LeBaron et al.，2018；Liu et al.，2021）。在人机交互的情境中，自动存储的互动历史也成为越来越重要的数据来源（Li et al.，2019）。另外，越来越多由监控录像记录下来的日常活动，为研究提供了新的视听记录数据来源。在符合研究伦理的前提下，这些数据具有令人兴奋的研究潜力，为认知民族志研究提供了新的可能性。

在对日常活动进行视听记录的时候，同样需要思考录制什么的问题。虽然有了便捷廉价的视听录制设备和存储手段，但是这并不意味着要简单地记录下一切来保证全面的覆盖，或者简单地记录下一切来积累录像数据库以供未来研究。在实践过程中，这样做往往既不切实际也不可取。民族志研究不同于纯粹的记录，也不同于纪录片拍摄。如果简单地记录下一切，将会快速生产大量难以处理的数据，使得研究者更加难以检索、发现相关的视听片段，也更加难以分离出感兴趣或有趣的现象。这时候研究者会发现，虽然更多的数据似乎是好的，但更多的数据不能成为全部的答案，因为许多研究者已经感到他们被数据淹没了。因此，认知民族志研究者在开展视听记录时，需要在研究人群中找到一个角色，哪怕是边缘的小角色，进而建立关系，以参与者的身份获得体验，并与其他参与者进行密切的互动，与成员们建立联系，从而建立起对于这一人群的知识，进而建立对于活动行为的知识（Jarrett & Liu，2018；Whiting et al.，2018）。对于人们日常活动的记录，视听技术提供的录像语料库是非常重要的数据。这些视听记录可供研究者及其同事们反复检查，这样既避免了传统民族志描述所特有的对那些难以解释的资源的依赖，也避免了对过多的阐释的依赖，因为这种阐释方法是以自省或对分析结果的重建描述为基础的。

转录对于视听记录的分析也具有重要的意义。研究者需要对转录内容进行组织，区分视听记录中的不同部分，弄清哪些行为是机器没有捕捉到的，哪些是机器捕捉到了的，哪些是录制机器对人产生的影响，相应的逻辑依据都是什么（张佐成等，2014；朱永生，2007）。事实上，我们无法对我们所面对的所有现象进行文字描述。对一个现象的任何描述都是基于该现象向其观察者展示出来的感知特征。因此，在进行视听记录转录的过程中，需要有在特定的行动场域中分辨相关信息和“噪声”的能力。对研究中的文字描述而言，正确性和真实性的判断被充分性或逼真性的判断所替代来做解释性描述，后者是基于证据和合理推断的标准，而非基于所谓真实的条件。研究中最基本的方法资源都关乎比较，将我们自己的解释与研究对象的解释进行比较，并注意比较那些并不依赖任何一方的记录来进行分析。

当然，转录并不意味着只是纯文字的描述。从 Hutchins 和 Palen（1997）的驾驶舱研究开始，研究者就认识到仅靠文字进行描述不够具体和生动，所以他们当时采用了非常朴素的方式来试图对这个过程进行可视化呈现。他们设计了表格框来显示说话和行动的时间对应关系，注意时间上的标记，重现即时的手势。Núñez 和 Sweetser（2006）分析了手势和话语的关系，Goodwin（1994）考察了考古学中手势和专业词汇的索引关系。在另外一些研究中，研究者们使用了图形表示法等手段。在转录中使用高亮来显示手势和谈话的时间对应。总之，这些方法和手段都是在通过图形可视化等方式，表现现实环境中的复杂关系、非语言媒介的作用等。于是，空间、手势、语音语调等元素也都成为可供分析的对象（Clarke et al.，2019；Clarke et al.，2021；Gylfe et al.，2016；潘艳艳和李战子，2017）。

对视听记录的分析应当从对现实事件的具体记录开始，而不是基于研究兴趣的预先判断。认知民族志是以事件为中心的民族志，其主要特点是以事件作为分割，分析事件中的建构，然后进行解释说明。认知民族志研究中，会对小事件的细节进行细致的分析，基于丰富的民族志素材获知、归纳并扎根形成相关的知识（Erickson，1995）。认知民族志关注过程，注重追踪活动的即时发展及其与社会文化过程之间的关系，这些社会文化过程往往是机构化的，认知民族志关注这些过程是如何在不同的时间点逐渐展开的（Bales，1950；Nassauer & Legewie，2021；甘雨梅，2020）。在分析过程中，认知民族志的目标是构建出随后发生的“互动”的特征，而不是应用一个预先确定的编码方案（Heath et al.，2010）。

认知民族志感兴趣的不仅是人们知道什么，还有人们将如何运用他们的“所知”去完成他们的“所作所为”。认知民族志强调对空间、对象、概念、行动、工具、规则、角色和语言的观察和关键特征分析，对这些特征的分析可以帮助研究者确定信息的组织、传递和表征（Hutchins，1995）。具体的分析方法会涉及关于时间的空间隐喻映射的新分类、语言分析、将动作手势与语言视作聚合证据的分析，以及对于具体化和概念化的思考等（Heritage & Clayman，2010；Hutchby & Wooffitt，1998；Mondada，2018；Norris，2004）。认知民族志认为，行为是由语境塑造的，也更新着语境。情境的构建是为了使某些问题变得可以研究，但研究者并不会干涉受试在情境中的行动，一旦被赋予了任务，受试就完全依靠他们自己了。有意义的行动构成了活动，而活动也为有意义的行动赋予意涵。认知民族志分析中关注序列的组织，认为每一个转换都是一次机会，展示着个体对于相关行为和事物的理解，比如看见和被看见是通过正在发生的活动的序列组织来实现和推进的（Brauner et al.，2018；Schegloff，2007）。在研究人机传播的特定问题时，认知民族志分析的目的是寻找人机传播中的“共同理解”感。更具体地说，是比较用户和系统在一系列事件中对相关情况的各自看法（Orlikowski & Scott，2008；Zhao et al.，2014）。认知民族志也关注对语言的多层次分析，其中体裁类型方面，可以分析信息的类型，信息如何呈现，信息以何种方式被解读，比如叙述、描述、玩笑等，而传播层面，可以分析沟通的方式（Alvesson & Kärreman，2000；Knox & Lucas，2021）。具体而言，在表面层面是对词语表述进行编码，在命题层面是探析我们从词语中获得的意义，而情境层面则是关注与此前经历相关联的大脑中的形象以及我们可能预测将要发生什么（Sidnell & Stivers，2013；Stiles，1992）。

民族志研究相信研究现象实际上存在于现实世界之中并渗透于人的活动中。那么我们就可以有这份信心，那就是在最初的震荡过去之后，只要我们坚持，通过审视数据而不是其他任何东西，新的发现一定在等待着我们。这种对于研究发现的期待支持着民族志研究者一遍又一遍地反复观看同样的视听记录材料，等待着关键因素出现在眼前，而长期不可见的过程也将会自已显露出来（吕孝礼等，2022）。

随着数智化时代的到来，即使研究者们充分利用纸质文档实现了很多研究技巧，但仍然不能达到利用数字文档所实现的交互水平。因此，如今单单使用纸质文档可能已无法实现更多交互式文档的愿景，也无法支持研究人员对不同种类的数字化信息进行管理。于是，各种新兴的工具被发明出来，为纸笔模式和数字模式实现了相连，比如笔记和录音设备的结合，纸质记录与云端存储的结合。另外，视频载体的流行也进一步拓展了纸笔的工作能力。通过视频作为研究工具的研究也越来越多，研究者们逐步探索出数字视频研究工作流程的要素，以及这些活动应该如何得到软件工具的支持，并对分析的迭代过程进行了详细的关注（Pea & Hoffert，2007）。Pea 和 Lemke（2007）进一步提到了视频研究的迭代性，指出需要将视频记录“分块”成若干段，而这些段可以用多种方式进行定义。

虽然视频研究中涉及一系列活动，但视频注释的任务受到了研究人员和软件开发人员的特别关注。为了能够更好地设计和比较软件工具，学者们对视频注释任务的要求也进行了研究。Hagedorn 等（2008）通过对有经验的视频研究人员进行访谈，根据当前的实践确定了一套有效的视频注释软件的要求。在这些要求中，有一项是需要促进编码工作流程，捕捉和显示适当类型的附加数据，以及灵活的视频播放形式。这些需求的识别是由 VCode 和 VData 等视频分析工具的开发所驱动的。Hofmann 等（2009）也建立了支持视频研究过程所需的能力，一般确定的任务类别有配置、分割、注释、探索和外部化。在他们确定的具体需求中，与当前讨论特别相关的是支持个人用户的注释风格、数据源的同步，以及通过提供多种浏览数据的方式支持探索。这套需求的设计是为了在一系列视频注释工具中进行比较，包括 ELAN（Ethernet Local Area Network）、Observer、TransAna 和 WebDriver 等。

13.2.4　认知民族志中的物理空间、社会空间与概念空间

认知民族志认为人类的认知是适应自然环境的，因此认知民族志的作用是将观察数据和解释转化为有意义的表征，使系统的认知属性变得可见（Hutchins，1995）。根据 Hutchins 和 Palen（1997）的观点，对活动发生空间的观察对于认知民族志研究具有重要的意义（Mengis et al.，2018）。Hutchins 和 Palen（1997）列出了三种需要被认知民族志研究者重视的空间，分别是物理空间（physical space）、社会空间（social space）和概念空间（conceptual space）。结合具体的研究案例将有助于我们更好地理解这三种空间，我们将选取电子游戏作为示例来呈现三种空间的区别与联系。

1. 物理空间

物理空间是指行动者展开活动的现实具体空间。主要关注实体空间内的状态，包括物体之间的距离关系，比如空间中什么人或物与其他什么人或物相邻近，什么可以从彼此的位置被看见，以及人的身体是如何与空间相适应的。以电子游戏玩家的活动为例，物理空间是玩家利用设备进行电子游戏的空间，比如卧室、客厅、网吧、电竞俱乐部或游戏室等。

对于物理空间的考察可以通过两种视频方式捕捉：一种是记录屏幕活动，另一种是记录玩家与游戏和游戏空间的互动。由于游戏玩家往往高度投入对游戏环境的反应和解决问题当中，因此在表情和肢体语言上往往很少有对话或者变化。在物理空间中，玩家可能独自一人，也可能有同伴陪伴，而在目前的很多网络游戏中，玩家往往是在其他人线上或线下的陪伴下完成的。这一点是很有意义的，因为玩家间的讨论、鼓励和建议显示了游戏策略的社会和文化知识。

此外，将图像记录与视听记录相结合，研究者还可以在研究过程中对被研究者及其物理空间拍照。这包括游戏屏幕的照片和玩家相互之间的游戏活动，或任何被认为有趣的东西。

2. 社会空间

社会空间是指个体活动涉及的社会组织，包括群组、身份、地位、角色、等级以及它们如何影响信息的流动，也包括社会群组空间属性的情感方面和社会安排，这将影响信息更可能向哪里流动（Katz，1999；Hindmarsh & Llewellyn，2018；Liu & Maitlis，2014）。继续以网络游戏活动为例，社会空间是指游戏过程中个体之间连接形成的空间，对社会空间的考察可以通过研究对象描述自己的游戏和社交互动来完成。

对于社会空间的观察，其主要特点是不仅观察游戏，而且确定关系、认知和社会学习的理论。"你在那里想什么"是研究对象需要回答的主要问题。这种对话起到了解释玩家的推理和决定的作用，而不需要观察者进行公开的解释。这么做可以加强研究的描述属性，并能够将自然主义的游戏与实验室方法联系起来，进而促进研究再回到自然情境中的行为。

3. 概念空间

概念空间是指活动的概念结构决定着信息的内容和信息编码中表征的组织（Jarzabkowski et al.，2015）。延续网络游戏活动的例子，概念空间是指游戏设定的叙事或导航制造的空间。

研究者可以观察这样的空间内的决策，即玩家描述如何通过一个关卡或者特定游戏挑战的脚本。游戏提供给玩家的内容被称作演练或漫游（walkthrough），包括游戏开发者或玩家创建的视频、音频、文本、静态图像、游戏提供的策略、通过关卡的地图、对象的位置，以及游戏中重要和微妙的元素。为了对游戏中可能的目标、行动和行为有一个全面的了解，研究者可以对一些演练进行分析，同时对游戏控制和地图进行分析，以达到最佳的游戏效果和研究效果。

13.3 本章小结

认知民族志是对认知研究的一种开拓补充。它首先锚定了认知的位置，把握现实也许是所有认知成就中最重要的成就。但人类所居住的世界并不是简单地由物理现实所赋予的。认知民族志视角认为人类的生活充满了经验的现实，这些现实并非独立的存在，而是由我们在这个世界上的感知、言说和行为方式交互融合所创造出来的。认知并不是在行动之前就存在的，而是存在于行动的过程之中，在特定的情境之下。基于这样的前提，认知民族志研究者对日常生活中的行动展开深入的观察和分析。本章首先介绍了民族志研究的概念、历史背景和特点，为了解认知民族志提供相关背景。继而在内容关切、研究方法和联系与沿革方面对传统民族志和认知民族志进行了比较，并在此基础之上对认知民族志进行了进一步的具体介绍，列举了新媒体语境下认知民族志开展的具体方法和分析手段，思考开展新媒体认知民族志研究的机遇与挑战。

本章先从历史的角度梳理了从民族志到认知民族志的发展，强调了认知民族志通过日常行为的记录与分析来解释认知形成过程的重要性，展现了认知民族志在具体方法中对于传统民族志的借鉴和革新。认知民族志是对民族志方法上的借用，它关注行动的过程，对细节进行记录，通过材料的分析得到模式的总结。认知民族志将认知和现实生活的情境联系到一起，注重以事件为中心，分析事件中的结构与意义，记录创造意义的手段，关注文化形成的“过程”。认知民族志研究从检查现实世界活动的细微细节展开，试图理解人的大脑、身体、物质和外部环境之间的互动，强调在地的认知生活状态，生产的是有关人们不断发展的认知过程的知识。

新媒体技术的普及与发展，为认知民族志研究带来新的议题和新的技术手段，为认知民族志研究注入了新的活力。新媒体为认知民族志拓展了研究对象，比如关注的行动可能从传统的人际互动关系转变为人机交互关系。借助新媒体工具，认知民族志研究者可以更加方便快捷地进行记录、存储、转录，甚至可以利用数字软件辅助数据分析。结合具体的新媒体现象作为实例，本章介绍了认知民族志研究中空间概念的多维复杂性，包括物理空间、社会空间和概念空间。

认知民族志可以成为一种在数字时代有效拓展认知的视角和工具。随着新媒体技术的不断迭代与迅猛发展，认知民族志研究者也需要不断调整，以敏锐的目光不断发现深度媒介化语境下的研究问题，并且有坚持的勇气和恒心，从细小的事件入手，见微知著，同时不断学习新的数据分析方法和表现形式，拓展认知民族志的研究路径。

思考题

- 开展自我认知民族志最大的挑战是什么？
- 如何通过认知民族志探究深度媒介化的日常影响？

参考文献

费孝通. 2010. 江村经济：中国农民的生活. 戴可景译. 北京：外语教学与研究出版社.

甘雨梅. 2020. “录像分析”作为社会研究方法：理论、应用与展望. 新闻与传播研究, (2): 25-41, 126.

蒋俏蕾. 2023-09-21. 手机对生物钟的改变应引起重视. 环球时报, (15).

林耀华. 2023. 凉山彝家. 上海：商务印书馆.

吕孝礼，朱宪，付帅泽，等. 2022. 视频研究方法：开辟公共管理研究新思路. 公共行政评论, (6): 173-195, 200.

马凌诺斯基. 2002. 西太平洋的航海者. 梁永佳，李绍明译，高丙中校. 北京：华夏出版社.

潘艳艳，李战子. 2017. 国内多模态话语分析综论(2003—2017)：以 CSSCI 来源期刊发表成果为考察对象. 福建师范大学学报(哲学社会科学版), (5): 49-59, 168-169.

张佐成，邢建玉，王彦，等. 2014. 多模态即席话语研究. 广州：世界图书出版广东有限公司.

朱永生. 2007. 多模态话语分析的理论基础与研究方法. 外语学刊, (5): 82-86.

Alvesson, M. & Kärreman, D. 2000. Taking the linguistic turn in organizational research: Challenges, responses, consequences. *Journal of Applied Behavioral Science*, 36(2): 136-158.

Bales, R. F. 1950. *Interaction Process Analysis: A Method for the Study of Small Groups*. Cambridge: Addison Wesley Press.

Brauner, E., Boos, M. & Kolbe, M. 2018. *The Cambridge Handbook of Group Interaction Analysis*. Cambridge: Cambridge University Press.

Christianson, M. K. 2018. Mapping the Terrain: The use of video-based research in top-tier organizational journals. *Organizational Research Methods*, 21(2): 261-287.

Clarke, J. S., Cornelissen, J. P. & Healey, M. P. 2019. Actions speak louder than words: How figurative language and gesturing in entrepreneurial pitches influences investment judgments. *Academy of Management Journal*, 62(2): 335-360.

Clarke, J. S., Llewellyn, N., Cornelissen, J., et al. 2021. Gesture analysis and organizational research: The development and application of a protocol for naturalistic settings. *Organizational Research Methods*, 24(1): 140-171.

DeVos, G. A. & Hippler, A. E. 1969. Cultural psychology comparative studies of human behavior. In G. Lindzey & E. Aronson (Eds.), *The Handbook of Social Psychology*. Cambridge: Addison Wesley Publishing Company.

Dubbels, B. 2011. Cognitive ethnography: A methodology for measure and analysis of learning for game studies. *International Journal of Gaming and Computer-Mediated Simulations*, 3(1): 68-78.

Erickson, F. 1995. Ethnographic microanalysis. In S. L. McKay & N. H. Hornberger (Eds.), *Sociolinguistics and Language Teaching* (pp. 283-306). Cambridge: Cambridge University Press.

Erickson, F. 2011. Uses of video in social research: A brief history. *International Journal of Social Research Methodology*, 14(3): 179-189.

Garfinkel, H. 1967. *Studies in Ethnomethodology*. Englewood Cliffs: Prentice-Hall.

Goffman, E. 1961. *Asylums: Essays on the Social Situation of Mental Patients and other Inmates*. New York: Anchor.

Goodwin, C. 1994. Professional vision. *American Anthropologist*, 96(3): 606-633.

Gylfe, P., Franck, H. , Lebaron, C., et al. 2016. Video methods in strategy research: Focusing on embodied cognition. *Strategic Management Journal*, 37(1): 133-148.

Hagedorn, J., Hailpern, J. & Karahalios, K. 2008. VCode and VData. (Paper presented at the Working Conference on Advanced Visual Interfaces). Naples, IT.

Heath, C. 2000. Configuring action in objects: From mutual space to media space. *Mind, Culture, and*

Activity, 7(1-2): 81-104.

Heath, C., Hindmarsh, J. & Luff, P. 2010. *Video in Qualitative Research: Analysing Social Interaction in Everyday Life*. London: Sage Publications.

Henrich, J., Heine, S. J. & Norenzayan, A. 2010. The weirdest people in the world? *The Behavioral and Brain Sciences*, 33(2-3): 61-83.

Henrich, J., Heine, S. J. & Norenzayan, A. 2010. Most people are not weird. *Nature,* 466(7302): 29.

Heritage, J. & Clayman, S. 2010. *Talk in Action: Interactions, Identities and Institutions*. Oxford: Wiley Blackwell.

Hindmarsh, J. & Llewellyn, N. 2018. Video in sociomaterial investigations: A solution to the problem of relevance for organizational research. *Organizational Research Methods*, 21(2): 412-437.

Hofmann, C., Hollender, N. & Fellner, D. W. 2009. Task- and process-related design of video annotation systems. In H. Wandke, S. Kain, & D. Struve (Eds.), *Mensch und Computer* (pp. 173-182). München: Oldenbourg Wissenschaftsverlag.

Hollan, J., Hutchins, E. & Kirsh, D. 2000. Distributed cognition: Toward a new foundation for human-computer interaction research. *ACM Transactions on Computer-Human Interaction (TOCHI)*, 7(2): 174-196.

Höllerer, M. A., Jancsary, D. & Grafström, M. 2018. A picture is worth a thousand words: Multimodal sensemaking of the global financial crisis. *Organization Studies*, 39(5-6): 617-644.

Hutchins, E. 1995. *Cognition in the Wild*. Cambridge: The MIT Press.

Hutchins, E. & Palen, L. 1997. Constructing meaning from space, gesture, and speech. In L. B. Resnick et al. (Eds.), *Discourse, Tools and Reasoning: Essays on Situated Cognition* (pp. 23-40). Berlin: Springer.

Hutchby, I. & Wooffitt, R. 1998. *Conversation Analysis: Principles, Practices and Applications*. Cambridge: Polity.

Jarrett, M. & Liu, F. 2018. “Zooming with”: A participatory approach to the use of video ethnography in organizational studies. *Organizational Research Methods*, 21(2): 366-385.

Jarzabkowski, P. , Burke, G. & Spee, P. 2015. Constructing spaces for strategic work: A multimodal perspective. *British Journal of Management*, 26(S1): S26-S47.

Katz, J. 1999. *How Emotions Work*. Chicago: University of Chicago Press.

Knox, D. & Lucas, C. 2021. A dynamic model of speech for the social sciences. *American Political Science Review*, 115(2): 649-666.

Kress, G. & van Leeuwen, T. 2006. *Reading Images: The Grammar of Visual Design (Second Edition)*. New York: Routledge.

Langley, A. & Tsoukas, H. 2016. *The Sage Handbook of Process Organization Studies*. London: Sage.

Lave, J. 1988. Cognition in practice: Mind, mathematics and culture in everyday life. Cambridge: Cambridge University Press.

LeBaron, C. 2012. Microethnography. In W. Donsbach (Ed.), *The International Encyclopedia of Communication* (pp. 1-5). New York: John Wiley & Sons.

LeBaron, C., Christianson, M. K., Garrett, L., et al. 2016. Coordinating flexible performance during everyday work: An ethnomethodological study of handoff routines. *Organization Science*, 27(3): 514-534.

LeBaron, C., Jarzabkowski, P., Pratt, M. G., et al. 2018. An introduction to video methods in organizational research. *Organizational Research Methods*, 21(2): 239-260.

Li, X., Shi, M. Z., & Wang, X. 2019. Video mining: Measuring visual information using automatic methods. *International Journal of Research in Marketing*, 36(2): 216-231.

Liu, F. & Maitlis, S. 2014. Emotional dynamics and strategizing processes: A study of strategic conversations in top team meetings. *Journal of Management Studies*, 51(2): 202-234.

Liu, F., Jarrett, M. & Rouleau, L. 2021. Doing video ethnography research with top management teams. In S. Grosjean & F. Matte (Eds.), *Organizational Video-Ethnography Revisited: Making Visible Material, Embodied and Sensory Practices* (pp. 133-154). Cham: Palgrave Macmillan.

Mengis, J., Nicolini, D. & Gorli, M. 2018. The video production of space: How different recording practices matter. *Organizational Research Methods*, 21(2): 288-315.

Meyer, R. E., Höllerer, M. A., Jancsary, D., et al. 2013. The visual dimension in organizing, organization, and organization research: Core ideas, current developments, and promising avenues. *Academy of Management Annals*, 7(1): 489-555.

Mondada, L. 2018. Multiple temporalities of language and body in interaction: Challenges for transcribing multimodality. *Research on Language and Social Interaction,* 51(1): 85-106.

Nassauer, A. & Legewie, N. M. 2021. Video data analysis: A methodological frame for a novel research trend. *Sociological Methods & Research,* 50(1): 135-174.

Norris, S. 2004. *Analyzing Multimodal Interaction: A Methodological Framework.*London: Routledge.

Núñez, R. E. & Sweetser, E. 2006. With the future behind them: Convergent evidence from aymara language and gesture in the crosslinguistic comparison of spatial construals of time. *Cognitive Science,* 30(3): 401-450.

Orlikowski, W. J. & Scott, S. V. 2008. Sociomateriality: Challenging the separation of technology, work and organization. *Academy of Management Annals,* 2(1): 433-474.

Pea, R. & Hoffert, E. 2007. Video workflow in the learning sciences: prospects of emerging technologies for augmenting work practices. In R. Goldman, R. Pea, & B. Barron, et al. (Eds.), *Video Research in the Learning Sciences* (pp. 427-460). New York: Routledge.

Pea, R. & Lemke, J. 2007. Sharing and reporting video work. In S. Derry (Ed.), *Guidelines for Video Research in Education: Recommendations from an Expert Panel* (pp. 427-460). Chicago: Data Research and Development Center.

Reiss, A. J., Jr. 1971. Systematic observation of natural social phenomena. *Sociological Methodology*, 3: 3-33.

Scheflen, A. E. 1965. *Stream and Structure of Communicational Behavior: Context and Analysis of a Psychotherapy Session.* Philadelphia: Mental Health Research Foundation.

Schegloff, E. A. 2007. *Sequence Organization in Interaction: A Primer in Conversation Analysis.* Cambridge: Cambridge University Press.

Sidnell, J. & Stivers, T. 2013. *The Handbook of Conversation Analysis.* Chichester: Wiley-Blackwell.

Sparrow, B., Liu, J. & Wegner, D. M. 2011. Google effects on memory: Cognitive consequences of having information at our fingertips. *Science,* 333(6043): 776-778.

Stiles, W. B. 1992. *Describing Talk: A Taxonomy of Verbal Response Modes.* Newbury: Sage.

Streeck, J. & Mehus, S. 2005. Microethnography: The study of practices. In K. L., Fitch & R. E. Sanders (Eds.), *Handbook of Language and Social Interaction* (pp. 381-406). Mahwah: Erlbaum.

Talhelm, T., Zhang, X., Oishi, S., et al. 2014. Large-scale psychological differences within China explained by rice versus wheat agriculture. *Science,* 344(6184): 603-608.

Toraldo, M. L., Islam, G. & Mangia, G. 2018. Modes of knowing: Video research and the problem of Elusive knowledges. *Organizational Research Methods,* 21(2): 438-465.

Weibel, N., Fouse, A., Hutchins, E., et al. 2011. Supporting an integrated paper-digital workflow for observational research. *Proceedings of the 16th International Conference on Intelligent User Interfaces*: 257-266.

Whiting, R., Symon, G., Roby, H., et al. 2018. Who's behind the lens? A reflexive analysis of roles in participatory video research. *Organizational Research Methods,* 21(2): 316-340.

Williams, R. F. 2006. Using cognitive ethnography to study instruction. *International Conference of the Learning Sciences,* 6: 838-844.

Zhao, S. M., Djonov, E. & van Leeuwen, T. 2014. Semiotic technology and practice: A multimodal social semiotic approach to powerpoint. *Text & Talk,* 34(3): 349-375.

Zundel, M., MacIntosh, R. & Mackay, D. 2018. The utility of video diaries for organizational research. *Organizational Research Methods,* 21(2): 386-411.